巨变

当代政治与经济的起源

THE GREAT TRANSFORMATION:
THE POLITICAL AND ECONOMIC ORIGINS
OF OUR TIME

KARL POLANYI
卡尔·波兰尼 著
黄树民 译

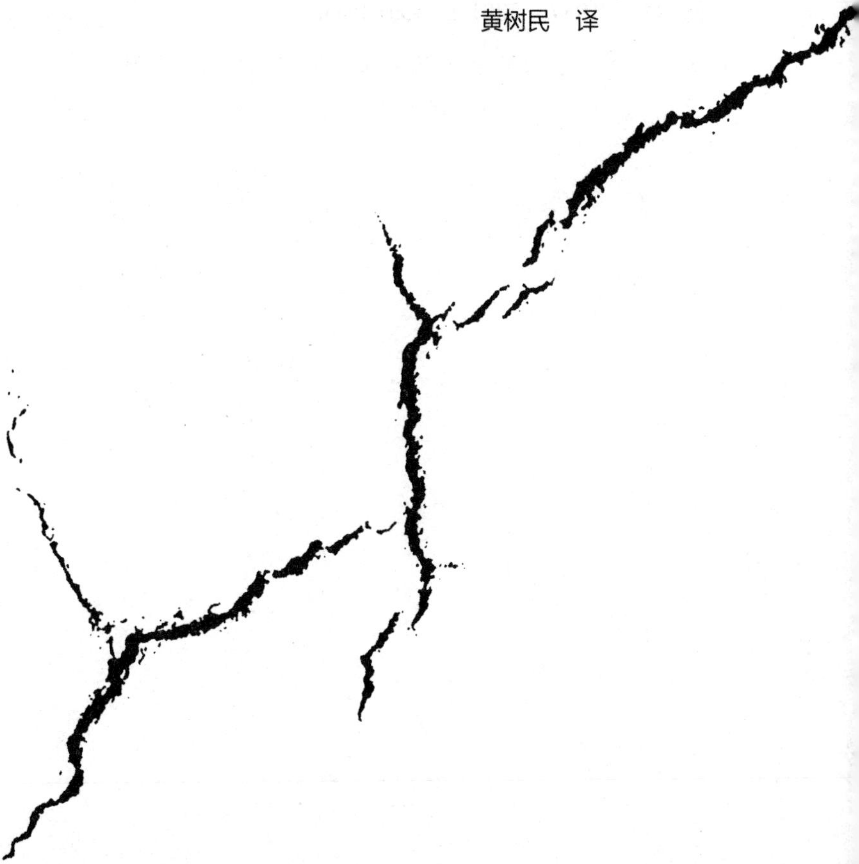

目　录

出版说明　001
序言（约瑟夫·斯蒂格利茨）　003
导论（弗雷德·布洛克）　017
2001 年版说明　046
作者致谢　047

第一篇　国际组织

第一章　百年和平　051
第二章　保守的 20 年代，革命的 30 年代　076

第二篇　市场经济的兴衰

第一卷　撒旦的磨坊

第三章　“居住环境与进步”　095

第四章　社会与经济制度　109

第五章　市场制度的演进　128

第六章　自律性市场及虚拟的商品：劳动力、土地与货币　145

第七章　1795 年的《斯皮纳姆兰法案》　158

第八章　前提与结果　172

第九章　贫穷与乌托邦　197

第十章　政治经济学与社会的发现　210

第二卷　社会的自我保护

第十一章　人·自然·生产组织　238

第十二章　自由主义的诞生　244

第十三章　自由主义的诞生（续）：阶级利益与社会变迁　268

第十四章　市场与人　287

第十五章　市场与自然　309

第十六章　市场与生产组织　329

第十七章　自律性市场的损坏　341

第十八章　使国际经济瓦解的压力　352

第三篇　进行中的转变

第十九章　民众的政府与市场经济　371
第二十章　社会变迁之齿轮中的历史　392
第二十一章　错综复杂之社会中的自由　411

资料来源注释

第一章 427

一　作为政策、历史法则、原则与体系的均势 427

二　百年和平 435

第二章 437

三　黄金线的断裂 437

四　第一次世界大战后的势力消长 438

五　金融与和平 439

第三章 441

六　“社会与经济制度”参考资料选辑 441

第四章 448

七　“市场模式的演进”参考资料选辑 448

第五章 456
八　有关斯皮纳姆兰的文献 456
九　《济贫法》与劳动组织 462
十　斯皮纳姆兰与维也纳 481
第六章 484
十一　为何不选择惠特布雷德议案? 484
第七章 486
十二　迪斯雷里的“两个国家”
和有色人种问题 486
索引 492

出版说明

《巨变》一书最初于 1944 年出版，与几乎同时出版的另一部著作——《通往奴役之路》——将自律性市场奉为圭臬不同，波兰尼的这部经典著作的核心观点是：纯粹的自律性市场是一个乌托邦。与哈耶克相比，卡尔·波兰尼的思想长期被忽视。但是发生在资本主义发达国家源于自律性市场经济的经济和政治危机却表明，波兰尼关于人类的经济活动总是“嵌含”于社会之中，且无法从中“脱嵌”的思想的深刻性。正如弗雷德·布洛克在本书导论中引用某位知名经济史学者的话对《巨变》一书所下的论断，“有些著作历久弥坚”，波兰尼的影响与重要性在当前更加凸显出来。

2001 年诺贝尔经济学奖得主约瑟夫·斯蒂格利茨指出，波兰尼这本书所谈论的是欧洲文明从前工业化时代转型到工业化社会的历史巨变，以及伴随而来的思想、意识形态、政治、经济政策的转变。放眼中国，近代以来特别是改革开放以来的历史巨变与 18—19 世纪欧洲所发生的在很多方面有根本区别，但毫无疑问，正在亲身经历和感受当下中国历史巨变的中国人所受到的冲击丝毫不亚于当年的欧洲人。是以，波兰尼在书中所讨论者定会给我们以启发。

迄今为止，波兰尼这一著作的中文译本共有两种。此次我们推出的这个译本是在台湾远流版（中国大陆第一个版本为浙江人民版）的基础上由原译者黄树民教授修订而成。此次修订，黄树民教授新译出“序言”和“导论”两部分，并对原译本部分进行了修订。值得一提的是，黄树民教授为了便于读者了解相关背景知识，更好地理解作者的思想，在书中提供了大量译者注释。尽管我们在编辑过程中追求精益求精，但是，对于一部旁征博引、涉及多个学科的经典著作而言，交到读者手上的这个版本肯定还有这样那样的不足，敬请读者批评指正。

序　言

约瑟夫·斯蒂格利茨（Joseph E. Stiglitz）*

能为波兰尼（Karl Polanyi，1886－1964）这部古典名著写序对我是项殊荣。这本书讨论欧洲文明从前工业化时代转型到工业化社会的历史巨变，以及伴随而来的思想、意识形态、政治、经济政策的转变。当时欧洲文明所经历的转变，今日看来就如同当代世界各地发展中国家所面临的转变一样，以至于波兰尼这本书几乎就像是在评论当代议题。他的主要论点与关怀，与1999年在西雅图及2000年在布拉格上街游行示威的反对者一致，都是抗拒世界金融组织。R. M. 麦基弗（R. M. MacIver，1882－1970）在本书1944年版的导读中，曾写下一段颇具寓意的话："今日首要之事，就是让未来国际组织的缔造者了解本书的教训。"当时国际货币基金

---

* 约瑟夫·斯蒂格利茨［Joseph E. Stiglitz（1943－）］，美国哥伦比亚大学经济学教授，2001年诺贝尔经济学奖得主。曾出任世界银行资深副总裁及克林顿总统的首席经济顾问。——译者注

组织、世界银行，甚至联合国，都还只是存在于纸面上的构想计划。倘若这些国际组织的缔造者用心读过本书，并慎重考虑其论点，他们后来提出的政策构想必然能大有改善。

对于一部论点复杂且严谨的专著，要以短短几句话来摘要其精髓，既困难也易失之偏颇。虽说这本半世纪前出版的书，在语言的使用及经济学的观念上与当前并非完全契合，但波兰尼所提出的议题与观点，仍未失去其重要性。他主要的论点是：所谓“自律性市场”的概念从未被真正实行过。而由于其明显的缺点，使得各国政府必须介入干预其内在运作，及其外部直接影响（如对贫民的影响）。而且改变的步调快慢对其后果的影响，也至关重要。波兰尼的分析明确指出：坊间流行的“涓滴经济学”（trickle - down economics），即经济成长对于包括贫民在内的全民有利，实则无历史根据。他也厘清了意识形态与特殊利益团体之间纠缠不清的关系。例如，自由市场这种意识形态，本是新兴工业利益团体的仆佣，这些利益集团选择性地利用这种意识形态，在对其有利之际，呼吁政府干预。

在波兰尼撰写《巨变》一书时，经济学尚未理解自律性市场的局限性。然而，今日学术界中已无人会支持自律性市场必导向高效率且均匀的资源分配此一论点。只要在信息不全或市场机制不完整的状况下（这可说是全球常态），国家的干预就必然存在，以有效改善资源分配的效率。时至今日，吾人已能采取较为公允的立场，即承认市场的力量与限制，以及政府在经济治理上所扮演的必要角色。只不过市场与政府两者具体职能的分界如何，仍有争议。譬如，一般学界皆接受政府管制金融市场的重要性，但至于该如何管制，却仍无定论。

当代社会提供的许多证据可以支持过往的历史经验，即经济成长也可能导致贫困。不过，我们从现代世界中较先进开发的工业国家来看，也可看到经济成长的确为大多数人带来福利。

波兰尼强调自由劳工市场、自由贸易，以及金本位制下的货币自律机制之间密切紧扣的关系。他的著作可说是今日已成为主流的“系统论”（systemic approach）之先导，亦即是 20 世纪与 21 世纪交替时“一般均衡论”经济学者（general equilibrium economists）的先驱。现在仍有些学者服膺于金本位制理论，并认为当代经济问题正是因为违背了此一体制所致；但这也为倡导自律市场机制的学者带来更多挑战。浮动汇率已是今日国际金融之主流，而这可视为有利于主张自律性市场学者的观点。毕竟主导国际货币交易的市场规律，不应有异于他类市场的规律。但也正是此点，充分暴露了自律性市场的弱点，尤其是忽视此制度的社会影响所显示的问题。我们已有充分证据显示，这类市场（一如其他实物市场）常出现极端摆动的现象，但我们无法采用基本经济结构的改变来解释这种摆动。另有许多证据也显示，当价格出现巨幅变动，或投资者的期待改变时，都会对经济体造成伤害。最近的这次国际金融危机，提醒了现今年轻人他们的祖父辈在大萧条时期已吸取的教训：自律性市场并不会像那些吹鼓手所宣称的那样顺利运转。即便是如美国财政部（不论是共和党还是民主党当政）或国际货币基金组织这些捍卫自由市场制度的堡垒，都认为国家不应干涉货币兑换率，但是它们却从未能提出一套完整且具说服力的说帖，来解释何以货币市场应有异于别种市场。

国际货币基金组织在说理上前后的矛盾性，早在19世纪各种意识形态的辩论中即可预见：它一方面坚信自由市场机制，但本身却是一个公家机构，且经常干扰货币兑换率，甚至提供资金救赎濒临破产的外国债权人；却同时又向国内企业支取高利贷般的利息，使之破产。劳工与商品方面的真正自由市场从未出现过。今日最讽刺的例子便是，绝少有人会提倡开放（国际）劳工自由流动。那些先进工业国家总是向低度发展国家说教，指出保护主义与政府补贴的谬误；但它们更在意的是打开发展中国家的市场，而不是开放自己的货物及劳务市场，而这些却正是发展中国家较具竞争优势之处。

时至今日，论争焦点已非波兰尼写作时的重点。如前所述，只有冥顽对立的死硬派，才会坚持完全自律的经济体，或是认定政府应全面控制经济。每个人都知道市场拥有巨大的力量，但也会注意到其局限。但即便如此，不同经济学者间的观点仍有极大差异。诚然，其中有些学者虚伪且易辨识，就像那些依照意识形态或特殊利益的需求，而自诩为真正的经济科学者及优良的政策者的那些人。最近由国际货币基金组织及美国财政部在发展中国家所推动的金融及资本市场自由化，正是这种例子。当然，许多国家的一些管制法规，既不能加强其金融体制，也对其经济成长无助，自然应予废除。这毋庸置疑。但即便在最近金融风暴发生前，已有众多迹象显示这种自由化的措施，会给各国带来巨大风险，且将贫民推上风头浪尖；而且这种自由化必能带来成长的证据，却微不足道。但这些“自由市场学者”（free marketers）却更进一步要求发展中国家遵循他们的建议，进而造成近年全球金融危机的灾难性后果。另外一些议题似乎也难有定论。如自由化的国际贸易可让一个国家发挥其相对优势，以增加平均国民收入，但也可能招致一些人失去工作。然而，在失业率攀高的一些发展中国家中，因贸易自由化所导致的裁员，明显大于其增加的工作机会。这个问题在国际货币基金组织所推动的改革方案中尤其可见端倪：它结合贸易自由化，加上高利率，使得创造新工作机会及发展新兴企业难上加难。没有人会相信，把低生产率工作的工人弄成失业，能够减低贫穷或提升国家收入。服膺于自由市场的人坚信一种塞氏法规

[Say's Law，或称市场法（Law of Market），出自法国经济学者及商人 Jean - Baptiste Say（1767 - 1832）。——译者注]，即增加劳工供应时，就会自然产生其对其工作的需求。对依赖低工资的资本家而言，高失业率倒是对他们有利，如此就能施压、降低劳工工资。但对经济学者而言，失业工人正足以证明经济失调，在许多国家中我们都可以见到种种这类失调的充分证据。有些自律性市场的吹鼓手将这种失调归咎于政府。不论其论点正确与否，这个自律经济的神话，早已名存实亡。

波兰尼曾指出自律经济的另一个缺陷，最近又被重新提出讨论。它涉及经济与社会之间的关系，尤其是经济体制或其改革如何影响社会中的人际关系。虽则本书论及的社会关系的重要性已日趋明显，但如今我们使用的语汇却已多有改变，如吾人今日讨论社会资本（social capital）的重要性。我们理解在许多拉丁美洲国家所面临的长期失业、持续的高度分配不均、贫困脏乱遍地等现象，对社会和谐造成的灾难性影响，以及引发暴力高升。我们也认知到俄罗斯经济改革的措施及其速度，侵蚀其社会关系、破坏社会资本，甚至引发俄罗斯黑手党及其霸权的兴起。我们也理会到国际货币基金组织在印度尼西亚正值工资下跌、失业率上升之际，取消对粮食的补贴，加上该国原有的特殊历史考虑，自然可预期造成政治与社会动乱。上述几个例子中，经济政策导致原有社会关系（虽然原本可能已极为脆弱）的破裂，而破裂的社会关系也对经济产生负面影响。投资者担心将资金投入到社会关系紧张的国家，而这些国家的人也会将资金移出，产生负面的连锁效应。

多数社会都会发展出具体方法，以照顾贫困无依者。工业时代却逐渐使得个人难以完全照顾自身。固然，一个农民有可能面临歉收，而自给自足的小农也可能难以存钱以备旱涝之需，但无论如何他都不需仰仗雇佣的工作糊口。在现代工业社会中，人们无时不受外在力量的左右。若失业率高升，就像在经济大萧条时期，或像今日的许多发展中国家，人们便一筹莫展。他们不一定接受自由市场吹鼓手所宣扬的弹性工资的重要性（这隐含着受雇者得接受无偿解雇或自愿减薪），但他们却无力推动改革，即便他们能预期未来的充分就业。而且这也并不意味着只要他们肯接受较低的工资，就有工作。经济学上的“效率工资论”（efficiency wage theory）、“圈内圈外论”（insider - outsider theory），以及其他诸多理论，均已明确指出何以劳工市场并不像自律性市场吹鼓手所宣称的方式运作。

无论何种解释，事实就是失业并非幻觉。当代社会必须发展出自律性市场经济所未能做到者，即提出该社会能接受的应变之策（其实对此另有其他几种理论说法，但因与主题无关，故不赘述）。快速社会变迁会摧毁既有应对机制及社会安全网，但在社会发展出新的应对机制前，新的需求已产生了。不幸的是，19 世纪的教训，却被那些鼓吹华盛顿共识（Washington Consensus）的当代自由主义教条分子抛诸脑后。

社会应对机制的失灵，造成社会资本流失。20 世纪就有两个鲜活的例子可兹说明。我已提及亚洲金融危机时印度尼西亚的灾难。危机发生时，国际货币基金组织及美国财政部中的新自由主义吹鼓手，均抗拒解决此危机的重要手段，即判其违约。一般而言，大多数的贷款，都是由私人信贷机构借给私人贷款人。当借钱者无法偿付债务时，标准的做法就是宣告破产。破产是当代资本主义的重心。但国际货币基金组织却否决此议，认为破产违背了契约的神圣性。但他们却无视于违背另一种更重要的契约：社会契约。他们宁愿提供经费给一些政府以挽救这些外国的贷款机构，而这些机构却是因其不慎放款才导致失败的。与此同时，国际货币基金组织却推行一些伤及无辜的政策，包括工人与小生意人，但他们实际上与此金融危机的形成毫无关系。

更戏剧化的是俄罗斯的失败。这个国家已是另一个实验——共产主义——的牺牲品，但却被置入下一个实验，也就是在政府尚未有机会建立必要的法制及制度架构前，就引进自律性市场经济机制。就像 70 年前布尔什维克强加在俄国的社会变迁一般，今日的新自由主义者也在这个国家强加上另一种重大的社会变迁，而带来了灾难恶果。俄国人民被告知：一旦能释放市场的力量，经济就会腾飞。此论述的背景乃因旧有无效的中央计划经济常会歪曲资源分配，且无法催生社会财富的诱因，所以此时计划经济应被地方分权、自由化与私有化取代。

但经济腾飞并未出现。俄国经济体萎缩过半，贫民人数（按每日 4 美元生活费的标准）从总人口的 2% 增为近 50%。虽说私有化在少数政客中造就了几个亿万富翁，但政府却无钱支付养老金给退休者。而俄国还算是一个资源丰饶的国家，其资本市场的开放，对全球而言理应是个深具吸引力的投资点。但实情却正好相反，毫不意外的是，改革后大量的国内资本外逃。由于俄国私有化过程常有不合法情事，因而无法达成社会共识。那些钱留在俄国的人，自然会担心一旦新政府成立后，他们会失去一切。即使不考虑政治问题，任何一个理性的投资者都会将钱放在美国飞腾的股票市场中，而不会投入一个面临各种不景气的国家。俄罗斯资本市场的开放，使得掌权新贵有机会将其非法所得潜送国外。今日来看，这些当年错误政策的后果已浮现。此时，除非政府能保证不追究财富的来源，且继续保障其所有权，否则已难将这些大量外逃的资金引回国内。但若这样做，也就无异于保证这些掌权新贵会继续掌权。

经济学与经济史学界都已认可波兰尼中心意旨的正确性。但公共政策，尤其反映在华盛顿共识中认为发展中国家及其经济改革应如何达成巨变的政策，却对此视若无睹。如前所述，波兰尼揭发了自律性市场的神话，人类史上从未有过真正自由的自律市场。即便是今日高度工业化的国家，在其转变过程中，政府都曾扮演积极的介入角色，不但以关税保护其工业，也保护其新兴科技。美国第一条电报缆线就是联邦政府在 1842 年出资兴建的。提供工业化基础的农业生产暴增，也仰仗政府资助的研究、教育与推广服务。西欧各国直到最近都对资本流通有严格管制。即便今日，保护主义与政府干涉都仍极为活跃。美国政府威胁欧洲各国，促其对美商控制的加勒比海香蕉业开放，否则就施以报复性的贸易制裁。虽然有时政府干预有其必要性，尤其在面临对手政府也介入时。但更多案例显示的却是赤裸厚颜的产业保护主义及补贴，尤其是在农业方面。当我担任（美国）经济委员会主任委员时，曾经手无数此类案例，从墨西哥的番茄与酪梨、日本的影片、乌克兰的女装，到俄国的铀矿。中国香港向来被视为自由市场的最后堡垒，但当香港特区政府发现纽约投机客试图借投资其股市与汇市，来干扰其经济时，就全力出手干预。美国政府为此向香港特区政府抗议，认为此乃违背自由市场原则。但香港的干预政策奏效，不但稳定了股、汇市，破除对其货币的未来威胁，同时也赚进了大把银子。

倡议华盛顿共识的新自由主义者强调：政府干预是所有问题的根源。其关键论点就在于改革途中需找出正确的价格，并借助私有化及自由化，将政府从经济活动中抽离出来。根据这种观点，所谓经济发展只不过是资本累积，以及提升资源分配的效率，但这些都只是技术问题而已。这种意识形态误会了变迁的本质，变迁所影响的乃是社会整体，而非仅限于经济面。经济上的改变，远远超过其字面意义。正如波兰尼所指出的，这种观点的持有者，仅显示出其误读历史。

假若波兰尼今天撰写本书，将会有更多证据支持其结论。譬如，在当今世界发展最快速的东亚地区，政府都扮演着中心的角色，明确或隐微地表明保存社会和谐的重要性，不止保护社会与个人资本，同时更加以提升。在此区域，不但可见快速经济成长，也同时可见贫穷明显减少。假若共产主义在苏联和东欧的失败，证明市场制的优越性胜过社会主义，那么东亚的成就也充分证明，一个政府积极参与介入的经济体，绝对优于自律性市场。这也就是何以当亚洲金融风暴出现时，这些自由市场的基本教义派乐不可支，因为他们以为这暴露出政府主导模式的根本弱点。当然，在他们的说教中也包括需要更好管制金融市场的建议，但他们却借此机会强调需要更多的市场弹性。这其实才是他们的重点，即如何削减社会契约。而这种社会契约实际上等同于亚洲奇迹，即提供社会与政治稳定的经济安全网。实情是，东亚的金融危机反而是最足以证明自律性市场失败的案例。由于短期资本流通的自由化，导致数十亿的资金在全球打转，搜寻最佳报酬，并随情绪波动而起落转变，这才种下危机的种子。

最后，让我回到波兰尼的两个主轴，来结束这篇序言。其一是政治与经济之间的复杂关系。法西斯主义与共产主义并非只是另类经济体，它们实质上代表着背离自由政治的传统。但正如波兰尼所指出的："法西斯主义与社会主义一样，都是在市场社会无法运转时，脱颖而出。"新自由主义的巅峰期大约是 1990 - 1997 年，时值柏林墙倒塌，而世界金融危机尚未发生。有些人甚至辩称共产主义在苏联和东欧的失败就已证明市场经济与自律性市场信念的胜利。但我认为这个推论有误。毕竟在当时所有发达国家中，到处都有抗拒里根及撒切尔（Reagan - Thatcher）自由市场教条的动向，并代之以"新民主党"（New Democrat）或"新工党"（New Labor）的政策。新自由主义市场论点曾提出的较有说服力的解释是，在冷战期间，先进工业国家不敢放手采用这些可能会对贫民造成重大伤害的政策，因为在东西分裂的冷战时期，若是西方国家失败，就会将其他各国驱赶到东方阵营。但是，在柏林墙倒塌后，这些国家已别无选择，即便是风险甚大的政策，也可肆无忌惮地加诸贫民头上。不过，这种观点不但无情，也很反智。因为实际上在排除那种不为多数人服膺的市场经济后，仍有一些并不令人欣赏的措施成为选择。一个号称自律性市场的经济，可能演化成为黑手党资本主义及黑手党政治体制。不幸的是，在世界许多地方，这已成为事实。

波兰尼视市场为广义经济体的一部分，而经济体又是更广义社会体的一部分。他认为市场经济并非终极目标，而是达到终极目标的手段。吾人常误以为私有化、自由化甚至宏观稳定都是改革的目标，也因而制定各种量表来评断各国私有化的速度有多快。这完全无视私有化其实只是便宜行事的事实，即将公有财产私下转让给亲朋好友，然后等着他们回报贿赂。但我们从未见过任何一种量表，来记录有多少人被推入贫困，有多少工作被减裁，或暴力的提升，或不安全感、无力感的提升。波兰尼关注的其实是更根本的价值。

今日这种根本价值与自律性市场意识形态之间的差距，显而易见一如波兰尼的时代。我们向发展中国家强调民主的重要性，但在面对它们最关心的议题，即影响它们生计的经济时，我们却改变声调说：经济铁律让你别无选择，且因你的民主体制可能会坏事，所以你必须放弃一些重要的宏观经济决策权，将之转给一个受国际金融界代表所控制的独立中央银行。而且，为了确定你会根据这些金融界的利益而行动，你被告知必须全心关注通货膨胀的问题，而不顾工作就业或成长。同时为了确定你会按照这些要求行事，你被告知要执行中央银行的规定，像是在固定利率下扩大货币供应。若是这整套方法不灵，就会引进另一套做法，像是“通货膨胀指标制”（inflation targeting）。简而言之，在这些前殖民地，我们一方面打着民主之名赋权给个人，但另一方面却将之硬生夺走。

波兰尼在本书结论中，很贴切的讨论了在复杂社会中的个人自由。小罗斯福总统（Franklin Delano Roosevelt，1882－1945）在大萧条时期曾说过："除恐惧之外，我们一无所惧。"他所说的不止是一般所说的古典自由，如言论自由、新闻自由、聚会自由、信仰自由等，还包括免于饥饿与恐惧的自由。各种各样的社会管制可能剥夺一些个人的自由，但它却同时能增进其他人的自由。自由地将资本从一个国家转移到另一国家对某些人而言是种自由，但对他人却可能有极大伤害。用经济学的术语来说，这都是大规模的"外部性"（large externalities）所致。不幸的是，这种自律性经济的神话，不论是披着自由放任主义的旧外衣，还是现在华盛顿共识的新衣，都无法平衡这种不同自由的需求。这乃是因为贫民面对的不安全感远大于其他人。在某些地方，如俄罗斯，贫民人数正急剧上升，而生活水平却迅速下降。在此地，免于饥饿与恐惧的自由都在下降。若波兰尼今日仍持续著述，我相信他一定会提出，现代国际社会所面临的挑战，就在于是否能在为时已晚之前，重建这一平衡。

导　论

弗雷德·布洛克（Fred Block）*

某位知名经济史学者在回顾《巨变》一书如何在过去几十年间从被人勉为接受到产生影响时，下了个评断："有些著作历久弥坚！"这个说法极为贴切。虽然本书出版于 20 世纪 40 年代初期，但卡尔·波兰尼（1886 - 1964）的影响与重要性却与日俱增。今日一般出版之专著，其上架期间超过数月或数年者甚少，但在经历半世纪后，《巨变》一书仍能为我们提供诸多新见解。尤其是当我们试图了解人类进入 21 世纪后面临的全球社会困境时，本书乃一不可或缺之巨著。

本书的恒久意义可说明如下。《巨变》是迄今为止对市场自由主义最严峻的批评。自由市场学说认为，国家、社会与全球经济都应按自律性市场来规划运行。从 20 世纪 80 年

---

* 弗雷德·布洛克（Fred Block），美国加州大学伯克利分校社会学研究教授。其专长包括政治经济社会学、经济史及福利社会学。作者在导论首段附了一长段鸣谢词。因与本文无关，故不赘述。——译者注

代开始，尤其是经历了 20 世纪 90 年代初期冷战的终结，市场自由主义——不论我们称之为撒切尔主义、里根主义、新自由主义，或华盛顿共识等——已垄断全球政治。但本书在 1944 年问世时，美国与苏联的冷战加剧，因而掩盖了波兰尼的理论贡献。当时极端对立的阵营在捍卫资本主义或苏联式社会主义的双边辩论中，没有人对波兰尼细致且复杂的论证感兴趣。是以我们可说：随着冷战的终结，波兰尼的成就才开始得到应有的重视。

后冷战时期的主要议题就是全球化。新自由主义者坚持，通信与交通科技的快速发展，加速了全球贸易与资本流通，加上接受了英美式自由市场资本主义，更使得全球经济整合变为不可避免且必要之途。世界各地的各种学派、思潮，根据不同的政治立场，批评此全球化潮流论述。有些是基于民族、宗教、国家或地区认同的观点而与之抗拒；有些则对全球合作或协调抱持不同看法。然而，不论在此争议上位处何派，应该都能从《巨变》一书中获益。新自由主义者及其批评者均可从市场自由化的历史，以及早期经济全球化所带来的不幸后果中，获得更深层的理解。

波兰尼的生平与贡献

卡尔·波兰尼（1886 - 1964）生长于布达佩斯一个社会参

与及智识成就均极为显著的家庭。[①] 他的弟弟迈克尔（Michael Polanyi，1891－1976）成为一位重要的科学哲学者，其著作至今仍被广泛阅读。在第一次世界大战之前，波兰尼在匈牙利学生圈与知识界都很活跃。20 世纪 20 年代波兰尼在维也纳的《奥地利经济学人》（*Der Osterreichische Volkswirt*）周刊担任资深编辑，该刊是当时中欧最主要的经济与金融期刊。他在那时与米塞斯（Ludwig von Mises，1881－1973）及其有名的弟子哈耶克（Friedrich Hayek，1899－1992）初次交手。当时米塞斯与哈耶克试图重建自由市场制的学理合法性——此时自由市场被第一次世界大战、俄国大革命及社会主义风潮破坏。[②] 当时

---

① 迄今为止尚无一本完整的波兰尼传记。不过在《政治经济研究》第 22 期（1987 年 9 月）第 7－39 页，有一篇 Marguerite Mendell 及 Kari Polanyi Levitt 合写的论文“Karl Polanyi—His Life and Times”提供甚多资料。另可参阅 Levitt 所编的 *Life and Work of Karl Polanyi*（Montreal：Black Rose Press，1990），及其在 Kenneth McRobbie 主编的专著 *Humanity，Society，and Commitment：On Karl Polanyi* 中的一篇文章“Karl Polanyi as Socialist”。另外，自传式的资料可见于 Kenneth McRobbie 及 Kari Polanyi Levitt 主编的 *Polanyi in Vienna* 一书（Montreal：Black Rose Press，2000）。管理学学者 Peter Drucker 曾在维也纳与波兰尼家族相交往，并在其回忆录 *Adventures of a Bystander*（New York：John Wiley，1994）中有极为风趣的回忆，不过该文中关于某些特定状况的表述却有误，包括波兰尼兄弟姐妹的名字。

② 关于米塞斯与哈耶克从 20 世纪 20 年代到 20 世纪 90 年代的活动，可参考 Richard Cockett 所著 *Thinking the Unthinkable：Think Tanks and the Economic Counter－Revolution，1931－1983*，（London：Fontana Press，1995）。Cockett 指出一个极为讽刺的现象：英国虽是自由市场的发源地，此时却需从维也纳引回此制度。

米塞斯及哈耶克都毫无影响力。从20世纪30年代中期到20世纪60年代，凯恩斯经济学派强调政府应积极参与管理经济事务，在西方各国当道。① 但“二战”后，米塞斯与哈耶克孜孜不倦地在美国与英国鼓吹自由市场，并直接影响到后来成名的追随者如米尔顿·弗里德曼（Milton Friedman，1912－2006）。哈耶克活到1992年，目睹了苏联解体，自己的名声也因而重建。在他死时，已被公认为新自由主义之父。他激励了玛格丽特·撒切尔（Margaret Thatcher，1925－）及罗纳德·里根（Ronald Reagon，1911－2004）推动去管制、自由化及私有化等政策。但在20世纪20年代时，波兰尼已直接挑战米塞斯的论点，且将批判自由市场视为个人学术生涯的中心议题。

波兰尼在《奥地利经济学人》周刊工作时，目睹1929年美国股票市场崩盘，及1931年奥地利信贷银行（Kreditanstalt）破产，这些事件均导致“大萧条”的出现，以及法西斯主义的兴起。随着希特勒（Adolf Hitler，1889－1945）在1933年当政，波兰尼的社会主义观点便成为问题，他也被迫

① 碰巧的是，波兰尼的书与哈耶克最著名的书《通往奴役之路》（*The Road to Serfdom*，Chicago：University of Chicago Press，1944）于同年出版。波兰尼的书赞美美国实施的新政，认为可限制市场的影响力，但哈耶克的书却认为推动新政会使美国陷入沉沦的旋涡，进而导向经济毁灭及专制政体。

辞职。他到英国后，在牛津大学及伦敦大学的社教课程中担任讲师，在工人教育协会（Workers' Educational Association）开课。[①] 此时波兰尼为了准备教课，浸淫于英国社会及经济史。在《巨变》一书中，波兰尼熟用这些资料以批评米塞斯及哈耶克，后来成为甚具影响力的观点。

本书实际撰写于20世纪40年代早期，当时波兰尼在佛蒙特州的本宁顿学院（Bennington College，Vermont）当访问学者。[②] 由于奖学金的资助，他得以全力写作。周遭生活环境的改变，也让他能整合其论点中的不同理路。本书主要的贡献，即是从制度面的角度分析全球经济，而这正是基于波兰尼本人的多重流亡经验，他从布达佩斯迁移到维也纳，再搬到英国、美国。加上他原本即具备的深度道德责任感，波兰尼成为一个世界公民。在他晚年时曾写信给一位老友："我的生命即是个'世界性'生命。我生活在人的世界里，我的著作属于亚洲，也属于非洲，更属于新人类。"[③] 虽然波

---

① 见 Marguerite Mendell 著"Karl Polanyi and Socialist Education," in Kenneth McRobbie, ed., *Humanity, Society, and Commitment: On Karl Polanyi* (Montreal: Black Rose Press, 1994), pp. 25 - 42。

② 波兰尼用英文撰写本书。他自幼就能熟练使用英语。

③ 见1958年1月6日写给 Be de Waard 的信，引自 Ilona Duczynska Polanyi 著"I First Met Karl Polanyi in 1920..." in Kenneth McRobbie and Kari Polanyi Levitt, eds., *Karl Polanyi in Vienna* (Montreal: Black Rose Press, 2000), pp. 313, 302 - 315。

兰尼对他的故乡匈牙利有深厚感情，但他能超脱欧洲中心主义的观点，并约束自己因全球经济体制宰控下所产生的强烈民族主义。

第二次世界大战后，波兰尼到纽约市的哥伦比亚大学任教。他在那里与学生一起研究前资本主义社会的人类学问题，如货币、贸易及市场等。他与 C. M. 阿伦斯伯格（Conrad M. Arensberg，1910－1997）和 H. W. 皮尔逊（Harry W. Pearson，1887－1934）合编《早期帝国的贸易与市场》一书。其后他的学生将他这时写的论文集编辑成册，由 A. 罗特斯泰因（Abraham Rotstein，1929－）主编成《达荷美与奴隶贸易》一书，于身后出版。另外 G. 多尔顿（George Dalton，1926－1991）将其所有出版的论文，包括《巨变》的摘要，收集整合成为《原始、古代及现代经济：卡尔·波兰尼论文集》一书。最后皮尔逊也将波兰尼在哥伦比亚大学上课时的讲稿编成《人类的生活》一书。①

---

① Karl Polanyi, Conrad M. Arensberg, and Harry W. Pearson, eds., *Trade and Market in the Early Empires: Economies in History and Theory* (Glencoe, 111: Free Press, 1957); Polanyi, *Dahomey and the Slave Trade: An Analysis of an Archaic Economy* (Seattle: University of Washington, 1966); George Dalton, ed., *Primitive, Archaic, and Modern Economies: Essays of Karl Polanyi* (1968; reprint, Boston: Beacon Press, 1971); and Harry W. Pearson, ed., *The Livelihood of Man* (New York: Academic Press, 1977).

波兰尼的论点：结构与理论

《巨变》一书分为三个部分。第一部分及第三部分集中讨论造成第一次世界大战、经济大萧条、欧洲大陆法西斯主义兴起、美国推行新政及苏联第一个五年计划等事件产生的主因。在其导论及结语的各章节中，波兰尼试图提出一个问题：何以欧洲大陆经历了1815年到1914年的长期和平昌盛，却突然崩溃，落入世界大战与经济萧条？在本书核心的第二部分，波兰尼便试图回答此问题。他回顾19世纪初期英国工业革命伊始，英国思想家就试图解决早期工业革命带来的动乱，而提出自由市场的理论，其核心论点就是人类社会应服膺于自律性市场。波兰尼解释道，由于英国在当时扮演着“世界工厂”的领导角色，这套信念就成为世界经济的准则。在第二部分的下半段，即从第十一章到第十八章，波兰尼指出自由市场主义所引发出的不可避免的反弹，即全力保护社会以免受市场伤害。这些现象显示自由市场制并不能如其理论的臆测一般运作，此外，当时宰制世界经济的一些国际组织，反倒加深了各国内外的紧张对立。波兰尼追溯当时各种政治运作，均试图借自由市场的规则来重建全球经济，但其直接的影响却是：和平的终结导致了第一次世界大战，而经济秩序的崩溃则带来了经济大萧条。法西斯主义兴起这个第二次巨变，即是自由市场第一次巨变的后果。

波兰尼的学术观点，源自他在历史学、人类学与理论等方面的广泛阅读。[①]《巨变》一书对从15世纪到第二次世界大战间的重要历史事件都有深入分析，对许多广泛的议题也有独到创见，例如，互惠与再分配在前现代社会中的重要性、古典经济思想的局限性，以及将“自然”商品化的危险性。许多当代社会科学者，像是人类学者、政治学者、社会学者、历史学者、经济学者等，都从波兰尼的论证中得到灵感。今日已有众多专著及论文衍生自《巨变》的观点。

由于本书内容丰富，难以将之扼要摘录，此处仅能简述波兰尼的几个主要思路。首先需要肯定的是他在理论上的原创性。波兰尼不轻易采用当下的政治标签分类，虽然他大致赞成凯恩斯（John Maynard Keynes，1883－1946）对自由市场的批评，但他决非凯恩斯派信徒。他一生都认同于社会主义，但却与各种经济决定论（包括主流的马克思主义）截然不同。[②] 他

① 讨论波兰尼主要的资料来源，可参考Margaret Somers的“Karl Polanyi's Intellectual Legacy,” in Kari Polanyi Levitt, ed., *Life and Work of Karl Polanyi* (Montreal: Black Rose Press, 1990), pp. 152－158。

② 波兰尼与马克思主义的关系是文献中讨论最多且最复杂的议题。见Mendell and Levitt, “Karl Polanyi—His Life and Times”; Fred Block and Margaret Somers, “Beyond the Economistic Fallacy: The Holistic Social Science of Karl Polanyi,” in Theda Skocpol, ed., *Vision and Method in Historical Sociology* (Cambridge: Cambridge University Press, 1984), pp. 47－84; Rhoda H. Haperin, *Cultural Economies: Past and Present* (Austin: University of Texas Press, 1994)。

对资本主义与社会主义的定义，也异于一般俗间的用法。

波兰尼的“嵌含”概念（Embeddedness Concept）

要了解波兰尼的思想，最好的出发点就是“嵌含”这个概念。这个概念是他在社会思想上最重要的贡献，但也导致许多误会。波兰尼从解构当代经济学思想传统（直到现代为止）着手，指出其基本经济观念是按价格机制来自动调节供应与需求的连锁性市场。即便经济学者承认有时市场机制需要政府协助以克服失调，但他们仍视经济体为一自我调整的连锁性市场。波兰尼的意图就是要从人类历史生活中，证明这种经济观如何背离社会现实。他强调，在 19 世纪以前，人类的经济活动总是嵌含在社会之中。

嵌含一词即点明经济本身并非如经济学理论所称的是一个自主体，实际上必须服膺于政治、宗教及社会关系。① 波

---

① 波兰尼的嵌含概念已被许多重要学者借用与发挥，包括 John Ruggie, “International Regimes, Transactions, and Change: Embedded Liberalism in the Postwar Economic Order,” *International Organization* 36 (spring 1982): 379 – 415; Mark Granovetter, “Economic Action and Social Structure: The Problem of Embeddedness,” *American Journal of Sociology* 91 (November 1985): 481 – 510; and Peter Evans, *Embedded Autonomy: States and Industrial Transformation* (Princeton, N. J.: Princeton University Press, 1995)。至于何人最早使用此一概念已无从考证，波兰尼有可能是从英国煤矿史的研究中借用此隐喻的。英国煤矿技术发展中，对如何挖掘嵌含在矿床中的煤炭，有诸多记载。

兰尼对于此词的使用有别于一般用法，即认为市场交易必须依靠信任、相互了解，以及契约的法律约束力。他以此词来彰显古典经济学者，尤其是马尔萨斯（Thomas Robert Malthus，1766－1834）及李嘉图（David Ricardo，1772－1823），与以前的思想家有何种重大区别。历史常规告诉我们，经济应服膺于社会，但他们的自律性市场却要求社会服膺于市场逻辑。他在本书第一部分写道："这就是何以市场对经济体制的控制会对社会整体产生决定性的影响，即视社会为市场的附属品，而将社会关系嵌含于经济体制中，而非将经济行为嵌含在社会关系里。"（这段话实际上是第五章开始部分的一段话。——译者注）但这样的说法，却使一些人误读了波兰尼的观点，他们误以为波兰尼宣称19世纪资本主义的兴起，导致经济体制成功地从社会中"脱嵌"（disembedded）出来，并主导社会。[①]

这种误读掩盖了波兰尼观点的原创性与理论的丰富内涵。波兰尼确实说过，古典经济学者希望能建立一个能从社会中脱嵌的经济体制，而且他们也鼓励政客们如此做。但波兰尼也强调他们无法也不可能达成此目标。他一再强调，一个脱

① 甚至著名的法国历史学者布罗代尔（Fernand Braudel，1902－1985）也误读波兰尼。见 Fernand Braudel，*Civilization and Capitalism Fifteenth－Eighteenth Century*，Vol. 2，*The Wheels of Commerce*，trans. Sian Reynolds（Berkeley：University of California Press，1992），pp. 225－229。

嵌且完全自律的市场经济只是空想，不可能存在。在本书第一章的第五段，他如此写道："本书的主题是，这种自律性市场的信念蕴涵着一个全然空想的社会体制（utopia）。假如不放弃社会之人性的本质及自然的本质，像这样的一种制度将无法存在于任何时期，它会摧毁人类，并将其环境变成荒野。"

脱嵌为何无法成功

波兰尼辩称，若要建立一个完全自律的市场经济，必须将人与自然环境变为商品，而这将导致两者的毁灭。他认为自律市场论者及其盟友，都不断尝试将人类社会推往自毁的深渊。但是，一旦脱缰的市场出现明显的影响时，人们会开始抗拒。他们不愿像北欧鼠（lemmings）一样成群结队跳下悬崖自杀。反之，他们将放弃自律市场的教条，挽救社会与自然以免于毁灭。由是观之，将市场从社会中脱嵌，就有如拉扯一条巨大的橡皮筋。要给市场更多自主性，就会不断增加社会压力。继续拉扯橡皮筋，不是使之断裂，造成社会解体，便是逼使经济回归社会嵌含的位置。

这个论点的基本逻辑就是基于波兰尼对真实商品（real commodity）与虚拟商品（fictitious commodity）两者之区分。所谓商品，按波兰尼的说法，就是为市场销售所生产的东西。依此定义，土地、劳动力与金钱都只是虚拟商品，因它们并非为市场销售而生产。劳动力是一种人类的活动，土地则是自然的一部分，而货币与信贷在某个社会的供需，则全由政策决定。但现代经济学却辩称：上述这些虚拟商品都应与真实商品一样按同一规则运作。波兰尼指出：这种诡辩有其致命后果。这意味着经济学理论乃是建构于谎言之上，而这谎言会将人类社会推向危机。

波兰尼的论述其实有双重意义。第一层的道德论述指出，全由市场价格来决定自然与人类，是一根本错误。这种论调违反人类有史以来的基本信念，即自然与人都有其神圣不可侵犯的面向，而此面向与服膺于市场的劳动力与自然格格不入。波兰尼反对将自然视为商品，实际上可说是开创了当代环境保护主义的先河。①

波兰尼论述的第二层意义，就是国家在经济上扮演的重要角色。② 虽说经济体有其自律性，但国家必须不断调整货币与信贷的供应，以避免通货膨胀及萎缩的双重危机。同样的，国家也必须为劳工需求的转变提供协助，救济失业工人，

---

① 要了解他对环境经济学的影响，可参考 Herman E. Daly and John B. Cobb Jr.，*For the Common Good：Redirecting the Economy toward Community，the Environment，and a Sustainable Future*（Boston：Beacon Press，1989）。

② 涵盖于波兰尼论述之下的是他对自律性市场的特殊批评。以生产商品而言，过多的商品导致价格下跌。要重建其合理价格，可借助增加消费及缩减生产来达成。但对虚拟商品而言，这种价格机制的作用却失效，因我们无法自动增减这些商品的供应。

为未来劳工提供教育与训练，并调控移民的流量。就土地而言，国家必须通过各种政策，以保障农民不受收成好坏或价格波动的影响，从而稳定粮食的生产。在都会地区，政府借助环境法规与土地使用法规，来调节土地利用。简言之，由于政府必须管控这些虚拟商品，而成为这三个最重要市场的核心。这自然无法支持市场自由论者认为政府应退出经济活动的观点。[①]

虚拟商品的存在，充分说明了何以经济无法从社会中脱嵌。真正的市场社会需要政府在市场调节上扮演积极的角色，而此角色有赖于政策决定，这些都不能化简为某种技术或行政功能。[②] 当国家政策朝向脱嵌，即变得更仰赖自律市场时，一般民众便会被逼得承担更多支出。工人及其家属因失业而变得脆弱，农民也因粮食进口而暴露于更多竞争之下。此时工人与农民也面临国家削减其应有的补助。通常在此情形下，

---

① 其他诸多商品亦如是，即市场竞争的前提就是政府的参与。下列一书就贴切反映此点，Steven Vogel，*Freer Markets*，*More Rules*：*Regulatory Reform in Advanced Industrial Countries*（Ithaca，N. Y.：Cornell University Press，1996）。

② 货币主义者曾数度试图建立一货币供应法则来决定货币供应量，并从而削减中央银行的控制权，但他们失败了。在此状况下，他们采取第二个削减中央银行权限的策略，就是批评他们的角色有如信教徒或占卜者。见 William Greider，*Secrets of the Temple*：*How the Federal Reserve Runs the Country*（New York：Simon & Schuster，1987）。

政府需投入更多努力，才有可能确保这些群体能承担支出的增加，而不致从事破坏性的政治活动。这也就是波兰尼所称的："自由放任其实是有计划的。"我们同时需要政治策略及压制，才有可能推动市场逻辑与其给一般民众带来的风险。[①]

不可能的后果

自由市场学者试图将经济从社会中脱嵌，却注定面临失败。但自由市场这种空想的社会观（utopia）却有惊人的学术复苏力。由于每当全面实施自由市场实验时，社会就会反弹并退缩，这些理论家便理直气壮地辩称：失败的理由并非其理论上有缺陷，而是因政客们缺少足够的执行决心，且自律市场的信念不能用历史的失败经验来否定。此派学者有完整的托词来辩解其失败。近来的此类狡辩，可见诸试图用"休克疗法"（shock therapy）将市场资本主义强加到俄罗斯

① 这也是波兰尼在讨论英国《新贫民法》时的重点。创造一个劳工市场需要政府大量增加其压制的力量。关于这一点，波兰尼的解释得到后世学者支持，如 Karel Williams, *From Pauperism to Poverty*（London: Routledge, 1981）。就《斯皮纳姆兰法案》而言，波兰尼的观点被质疑。对《旧贫民法》两个重要却对立的不同解读，可见 K. D. M. Snell, *Annals of the Labouring Poor: Social Change and Agrarian England*, 1660 - 1900（Cambridge: Cambridge University Press, 1985）；及 George Boyer, *An Economic History of the England Poor Law*, 1750 - 1850（Cambridge: Cambridge University Press, 1990）。

头上。虽然这次实验的失败有目共睹，但休克疗法的辩护者仍将过错归罪于政客头上。他们坚称，若非政客们太快向政治压力屈服，或者要是他们能坚持得更久，快速转向市场经济的预期利益就会马上降临。①

由于波兰尼对经济从社会中脱嵌极度怀疑，引发出他强而有力的“双重动向”论（double movement）。他声称，市场社会包含了两种对立的力量，即自由放任的动向以扩张市场，以及反向而生的保护主义以防止经济脱嵌，将经济从社会中脱嵌的努力必然会遭遇抗拒。虽说在保护主义运动中工人阶级扮演极重要的角色，但波兰尼明确指出，其他社会各阶层也会参与此运动。例如，当周期性经济萎缩伤及银行业时，商业团体就会要求强化中央银行，以区隔国内的信贷，免受国际市场的压力。② 换言之，即便是资本家也时而会抗拒自律性市场所产生的不确定性与波动，而要求保护政策来

---

① 明确使用波兰尼的观点来讨论东欧及前苏联地区的转型，可参考 Maurice Gloasman, *Unnecessary Suffering: Managing Market Utopia* (London: Verso, 1996); John Gray, *False Dawn: The Delusion of Global Capitalism* (London: Granta Books, 1998); and David Woodruff, *Money Unmade: Barter and the Fate of Russian Capitalism* (Ithaca, N. Y.: Cornell University Press, 1999)。

② 波兰尼在第十六章如此说明：“现代的中央银行本质上是一种为了提供保护而发展出来的策略，没有这个保护，市场将会摧毁它自己的产物——所有的商业。”

增加稳定性与可预测性。

波兰尼坚称："自由放任系由计划所产生，但计划本身却不是。"他批评自由市场论者，因他们认为抗拒全球化市场所建立的保护措施，都是出自"集体主义者的阴谋"（collectivist conspiracy）。反之，他认为建立保护屏障是一自发且非计划性的措施，由社会各阶层参与，以抗拒自律性市场所产生的无比压力。保护主义的反向运作，就是要防止脱嵌后的经济所造成的灾害。波兰尼认为朝向自由放任的经济动向，必须要有反向的力量以维持稳定。例如，美国在20世纪20年代（或20世纪90年代），其自由放任动向太过强势，过度的商业投机及不平等终究摧毁了持续繁荣的基础。不过，虽然波兰尼一般都会同情保护主义的反动向，但他也知道保护主义会导向危险的政治与经济的对峙僵局。他在分析欧洲法西斯主义的兴起时便指出，当此双重动向互不让步、也无法单方面解决困境时，社会压力就会上升，直至法西斯主义获得足够力量夺权，并背离放任主义与民主。①

波兰尼的双重动向论，截然有别于市场自由主义及古典马克思主义，因他认为任何时刻都有各种新的可能想象出现。市场自由主义及马克思主义都认为，每个社会都必须从此二

① 波兰尼讨论法西斯主义，可见其"The Essence of Fascism" in J. Lewis, K. Polanyi, and D. K. Kitchin, eds., *Christianity and the Social Revolution* (London: Gollanz, 1935), pp. 359 - 394。

者中选一：不是市场资本主义，就是社会主义。虽然两者想法对立，但他们却同意除此二者之外，别无其他选项。反之，波兰尼则认为自由市场资本主义并非真的选项，它只是一个虚无幻想。而在第十九章，他将社会主义定义为："是工业文明的先天倾向，这种倾向试图使自律性市场服膺于民主社会的方法，以超越自律性市场。"这个定义就意指社会主义国家中仍应有市场可扮演的角色。由于市场可以以不同形式被嵌含于社会中，波兰尼认为在任何时刻均可能有新的形式出现。当然，其中有些形式可能较能提升生产或推动创新，而另一些却较具"社会主义"色彩，能以民主程序来管控市场。波兰尼认为在19世纪及20世纪均曾出现过既有效且民主的另类选择。①

全球经济体制的重要性

波兰尼是个成熟的思想家，所以他并不认为每个国家都可随心所欲地找出调解此双重动向的做法。反之，波兰尼的

---

① 波兰尼带动研究各种类型资本主义的学派，尤其在20世纪80年代及20世纪90年代，他们显示出嵌含在美国、法国、德国、日本及其他国家的市场，都有明显的差异。见 Rogers Hollingsworth and Robert Boyer, eds., *Contemporary Capitalism: The Embeddedness of Institutions* (Cambridge: Cambridge University Press); and Colin Crouch and Wolfgang Streeck, *Political Economy of Modern Capitalism: Mapping Convergence and Diversity* (Thousand Oaks, Calif.: Sage, 1997)。

论点之所以适用于当前全球情势，正是因他将掌控全球经济的规则，置诸理论架构之中心。他分析两次大战间兴起的法西斯主义，就是因国际金本位制所扮演的关键角色，限制了一些国家的政治决策。要了解波兰尼的观点，我们必须先在此转变话题，来讨论金本位制的逻辑。不过，转变话题并非离题，因为金本位制直至今日仍对市场自由主义者具有强烈的影响。波兰尼认为金本位制是一杰出的智慧结晶，① 它可说是种制度创新，将自律性市场放诸实行，且一旦推动后，就可使自律性市场看似自然产生。

市场自由主义者希望能为世界创造更多的机会，以供国际市场扩张。但要达成此目的，他们必须设法让不同国家、持不同货币的人交易。他们认为，如果世界各国都能遵从下列三项简单原则来运作的话，世界经济就会有完整的自律机制：第一，各国应按定额黄金来决定其货币的价值，并按此价值自由买卖黄金；第二，各国应按其黄金储存量来决定货币发行量，即其流通货币是以黄金为后盾；第三，各国应尽最大努力，让其居民有最大的自由从事国际贸易。

金本位制为全球贸易自律提供了一个完美的机制。英格

---

① 黄金流通的机制是一创举，不需政府的干预。一个入不敷出的国家，因其货币供应增加，其价值就下降。当其价值低于黄金点（gold point）时，国际银行家就会用其货币购买黄金，并运出国外销售以获利。此时黄金就会从财政赤字国家流往财政盈余国家。

兰的商号能向全球各地输出商品，或在各地投资，因它们知道赚回来的货币就像黄金一样可靠。按理说，如果某国国民的国外消费超过其收入，而在该年出现赤字时，该国的黄金储存就会外流以支付外国债主。① 此时，该国的货币及信贷供应便会自动缩减，利息上升，物价与工资下降，内销需求降低，外销变得更有竞争力。此时，该国的贸易赤字会自动削减，各国的国际贸易量会自动达成平衡，不需政府出手干预。即便没有一个全球性政府或国际金融机构，全世界也会整合为单一市场。但同时，政治主权仍是分散在各民族国家手中，它们的自利需求引导它们自动接受金本位制。

金本位制的影响

金本位制的目的是建立一整合的全球市场，从而降低国家及政府的重要性，但其结果却适得其反。② 波兰尼指出，在 19 世纪 70 年代当许多国家采用金本位制时，此制度却极

---

① 黄金流动的机制也极精巧，且不需政府干预。因赤字国家支出大于收入，其货币供应量加大，其价值相对于其他货币就会降低。当其价值低过某一点—即所谓的“黄金点”—时，国际银行界就会购买该国黄金，并将之抛售到国外以获利。在此情形下，黄金就会从赤字国移转到盈余国。

② 当然，波兰尼也知道金本位制的实际运作与其理论有很大差异。见 Barry Eichengreen，*Globalizing Capital：A History of the International Monetary System*（Princeton，N. J.：Princeton University Press，1996）。

为反讽地加强了国家的重要性，以便整合内部。虽然市场自由主义者幻想塑造出一个和平的世界，其中唯一的国际竞争就是个体或企业试图超越其竞争对手，但他们以金本位制来建立此理想王国的企图，却制造出两次世界大战。

事实的真相是，金本位制的简单法则带给人们无法承受的经济损失。当一个国家的内部价格结构乖离国际价格水平时，其解决黄金外流的唯一合理做法，就是通货紧缩。这就意味着让经济收缩，直到递减的工资能降低消费需求，以重建外贸平衡。此时，工资与农产品价格都会下降，失业增加，企业与银行破产也急速增加。

但并非只有工人与农民觉得这种通货紧缩调整策略的代价过高。商业团体也无法忍受这种不确定及波动的结果。是以一旦金本位制确立之后，各社会阶层就会串谋以应对其冲击。他们采用的第一道策略就是提高保护性关税，以保障农、工产品。[①] 降低货物流通受价格波动的影响，可让各国在国际贸易中掌握较高的预测性，也不至因黄金突然外流而变得脆弱。

---

① 见 Peter Gourevitch, *Politics in Hard Times: Comparative Responses to International Economic Crisis* (Ithaca, N. Y.: Cornell University Press, 1986), 第三章; Christopher Chase - Dunn, Yukio Kawano, and Benjamin Brewer, "Trade Globalization since 1795: Waves of Integration in the World - System" *American Sociological Review* 65 (February 2000): 77 - 95。

另一对策就是在19世纪的最后25年间，欧洲各强权、美国、日本都纷纷建立殖民地。自由贸易的逻辑其实是强烈反殖民的，因为若是所有的贸易者都有平等的机会进入市场或投资，殖民帝国的支出便会超过其相对的利润。但在国际贸易的保护主义高涨时，这种计算方法就翻转过来。新建的殖民地受帝国关税的保护，而殖民母国的商人在殖民地的市场及原料有优先权。此时，建立帝国的竞争，加深了英国与德国之间在政治、军事与经济上的对抗，终而导致第一次世界大战的爆发。①

对波兰尼而言，我们无法从国家的生物基因中找到建立帝国的冲动。只有在它们试图自保，以减轻金本位制的无穷压力时，帝国野心才会出现。从富庶的殖民地输入资源，可让该国避免黄金突然外流所造成的危机，而剥削海外殖民地的人民，可让内部阶级关系和缓。

波兰尼指出，市场自由主义者空想的社会蓝图指引他们发明金本位制，并企图借之以建构一繁荣昌盛的无疆界世界。但金本位制所造成的持续震撼，却逼使各国加强其内部整合，并提升其国家甚至帝国疆界的重要性。金本位制不断对各国施压，但其作用却被兴起的各种保护主义（从关税到殖民帝

① 列宁认为，在资本主义发展的最后阶段，由于金融资本的增加，加深了帝国之间的冲突。波兰尼则持不同意见且费心地指出，其实金融资本家应可成为防止战争的主力。

国）抵消。然而，即便这个内在矛盾的制度随第一次世界大战崩溃，金本位制已被视为理所当然，一干政客也群起动员来重建它。不幸的是这出悲剧在20世纪20年代及20世纪30年代再度上演，各国也被迫在保护其外汇兑换率或保护其公民之间做选择。在此僵持对立时，法西斯主义乘虚而起。波兰尼认为这种法西斯冲动，即借牺牲个人自由以保护社会免受市场伤害，是一普遍的人性反应。但各地不同的条件，却可决定法西斯团体是否能成功夺取政权。

本书的当代意义

在当前全球化论争中，波兰尼的论点更显重要，因现时的新自由主义者又再度拥抱当年推动金本位制的空想社会蓝图。自从冷战结束以来，他们坚持全球经济的整合已使得国界变得陈腐，也为新世纪的全球和平打下了基础。一旦各国都接受全球市场的逻辑，且将其经济对自由流动的商品与资本开放，国际冲突就会被良性竞争取代，生产出更好的商品和劳务。与他们前辈相同的是：新自由主义者坚称，我们此时只需遵从自律市场的效应。

当然，现在的国际金融市场已与金本位时代很不一样。外汇兑换和国家货币都不再以黄金定位，大多数的货币都能按外汇市场的浮动而改变价值。此外，还有些强有力的国际金融组织，如国际货币基金组织及世界银行等，能操控全球金融。但隐藏在这些重大差异之后的，却是同样的基本信念，即如果每个人或每个企业都能得到最大的自由以争取个体利益的话，全球市场就会让大家得利。

这个信念隐藏在新自由主义者背后，引导他们去除贸易与资本流通障碍，以及减少政府对经济生活的“干预”。托马斯·弗里德曼（Thomas Friedman，1953－）这位有影响力的全球化捍卫者，就如此写道：“当你的国家领悟到自由市场的规则在今日全球经济中的重要性，且愿意接受其规范时，它就穿上一件我所称的‘金夹克’（the Golden Straitjacket）。金夹克就是全球化时代中政治经济的决定性外衣。冷战时曾有过毛装、尼赫鲁外套（Nehru jacket）、俄罗斯皮衣等，全球化则只有金夹克。若是你的国家还未穿上一件，它应很快就会为此治装。”① 弗里德曼继续说道，金夹克需要缩减政府，去除跨国贸易与资本流通的限制，并去除对资本市场的管制。此外，他更兴高采烈地描述一些投机炒卖外币及金融市场的“电子管理人”，如何移除这件夹克的枷锁。

波兰尼分析三种虚拟商品，指出这种新自由主义观的自律市场，在全球操作时是一危险的幻想。一如国家经济需要政府积极参与，全球经济也需要强有力的管控机构，包括最

---

① 见 Thomas Friedman, *The Lexus and the Olive Tree* (New York: Farrar, Strauss, 1999), p. 86。

终的贷款者。若无此种机构，个别经济体，甚至全球经济都会遭逢危机。

我们从波兰尼的著作中学到的更根本的论点是，市场自由主义者强加在一般民众头上的负担，毫无永续性。工人、农民及小商贩都无法忍受一种在日常经济活动中，经常有激烈波动的经济体制。简单来说，在新自由主义那种无国界且和平的虚幻世界中，数以百万计的平民，必须要有极大的伸缩性，以忍受每5－10年便出现一次的困境，并能以减半或更低的工资生存。波兰尼认为，这种伸缩性不但在道德上是错误的，且不实际，人们必然会动员起来以保护自身免受经济冲击。

最近持续提升的新自由主义，已因人们为抗拒全球化所带来的干扰，在世界各地激发出各种抗议风潮。[1] 当这种不满加深时，社会秩序便难以维持。而政客们为转移不满情绪，从国内或国外寻找替罪羊的风险也就会增加。这便是何以新自由主义的虚幻视野并不会带来和平，反而会造成冲突加剧。例如，在非洲许多地方，结构性调整政策所带来的毁灭性后果已瓦解地方社会、制造饥荒与内战。在后冷战时期，其他地区也出现好战的民族主义政权，它们对国内的少数民族及

① 见 John Walton and David Seddon，*Free Markets and Food Riots*：*The Politics of Global Adjustment*（Cambridge，Mass.：Blackwell，1994）。

其邻国都有侵略性的意图。[①] 更有甚者，全球各地都见得到好战组织，它们有时与宗教的基本教义派搅和在一起，也在准备利用全球化所带来的经济与政治震撼有所行动。倘若波兰尼是对的话，这些失序的信号便是将来更危险景况的温床。

民主的选项

虽然波兰尼在第二次世界大战时撰写本书，但他对未来却充满乐观。他认为国际冲突的恶性循环可被打破，第一步就是推翻社会生活必须服膺于市场机制的信念。一旦我们摆脱这种“陈腐的市场心态”，我们就可将各国经济体与全球经济都置于民主政治之下。[②] 波兰尼认为罗斯福总统（Franklin Delano Roosevelt，1882－1945）的新政，即是将来的一个可能模式。罗斯福的改革意指美国经济仍将按市场规律运转，但却建立了一套新的管控机制，使得人与自然免于市场的直接压力。[③] 在民主体制下，人民可以决定借助社会福利制

---

① 讨论近代因国际经济体制而造成国际动乱的例子，可参考 Michael Cossudovsky, *The Globalization of Poverty: Impacts of IMF and World Bank Reforms*（Penang，Malaysia：Third World Network，1997）。

② “陈腐的市场心态”是波兰尼一篇重要文章的标题，其后收入 Dalton, *Primitive, Archaic, and Modern Economies*。

③ 罗斯福的新政其实对环境保护几无贡献。不过当环境保护主义者获得足够政治力量来推动改革，设置环境保护署时，他们采用的就是新政的管控模式。

(Social Security）来照顾老人。同样的民主政治也扩大了劳工的权利，通过《全国劳工关系法》（National Labor Relations Act）以组织工会。波兰尼视这些创举为一新启程之开端，即社会可用民主方式来保障个人与自然免于经济危机。

波兰尼也预期，全球会有更高层次的国际经济秩序，来调节国际贸易与合作。他并没有提出具体的蓝图，但明确指出其原则：

> 然而，由于金本位制这个自动机制的消失，各国政府可放下最具干扰性的绝对主权面向，即拒绝在国际经济上合作。同时，这也可让各国按其特色建构其国内经济体制。如此就可以超脱19世纪虚假的教条，即在全球经济中，各国都需遵循统一的标准。

换言之，各国政府之间的合作，会产生各种协议来推动国际贸易。但各社会也会发展出各种策略，来减轻全球经济的压力。此外，由于单一经济模式的终结，发展中国家有更多机会来改善人民的生活。这个观点也假定会发展出一套全球管控机制，来约束市场的运作。①

---

① 如何落实此观点的讨论，可见 John Eatwell and Lance Taylor，*Global Finance at Risk*：*The Case for International Regulation*（New York：New Press，2000）。

波兰尼的看法是扩大政府在国内和国际的角色。他挑战现时流行的观点，即过多的政府只会带来低效率的经济后果，及国家对社会生活的过度干涉。对他来说，国家在处理虚拟商品上扮演不可或缺的角色，也因如此，我们可以抛弃市场自由主义者认为政府必定无能的僵化看法。波兰尼也明确驳斥政府扩张必然会导致压迫人民的说法。他辩称："市场经济的隐退，可成为一个前所未有自由时代的开端。法制与实际的自由能更扩大及普及化，管制与调控不但给少数人带来自由，且泽被群众。"但他此处所讨论的自由，超越一般学者所关心的减少经济或社会的不公平。他呼吁扩张公民自由（civil liberty），强调："在一个成熟的社会中，个人不服从社会的权利（nonconformity）必须获得制度性的保障。个人应能自由追随其良知行事，而不必担心在社会生活中会面临某种行政管理制度的干预力量。"

波兰尼最后以优美的文句总结本书："只要人们仍忠于其为全人类创造更多自由的任务，他就无须担心权力或计划会变成自由的障碍，并因其工具性而摧毁他所建构的自由。这就是在复杂社会中自由的意义，它赋予我们渴望的安定感。"[①] 当然，波兰尼对第二次世界大战后的乐观看法，事后

---

① 波兰尼认为，在一复杂社会中政府应有裁断权以使用暴力："权力与强制都是人类社会的现实。认为社会不应有此二者的看法都是错误的。"

证明并非完全正确。冷战的来临意味着美国的新政成为社会改革的终点，而非起点。全球经济合作很快就让步给扩大全球市场的动力。欧洲的社会民主政府，尤其是在斯堪的纳维亚地区，从20世纪40年代到20世纪80年代的显著成就，证明波兰尼的观点不止有力，而且可行。但在较大的国家中，波兰尼的观点则被排斥，而与其对立的市场自由主义观点，如哈耶克等论者，却逐渐得势，在20世纪80年代及20世纪90年代成为主流。

但现在冷战已成为历史，波兰尼原先的乐观也可能付诸实现。由于市场自由主义的非永续性所造成的经济危机，以及专制和侵略政权的再现，此时应可取而代之。其替代品即是世界各国人民共同努力，以民主政治驾驭经济，并借国际合作来重建全球经济。在20世纪90年代最后几年，我们已见到明确征兆显示，利用这种跨国社会运动以重建全球经济并非纸上谈兵。[1] 发达国家与发展中国家的活跃分子都组织各种战斗性的抗议活动，以对抗推动新自由主义规范的国际组织，如世界贸易组织、国际货币基金组织、世界银行等。世界各地的草根团体也开始展开对话，讨论如何重建

---

① 见 Peter Evans, "Fighting Marginalization with Transnational Networks: Counter - Hegemonic Globalization," *Contemporary Sociology* 29 (January 2000): 230 - 241。

全球金融体制。[1]

这些萌芽中的运动必然面临诸多挑战。南半球人民的需求与北半球常有冲突，也因此难以化解而建立长久的联盟。此外，当这种运动愈成功时，它所面临的策略性挑战也就愈大。我们无法确定国际秩序的改革是否能由下而上，而不致将全球经济因投资者恐慌而带入危机。不论如何，这是首次在人类历史上，跨国社会运动将全球经济管控机制作为其对抗的目标，确有重大意义。

这种跨国运动证明波兰尼观点的持续活力与实用性。对波兰尼而言，市场自由主义的致命伤就在于其将人类的需求，放置在一非人性的市场机制逻辑下。他坚持我们应使用民主政治的机制，来控制及指引经济发展，以满足个人及群体的需求。他告诉我们20 世纪因无法应对此挑战而造成的巨大伤害。他对 21 世纪的真知灼见，无比清晰。

---

① 要了解北美洲的观点，以及其他参考资料，可参阅 Sarah Anderson and John Cavanaugh, with Thea Lee, *Field Guide to the Global Economy* (New York: New Press, 2000)。

2001 年版说明

准备出版卡尔·波兰尼的《巨变》的更新版时，我对此书的 1957 年版做了些细微的修正。第一，新版包含了波兰尼在本书第一版于美国付梓之后所做的些许改变，而这些改变在本书被英国的戈兰茨公司（Gollancz）于 1945 年发行时，就已涵盖。第二，原本出现在 1957 年版“资料来源注释”最末端，关于《贫民法》的“其他资料来源注释”，现在已移到“资料来源注释”部分适当之处。第三，有些名字被改正，且将其拼音及标点改为现代使用的形式。最后，本书重新标示所有页数，因此不会出现早期美国版本中如 258A 页及 258B 页这种分页的情形。

弗雷德·布洛克（Fred Block）

作者致谢

本书是在第二次世界大战期间于美国写成。但其起源及终结都在英国，当时作者是牛津大学课外专修班以及伦敦大学对等课程的讲师。本书一些主要的议题与观点都是在 1939－1940 学年间成形，因作者当时在伦敦大学的莫利学院（Morley College）、坎特伯雷（Canterbury）和贝克斯希尔（Bexhill）等地为“工人教育协会”（Workers' Educational Association）开办的社会教育课程授课。

本书叙述的故事其实是一深厚友谊的故事。作者对英国的友人，尤其是艾琳·格兰特（Irene Grant）和她的朋友们，积欠最多人情。共同的兴趣将作者与维也纳的菲利克斯·谢弗（Felix Schafer）这位经济学者联系在一起，后者现在在新西兰的惠灵顿市（Wellington，New Zealand）。在美国，约翰·考恩霍文（John A. Kouwenhoven）如一挚友般阅读及编辑本书初稿。他的许多建议也纳入本书中。其他对作者帮助甚多的友人包括在本宁顿学院（Bennington）的同事霍斯特·

门德斯豪森（Horst Mendershausen）及彼得·德鲁克（Peter F. Drucker）。尤其是后者及其夫人，虽然他们完全不同意作者的论点，但却持续提供鼓励的源泉。而前者的关怀使其建议更加贴切。作者也要感谢罗格斯大学（Rutgers University）的汉斯·蔡塞尔教授（Hans Zeisel）对原文的细读。本书在美国出版，全靠考恩霍文主导其事，加上德鲁克与门德斯豪森的从旁协助。这层友谊令我感铭五中。

作者在1941－1943年间得到洛克菲勒基金会（Rockefeller Foundation）两年的奖学金，得以顺利的在佛蒙特州本宁顿学院完成本书，并于其后又被该校校长罗伯特·李（Robert D. Leigh）延揽任教，至为感激。筹备本书期间，作者于1940－1941学年发表一系列的演讲及主持一个研究生讨论会。本书所用研究材料则是由华盛顿的国会图书馆（Library of Congress，Washington，D. C. ），及纽约哥伦比亚大学的塞利格曼图书馆（Seligman Library of Columbia University）慷慨提供。我至诚感谢所有的人和机构。

第一篇

国际组织

第一章　百年和平

19 世纪的文明已经崩溃。本书所讨论的就是这一事件的 3
政治及经济根源，以及它所带来的巨大转变。

19 世纪的文明建立在四个制度之上。第一是均势制（the balance - of - power system），它在整整一个世纪内防止了霸权之间长久而毁灭性的战争。第二是国际金本位制（the international gold standard），它象征着一个独特的世界经济组织。第三是自律性市场制（the self - regulating market），它造就了前所未闻的物质繁荣。第四是自由主义国家制（the liberal state）。假如从一个角度将这四种制度加以分类，那么其中两种是经济的，另外两种是政治的。假如从另外一个角度来加以分类，那么有两种是国家性的，而另外两种是国际性的。这四个制度决定了我们的文明（指西方文明——译者注）之历史的独特轮廓。

在这些制度中，金本位制最具关键性；它的崩溃是这个大变动的近因。当它要崩溃时，其他的制度也在各种徒劳无功的挽救过程中牺牲了。

但是金本位制的源泉和母体是自律性市场制度。正是这个新制度培植了一个特殊的文明。金本位制其实不过是企图将国内的市场制扩展到国际领域上的一种制度；均势制则是金本位制的上层结构，且局部透过金本位制来运作；自由主义国家制度本身则是这种自律性市场制的产物。19 世纪各种制度之系统的关键乃是支配市场的一些规律。

本书的主题是，这种自律性市场的信念蕴涵着一个全然空想的社会体制（Utopia）。假如不放弃社会之人性的本质及自然的本质，像这样的一种制度将无法存在于任何时期，它会摧毁人类，并将其环境变成荒野。而无可避免的，社会将
4 采取手段来保护它自己，但不论社会采取哪一种手段都会损伤到市场的自律，扰乱到工业生活，进而以另一种方式危害社会。正是这种进退两难的困境使得市场制度发展成一种一定的模式，并且最终瓦解了建立在其上的社会组织。

像这样对人类历史中最深危机之一所作的解释看来必定过于简单。没有比试图将一个文明之本质及精神风貌（ethos）化约为固定的几项制度，试图选择其中的一项作为基础并以其经济组织之某些技术的特质作为理由来论辩文明之不可避免的自我毁灭更愚昧的事。文明就像生命一样，是从许多独立因素之间的互相作用产生出来的，一般而言，这些因素无法化约成几个有限制的制度。从制度结构的角度来

探索文明的衰落似乎是一个没有希望的企图。

然而这正是我们所要从事的工作。在这样做的时候，我们有意识地把我们的目标调整到这个主题的极端独特性上。19 世纪文明之所以独特，正是因为它确实是以一个明确的制度结构（a definite institutional mechanism）为枢纽。

任何令人满意的解释都必须能说明这个变动的急剧性。变动的冲力似乎已经被压抑了一个世纪，一连串的事件倾泻在人类头上。战争以其前所未有的形态带动了全球的社会转变，在其中，有些国家被摧毁了，而另一些新兴帝国则在血海中浮现出来。但是这一恶魔般的暴力只不过是飘浮在一道急剧而寂静之变迁洪流之上的事物，这道洪流吞噬了人类的过去，却不曾在表面上显出任何波痕！这一灾变的一个合理的分析，必须同时考虑到狂风暴雨般的行动和无声无息的崩解毁灭。

本书不是一部历史的著作，我们所追求的并不是重大事件之令人信服的前后关系，而是从人类制度的角度来解释它们的趋势。我们将自由地讨论过去的景观，以便从中了解现在；我们将详细地分析若干关键性的时期，而几乎完全忽视其间的连接点；我们将运用若干不同学科的知识，以追求这个单一的目标。

首先我们要讨论的是国际体系的崩溃。我们将试图说明一旦均势制所立足的世界经济崩溃了，它将不再能保证和平。5
这说明了这个破灭何以会如此的突兀，其崩解何以会以如此不可思议的速度进行着。

如果说我们的文明之崩溃在时间上是跟着世界经济的失败而来，后者却不是前者的起因。其起源可以回溯到100多年前西欧之社会的及技术的大变动，以及因此产生的自律性市场的观念。这个事件一直延续到我们这一代才结束，它结束了工业文明史上一个显著的阶段。

本书最后一部分将讨论到支配我们时代之社会变动及国家变动的一些结构（mechanism）。明白地说，我们认为人类现代的情况必须从危机的制度根源加以认清。

19世纪产生了西方文明史上前所未闻的现象，即1815年到1914年间的百年和平。除了克里米亚战争——它多少是个殖民地事件——之外，英国、法国、普鲁士、奥地利、意大利及俄罗斯之间的战争，总共加起来只有18个月。相较之下，前两个世纪中每个世纪平均各有60－70年的主要战争。但在19世纪，就是最凶猛的战争——1870年至1871年的普法战争——也仅持续不到一年，其后战败国能付出空前的赔款而没有任何有关通货的骚乱。

这一实用和平主义的胜利并不是当时缺乏冲突之起因的结果。伴随着这一和平景观的是各强权与大帝国之内在和外在情况都在不断地改变。这个世纪的前一部分，内战、革命及反革命的外力干涉很流行。在西班牙，昂古莱姆公爵

(Due d'Angouleme，1775－1844，原法皇查理十世之皇太子——译者注）率 10 万部队攻陷加的斯城（Cadiz，位于西班牙西南部的安达卢西亚省——译者注）；在匈牙利，毛焦尔（Magyar）族的革命在阵地战中几乎打败了奥皇，直到俄罗斯军队开到匈牙利境内，才将它镇压下去。此外，对日耳曼诸邦、比利时、波兰、瑞士、丹麦及威尼斯等国的军事干预显示出神圣同盟（Holy Alliance）无所不在。到了这个世纪的下半叶，进步的动力被解放出来；奥斯曼（Ottoman)、埃及和谢里夫帝国（Sheriffian，阿拉伯国名，位于今圣城麦加附近——译者注），都解体了或被分割了；中国在入侵之武力的压迫下， 6
向外国人打开了它的门户；在巨大的拉扯中非洲大陆也被瓜分了。同时，两个强权成为世界上重要的力量：美国及俄罗斯。德国及意大利完成了国家统一；比利时、希腊、罗马尼亚、保加利亚、塞尔维亚及匈牙利取得或重新取得主权国家的地位，在欧洲地图上占有一席之地。持续不断的战争伴随着工业文明的步伐侵入古老文化或原始民族的领域。俄罗斯对中亚细亚的军事征服，英国对印度及非洲的无数战争，法国在埃及、阿尔及尔、突尼斯、叙利亚、马达加斯加、印支半岛及暹罗的剥削，都引发了各霸权之间的争端，这些争端通常只能以武力加以解决。然而这些冲突的每一个都是局部性的；而其他无数的暴力变动事件不是由霸权以共同行动加以对付，就是以妥协含混应付过去。不论使用的方法有何不同，结果是一样的。在这一世纪的上半叶，宪政主义是被禁止的，且神圣同盟以和平之名压制自由，到了该世纪下半叶——又以和平之名——宪法被有生意头脑的银行家们强塞给强横的专制君王。因此，在各种形式的、不断改变的意识形态之下——有时是以进步与自由之名，有时是为了王权和教权，有时为了股票交易及支票簿，有时是以贪污及贿赂，有时借用道德的说辞和开明的诉愿，有时则使用舰炮和刺刀——达到同样的结果：维持了和平。

这种奇迹般的表现要归功于均势制的运用，它在此导致了一个不是它固有本质应该有的结果。就其本质而言，均势制应该产生一个完全不同的结果，也即各权力单元的生存；事实上，它仅仅假设三个或更多的权力单元运用的方式一定是按着结合弱小之权力单元的力量，来对抗最强之权力单元的力量的任何增长。在世界史的领域里，均势制是和那些借此来维持独立的国家有关的。但要达到这一目的，只能靠各国之间合纵连横般的战争。古代希腊或北意大利诸城邦的策略，就是这样的例子；这种各国之间合纵连横般的战争维持
7 了这些城邦长久的独立。同样原则的运用保全了《明斯特与威斯特伐利亚条约》（Treaty of Münster and Westphalia, 1648）所形成之欧洲诸邦的主权达 200 年之久。75 年之后，在《乌得勒支条约》（Treaty of Utrecht）中，所有签约国正式宣称遵守此一原则，他们把这个原则在一个制度中具体化，

因而以战争的手段为强国与弱国建立了生存的互相保证。在19世纪中同样制度所产生的结果却是和平而非战争，这是一个对史家具有挑战性的问题。

我们认为一个崭新的因素，是对和平之强烈兴趣的出现。传统上，像这样的一种兴趣是被视为超乎国家制度的范围之外的。和平与其结果之技能和艺术只是生活的装饰品。教会可能会像祈求丰收一样地祈求和平，但在国家行动的领域中它却鼓吹武力干涉；各国政府都将和平的位置放在安全与主权之下，也就是说放在不依靠最后手段之武力无法达到的意图之下。很少有比在一个社群之中有一个有组织之和平党派更不利于社群的事。直到18世纪后半叶，卢梭（J. J. Rousseau）还指责商人们缺少爱国心，因为他怀疑他们喜好和平更甚于喜好自由。

在1915年以后的改变是突然而彻底的。法国大革命的余波加强了建立作为一普遍利益之和平事业的工业革命的高涨形势。梅特涅（Metternich，1773－1859，奥地利首相，神圣同盟的缔造者——译者注）宣称欧洲人民需要的不是自由而是和平。根茨（Friedrich von Gentz，1764－1832，德意志人，后来成为梅特涅的助手——译者注）称爱国主义者为新的野蛮人。教会及君王们开始推动欧洲的非国家化。他们的说辞基于两方面的支撑：当时流行形式之战争的残酷性以及萌芽经济下和平之非常高涨的价值。

跟往常一般，这个新的“和平兴趣”的鼓吹者是那些首先由此获利的人，也就是那些其世袭地位受到当时席卷欧洲大陆之爱国主义革命潮流所威胁的王公贵族们。如是，在大约三分之一个世纪间，神圣同盟为积极的和平政策提供了强制武力及意识形态上的推动力；它的军队奔驰于欧洲，镇压少数民族，压迫多数人民。从 1846 年到 1871 年——“欧洲
8 史上最混乱多事的 25 年”[①] ——和平已不能完全确立，反动的衰退力量碰上了工业主义的成长力量。在普法战争之后的四分之一世纪里，我们发现由一个新的权力体——欧洲协调（the Concert of Europe）——所代表之和平兴趣的复活。

然而，兴趣跟意图一样必然仍是空想的，除非它们以某些社会制度的手段将之转化到实际政治中。在表面上，像这样的一种实现这种构想的社会工具是付诸阙如的；终极地说，神圣同盟与欧洲协调一样只不过是一群独立自主国的结合，而且它们也因此受到均势制及其战争制度的主宰。和平要如何维持呢？

诚然，任何均势制都会倾向于防止因一个国家企图改变现状而无视国际权力之重新调整所可能引发的战争。有名的例子是俾斯麦在 1875 年因英、俄的干预，而制止新闻界攻击法国（奥地利对法国的援助是被视为理所当然的）。这时欧

① Sontag, R. J., *European Diplomatic History, 1871 - 1932*, 1933.

洲协调联手对付孤立的德意志。1877 – 1878 年德意志无法阻止俄土战争，但却以支持英国对俄国之逼近达达尼尔海峡（Dardanelles）的嫉妒，成功地将这个战争地方化；德意志与英国支持土耳其对抗俄国——因而挽救了和平。在柏林会议上，列强提出了一个长远的计划以瓜分奥斯曼帝国在欧洲所拥有的领土；这终于防止了强权之间的战争——尽管在现状上产生了一连串的变化——这乃是因为各国能事先得知它们在战场上会遭遇到怎样的敌人。在这些例子中，和平是均势制可喜的副产品。

此外，在只涉及小国之命运时，战争有时也因审慎地消除其起因而得以避免。小国受到各种节制以防止它们以各种方法扰乱现状而引发战争。荷兰在 1831 年对比利时的入侵导致列强对后者的中立化。1855 年挪威被中立化。1867 年，荷兰将卢森堡卖给法国；德意志抗议这项交易，因而卢森堡也被中立化。1856 年时奥斯曼帝国的完整被认为是维持欧洲平衡的基本条件，并且，欧洲协调尽力去维护这个帝国；1878 年之后，当列强认为瓜分奥斯曼帝国是维持平衡所必须时， 9
对它的肢解也是以同样有秩序的方法来进行，虽然这两个个案所涉及的都是较小民族的存亡。丹麦在 1852 年至 1863 年之间，德意志诸邦在 1851 年与 1856 年之间，都威胁了均势制；每一次这些小国都为霸权强迫就范。在这些例子中，霸权用这个制度赋予它们的行动自由来达成一个共同的利益——碰巧是和平。

但无论是借着适时地澄清权力状况或是强制小国就范来偶尔地避免战争，这与维持百年的和平之间有一段很长的距离。国际的不平衡可以因无数的理由而发生——从皇家的桃色纠纷到河口的淤塞，从神学的争论到技术的发明。财富与人口的增长，或是其缩减，都会引起政治势力的蠢动；而外在的平衡必然反映出内部的情况。甚至一个有组织的均势制也只有在它能直接地影响那些内部因素并且在不稳定刚萌芽时就加以防范，它才能确保和平而没有永久的战争威胁。一旦不稳的情势累积成冲力时，只有武力才能纠正。常识告诉我们：要维持和平必须消除战争的起因；但一般人并不了解，为了达到这个目的，控制必须及于生活的最基层。

神圣同盟因具备了一些特殊的条件而得以达成这个目的。欧洲的王公贵族们组成了一个国际性的亲属体；罗马教会也在中欧、南欧为他们提供一个从最高社会阶层到最低社会阶层之志愿性的文官服务。于是这种血亲与神恩的阶级制度融合进一个有效的地方统治工具，只需要加上一点武力就可以确保欧洲大陆的和平。

但是继承它的欧洲协调却缺少这种封建的和教会的触须；它最多只能视为一个松懈的联盟，无法在凝固性上与梅特涅的杰作相比。它只有在极特殊的情形下才能聚集各强权国开会，而各国之间的猜忌导致了各种阴谋、诡计及外交破坏；

共同军事行动变得很少。但是神圣同盟以其思想上和目标上的全然一致，加上不时的军事干预才能在欧洲完成维持和平 10
的任务，到此时却能由这个称为欧洲协调之影子实体，使用较少的和较不压制性的武力在世界规模上达成这个任务。要解释此一惊人的成就，我们必须去找寻在这种新形势之下未为人所知但却强有力的社会工具，它们能扮演旧时代王室和宗教的角色，并且使得对和平的兴趣继续维持下去。这个无名的因素就是国际金融（haute finance）。

对于19世纪国际银行的本质至今还没有全面加以研究过，这个神秘的机构几乎不能从政治经济之神话的半隐半现状态中浮现出来。① 有些人认为它只是政府的工具；另一些人认为政府只是它在追求无止境之利益时的工具；有些人认为它是国际争端的播种者；而另一些人认为它是无力之世界主义榨取强国之精髓的工具。这些说法没有一个是完全错的。国际金融作为一个独特的制度而言，尤其是在19世纪的后30年及20世纪的前30年，确实是这个时期之世界政治与经济组织间的主要联系。它为一个国际和平体制提供了各种工具，它在各霸权的协助下运作，但它却不是由各霸权本身所设立或维持的。当欧洲协调只是这里那里的发挥作用时，国

① Feis, H., *Europe, the World's Banker, 1870 - 1914*, 1930，一部我们经常引用的作品。

际金融已经以一种最富弹性之永久性机构在运作了。它独立于任何政府之外——即使是最强大的政府——但却与所有国家保持接触；它独立于所有国家的中央银行之外——即使是英格兰银行——但却与它们密切联系。金融与外交之间，有着密切的关系；不论是和平或战争，两者之一在未了解另一者的意图之前决不会考虑任何长远的计划。而成功地维持全面和平的秘诀，无疑就在于国际金融的地位、组织及策略。

这个独特机构所拥有的人员及动机，赋予它国际性的地位，但其根基却深植于全然商业利益的私人领域。罗思柴尔德家族（Rothschilds，18、19世纪德国犹太银行家族——译者注）就不属于任何一个政府管辖；以一个家族而言，它体
11 现了国际主义的抽象原则；他们的忠诚只针对一个企业，其信用已经成为迅速成长的世界经济中政府与工业系统之间超越国家的联系。作为一种最后手段而言，他们的独立性来自当时急需一个能赢得政治人物及国际投资者双方之信心的独立自主的代理人；而这个分布在欧洲各国首都的犹太银行王国所享有之无实体的治外法权能为这种紧要的需求提供一个几近完美的解决方案。他们决不是和平主义者，他们因资助战争而致富；他们对道德考虑是无动于衷的；他们从不反对任何小型的、短促的及地区性的战争。但是霸权之间的长期战争会干扰到这个制度的货币基础，因而损害他们的事业。基于这些事实的逻辑，当全世界的人民都蒙受革命的转变时，

国际金融却承担着维护一般和平的工作。

就组织而言，国际金融是人类历史上所曾产生过之最复杂的制度之一的核心。虽然它是短暂的，但就其普遍性，就其形式与手段之丰富而言，只有人类追求工业及贸易的热衷可与之相比，在某种程度上它成为后两者的典型与相对物。国际金融本身除了其国际中心之外，还有大约半打左右的国家中心聚集于其发行银行及股票市场周围。国际银行不限于为各国政府融资的计划，它们在战争与和平之上冒险；它也包括投资于外国工业、公共设施及银行并长期贷款给外国的公共或私人企业。国家金融则是其缩影。单就英国而言就可数出 50 种不同形态的银行，法国和德国的银行组织也是特殊的。而在上述各国，其财政部的措施以及它与私人金融业之间的关系，都有显著的以及在细节上微妙的不同。金融市场处理各种不同的商业账单、国外付款、金融期票，以及通知存款和股票经纪人的其他设施。其形式则因各国之政体与特性而互有不同，每一种都各具其特殊的声望、地位、权威与效忠的对象，都各具有其货币与接触、支持社会气氛的资产。

国际金融并不是设计出来作为一个和平工具的。史家或
许会说这个功能是意外地落到它头上的，而社会学家则宁可 12
称之为可适用定律（law of availability）。国际金融的动机是图利；要达到这个目的，它必然要和政府保持良好关系——而后者的目的是权力与征服。在这个阶段，在政府方面我们

可以忽略政治力量与经济力量，以及经济目标与政治目标之间的区别；实际上，在这段时期自主国家的特质使得像这样的区别变得没有意义，因为不论它的目标是什么，政府都会经由国家力量之使用与增强来努力达成。另一方面，虽然国际金融的组织和人员都是国际性的，但也不能全然独立于国家组织之外。这是因为国际金融作为银行家们参与企业联合组织、国际借款团、投资团体、国外贷款、金融控制或其他大规模交易的活动中心而言，它必须取得国家银行、国家资本及国家金融的合作。一般而言，虽然国家金融比较不像国家工业那样容易屈从于政府，但仍然多少会如此，以致国际金融极想与政府本身保持良好关系。但是由于它的国际性地位与人员，以及它的私有财富与私人联系，使得它能在一定程度内独立于任何政府，并使它能提供一个新的利益，它没有自己特有的机构，也没有其他的制度能提供它所提供的这种服务，而这种服务——和平——对国家金融是至为重要的。所谓和平并不是不计一切代价的和平，甚至也不是以牺牲主权、独立、光荣或将来取得霸权等为代价所换来的和平，但是假如能不做这样的牺牲而取得和平的话，和平仍是和平。

舍此之外别无他法。力量终究优先于利润。不管这两者的范围如何互相交错重叠，最后总是由战争来决定商业的法则。譬如说，自 1870 年开始，法国与德国就是仇敌，但这并不排除两国间不确定的交易。两国偶尔也会为了短暂的目标而组织银行团；有些德国投资银行私下投资于边界另一边的企业，而不使其投资额出现于资产负债表上；在短期贷款市场上，法国银行方面给予德国贸易期票折扣并依担保物和商业票据担保而给予短期贷款；直接投资可见于炼焦和铁矿的密切结合，或诺曼底的蒂森（Thyssen）工厂，但这些投资只 13
限于法国的特定地区并且一直受到国家主义者和社会主义者双方面的攻击；直接投资更常见于殖民地，一如德国不断想得到阿尔及尔的高级矿产，或在摩洛哥的共同投资所显示者。但一个严酷的事实是：1870 年以后，法国官方对德国证券在法国交易所的严格管制没有一刻放松过。法国只是“不愿冒险让外贷资本的力量”① 加诸自己的头上。奥地利也受到法国的怀疑；在 1905 年至 1906 年的摩洛哥危机时，这种管制也延伸到匈牙利。巴黎的金融界要求容许匈牙利证券入口，但工业界却支持政府反对向一个可能的军事对手作任何让步的强硬立场。政治外交的竞争持续不断。任何可能增加假想敌之潜力的措施都被政府否决掉。从表面上看来，这种冲突已经数度看似被消除了，但圈内人都知道它不过是转移到深藏于和谐外表之底层。

或者以德国的东进野心为例。在此政治与金融也是混合在一起，但是政治仍占着上风。经过四分之一世纪的争执，

① Feis，H.，前引书，p. 201。

德国与英国在 1914 年 6 月就巴格达铁路签订了一份全面协定——但如某些人所说的，这已经来不及防止世界大战了。另外一些人则辩称：这个协议的签署证明了英、德之间的战争并不是由经济扩张的冲突引起的。这两种说法都不能用事实来加以证明。事实上这个协议仍留下了主要的争端不能解决。没有得到英国政府的同意，德国的铁路线仍然不能超过巴士拉城（Basra，在今伊拉克境内，近波斯湾——译者注），而且协议所涉及的经济区也必然会在未来导致双方的直接冲突。其间，各霸权也继续准备战争爆发之日，它比它们所推想的来得更快。①

国际金融必须巧妙应付各个大小强权互相冲突的野心与阴谋；它的计划常常遭到外交策略的干扰，它的长期投资常常陷入危险，它的建设性努力也常常受到政治的阴谋破坏和秘密阻挠。而各国的国家银行——没有它们国际金融即无能
14 为力——却常常成为该国政府的共谋，没有一个投资计划是安全的，除非能在事前就分配好参与者的战利品。然而，霸权金融通常并不是金元外交的受害者，而是受益者，它为金融界人士的丝绒手套提供了钢筋铁骨。商业的成功意味着无情地使用武力以对付较弱的国家，全面贿赂落伍的政府，以及使用各种狡诈的手段以取得类似殖民及半殖民时代的目标。

① 参见资料来源注释，第 434 页。

但由于国际金融在机能上的决定性地位使它能不断地避免全面性的战争。大多数政府公债的持有人，以及其他的投资者和商人，必然都会成为这种战争的受害者，尤其是当货币受到影响的时候。国际金融对霸权国所施加的影响力一向是有利于维护欧洲和平的。它的影响力是如此之大，使得各政府都必须在各方面依赖它的合作。是以每一次欧洲协调的会议都会讨论到它对和平的利益。如果我们加上在各国国内对和平的向往——尤其是那些已经培养出投资习惯的国家——我们就可以看出何以在当时大约几十个实际上已动员的国家中，武装和平这种恐怖的发明得以从 1871 年到 1914 年笼罩着欧洲而没有引发出毁灭性的战争。

在许多小国的会议及政策上，金融成为一有力的调节器，这正是其影响力的渠道之一。对这些小国的贷款及重新贷款，有赖于信用，而信用则有赖于这些政府的良好行为。因为在立宪政体之下（非立宪政体则广受责难），政府的行为会反映在国家预算和与预算分不开之货币的国际价值之上，负债国政府都被劝导要小心注意它们的外汇兑换并避免一些会损及预算形势之稳固的政策。一旦一个国家采用了金本位制——它限制金融波动到最低程度——这种有用的准则就变成有说服力的行为准则。金本位制和立宪主义就是使伦敦市的声息传到许多服膺于这个新国际秩序之象征物的小国的工具。不列颠统治下的和平（Pax Britannica）有时必须要以舰炮来维持其势力，但更常以适时地抽动国际货币网的丝线来达到其目的。

国际金融的影响力也经由它对世界上许多半殖民地——
15 包括在火药气氛甚浓之近东与北非的衰败回教帝国——之财务的非官方管理而确保。在这些地区，金融家的日常工作就会接触内政上的细枝末节，并为这些和平至为脆弱的地区提供实际的行政管理。这也就是何以在面对着几乎无法克服的障碍下，这些地区经常能确保长期资本投资的许多必要条件。在巴尔干、安纳托利亚（Anatolia，今土耳其——译者注）、叙利亚、波斯、埃及、摩洛哥和中国等地投资兴建铁路的史诗是一个艰苦与令人惊叹的故事，令人想起北美洲大陆之相似的事迹。然而，尾随欧洲资本家的主要危险并不是技术上或财务上的失败，而是战争——不是小国之间的战争（这很容易将之隔离），也不是一个霸权加诸一个小国的战争（这是常有且很容易发生的事件），而是霸权之间的全面战争。欧洲不是一个空无一人的大陆，而是数以百万计新旧民族的家园；每一条新建的铁路都要穿过各式各样之社会体的边界，其中有些社会体会因这种接触而衰落死亡，另一些则会增强生命力。只有对这些落后地区之衰败的政府施以金融铁腕支配才能避免灾难。当土耳其在 1874 年不偿还其债务时，军事灾难立即爆发，从 1876 年持续到 1878 年《柏林条约》签署为止。在其后的 36 年之中得以保住和平。这个令人惊奇的和平是由1881年的《穆哈雷姆敕令》(the Decree of Muharrem)提供工具而得到的，这一法令在君士坦丁堡建立了小奥斯曼国（the Dette Ottomane)。国际金融的代表受托管理土耳其的财政。在许多场合中他们精心安排强权之间的妥协；此外，他们也预防土耳其自己制造的麻烦；除此之外，他们则单纯地作为强权的经纪人；就整体而言，他们为债权人的金钱利益服务，并且，假如可能，为试图在这个国家取得利润的资本家服务。这项任务由于下列的事实而更加复杂：这个借款委员会并不是私人债权人的代表，而是欧洲公法下的一个机构，在此处国际金融只是非正式的代表人。但正是因为它这种双重性质的立场使它成为沟通当时政治和经济组织的桥梁。

贸易已经变得与和平息息相关。从前的贸易组织是军事 16
性的、好战的；它是海盗、流浪者、武装旅行队、狩猎者及设陷阱者、佩刀商人、城镇的武装市民、冒险者及探测者、殖民者及征服者、搜索者及奴隶商、特许公司（chartered companies）的殖民军队等的附属品。现在这些都被忘掉了。贸易现在依赖于一个在全面战争时就无法发挥作用的国际金融组织。它需要和平，而霸权们也努力去保持它。但是，如我们前面已经说过的，均势并不能自己确保和平。和平是由国际金融来达成的，它的存在具体的表现于贸易依赖和平的原则。

我们已经习惯于认为资本主义的扩张是一个非和平的过

程，而金融资本的扩张则是无数殖民罪恶及扩张侵略的主要挑动者。它与重工业的密切关系使得列宁认定金融资本是帝国主义产生的原因，特别是争夺势力范围、租借地和治外法权，以及西方强权得以压制落后地区，以便投资于铁路、公共设施、港口，及其他重工业等能取得利益之永久性设施的无数形式。实际上，商业及金融资本是许多殖民战争的原因，但它也是全面灾祸得以避免这一事实的原因。它们与重工业的联系——虽然只有在德国才真正密切——可以同时解释这两者。作为重工业之顶点组织的金融资本与工业之各种部门有千丝万缕的关系，而这使得任一部门都无法单独决定其政策。如果有一个部门因战争而获利，就会同时有其他部门因战争而遭受损失。当然，国际资本在战争中会是损失者；但即使是国家金融也只有在极端例外的情形下才能从战争之中获利，虽然它经常足以解释许多殖民地战争——只要它们是孤立事件的话。几乎每一场战争都是由金融家筹划推动的，但和平也是由他们安排达成的。

这样一个全然实用之机构的真正本质——一方面极力防止全面性的战争，同时也在不断的小战争之中提供和平的贸易——可以在国际法的改变上做最好的说明。当民族主义及
17 工业明显地使得战争更残忍、更全面时，在战争期间使和平贸易得以持续的有效屏障也被建立起来了。历史上记载着腓特烈大帝于 1752 年曾因“报复”而拒绝兑付欠英国的西里

西亚贷款。[1] 赫尔希（Hershey）说："但是在以后就从未有过这类事情，法国大革命战争提供给我们最后一个在战争爆发时没收交战地区之敌人的私有财产的重要例子。"在克里米亚战争爆发之后，敌对国的商人可以离境，这个措施在其后50年间被普鲁士、法国、俄罗斯、土耳其、西班牙、日本及美国所遵从。从那次战争开始以后，交战国之间也容许很大幅度的贸易。因此，在美国、西班牙战争期间，中立国的船只可以装着美国的商品（只要不是战争禁运品）直接驶往西班牙港口。认为18世纪的战争在所有方面都比19世纪的战争破坏性更小的看法是一个偏见。就以敌对国之国民的地位，敌对国之国民拥有的贷款、敌产或敌对国商人能离境等各方面来看，19世纪显示出一个在战争期间有利于保障经济体制的决定性转变。只有到了20世纪这个趋势才扭转过来。

因此经济生活的新制度提供了百年和平的背景。在第一个阶段时，就像拿破仑时代的骚乱所显示的，新生的中产阶级是一危及和平之主要的革命力量；神圣同盟为了对抗这股动乱的新因素才组织其反动和平。在第二个阶段时，新的经济已经获胜。这时中产阶级本身已经是和平利益的信差，并

---

① Hershey, A. S., *Essentials of International Public Law and Organization*, 1927, pp. 565 - 569.

且比先前反动的神圣同盟更为有力，而且受到新经济体制之国家的一国际的特性所滋养。但在这两种情况中和平的利益只有在均势制为它服务——也就是为它提供直接干涉各国内政的社会工具时，才有结果。神圣同盟时的社会工具是由教会之精神与物质力量支持的封建制度和主权；在欧洲协调时
18 它们就是国际金融和与其并存的国家银行制。这两个时期的区别已经没有必要再加以夸张。在 1816 年到 1846 年的三十年和平时期，大不列颠已经开始鼓吹和平与贸易，而神圣同盟也不藐视罗思柴尔德家族的贡献。再者，在欧洲协调时的国际金融也经常依赖它与王公贵族的关系。但是这样的事实只加强了我们的论点：在这两个时期之内，和平并不是只由霸权国的首相们所维系的，同时也得到一些为共同利益服务之具体组织的帮助。换句话说，均势只有在这种新经济的背景之下才得以避免全面性的战祸。但是欧洲协调的成就远大于神圣同盟：后者只在还没有变迁之欧洲大陆的有限地区内维持和平；而前者则在全世界范围内达成同一个使命——当时在社会与经济上的进步正将全世界革命化。这一个重大的政治成就是一个特殊体制——国际金融——出现的结果，国际金融是国际活动中政治与经济组织的现成联系。

现在我们已经能清楚地看出这个时代之和平的体制是建立在经济组织之上的。但是这两者的特性却很不一致。因为

欧洲协调本质上并不是一个和平机构，而只是一些受战争机器保护的独立主权政体，所以只有在最广义的意义之下才可以说这是一个世界的政治和平组织。相反的，世界性的经济组织却是真实的。除非我们使用较松懈的用法将“组织”一词不限定于一些由中央控制，而且由本身之部门来运作的个体，我们必须承认：没有一样东西会比这个机构所依赖的，而且全世界都接受的原则更为明确。也没有一样东西会比它的事实成就更为具体。国家预算与军备、国外贸易与原料供应、国家的独立与主权这时都成为通货及信用的功能。到了19世纪的最后25年，世界产品的价格已经成为欧洲大陆数百万农民生活中的主要事项；伦敦货币市场的波动每天受到全世界商人的注意；而各国政府也按照世界资本市场的情况来研究将来的计划。只有疯子才会怀疑世界经济组织是人类物质生存的主轴。因为这个制度需要和平以便运作，均势制
就被塑造出来为它服务。将这个经济制度拿走，和平的利益 19
就会从政治中消失。除此之外，就没有足够的理由来追求和平，在其存在的时候，也没有保护它的可能性。欧洲协调的成功源自这个新国际经济组织的需要，而当国际经济瓦解时它也自然会终结。

欧洲协调在俾斯麦时代（1861－1890）达到巅峰。在德国崛起取得霸权之地位以后的20年之间，它是和平利益的主要受益者。它以奥地利和法国为牺牲而跻身最前端的行列；

维持现状及防止战争——此时的战争只可能是对它报复的战争——是对它有利的。俾斯麦刻意培育和平的观念作为霸权国的共同事业，并且避免作出可能迫使德国损伤其和平强权地位的承诺。他反对在巴尔干半岛或海外的扩张主义；他一贯使用自由贸易的武器对付奥地利和法国；借着权力均衡游戏的帮助，他阻挡了俄国及奥地利对巴尔干的野心，因而保住了盟友并避免了可能使德国卷入战争的情况。这位在 1863 年到 1870 年间之老谋深算的侵略者，到了 1878 年却变成了一个诚实的经纪人及殖民冒险的反对者。他有意识地引导着当时的和平趋向以维护德国的国家利益。

然而，到了 19 世纪 70 年代末期，自由贸易的插曲（1846 - 1879）已经到达终点；德国实际上采用金本位制开启了保护主义及殖民扩张的时代。[1] 这时德国为了加强其地位而与奥匈帝国和意大利仓促结成同盟；不久之后俾斯麦就无法控制德国的政策了。从此以后大不列颠成为欧洲和平利益的领导者——欧洲当时仍然是许多独立主权国的群体并且受均势制的支配。到了 90 年代，国际金融达到其巅峰而和平似乎也是前所未有的稳定。英国和法国在非洲有不同的利益；英国和俄国在亚洲也互相竞争；欧洲协调此时虽已残缺却仍

---

① Eulenburg, F., "Aussenhandel und Aussenhandelspolitik," In *Grundriss der Sozialokonomik*, Vol. VIII, 1929, p. 209.

继续运作；尽管有三角同盟，但是仍然有两个以上的独立霸权，猜忌地注意着对方。但是好景不长。在 1904 年，英国与法国就摩洛哥与埃及做了一个全盘的交易；两年之后，它又与俄国就波斯达成协议，而且敌对的同盟也形成了。欧洲协调这个由若干独立国家所组织的松懈组织最后被两个敌对的权力集团取代了；作为一个制度的均势已经走到尽头。只有两个对立竞争的霸权集团就使它的机能停止运作。这时已经没有一个第三集团可以和其他两者之一联合起来对抗试图扩张势力的另一者。大约在同时，现存世界经济体制解体的征兆——殖民地的争夺及国外市场的竞争——变得尖锐起来。国际金融能防止战争扩散的能力很快地消失了。其后的七年间和平仍在苟延残喘着，将百年和平带到终点之 19 世纪经济组织的解体已经只是时间上的问题了。 20

依照这种认识，这种和平所依赖之高度人为的经济组织的真正本质对历史学家而言是极端重要的。

第二章　保守的20年代，革命的30年代

21 国际金本位制的崩溃，是20世纪以来世界经济组织解体与30年代人类文明转变这两者之间的无形联系。除非我们能认清这个因素的根本重要性，否则将无法正确理解这个将欧洲带上末路的制度，也无法理解可以说明一个文明之内涵与形成得以建立在如此薄弱之基础上这个惊人之事实的一些客观形势。

我们生活在其中之国际体制的本质直到它失败时都没有被真正认识到。当时几乎没有人了解国际金融制度的政治功能，所以这突然的转变震惊了全世界。在当时金本位制已经是传统世界经济仅存的支柱；当它倾倒时，其影响自然非常突兀。对自由主义经济学者而言金本位制是一个纯粹的经济制度；他们甚至拒绝将它看做社会机制中的一部分。因此民主国家是最后认识到这一灾变之真正本质并且最后应付其影响的国家。即使在灾变已经临头的时候，一些政治领袖仍未看出在国际制度行将崩溃的背后，即使是最发达的国家都有

一连串的发展使得此一制度变得落伍。换句话说，市场经济本身的失败仍然没有受到他们的注意。

这个转变的来临比一般所了解的更为突兀。第一次世界
大战与战后的革命仍然是 19 世纪的一部分。1914 年至 1918
年的冲突只不过是加速并无限地恶化一个外来的危机。但是
这个困境的根源在当时并没有被人认清：在生还者看来，世
界大战所带来的恐怖及破坏是阻碍国际组织运转的主要原因。 22
世界的经济组织及政治组织突然之间都变得无法运作，第一
次世界大战为人类所带来的可怕损伤似乎可以对此提供一个
解释。但事实上，阻碍战后之和平与安定的因素其实与引发
大战的因素是同一个。1900 年以来世界经济的逐渐瓦解要对
政治紧张及 1914 年的战争负责；因为消除了德国的竞争——
这使局势紧张之原因更加恶化，并且因而大大地增加了达成
和平之政治与经济的障碍——战争的结果以及和约的签署使
得局势的紧张在表面上看来是减缓了。

就政治而言，战后的和约隐藏着一个致命的矛盾。对战败国单方面解除武装阻止了均势制的重建，因为武力是这样一个制度之下不可或缺的要件。日内瓦会议曾徒劳无功的以一种称为国际联盟（the League of Nations）之扩大的、改善的欧洲协调的方式去重建这样一个制度；由于这时缺少独立霸权的基本前提条件，国际联盟规约所提供的磋商及联合行动也都徒劳无功。国际联盟从未真正奠立基础；其第十六款

“执行条约”，以及第十九款“和平修正案”都从未被实行过。它对解决燃眉之急的和平问题所能采用的唯一可行方案——均势制的重建——一无进展；所以这些20年代最出色之政治家们的真正意图根本就没有被一般人所了解，他们继续活在一个几乎是莫名其妙的混乱状态中。面对这个解除一些国家的武装，而让另一些国家保有武力（这种情况排除了任何可行的步骤以迈向有组织的和平）的惊人事实，一般流行的情绪态度是认为国际联盟具有一些神秘特性，可以使之成为一和平时代的前驱，所需要的只是经常在口头上加以鼓励使之成为永久性。在美国就有一种流行的看法认为如果美国参加国际联盟的话，事情的发展就会很不一样。没有比这更能说明人们根本不了解所谓的战后制度在机能上的弱点——我们在此称之为“所谓的”是因为如果语词有一个意义的话，此时欧洲根本没有任何的政治制度。像这种无可掩
23 饰的现状只有在各国筋疲力尽之前才可能持续下去；无怪乎只有回到19世纪的制度才是唯一的解决途径。在那个时候国际联盟似乎至少应该像欧洲协调在其全盛时期那样扮演欧洲督导团那一类的功能，但由于在处理重大事件时必须得到全体一致通过这一个要命的规定使得一些难以驾驭的小国竟成为世界和平的仲裁者。对战败国永久解除武装的荒谬措施排除了任何建设性的解决方案。应付这种灾难状况的另一个可行途径是建立一世界性的秩序，并赋予其超越国家主权之上

的有组织力量。然而，这个措施是全然超出当时的视野的。没有任何一个欧洲国家，更不用说美国，会顺从这样的一个制度。

就经济而言，日内瓦的政策一致强调重建世界经济以作为保障和平的第二道防线。即使是一成功地重建了的均势制也只有在国际金融制度复活之后才可能致力于和平。缺少稳定的交易及贸易的自由之下，各国政府就会像以往一样将和平视为次要的兴趣，只有在和平不会与它们其他的主要利益相冲突时，才会加以追求。当时主要的政治家伍德罗·威尔逊（Woodrow Wilson）就似乎了解到和平与贸易之间的互相依赖性不但是贸易的保障，也是和平的保障。无怪乎国际联盟一贯致力于重建国际货币及信用制度并以其作为维护主权国之间和平的唯一可能保障，而世界也前所未有地依赖着国际金融。此时，J. P. 摩根（J. P. Morgan）已经取代了罗思柴尔德成为这个再生之19世纪的守护神。

依照上一世纪的标准来看，战后的第一个10年被认为是一个革命的时代；但从我们现在的眼光来看，却正好相反。那10年的内涵是极端的保守并且表现出一个普遍的信念，认为只有重建1914年以前的制度，“这一次是奠立在一坚实的基础上”，才可能重建和平与繁荣。事实上，也是因为这个回复旧制度的努力失败了才产生了30年代的转变。战后10年虽然有极为壮观的革命及反革命，但它们或只是代表对战

24 争失败的机械性反应，或至多只是在中欧及东欧重演西方文明中熟悉之自由与立宪的戏剧；一直要到30年代才有全新的要素进入西方历史的模式里。

不论其情节如何，1917－1920年在中欧及东欧的动乱及反动乱都只是以迂回的方式重新建立那些战败了的政权。当反革命的烟雾消逝后，在布达佩斯、维也纳及柏林重建的政治制度与战前并没有多大差别，直到20年代中期，这对芬兰、波罗的海诸邦、波兰、奥地利、匈牙利、保加利亚甚至意大利及德意志等国而言也都是如此。有些国家在国家自由及土地改革方面取得极大的进展——这些成就从1789年以来在西欧是很普遍的。就此而言，俄罗斯也不例外。这个时期的趋势是不假思索地去建立（或重建）一个与英国、美国及法国革命之理想相近似的制度。就这个广泛的意义而言，不但兴登堡（Hindenburg）和威尔逊是在西方传统的主流之内，连列宁和托洛茨基（Trotsky）也是。

到了30年代早期，改变突然发生了。其划时代的重大事件是英国放弃了金本位制，苏联的五年计划，罗斯福实施新政，德意志的国社党革命，及国际联盟的崩溃而有利于专制帝国。在第一次世界大战末期，19世纪的理想仍然至高无上，它们的影响也笼罩了其后的10年，但到了1940年，所有这些传统之国际制度的痕迹都已经消失了，而且除了少数地区之外，各国都生存在新的国际环境中。

我们认为这个危机的根源是国际经济制度的崩溃。它从20世纪以来就已经只能忽停忽进地运作着，第一次世界大战及和约终于将它彻底破坏。到了20年代就变得更为明显，当时欧洲各国内部的危机，都是在最后变为国外经济问题而达到高潮。这时的政治学者并不按照大陆的分布来区分各国，而是依其对稳定币制的附着性来区分各国。卢布在苏俄的崩溃惊动了全球——此时卢布已因通货膨胀而变得一文不值。德国重复了这个绝望的手法以便把问题推给协约国；接着没收放贷者阶级的财产，为后来之纳粹党的革命奠定基础。日 25
内瓦的声望建立在它成功地帮助奥地利及匈牙利重建其货币上，而且因为对奥地利克朗（Krone，奥地利的银币——译者注）施以极为成功的手术（但不幸的是患者却并未生存），维也纳成为自由派经济学家的圣地，在保加利亚、希腊、芬兰、拉脱维亚、立陶宛、爱沙尼亚、波兰及罗马尼亚等国，货币的重建给反革命者提供了分享权力的机会。在比利时、法国及英国，左派也在健全的货币制度之名下被逐出政坛。一连串层出不穷的货币危机经由一个有弹性的国际信用系统将贫穷的巴尔干与富庶的美国联结起来，它先将一些未经完整重建之货币的紧张从东欧转移到西欧，然后再从西欧转到美国。最后美国本身终于被这些未完全稳定的欧洲货币所淹没。最后的崩溃开始了。

最初的震撼发生在国内的层面。有些货币，诸如苏俄的、德国的、奥地利的、匈牙利的，在一年之内就被扫除一空。这些货币之价值改变以前所未有的速率发生在完全货币化了的经济中。一种细胞组成的过程被引进了人类社会，而其影响却是在人类经验的范围之外。国内外都相同的是：缩减中的货币带来了分裂。各国都发现像有一道裂缝般将它们与邻国分离开来，而各国国内不同阶层的人此时也感受到完全不同的而且经常相反的影响。知识中产阶级实际上已经贫困化了，高利贷者则满载着可憎的财富。一个难以捉摸之融合与分解的力量已经进入舞台。

“资本外逃”是一个新现象。在 1848 年、1866 年及 1871 年都不曾有过这种事件。然而资本外逃却在 1925 年及 1838 年法国自由派政府的倾覆事件中，以及 1930 年德意志之法西斯运动的发展中扮演了重要的角色。

货币已经成为国家政治的中枢。在现代货币经济之下，每一个人在日常生活里都会体验到币值的收缩或膨胀；人们变得很关注货币；大众也将通货膨胀对实质收入的影响预先加以扣除；每一个人似乎都认为稳定的货币是人类社会的主
26 要需求。但是这种认识却不能与另外一种认识，亦即货币的稳定有赖于国内外的政治因素分开。因而上述这些社会动乱不但动摇了对某一货币内在稳定性的信心，也粉碎了在一相互依赖之经济体制内金融之自主这种天真的观念。此后，与货币相关的国内政治危机会引起严重的国际事件。

对金本位制的信赖是当时的信仰。对有些人而言这是天真的，对另外一些人而言这是吹毛求疵的，对其他的一些人而言则是一个魔鬼的信条，意味着只接受肉躯而排斥灵魂。但是这个信念的本身却是不变的，也即银行的币券之所以有价值是因为它们代表着黄金。不管黄金本身的价值来源是如社会主义者所称的体现了劳动，或者如同正统学说所称的因它实用而稀少，在这里都没有差别。天堂与地狱之间的战争忽略了货币这个问题，而将资本主义者与社会主义者奇迹般地联合在一起。李嘉图与马克思在什么地方合而为一，19 世纪时已知之甚详。俾斯麦与拉萨尔(Ferdinand Lassalle，1825－1864，德国社会主义者，他强调国家的地位，并偏好成立工人合作社的国家制度，他于 1863 年帮助成立第一个德国工人政党——译者注)，约翰·穆勒(John Stuart Mill，1806－1873，英国经济学家詹姆斯·穆勒之子，功利主义者——译者注）与亨利·乔治（Henry George，1839－1897，美国经济学家——译者注)，菲利普·斯诺登（Philip Snowden，1864－1937，英国社会党政治家，鼓吹自由贸易——译者注）与卡尔文·柯立芝（Calvin Coolidge，1872－1933，美国第 30 任总统——译者注)，米塞斯(Ludwig von Mises，1881－1973，奥地利学派经济学家——译者注）与托洛茨基等都接受同一个信念。马克思不厌其烦地指出蒲鲁东之乌托邦式的工人券（用以取代货币）是基于自我欺瞒；而《资本论》则在李嘉图理论之形式上蕴涵着货币之商品理论。苏俄的布尔什维克党人索科利尼科夫（Sokolnikoff）是战后依黄金而重建该国货币价值的第一位政治家。德国社会民主党人希法亭（Rudolf Hilferding，1877－1941）则因坚定地主张稳定的货币原则而危及他的政党；①奥地利的社会民主党人奥托·鲍尔（Otto Bauer，1881－1938）支持他的政敌塞佩尔（Seipel）以重建克朗为目的之货币政策；英国的社会党人斯诺登当他认为英镑制在工党手中不会安全时转而反对工党；墨索里尼则将90里拉（意大利货币）对黄金兑换的价值刻在石上，并宣称会为保卫其标准而不惜牺牲自己。就这一点而言，在胡佛与列宁，丘吉尔与墨索里尼的言辞中很难发现他们之间有何分歧。事实上，金本位制在国际经济制度运作上的重要性，是当时所有国家与所有阶级，以及奉有不同宗教信仰及社会哲学的人之间唯一共通的信念。就是由于这个无形的事实使得人们在振作起
27 来以重建他们破碎的生存时，有求生的意志。

重建币制的企图——后来失败了——是全世界所曾见到之最全面的努力。要稳住在奥地利、匈牙利、保加利亚、芬

① 希法亭在其名著《金融资本论》（*Das Finanz Kapital*，1910）一书中主张当资本主义社会继续存在，银行将借助金融资本控制大部分的工业，将其组成垄断的公司，而给予资本主义不断增加的稳定性。这是对马克思主张资本主义终将崩溃之理论的坦白否定。——译者注

兰、罗马尼亚或希腊那些已经彻底崩溃的货币，不只是这些弱小国家的一项信用措施（他们几乎都勒紧腰带以达到黄金的海岸），也是对那些强大而富有之保证人——西欧的战胜国——的一项严酷考验。只要战胜国的币值仍在波动，压力就不会显而易见；他们可以继续像战前那样贷款到国外并协助维持战败国的经济。但是当英国与法国重拾金本位制的时候，其稳定之兑换行市的负担就开始出现了。到最后，位居领导地位的金本位制国家——美国，也不得不对英镑的安全表示关切。这个跨越大西洋两岸之首要事物意外地将美国带入危险境地。这一点看起来似乎是很专业的，但我们却必须加以清楚的了解。美国在 1927 年对英镑的支持便包括降低纽约的利息以防止大量资金从伦敦移向纽约。联邦储备银行向英格兰银行保证会维持其利率；但在这时，美国本身却需要高利率，因为它自己的价格制度已经开始危险地膨胀了（这个事实被当时稳定的物价水平所遮隐着。虽然要维持物价的稳定必须大量削减支出，但原有的高支出预算却仍被维持着）。过了繁盛的七年之后，钟摆开始摆回，将美国带入 1929 年那个逾时甚久的不景气时，事情因当时隐藏性通货膨胀的状况而急剧恶化。负债者被通货紧缩所解放，眼看着他们膨胀的债主倒下。这是一个征兆。美国此时急于脱身，便在 1933 年放弃了金本位制。这个传统世界经济之最后痕迹至此消失。虽然在当时几乎没有人了解这个事件的深一层意义，但历史之齿轮却立即扭转了它的方向。

在那十年之内，重建金本位制已经变成世界团结的象征。从布鲁塞尔到斯帕（Spa，比利时东南部的小镇——译者注）和日内瓦，从伦敦到洛迦诺（Locarno，瑞士南部的观光小镇——译者注）及洛桑等各地召开了无数国际会议，以便找到稳定货币的政治前提。国际联盟本身也得到国际劳工组织的襄助，以便使各国的竞争条件相等，进而使贸易能自由开
28 放而不致危及生活水平。华尔街所推动之运动的中心题目，就是货币，希望能借此解决汇兑的问题。对战败国所须付出的赔款，首先是将之商业化，其次是将之活动化。日内瓦成为这个重建工作之过程的襄助者——在此伦敦及维也纳的新古典货币主义者双方的压力都被用来服务于金本位制；各种世界性的努力最后都是导向这个目标，而各国通常都以政策来配合保障货币稳定的需要，尤其是那些牵涉国际贸易、贷款、银行及汇兑等方面的政策。虽然每个人都同意稳定的货币终究有赖于贸易的自由，但除了教条式之自由贸易的信徒之外，所有的人都知道此时也必须采取一些实时措施以节制国际贸易及国外付款。像进口限额、延期偿债及止付的协议、票据交换制度及双边贸易条约、物品交换协议、限制资本外流、国外贸易控制及汇兑平准金等都逐渐在各国发展出来以应付这些情况。但各国自给自足的梦却与保护货币所采取的措施纠缠在一起。虽然各国的意图是贸易的自由化，但是其

结果却是贸易的窒息。各国政府所采取的这些措施非但不能达成世界市场的目标，反而限制了本国与国际机构的联结，而且各国为了保持微不足道的国外贸易也需要愈来愈多的牺牲。为了要保护货币的国外价值来作为国际贸易的媒介品所做的各种狂热努力驱使人们违背了他们的意志，而掉进专制的经济体制内。这种限制性措施的全套作法——这急剧地背离了正统的古典经济学——实际上是保守之自由贸易目标的后果。

这个趋向随着金本位制的最后崩溃而突然扭转。以往为
了重建它所做的各种牺牲现在必须再重复一次以便我们能不
依靠它而生存。以往为了维持币制之稳定而设计出来压缩生
活及贸易的那些制度，现在已经转而用来调节永远没有稳定
之货币制度时的工业生活。这可能就是何以现代工业结构能
承受金本位制崩溃的冲击而继续生存的原因。在挣扎着以维
护金本位制时，这个世界已经在无意间准备好一些必要的措
施和组织形态以调整自己去应付金本位制的失败。但是这时 29
发展的方向已经不一样了；在为这无法达成之目标所作的长
久奋斗中，那些承受最多痛苦的国家在复苏时却释放出无比
巨大的力量。国际联盟和国际金融都未能比金本位制活得更
久；在它们消逝的时候，国际联盟之有组织的和平利益，以及
其主要的执行工具——罗思柴尔德家族及摩根家族——都一道
从政治舞台上消失了。黄金线索的断裂是世界革命的导火线。

但是金本位制的失败至多只不过是为另一个即将来临之事件订下时间表而已，而这个事件因过于巨大以至于不可能是因金本位制的失败而起的。在世界许多地方，伴随着这个危机而来的是对 19 世纪之国家体制的全面破坏，这些体制在各地都被改变、重组得面目全非。许多国家的自由政府被专制集权所取代，而且 19 世纪的主要制度——基于自由市场的生产方式——也被新形式的经济所接管。当一些大国重新塑造它们的思想模式，并借一些前所未闻的宇宙观将自己投入战争，以收复全世界时，另一些更大的国家则冲向前去捍卫自由——这一概念在它们手上也同样取得了前所未有的意义。国际金融制度的失败虽然触发了这个转变，但却不能说明其深度与内涵。我们虽然知道为什么该发生的事情突然发生了（指国际金融制度的失败这个表面的原因——译者注），但我们仍然不知道为什么它竟然会发生（指更深一层的原因——译者注）。

伴随着这个转变而来的是规模空前的战争，这并不是意外的。历史是适应社会的变迁，国家的命运也与它们在制度转变中所扮演的角色相联结起来。像这样的一种共生互存的关系在历史上并不是没有先例的；虽然国家群体与社会制度各有其起源，但在它们为生存而挣扎时却常常会互相牵扯。这种共生互存之关系的一个著名例子是与资本主义和大西洋的沿海国家相联结的。商业革命是如此紧密地与资本主义之兴起相联结在一起，成为葡萄牙、西班牙、荷兰、法国、英国、美国等国取得霸权的工具；这些国家都从这广阔而深入的过程所提供的机会中得到利益，在另一方面资本主义本身也经由这些新兴霸权的媒介而传播到世界各地。

这个法则反过来也同样可以适用。某一个国家在其为生 30
存的奋斗中，由于其制度（或某些制度）正好属于趋向没落者，可能使其奋斗处于不利的地位——第二次世界大战时的金本位制度就是这种陈腐制度的一个例子。相反的，一些由于本身的特殊理由而违反这个常规的国家则可以很快看出现存制度中的缺点而预先制定更能适应它们利益的制度。像这样的国家就加速推开那些将要失败者，而抓紧那些由于本身之动力而向前迈进者。于是表面上看起来这些国家似乎开动了社会变迁的过程，但实际上它们只不过是这个过程的受益者，而且可能诱导这个趋向去为它们自身的目的服务。

因此德国在战败之后就处于一个有利的位置来认清19世纪之制度的潜在缺点，并利用这种知识去加速这种制度的灭亡。在30年代时，它的一些政治家就产生了一种邪恶之知识优越性，并将他们的脑筋转向这种破坏的工作，在他们企图强使事情的发展配合其政策之趋向时，就发展出金融、贸易、战争及社会组织之新的秩序。然而，这些问题的本身显然不是由那些为了使自己有利的国家创造出来的；这些问题都是真实的——客观地存在着——而且不管个别国家的命运如何都会继续与我们共存。再重复一遍，第一次世界大战与第二次世界大战之间的区别是很明显的：前者仍是 19 世纪的类型——均势制的失败所呈现出来之简单的霸权冲突；后者却已经是世界性大变动的一部分。

这种认识可以让我们对这一时期内惨痛之国家的历史从已经在进行的社会变迁中分离开来。这也使我们易于看出在什么情况下作为霸权国的德国、苏联、英国及美国，由于它们与这一社会过程的关系，是得到帮助或者受到扰乱。但是对这个社会过程本身而言，同样真实的是：法西斯主义及社会主义也以个别霸权的兴起为工具，来扩散它的信仰。德国及苏联就各自成为世界上法西斯主义及社会主义的代表。这些社会运动的真正意图，只有在认清了其超越的特性（不论
31 好坏）并且从它们所标示的国家利益中分离出来加以观察才有可能加以判断。

第二次世界大战时德国或苏俄所扮演的角色，或者意大利或日本、英国或美国所扮演的角色，虽然是世界史的一部分，却不是本书所要关心的；然而，法西斯主义与社会主义是本书主题之制度转变中的活生生的力量。这个导致德国及苏俄人民产生不可思议之欲望去要求取得前所未有之生活材料的冲创意志（elan vital）必须视为我们之故事开展时的实际素材，而法西斯主义及社会主义或新政（new deal）的目的是故事本身的一部分。

这就将我们带到本书之有待言明的论点：这个剧变的起源就在于经济自由主义企图去建立一个自律性之市场制度的空幻努力之上。这样一个论点似乎将神秘的力量赋予自律性市场制度；它意味着均势制、金本位制及自由主义国家制这些 19 世纪文明的基本要素最后都由一个共同的母体——自律性市场经济——塑造。

这个看法，如果不是因其粗陋的唯物主义而令人震惊的话，看起来是很极端的。但我们所目睹的这个崩溃中的文明之特殊性正好是：它建立在经济基础之上。其他社会及文明也都受它们生存环境中之物质条件的限制——这是所有人类生活甚至所有生命的共有特性，不论是有宗教信仰的或是没有宗教信仰的，唯物主义者或精神主义者。所有形态的社会都受其经济因素的限制。19 世纪文明却是一个不同的、有独特意义的经济，这是因为它选择了一种特殊的动机作为本身的基础，而这种动机在人类社会之历史上从未被认为是正当的，而且从未被提高到成为日常行为之准则的程度，这就是图利。自律性市场制度就是从这个原则中导出来的。

这个图利动机所推动的机制，在效能上来说，只有历史上宗教狂热所激发出来之最剧烈的暴乱可以与之比拟。在一代人的时间里，全人类都深受它的影响。就如每一个人都知道的，它成长于 19 世纪前半叶工业革命创始阶段的英国。它
在 50 年后传到欧洲大陆及美国。最后，在英国、欧洲大陆， 32

甚至在美国，同样的措施也将日常事务塑造成一定的形态，其特性在所有西方国家都完全一致。要探讨这个剧变的起源，我们必须转向市场经济的兴起与没落。

市场制度产生于英国——但是在欧洲它的弱点才导致最悲惨的并发症。要了解德国的法西斯主义，我们必须回到李嘉图的英国。19 世纪是英国的世纪，这一点是不必夸张的。工业革命是一个英国的事件。市场经济、自由贸易，及金本位制等都是英国发明的。这些制度到了 20 年代在各地都崩溃了——在德国、意大利或奥地利，此一事件只不过更具政治性、更为剧烈而已。但不论这最终之插曲的景观及热度如何，破坏这个文明的远因必须从工业革命的起源地——英国——加以探讨。

第二篇

市场经济的兴衰

第一卷 撒旦的磨坊

第三章 “居住环境与进步”

18 世纪工业革命的中心，是在生产工具上奇迹般的进 35
步，这是伴随着一般人民灾难般的流离失所（dislocation）这个现象而发生的。

我们将试图分析造成这种流离失所之状况——就如一个世纪之前出现在英国时之最恶劣的情况——的起因。哪一种“撒旦的磨坊”会把人们碾成一团？在什么样的程度上这是由于新的物质条件所引起的？在什么样的程度上这是由于经济依赖于新的状况下之运作所引起的？是什么样的机构制度使得旧的社会纽带摧毁殆尽，而在另一方面却无法有一个人与自然之新的整合？

自由主义哲学最彻底的失败在于它对变迁问题的了解上。怀着对自发性之情绪性信仰，它不愿以一般常识的态度去面对变迁而以一种神秘的意愿随时准备接受经济进步的社会后果，不论这些后果可能是什么。政治科学及经国治术的基本真理首先受到怀疑，然后将之忘掉。当一个漫无目标之变迁的过程在其步调过于迅速时，如果可能的话，我们必须减缓其速度，以保障社会福利，这个道理是不用多加说明的。这种家喻户晓之传统政治的真理经常反映着从古代传袭下来之社会哲学的教训，但是到了 19 世纪，由于受到对所谓无意识之成长的自我治疗机能持着一种粗糙功利主义的、非批判地信赖的态度的侵蚀，这个政治真理被从有教养的思想中清除掉。

经济自由主义因为坚持从经济观点来评断社会事件而误
36 读了工业革命的历史。要说明这一点，我们将从一个看似无关紧要的题目着手：英国都铎王朝（Tudor period，1485 - 1603）早期之圈地并把耕地转变为牧地的运动，当时的田野及共有地都被贵族圈围起来，而且整个乡村都受到人口递减的威胁。我们这样回过头来看圈地及把耕地改变为牧地所带给人们的悲惨状况，其目的是一方面要借此指出圈地运动及工业革命两者所带来的灾祸（虽然它们到最后都是有利的）之间的相似，另一方面则要借此弄清楚一个社会在经历漫无节制之经济进步的苦痛时所面临的各种抉择。

假使当时不将耕地改成牧地的话，圈地运动可以说是一个明显的进步。被圈围之土地的价值是未圈围之土地的两三倍。在耕地被保持的地方，就业并没有降低，而且食物的供给明显增加。土地的收成显著提高，尤其是在土地出租的时候。

即使当时将耕地改为牧羊场也并不全然不利于邻近的人，尽管此举破坏了居住的环境并限制了就业的机会。家庭手工业在 15 世纪后半叶已经在扩散，而且在一个世纪之后它就已经成为乡村普遍的景象了。牧羊场生产的毛料给小佃农及被迫停耕的无地者提供了就业的机会，而且新的毛纺织工业中心也保证了一些技术工人的收入。

但是问题的重点是：只有在市场经济制度之下才有可能发挥这种取长补短的补偿效果。在没有这样一种市场经济时，牧羊及贩卖羊毛这些高收益的行业反而可能会摧毁乡村。那些将“沙土变成黄金”的羊也同样会将黄金变成沙土，就如最后发生在 17 世纪西班牙的财富上那样：它那受侵蚀的土壤已经永远无法从过度扩张的牧羊场中复原了。

1607 年的一份为贵族院所拟的官方文件用一强而有力的说辞点明了变迁的问题：“穷人必须满足于其目的：居住环境；而士绅们的欲望则不应受到阻挠：进步。”这个公式很明显地将纯粹经济进步的本质——以社会之秩序错乱为代价来达到进步——视为理所当然。但它也暗示着悲惨的贫困：穷人恋恋不舍他们的茅屋，而这注定要因有利于私人之公共进步这一富人的欲望而遭到破坏。 37

圈地运动曾经很贴切地被称为富人对抗穷人的革命。地主们和贵族们搅乱社会秩序，破坏旧有的法律和习俗，有时候甚至使用暴力，但通常是使用压力和恐吓。他们实际上抢夺了穷人在公有地上的权份，铲倒了他们的房子。依照传统的习俗，穷人们一向将这些权份视为他们及其子孙的产业。社会的基本结构遭到破坏；荒芜的村落和倾倒的住屋证实了这个革命的残暴性，它同时也危及乡村的自卫能力，荒废了其城镇，减少了其人口，把过度使用的田地变为废土，困扰了其人民并把他们从平常的农夫变为乞丐及小偷等乌合之众。虽然这些状况只是零星地发生，但这些黑点有扩散为普遍灾祸之虞。[①] 国王和其枢密院、其属僚以及主教们护卫着社会的福利，亦即保卫社会之人的、自然的资产以对抗这个灾祸。最晚从 15 世纪 90 年代到 17 世纪 40 年代的一个半世纪里，他们坚持不懈地对抗人口的递减。在凯特叛乱（Kett's Rebellion）被敉平之后（在整个过程中有数千农民被屠杀），保护者萨默塞特爵士（Lord Protector Somerset）丧生于反革命者的手中，这些反革命者将《圈地法》从政府法规中除掉并建立了畜牧业地主的专政。萨默塞特爵士被指控的是（不失为真实）：他强烈诋毁圈地运动，因而鼓动农民造反。

大约在 100 年之后，第二轮的实力竞争在同样的对立者之间展开。不过这时的圈地者已经不是地主和贵族，而大多

① Tawney, R. H., *The Agrarian Problem in the Sixteenth Century*, 1912.

是富有的乡绅及商人。此时国王有计划地运用特权将世俗和教会的高阶层政治卷入冲突以阻止圈地运动，并且同样有计划地运用圈地的争议来加强他在立宪斗争中的地位以对抗士绅，这个斗争的结果是斯特拉福德（Thomas Strafford，1593 - 1641，英国政治家——译者注）及劳德（William Laud，1573 - 1645，英国大主教——译者注）死在议会手中。但他们的政策不论在工业上或政治上都是反动的；再者，这时的圈围地大多已经用于耕作，而非放牧。此时内战的浪潮已经卷入都 38
铎王朝及早期斯图亚特王朝（Stuart，统治英格兰及英格兰的贵族家庭，詹姆斯一世时入主英国——译者注）的公共政策。

19 世纪的史家——如果不是十分反动的话——都一致谴责都铎王朝及斯图亚特王朝早期的政策是煽动性的。他们自然较同情议会，而议会是站在圈地者这边的。吉宾斯（H. de B. Gibbins）虽是市井小民的真挚友人，却写道："像这类保护性立法，就如一般保护性法令一样，全然无效。"① 英尼斯（Innes）的话更是明确："处罚流浪汉的一般对策和试图强迫工业转移到不适宜的地段，以及将资本导入利润较少之投资以制造就业机会的做法，都一如往常般失败了。"② 盖尔德纳

---

① Gibbins，H. de B.，*The Industrial History of England*，1895.

② Innes，A. D.，*England under the Tudors*，1932.

(Gairdner) 更毫不犹豫地诉诸自由贸易的观念作为“经济法则”:“经济法则当然没有被了解。当地主们发现将耕地改为牧场以增加羊毛的生产会更为有利时，立法者却企图防止地主们铲除农民的住居。这些经常重复出现的法案只显示出它们在实际上是如何的无效。”① 最近，经济学者赫克歇尔（E. F. Heckscher）强调同样的信念，认为重商主义应该由一个未曾充分了解之复杂的经济现象来加以解释，这是人类的脑筋还要经过几个世纪才能完全加以掌握的主题。② 事实上，反圈地的立法似乎从未能阻止圈地运动的进行，甚至也未能严重地扰乱它。约翰·黑尔斯（John Hales，1584－5656，英国传教士及学者，专长希腊史——译者注）虽然毫无保留地偏向一般人民的福利，但也承认无法搜集足够证据以对抗圈地者，他们常常将其仆役安插到陪审团，“而其仆役及食客是如此众多，使得每个陪审团都无法没有他们的家仆及属从”。有时圈地者只要在田地里随便犁上一道沟畦就可以避免惩罚。

像这种把私人利益置于正义之上的普遍现象经常被视为立法无效的证据，而圈地者终能克服无数的阻挠而获得最后的胜利，则进一步被用来证明此一“反动的干涉主义”的无

---

① Gairdner，J.，“Henry VIII”，in *Cambridge Modern History*，Vol. II，1918.

② Heckscher，E. F.，*Mercantilism*，1935，Vol. II，p. 104.

效。但是这样的一种看法似乎全然没有掌握到问题的重点。 39
为什么圈地运动的最后胜利可以用来证明延缓其进展的努力是无效的呢？为什么这些反圈地立法的目标不能从它们所达成者，亦即延缓变迁的速度，来加以认识呢？假如从这个角度来看，这些立法虽未能全面阻止圈地运动，但也并不是完全无效的。变迁速度的重要性并不亚于变迁本身的方向；虽然后者经常并不由我们的主观意愿来决定，而我们所能忍受的变迁速度却允许由我们来决定。

对自发性之进步的信仰必然会使我们忽视政府在经济生活中所扮演的角色。这个角色包括调整变迁的速度，并依实际的情况使之加快或减缓；假如我们相信变迁的速度是无法调节——或者更坏的，如果我们认为调节其速度有如亵渎神明——那么自然就没有加以干预的余地了。圈地运动提供了这样一个例子。我们现在回过头去看，可以清楚地看出西欧经济发展之倾向的目的是要消除农业技术、混耕地条（intermixed strips）及公有地之原始制等人为地维持着的划一。就英国而言，发展羊毛纺织对该国是一项资产，并进而引导棉花工业的建立——这是工业革命的媒介。再者，英国纺织业的增加有赖于国内羊毛生产的增加。这些事实就足以说明在经济进步的潮流下从耕地变为牧场的变迁，以及与之俱来的圈地运动。然而，对都铎及早期斯图亚特王室之政治家一贯维持的政策而言，这种进步的速度可能是有破坏性的，并且把过程本身转化为一退化的事件以代替一建设性的事件。他们对这个进步之速度的主要考虑是这些流离失所的人是否能适应变迁的条件而不会致命地伤及其人性的与经济的、物质的与道德的本质；他们是否能在与变迁不直接连接的机会园地里找到新的职业；是否会因外销的增加而引起输入的增加，因而使那些因经济变迁而失去职业的人得到新的生活必需品。

上述这些问题的答案取决于变迁与适应之相对速度中的
40 每一个事例。经济理论上常用之“长期性分析”在这里是不可以用的；它们会假设此一事件发生于一市场经济之中而对问题加以预先判断。不论这个假设看似多么自然，它们是不能被证明为正当的：我们常会忘掉市场经济是一个只有在我们这个时代才出现，而且即使在现代也只是在局部地方出现的一种制度结构。然而除掉了这个假设，“长期性的分析”是没有意义的。假如一个变迁的即时结果是有害的，假如将耕地变为牧场意味着要摧毁许多房舍，抛掉许多就业机会，以及减少粮食的供应，那么这些结果必须视为最后的结果，直到反面的证据出现。这并不排除下列可能结果的考虑：外销的增加对地主之收入的影响；地方上羊毛供应之增加所造成之就业的可能机会；或是地主们使用他们的新财富——不论是用于再投资或奢侈品的消费等。只有将变迁的速度与人们适应的速度相比较才能决定何者可以视为变迁之净结果。但是没有一种情况我们能假定市场规律在发挥作用，除非一个自我调整的市场被证明是存在的。只有在市场经济之制度背景中，市场规律才是相关的；并不是都铎时代的英国政治家背离了事实，而是现代的经济学家们背离了事实，他们的责难蕴涵着市场制度的存在。

英国经得起圈地运动的灾难而没有受到严重的伤害是因为都铎王室及早期斯图亚特王室运用皇室的权力来阻缓经济进步的速度，直到进步的速度变成社会所能忍受的程度——使用中央政府的力量来救助这个变迁过程中的受害者，并且试图把变迁的过程导引到比较不具破坏性的方向。当时那些有特权的部会大臣们并不是保守者；他们表现了新的经国治术之科学精神，欢迎外国的技术人员移民入境，积极地推广新技术，采用统计方法和记录的精密习惯，轻视习俗和传统，反对因时效而得到的权利，剥夺教会的特权，对习惯法（Common Law）不加闻问。如果创造发明会促成革命的话，他们是当时的革命者。他们献身的是一般人民的福利、权力的装饰以及统治权的威严；但是未来却是立宪制及议会的天 41
下。皇家的政府终于让步给代表一个阶级的政府——这个阶级领导着工商业的进步。立宪的大原则与政治革命结合起来剥夺了皇权——它在那时已经舍弃了他所有的创造性职能，皇室的保护性作用对这个经历了转变风浪的国家已经不是那么重要了。皇家的财务政策现在不当地限制了国家的力量，并开始妨碍其贸易；皇室为了维护其特权而愈来愈滥用特权，因而损害了国家的资源。它对劳工与工业的卓越管理，以及对圈地运动的审慎控制，仍然是它不褪色的成就。但是由于新兴中产阶级资本家及雇主是这些保护措施的主要受害者，因而人们更加容易忘掉这些成就。一直要到两个世纪过去了英国才再度享受到像共和制（the Commonwealth，1649－1660年的英国——译者注）所摧毁的那样一个有效率的、有秩序的社会行政体制。固然，这一种家长式的行政体制在这时已经不是那么必要了。但是从某一方面来说，这个时间上的断裂产生了无穷的伤害，因为它有助于将圈地时期的恐怖以及政府在克服人口流失之危难所达到的成就从国家的记忆中涂掉。也许这可以说明何以当150年以后之工业革命发生同样的灾变并威胁到国家的生存及福祉时，人们却未能认清这个危机的真正性质。

工业革命也是英国所特有的；这个时代也是海上贸易成为使全国变成一个整体之变动的源泉的时代。这时也因巨大的进步，而对一般人民的居住环境造成前所未有的破坏。这个过程还没有进行多久，劳动者已经被挤到荒芜的新处所，即所谓的英国工业城镇；乡下人已经被非人化而成为贫民窟的居民；家庭走向破灭之途；这个国家的很大一部分在“撒旦的磨坊”所吐出之煤渣废料的堆积下迅速消失了。所有不同立场、不同党派的作家，不管是保守派或自由派，不管是资本主义者或社会主义者，都一致指称工业革命之下的社会状况是人类堕落的真正深渊。

到目前为止对工业革命还没有一个令人满意的解释。当 42
时的人心想他们已经在支配财富与贫穷的铁律——他们称之为工资律与人口律——中找到了惩罚之钥；这两者后来都被否定了。剥削被主张为对贫富的另一个解释；但是这也不能说明工业贫民窟的工资高于其他任何地区并且在下一个世纪继续上升的事实。一些错综复杂的原因也经常被引用，但总是不能令人满意。

本书的解答绝不是简单的，它实际上构成本书的主要部分。我们认为凌驾圈地时期之动乱的一连串社会动乱已经降临英国；这个灾变是经济进步之巨大潮流的附属物；一个全新的制度机构开始在西方社会中运作；它带来的危机——在一开始时就显得很汹涌——从没有被真正克服过；19 世纪文明的历史包含了许多去保护社会以对抗这个机制之损害的尝试。工业革命只不过是一个任何宗派所能想象得到之最极端、最激烈的革命之开端而已，但是新的教条是绝对唯物的，并且相信只要有无限的物质用品，全人类的问题都可以迎刃而解。

人们已经无数次地谈论过工业革命的故事：市场是怎样地扩张，煤与铁的存在和潮湿的气候一样有利于棉纺织业的发展，18 世纪之新圈地夺取了无数民众的财产，自由制度的存在，机器的发明，以及其他交互作用地引起工业革命的原因。大多数人都同意没有一个简单的原因可以从整个链锁中抽离出来作为这个意想不到之事件的唯一原因。

但是我们要如何界定这个革命本身呢？它的基本特性是什么呢？是否就是工业城镇的兴起，贫民窟的出现，童工的长时间工作，某些类工人的低工资，人口增长率的上升，或者是工业的集中化？我们认为这些都只是市场经济之建立这个基本变迁的副产品，而且这一制度的本质在机器生产对一
43 个商业化社会的冲击还没有被认识之前是无法完全加以掌握的。我们并不认为机器引起了那些已经发生了的事情，但我们认为一旦精巧的机器及工厂被用于一个商业社会的生产之后，一个自律性市场的观念必然会具体化地实现。

在一个农业与商业的社会里，特殊化之机器的使用必定会产生特定的效果。这样的一个社会包括买卖农地之产品的农民与商人。有特别的、精巧的、昂贵的机器及工厂来帮助的生产只有在使买卖易于发生的情形下才能与这样一个社会相称。商贾是唯一适于从事这项工作的人，只要他不因此而受到损失。他会以同样的态度在不同的状态下把商品卖给那些有需要的人；但是他会以不同的方法取得商品，也就是他并不是购买已经完工的成品，而是购买必要的劳动力及原料。将这两者按照商人的指示结合在一起，加上他已经开始着手生产后的一些等待，就等于新产品。这并不是家庭式工业或者只是“投资”的描述，而是任何种类之工业资本主义——

包括我们自己这个时代的——的描述。这种生产方式对社会制度之影响的重大后果随之而来。

因为精巧的机器是昂贵的，除非用来大量生产商品，否则是不值得的。[①] 只有在商品的出路合理地得到保证，并且只有在机器所需要的原料不会短缺而使生产停顿的情形下才有可能使用机器而没有损失。对商人来说这意味着所有与生产有关的要素他都要卖，也就是他们必须能让任何有能力购买的人买到需要的数量。除非能满足这个条件，否则对于投下资本的商人以及依赖这种持续生产以得到收入、就业和产品之社群这两方面而言，使用特殊的机器来生产是太过于冒险的。

对一个农业社会而言，这样的条件不会自然产生；它们必须被创造出来。虽然社会应该逐渐创造出这些条件来，但是这依然会产生各种惊人的改变。这个转变包括了社会上一 44
部分成员在行为动机上的改变：为稻粱谋的动机被图利的动机取代了。所有的交易都变为金钱交易——而这又需要将一种交易的媒介品引进工业生活的每一个环节。所有的收入必须是得自卖出某些东西，而且不管一个人之收入的实际来源是什么，它必须被视为卖出某些东西的结果。这些意义都包含在“市场制度”这个简单的名词里，我们将它看做前者之

① Clapham, J. H., *Economic History of Modern Britain*, Vol. III.

制度的模型。但是这个制度最惊人的特色是它一旦建立了以后就必须在没有外力的干扰之下运作。没有人能保证得到利润，而商人必须从市场中得到利润。价格必须能自行调整。这样一个自律性的市场制度就是我们所说的市场经济。

早期的经济转变到市场制度是如此之彻底，以至于从持续成长及发展的角度来看，它比任何改变都更像毛毛虫的蜕变。例如，我们可以拿商人兼生产的贩卖与购买这两种活动来比较；他所贩卖的只是成品；不管他是否能找到买主，都不会影响社会的构造。但是他所购买的是原料和劳动力——也就是自然和人。一个商业社会里的机械生产实际上就是将社会之人的本质与自然的本质转化为商品。这个结论虽然是不可思议的，却是不可避免的；假如不是这样就不会达到目的：很明显的，这样的机制所引起的秩序错乱必然会拆散人与人之间的关系，并且以毁灭来威胁他的自然居所。

这样的一个危险事实上是迫切的。如果我们检查支配自律性市场之机制的法则，我们将会看出它的真正特质。

第四章　社会与经济制度

在着手讨论支配市场经济的一些法则——就如19世纪所尝试建立的——之前，我们必须对这样一个制度之基础的特殊假设有一个可靠的了解。 45

市场经济意味着一个自律性的市场制度；用更专门的名词来说，这是一个由市场价格——而且只由市场价格——来导向的经济。这样一个能不依外力之帮助或干涉而自行组织整个经济生活的制度，自然足以称之为自律性的。这些粗浅的分析就足以显示出在人类史上这样一个冒险事业之前所未有的特质。

让我们把意思讲得更明确一点。没有一个社会能不具有某种形态的经济制度而长期地生存下去，但是在我们这个时代之前没有一个经济是受市场的控制（即使是大体上的）而存在的。尽管19世纪学院的咒文是如此持续不断地此唱彼和（地认为自利是人的本性，是人类经济生活的基本动机——译者注），事实却是：在交易上图利从没有在人类经济上占过如此重要的地位。虽然市场的制度从石器时代后期就已普遍出现，但它在经济生活中的角色只不过是附属性的。

我们有充分的理由就我们现有的数据来坚持这个看法，没有一个思想家像亚当·斯密（Adam Smith，1723－1790，现代经济学之父，《国富论》作者——译者注）这样主张社会上的分工有赖于市场的存在，或者以他的话来说，有赖于人类之“以物易物、买卖和交换等的禀性”。他这句话后来就产生了“经济人”的观念。我们现在回顾历史，对过去之正确了解有助于对未来的预测。这乃是因直到亚当·斯密的时代，他所说的那种禀性还没有明显地出现在任何已知社会
46 的生活中，而即使出现也只不过是经济生活中的附属品而已，但在100年后，工业制度已经全面推展到世界的主要地区，这意味着（不管是从实际上来说或从理论上来说）人类已因这一特殊的禀性而支配了所有的经济活动，甚至包括其政治上、智能上及精神上的活动。斯宾塞（Herbert Spencer，1820－1903，英国的社会哲学家，提倡社会达尔文主义——译者注）在19世纪后半叶，也根据他对经济的粗浅了解，将社会分工的原理和以物易物及交换看做同样的东西。再过50年之后，米塞斯（Ludwig von Mises）及李普曼（Walter Lippmann）也重复了同样的谬误。在那时候这种谬论已经没有必要去加以辩论了。许多政治经济学、社会史、政治哲学及社会学方面的学者都跟随着斯密的足迹，并且把他这种物物相易之野蛮人的模型作为他们学科上的公理。就事实而言，

亚当·斯密对于早期人类之经济心理学上的意见与卢梭对野蛮人之政治心理学的意见一样是假的。与人类社会一样古老的职业分工现象，实际上是因性别、地理环境及个人禀赋之不同而来的；而将人类以物易物、买卖及交易等看做自然禀性是全然无稽的。就历史学与民族学所知道的各种经济制度而言，它们大都具有某种市场的结构，但是在我们这个时代之前，没有任何社会的经济是由市场控制和调节的。这在我们分别地综览经济制度和市场的历史以后就会非常清楚。直到近代为止，市场在许多国家的国内经济上所扮演的角色都是无足轻重的，其后当它们转变为市场模式所支配之经济时，其变化就会益发清楚地显现出来。

首先，我们必须抛掉一些有关原始人之所谓图利嗜好的
19 世纪之偏见，这些偏见构成了亚当·斯密之假设的基础。
因为他的金科玉律对人类紧临的未来比对模糊的过去更有关
联，这使得其信徒们对人类早期的历史有一种奇特的态度。
从表面上看，一些证据似乎指出原始人完全不具有资本主义
的心态，实际上他们有着共产的心态（后来这一点也被证明
是错的）。据此，经济史家倾向于将他们的兴趣局限于比较
晚近的历史——这时买卖及交易已经有了一定程度的发
展——而将原始经济划归史前史的范围。这不知不觉地使他 47
们研究的比重偏向市场行为的心理学，他们认为在过去短短

几个世纪的相对短时期里，每一样东西都导向建立后来果真出现的市场制度，并因而忽视了其他暂时消失了的倾向。要纠正这样“短视”的看法很明显的要将经济史与社会人类学结合起来，而这是一直被忽视的课题。

我们今天不能再重蹈覆辙。这种将人类过去一万年及先民社会视为只不过是真正文明史的序曲，而文明只从1776年出版《国富论》以后才开始的见解，已经是落伍的看法了。这段插曲现在已经结束了，要探索未来的可行道路，我们必须除掉跟随前人步伐的本能癖性。但是亚当·斯密那一代的人将原始人视为倾向于以物易物及买卖的偏见，致使他们的信徒不去研究早期的人类，就如现在所知他们从没有从事这项有价值的研究工作。古典经济学家的传统——他们试图基于所谓人类的自然习性来建立市场的法则——现在已经被另一种倾向取代了，这种倾向不再把“未开化”之人类的文化看成与了解现代问题有关，因而不去研究它。

亚当·斯密及其徒众对早期文明的这种主观态度对科学心灵毫无魅力。文明人与“未开化”人之间的不同是被过度夸张了（尤其在经济领域上）。根据历史学家所说的，直到最近为止，欧洲农村之工业生活的形式与几千年前毫无二致。自从引进犁——本质上是由兽力拖曳的锄头——以后，西欧及中欧大多数地区的农业直到现代开始的时候都没有基本的改变。这些地区之文明的进展主要是在政治、知性及宗教上；

从物质条件上看，公元1100年时的西欧很难比得上1000年前的罗马帝国。甚至在这段时间之后，较容易改变的仍是在经国治术、文学及艺术，尤其是在宗教及学问上，而不是在工业上。就其经济而言，中古欧洲足可比拟古代波斯、印度 48
或中国，但在财富及文化上，却绝对无法与2000年前埃及的新王国较量。韦伯（Max Weber）是当代经济史学家中首先反对漠视原始经济并视之为与文明社会之动机及机构制度无关者。其后社会人类学家的研究证明他显然是正确的。最近对早期社会的研究所得到之最明确的结论之一，就是人作为一个社会分子的不变本质。在任何时间及地点的各种社会里，他的自然本质不断以惊人的持续性一再出现；人类社会生存的必要先决条件，看来是恒久一致的。

最近历史学及人类学研究的重要发现是，就一般而言，人类的经济是附属于其社会关系之下的。他不会因要取得物质财物以保障个人利益而行动；他的行动是要保障他的社会地位、社会权力及社会资产。只有当这些物质财物能为他的目的服务时他才会重视它。生产及分配的过程并不与占有物品这个特殊的经济利益相联结；相反的，这些过程里的每一步骤都是配合着一些特殊的社会利益，这些利益驱使人们依某些特定的步骤而行动。这一类的利益在一个小的狩猎或捕鱼社团自然有异于一个巨大的专制社会，但在这两种社会中，经济制度都是由非经济的动机所推动。

从生存的角度来看，这种解释至为简单。举一个部落社会为例。（在这样的社会中）个人的经济利益并不是最重要的，因为社群会保证它的成员免于饥馑，除非这个社群本身遭到灾变，而即使在此时，受到威胁的仍是整体的利益，而非个人的利益。另一方面，维持社会的纽带却是很重要的。第一，如果一个人不顾为整个社会所接受的有关名誉或慷慨的习俗，他就会自外于社会而成为一个流浪者；第二，从长久而言，所有的社会义务都是互惠的，满足这些义务也最符合个人之给予——获得的利益。这种状况必然对个人产生一种持续的压力，将经济上的自我利益从他的意识中除掉，直
49 到他在许多（但并不是所有）情况中都无法从这种利益的角度来理解自己的行动所产生的结果。这种态度更因间歇性的团体活动——诸如分享共同狩获的食物，或参与大规模的、危险的部落战争——而加强。从社会威望的角度来衡量，慷慨无私的回报是如此的大，使得除了全然无私之外的其他行为都不值得一试。个人的禀性与这个态度的形成根本无关。从不同的价值标准而言，人可以是好的，也可以是坏的；可以是合于社会的，也可以是反社会的；可以是嫉妒的，也可以是慷慨的。仪式分配（ceremonial distribution，在重大宗教仪式时，将个人或团体的财富分配给参与仪式者——译者注）的基本意义就是避免社会成员产生互相嫉妒的念头，一如公开赞美一个勤劳的、娴熟的或成功的园圃者（除非他太成功了，

在这个情况下他就可能被人幻想为施展黑巫术者而被迫销声匿迹）。人类的激情（不管是好的或坏的）只导向非经济的目的。仪式时展陈财富可以激发人们的竞争到最高点，而共同劳动的习俗则会把（劳动之）质与量的标准提高到最高点。所有以馈赠礼物形式出现之交换行为——这些馈赠者期待以后会得到回报，虽然并不一定是从同一受惠者而来的回报——的过程通常都经过精心的安排，并且由公开的、巫术仪式的及各团体之间以相互的义务联结起来之“互惠性”等精巧的方法保障。这一事实本身即可说明在这些社会里，除了传统上提高社会地位的物质财物之外，缺少图利的观念，甚至缺少财富的观念。

在这一对西美拉尼西亚社群之一般特质的勾勒中，我们并没有分析它的两性及地域组织——这些都受到习俗、法规、巫术及宗教的影响——这乃是因为我们只想表明所谓的经济动机是起源于社会生活之中。现代民族学家大都同意下列几个观点：（原始民族）缺少图利动机；缺少以劳动取得报酬的原则；缺少最省力的原则；尤其最缺少基于经济动机而来之独特的制度。然而，他们如何确保生产及分配的秩序呢？

其答案就在于两个与经济并没有直接关联的行为原则：
互惠（reciprocity）及再分配（redistribution）。[①] 假如以西美 50

① 参见资料来源注释，第443页。本章大量采用马林诺夫斯基和图恩瓦尔德的工作成果。

拉尼西亚的特罗布里恩德岛民（the Trobriand Islanders）为例来说明这种形态之经济的话，互惠主要是与该社会的两性组织——即家庭与亲族组织——有关；而再分配则与属于一位共同首领底下的所有人有关，因此具有地域性的色彩。让我们分别讨论这两个原则。

供养一个家庭——包括妇女及儿童——是母系亲族的责任。一个男人将最好的作物收成供给他的姐妹以及她们的家庭，就此，他能因他的良好行为得到夸奖，但却不能换取直接的物质利益；如果他懒散的话，他的名声就会首先受损。互惠原则的运作使他的妻子及她的小孩得益，并因而在经济上补偿他的道德行为。仪式时展陈在他自己的园圃前及受惠者之仓库前的食物可以让大家知道他在园艺上的高度才能。显而易见的是：园艺经济及家庭经济都构成与优秀的耕作技术及良好品德相关之社会关系的一部分。互惠这个广泛的原则有助于保障生产及供养家庭两者。

再分配原则也一如前者一样有效。这个岛上很大一部分农产品是由村落的首领收集后转交给部落的首领而保存在仓库中。但是由于所有的小区活动都是环绕着宴饮、舞蹈及招待其他邻岛居民等（其时人们将远途交易的成果拿出来分配，按照礼节赠礼或回赠，而部落首领赠送习俗性的礼物给所有参加者），这时仓库制度的重要性就明显地看出来了。就经济上而言，它是现存之分工、对外贸易、为了公共目的而抽取税金及防御设施等制度的根本部分。但此一再分配经济体制的各种功能此时却完全被热情的、生动的仪式活动所吸收，这些活动还为整个社会架构之下的每一项行动提供各种非经济的动机。

但是，诸如此类的行为准则并非一定有效，除非这些社会里现存的制度有助于其运作。在缺少文字记录之帮助及精 51
密之行政管理的状况下，互惠及再分配得以维持这种经济制度的运作，乃是因为这些社会的结构具有解决这一问题的一些先决条件，即对称性（symmetry）及集中性（centricity）等原则。

互惠由于对称性之制度模式而得以顺利推广，这个制度模式是无文字民族之社会中常见的特征。我们在部落中所发现之"二元性"得以将人际关系成对分开，并因而在缺少文字记录时促成物品及劳役的互相交换。野蛮社会中的对偶族（moiety，即将一个部落划分为对称的两半——译者注）是为每一细部制造一个"对等单位"（pendant），即源自且有助于互惠的活动，并依此而建立其制度。对于"二元性"的起源我们所知不多；但在特罗布里恩德岛上每一个海滨的村落似乎都有一个对等的内陆村落，借此达成面包果与渔产的重要交易——虽然这些交易常常隐藏在互赠礼物的形式之下，并且在时间上不连接。在库拉交易（Kula trade，美拉尼西亚岛民交换蚌贝类饰物的仪式，详见后——译者注）时也一样，每个人在另一个岛上都有他的交易对手，因而使得互惠关系极端个人化。但就部落之细分，聚落的分布以及部落与部落间的关系等之对称性的出现频率而言，长期倚赖着个体之间单独的互赠活动所建立起来之广泛的互惠关系，并不实用。

出现在所有人类团体中的集中性原则在某种程度上为物品及劳役的聚集、储存和再分配提供了可循的轨迹。一个狩猎部落的成员通常都将猎物交给首领，以便再分配：狩猎社会的特质，一则是有赖于集体合作，再则是不定量之猎物的供应。在此情形之下，假如这个部落要避免在每次狩猎之后就分解，那么舍此之外没有其他更可行之共享猎物的方法。在所有的实物经济社会中，不论这个团体有多少人，相似的需要都存在着。而境域愈大则产品愈多，则愈有效的分工会导致再分配，这是因为它有助于将地理上不同之生产者联系起来。

在这种社会里对称性及集中性会与互惠及再分配的需要
52 相协调，制度形式及行为准则通常会互相适应。只要社会按其常规运作，个人的经济动机就无须介入；在这种社会里逃避个人的责任是无足挂虑的；分工合作会自动进行；经济义务会按时地履行；而且，最重要的是在所有公众宴会时用以显示富足的物品都会由此而来。在这样的一个社群里利润的念头是被禁止的；讨价还价会受到责难；慷慨地施舍则被视为一种美德；以物易物、买卖及交易这些设想的人类自然禀性并不明显。事实上，经济制度只不过是社会组织的一种机能。

这并不是说上述这种形态之社会经济原则只限于在原始生产方式或小社团中运作，也不是说非图利的经济和没有市场的经济就必然是简单的。西美拉尼西亚的库拉交易圈是人类所知最精巧的贸易方式之一，而这是基于互惠原则而建立的；而再分配也大规模地出现于埃及的金字塔文明。

超布连群岛是一个大致成圆形的群岛，这一列岛上的大多数人都耗费许多时间从事于库拉交易的活动。我们称之为交易，虽然其过程中并不涉及利润（不论是金钱的或物质的）；人们并不囤积物品或将物品永久占有；享受得到之物品的方法就是将它们转送给别人；其间没有讨价还价，没有买卖、物物相易或者交易；这整个过程完全受礼仪及巫术的节制。但这仍然是贸易，在这近似圈状之列岛上的土著会定期地组成大规模的远航队，将某类珍贵物品送给居于远处顺时针方向的岛民，另一些远航队则将另一类贵重物品送到在此列岛中逆时针方向的岛屿。长久而言，这两种珍贵物品——以传统方法制成的白贝手镯及红贝项链——就会绕着这个列岛弧打转，其行程有时会耗上 10 年才周游一圈。此外，通常在库拉圈里还有个人的交换伙伴。他们互相馈赠有价值的手镯及项链为礼物，尤其是那些以前曾属于有名望的人所拥有者。一个有系统而且有组织地交换有价值的物品，并经长途转运者，自然可以称之为贸易。但这复杂的贸易机制却只依赖互惠而运转。像这样一个纠结在一起之时间一空

间一人的的系统——它涵盖着几百里路之远及几十年之久，
53 并把上百人以及他们所拥有之上千件的物品联结起来——不但无须任何记录或行政管理，而且也无须任何图利或买卖的动机。此时支配一切行为的并非物物相易的禀性，而是社会行为的互惠性。然而，其结果却是在经济领域里达成惊人的组织成就。令人感兴趣的是：建立在精确会计计算基础上之最进步的现代市场组织，不知是否能应付得了库拉贸易所要达成的任务，如果它愿意去试的话。恐怕那些不合时宜的商人们在面对着无数垄断者买卖着特殊的商品，以及在每一次交易中都有着毫无道理的限制时，会发现难以赚取利润，而宁愿歇业。

再分配制也有其长远与多样的历史，而且几乎一直延续到现代为止。当伯格达玛男人［Bergdama，西南非洲布须曼族（Bushmen）的北支，居住于卡拉哈里沙漠中——译者注］狩猎回来，或者女人搜集根茎植物、果类或嫩叶回来时，都要提供他们大部分的猎获物作为社团的福利。实际上，这样做的意思是他们的活动成果要与其他生活在一起的人共享。就这一点来说，还是互惠的原则占上风：今天拿出去的，在明天就会取回来而得到补偿。然而，在有些部族里，会有一位首领或其他重要的团体成员作为其间的中介人；他居间征集及分配物品，尤其是当这些物品需要储存时。这就是真正的再分配了。很明显的，这样的一种分配方法会对社会产生深远的影响，因为并非所有的社会都像原始狩猎民族那样民主。不论这种再分配是由一个有影响力的家族或是一位特殊的个人，一个居统治地位的贵族阶级或是一个官僚集团来担当，他们经常会借用再分配物品的过程来增加自己的政治实力。在夸克图尔印第安人（Kwakiutl，加拿大西海岸的土著族——译者注）的夸富宴（potlatch）中，部落酋长把展示他的兽皮财富并将之分赠给参与者这件事看做个人的荣誉；但他在如此做的时候也给予受礼者一种义务，使他们成为他的负债人，而且在后来成为他的属下。

所有大规模的实物经济都借着再分配原则之助来运作。巴比伦的汉谟拉比王朝（the Kingdom of Hammurabi，2100 - 1800 B. C. 今近东地区的古王朝——译者注），以及埃及的新王朝（1580 - 712 B. C. ——译者注）都是建立在这种经济上的一种官僚形态的中央集权专制。父权制家族在此极度地扩
张，而其“共产式”的分配则划分出等级，有很明显差异的 54
配给量。大量的储藏库用来征集乡下人——不管他是牧牛人、猎人、面包师、酿酒者、制陶工、纺织工，或是什么人——的生产品。这些产品都被详细地记录下来，如果它们不在地方上消费掉就被转送到更大的储藏仓库，直到它送达法老王朝廷的中央行政机构。那里有分门别类的仓库以储存布料、工艺品、装饰品、化妆品、银器、皇家行头；此外还有巨大的粮仓、军火库及酒槽。

像金字塔建造者所采用之大规模的再分配制度并不限于在不用货币之经济体制中运作。事实上，所有古代王朝都使用金属货币来缴付税款及支薪，但同时也用来自各式各样之粮食与货仓中的实物来支付其他各种支出，储存在仓库中的各种商品主要是用来分配给社会中的非生产者，也就是官员、军队及有闲阶级，以供他们使用及消费。这种制度在古代中国、印加王国、印度王朝及巴比伦都采用过。在上述这些以及其他有卓越经济成就的文明中，细致的社会分工就是以再分配的原则来运转的。

在封建的状况下此一原则仍然适用。非洲一些按种族区分阶层的社会里，上层阶级就包括一些放牧者，他们身处仍然使用掘杖及锄头的农耕者之中。放牧者所征集的礼品主要是农产品——像谷类及酒，而他们分配出去的礼品是动物，尤其是羊（或者山羊）。在这些个例中，社会的各个不同的阶层之间有着分工（虽然经常是一种不平等的分工）：再分配制经常掩盖了剥削的程度，同时，由于这种改良之分工制的优点使得这种互依共存的关系有利于双方的生活水平。从政治上来说，这种社会是处于封建政权之下，不管是牛群或土地都有着特权的价值。在东非洲有“特定的牛群采邑”。图恩瓦尔德（Richard Thurnwald，1869 - 1854，德籍人类学家，专长于经济人类学——译者注）——我们讨论再分配时主要是依据他的见解——因而得以声称不论在哪里封建制度

都蕴涵着一个再分配的制度。只有在非常先进的条件及特殊
的环境下，这个制度才会变成像西欧那样以政治为主，在西
欧由于陪臣（vassal）需要得到保护而导致某些改变，礼品 55
则变成了封建的贡品。

这些例子显示出再分配制倾向于将经济制度纳入社会关系之中。一般而言，我们发现再分配的过程构成政权的一部分，不论政权的形式是部落、城邦、专制王国、家畜或土地的封建制。在这些社会里，物品的生产和分配主要是经由征集、储藏和再分配等方式成为一个有机性的过程，其形式是把物品集中在首领、庙宇、专制君王或领主手上。在这些社会里，因为领导集团及被统治者之间的关系因其政治权力之基础的不同而有所差异，再分配原则所涉及之个人动机也有所不同：从狩猎者自动分享猎物，到古埃及农民因害怕惩罚而以实物缴交税金。

在上述的讨论里，我们故意忽略了同质社会及阶层化社会之间的重大差异；前者意指一所有的人大致相同的社会，后者指的则是分成统治者及被统治者的社会。虽然奴隶与主人的相对地位与某些其成员人人自由而平等的狩猎部落有天壤之别，而且，在这两种社会里个人的动机会因而极为不同，但是其经济体制仍然可能建立在同样的原则之上，虽然这些经济体制会伴随着很不相同的文化特色（这是根据与经济制度纠缠在一起之很不相同的人际关系而显现出来的）。

第三个原则——它在历史上注定要扮演一个重要的角色——我们将称之为家计（householding）原则，它存在于为自己使用需要的生产之中。希腊人称之为家计（ceconomia），也就是“经济”（economy）一字的字源。就民族志之记录而言，我们不能假设为个人或团体本身之需要的生产比互惠及再分配更为古老。相反的，正统派经济学者在这个主题上所提出的许多理论已经很明显地被证明是错的。像他们所说的那种为了自己或家庭的需要而去搜集食物及狩猎之个人主义式的野蛮人实际上从没有存在过。事实上，只有到了较进步的农业时期，为了满足家庭之需要的生产才成为经济生活中的一个特色；但即使在那时候，它与图利动机或市场制度仍是毫不相干的。此时的经济组织形式是一个封闭的群体。尽管这个自足的单元是由家庭、聚落或领地等非常不同的实体
56 组成的，但其原理是一样的，也就是说生产及储藏是为了满足团体成员的需要。这个原则在实际运用上与互惠或再分配一样广泛。其制度核心的性质是不重要的：它可以是父权家族那样以性别为主的，也可以是村落中以地域为主的，或者是封建领地中以政治权力为主的。这些群体的内部组织也不尽相同。它可以像罗马之家族（familia）那样的专制，或者像南部斯拉夫民族之庄园（zadruga）那样的民主；可以大到像加洛林王朝（Carolingian，第 7 至第 9 世纪之法国王朝——译者注）的大庄园，或小到像西欧的一般农家那样。它对于

交易或市场的需要不会比行互惠或再分配制的社会来得大。

两千多年前，亚里士多德就曾试图将这种家计经济活动订为一个模范。从陡峭之世界性市场经济的顶峰向后回顾，我们必须承认他在《政治学》一书的绪论中将家计（house-holding）与生财（money - making）两者所做之有名区别也许是社会科学领域中最具预示性的指针；它仍是有关此一论题之最好的分析。亚里士多德坚决主张为了使用的需要而生产——而非为了图利而生产——是家计经济的本质；但他辩称为了市场而生产的附属品并不会破坏家计经济的自给自足，只要这些农作物仍是在生产自用品之农田里生产的，像谷类或牛；将剩余的农产品卖出去也不会摧毁家计经济的基础。只有像他那样一个博学之士才会主张图利是在为市场生产时特有的动机，而货币将一个新的因素引进这个情况中，然而，只要市场与货币对自给自足之家计经济只是一附属品的话，这种为使用而生产之家计经济的原则就仍能适用。在这一点上他无疑是对的，但他却没有明白忽视了市场的存在——当时希腊的经济已经依赖在批发买卖及借贷资本之上了——是如何的不切实际。当时提洛（Delos，爱琴海中的一个小岛——译者注）及罗得（Rhodes，爱琴海中的另一个小岛——译者注）已经发展成货运保险、海上贷款（sea - loans）及汇兑银行业（giro - banking）的商业中心，一千年之后的西欧与之相比仍然是一幅原始的景象。但是，贝利奥尔学院（Balliol College，牛津大学的一个学院——译者注）的院长乔伊特（Benjamin Jowett，1817－1893，英国古希腊史家及教士——译者注）却犯了一个极大的错误，他理所当然地认为维多利亚时代的英国对家计经济及生财两者之本质的了解比亚里士多德更深入。他以下列的说辞来为亚里士多德开脱："涉及人性的各种知识互相冲突；在亚里士多德的时代却未能加以区分。"当然，亚里士多德未能清楚地看出社会分工的含义，以及它们与市场和货币的关系；他也没有了解到货币之使用可以作为信用及资本。到此为止乔伊特的非难是说得通的。但是这位贝利奥尔学院的院长——而不是亚里士多德——却无法理解生财之人文的含义。他未能看出使
57 用原则及图利原则这两者之间的区别实际上是两种极端不同之文明的关键，而这两者的区别是亚里士多德在两千多年前还没有发展出初步的市场经济时就已经正确地预示过的，而乔伊特面对着市场经济之盛开的标本却视若无睹。当亚里士多德谴责为图利而生产的原则是"不合人类的本性"、贪得无厌的时候，他实际上是针对着很重要的一点，也就是说他谴责为图利而生产的原则把在社会关系中受到各种限制的经济动机从中分离出来。

概括地说，我们认为西欧直到封建时代末期，我们所知的各种经济体制都是依互惠、再分配或家计或三者之混合的原则组织起来的。这些原则借社会组织——特别是利用对称

的、集中的及自治的形式——的帮助而制度化。在这一架构中，财物之有秩序的生产和分配是经由一般行为原则所控制之各式各样的动机而得到的。在这些动机中，图利并不是很突出。习俗与法律、巫术与宗教都互相配合来诱导个人去服膺一般的行为法则，这些行为法则最后确保了他在经济制度中所起的作用。

希腊、罗马时代虽然有高度发展的贸易，但是在这一方面却没有什么突破；它的特色就是罗马政府在一家计经济上所实施之大规模的谷物再分配，这一直到中世纪末期都没有例外，市场在经济制度中所扮演的是不重要的角色，流行的是其他的制度形式。

从 16 世纪以后，市场在西欧就有很多而且重要。在重商制度下，它们实际上变成政府的主要关注点；但即使在这个 58
时候仍然没有市场要控制人类社会的迹象。相反的，各政府对市场的节制和统制都比以前更严格；自律性市场的观念是没有的。要了解 19 世纪何以会突然转变到一个全然新颖之形态的经济，我们必须考察一下市场的历史，我们在考察过去的经济体制时事实上是把市场这个制度视为理所当然而忽略了它（是有历史来源的——译者注）。

第五章　市场制度的演进

59 市场在资本主义经济体制里的支配性地位，以及以物易物或交换原则在这种经济体制里的根本重要性，使我们如果想要抛弃19世纪有关经济的一些迷信，就必须仔细探索市场的本质及起源。①

以物易物、交易及交换都是一种其有效性依赖于市场模式之经济行为的原则。市场是为达到以物易物或者买卖之目的的聚合处。除非这种形式之市场存在（至少是局部性的存在），交易的特性是不能全面发挥的：价格无法产生。② 正如互惠制依赖于对称之社会组织模式的帮助，再分配制因集中性而易于推广，以及家计制有赖于绝对的权威一般，交易之原则有赖于它在市场模式上发挥的效力。同样的，互惠、再

① 参见资料来源注释，第447页。

② Hawtrey，G. R.，*The Econmoic Problem*，1925，p. 13. "个体主义之原则的实际应用是完全依赖于交易之运用。" Hawtrey 错误地假设市场的存在是从交易之运用而来的。

分配及家计可能出现在一个社会而不居于主要的地位，交易的原则也可能在一个社会中居于附属的地位，而由其他原则居于主导的地位。

然而，从另一个角度来看，交易的原则与其他三个原则并不是处于全然相同的地位。市场及其连带的制度比对称性、集中性，及绝对权威制——这三者与市场模式相较之下只是“特征”而已，它们并不是仅仅为了一个功能而设计出来的制度——都更为特殊。对称性只是一种社会学的配置，不会
引出单独的制度，它只是我们现存制度之外的一种模式（不 60
论一个部落或一个村庄是否依对称形式而组成都不意味着其含有独特的社会制度）。集中性虽然常会产生特殊的制度，却不蕴涵着为了一个单一之特殊功能而产生特殊制度的动因（例如，一个村落的头目或重要的官员可以没有区别地同时承担着政治、军事、宗教或经济的职务）。最后，经济上的绝对权威，只是一个封闭之群体的附属特征而已。

另一方面，市场制与其特有的动机——交易动机——相关联是能形成一个特殊之制度——市场——的。终极来说，这意味着社会的运转只不过是市场制的附属品而已，这就是何以市场对经济体制的控制会对社会整体产生决定性的影响，即视社会为市场的附属品，而将社会关系嵌含于经济体制中，而非将经济行为嵌含在社会关系里。经济因素对社会生存的极端重要性，排除了任何其他的结果。一旦经济体制以单独

的制度、特殊的动机且享有特别的地位等方式组织起来了，这整个社会就必须依此而改头换面，以更让这个体制能按自己的法则运作。这就是一般所说的市场经济只能在市场社会中运作的意思。

从孤立隔离的市场变成市场经济，以及从有外力节制的市场变为自律性的市场，其转变的过程是很重要的。19 世纪——不论我们赞之为文明的顶峰，或责之为癌毒的发展——曾很天真地以为这种发展就是市场扩张的自然后果。当时未了解到把市场联结到强有力的自律性市场制度并不是市场向外膨胀的先天倾向，而是由于对社会体施予人为之刺激，以应付某种状况而生的后果，而这种状况也是机器这个人为现象造成的。市场制之受限制的及非扩张的本质一直没有被人认识到；直到现代的研究才清楚地表明了这个事实。

“市场并不是在每一个地方都可以发现的，缺少它——
61 虽然显示出某种程度上的孤立及隔绝——是与任何特殊的发展无关的，就如我们不能从它的存在而证明什么。”从图恩瓦尔德所著《原始社群之经济学》（*Economics in Primitive Communities*）一书中引出来的这一段中立的话可以总结现代研究这一论题所得到的重要结果。像图恩瓦尔德对市场所作的评述一样，另外的学者则谈到了货币：“一个部族使用货币这个事实与其他在同一文化水平但却不使用货币的部落之间，在经济上没有什么差别。”对上述的看法，我们只需指出其中一些较为特殊的含义。

有无市场或货币的存在并不必然地影响到一个原始社会的经济体制——这就驳斥了一个19世纪的神话，即认为货币发明之后就必然会因市场的形成而改变一个社会，加速社会分工的步骤，并解放了人类以物易物、买卖及交易的自然本能。事实上，正统的经济史就是建筑在这种对市场之意义极端夸张的看法上。唯一可以正确地从缺少市场制推引出来的经济特色只是“一定程度的孤立”或可能是“隔绝的倾向”；从一个经济体的内部组织来看，有没有市场或有没有货币并没有什么差别。

这个道理很简单。市场并不是只在一个经济体系内运作的制度，它也可能在一个经济体系之外运作。它们是远途交易的聚会点。地方性市场本身一般也没有什么重要性。此外，不管是远途交易或地方性的市场本质上都不具有竞争性，是以这两者的任一者都不会有压力去产生区域性的贸易，即所谓国内的或全国性的市场。上述基于现代研究所得之结果的每一点都击中了古典经济学家们视为理所当然的一些假设。

实际上，这些论点的逻辑与古典经济学学说几乎是完全相反的，正统学说是从个人有交易的习性这个假设出发去推论出地方性市场的必然性、社会分工的必然性；最后推论出贸易、国外贸易（包括远途贸易）的必然性。就我们现有的知识来看，我们几乎可以把这个推论的顺序颠倒过来：真正

的起点是远途贸易，这是财物之地域性的分布以及因地方之不同而来之社会分工的结果。远途贸易常会产生市场——一
62 个包含着交易行动以及买卖行为（如果使用货币的话），因而最后就会提供机会（但并不是必然地）让一些人能专致于他们所谓讨价还价之本性的制度。

这个学说的主要特色是认为贸易的起源乃在于与经济体制之内部组织无关的外在领域："在狩猎民族中所观察到之从居住环境之外取得财物之原则的应用，导致一定形式的交换，后来我们就视之为贸易。"① 要探索贸易的起源，我们的出发点是要考察在一个狩猎社会中如何从远处得到财物。"澳大利亚中部的迪埃利族（Dieri），在每年七、八月间就要组成远征队到南方去取得用以涂染在身上的朱砂……他们的邻族杨楚翁塔族（Yantruwuna），也组成类似的团体到八百公里外的弗林德斯山丘（Flinders Hills）搜取红砂及用以压碾草籽的石板岩。在这两个例子中，如果当地的人拒绝外人来搜取物品的话，可能需要经过格斗才能取得想要的物品。"这种搜集物质或探宝似的行径，不但近似抢劫及海盗行为，也类似我们所称的贸易。基本上这是单方面的活动。它可以变成双方面，也就是"一定形式的交易"，这经常是以由强有力者在现场向外人勒索的方式达成的；或者经由互惠性的

① Thurnwald, R. C., *Economics in Primitive Communities*, 1932, p. 147.

安排，就像库拉交易圈，或西非朋威（Pengwe）的访问宴会，或像克佩勒族（Kpelle，位于现在利比里亚国内——译者注），该族的酋长借款待所有的宾客而垄断对外贸易。当然这种互访并不是偶然的，而是——用我们的（而不是他们的）话来说——真正的贸易旅行；然而，财物的交易经常是在互赠礼物的表象下进行的，而且通常以回访的方式完成。

我们得到的结论是：虽然人类的社群从来没有完全放弃对外贸易，但这种贸易却不必然要伴随着市场。对外贸易起源于冒险、探勘、狩猎、抢劫及战争等人类的本性，而不是起源于交易。它也绝少意味着是和平及双边性的，而即使是意味着这两者的时候也是基于互惠的原则——而不是基于交易的原则——而组织起来的。

对外贸易之转变为和平的交易可以从交易及和平这两个
方面来加以探讨。如前面所述，一个部落的远征队必须遵从 63
当地强有力者所订下的规矩，这些强有力者可以从外来人手中取得一些回报；这种形态的关系虽然不完全是和平的，但可以产生出交易来——单方的夺取转变为双方的获取。另一种发展是像在非洲丛林之“沉默的交易”，在那里格斗的危机是借着有组织的休战来避免的，和平、信赖及信用的因素就在这种情形下引入贸易之中。

我们都知道，后来市场在对外贸易之结构中成为主要的部分。但是从经济的观点来看，外贸市场全然异于地方市场及国内市场。它们的不同不仅是在规模上，就是在功能及起源上也是不同的制度。对外贸易是一种运输，其特点是在某一个地区缺少某一种物品；像英国的毛纺品换取葡萄牙的酒就是一个例子。地方性贸易则限于地方上的产品，它们无须运输，因为它们太重、太大或者易于腐败。因此对外贸易及地方性贸易都是相对于地理上的距离，后者限于那些无法克服地理之限制者，前者则是能克服这种限制者。这两种贸易正好可以说是互补的。城市与乡村之间的地方性贸易以及不同气候区之间的国外贸易都是基于此一原则而来的。这种贸易并不意味着竞争。如果竞争会破坏贸易的话，那么去掉它也没有什么矛盾。在另一方面，相对于对外贸易与地方性贸易，国内贸易在本质上是竞争性的；除了互补性的交易之外，国内贸易含有很大量的交易，在这些交易中不同来源之相似财物彼此竞争。因此，只有在对内贸易或国内贸易出现后，人们才接受竞争作为贸易的一项一般原则。

这三种在经济功用上极端不同的贸易，其起源也不尽相同。我们在前面已经叙述过对外贸易的起源。当驳运者在渡口、海港、河流终点及陆运交会点停歇时，市场就自然萌生。“港口”就是在转运之处发展出来的。[①] 在中古欧洲一度盛行

① Pirenne，H.，*Medieval Cities*，1925，p. 148（注 12）。

的交易会就是一种远途贸易所产生之特定形式的市场，英国的土产市集则是另一个例子。但是当交易会及土产市集再度消失并使得教条式的演化论者感到突然的挫折时，这些市集 64
在西欧城镇之兴起上扮演了重要的角色。然而即使这些城镇是建立在对外贸易市场的旧址上，地方性市场不但在功能上，而且在组织上都与之有所不同。是以港口、交易会、土产市集都不是内部或国内市场的前身。那我们要从何处探索国内市场的起源呢？

一个看似理所当然的假设是：由于个人交易的活动，长久下来就形成地区性市场，以及诸如此类的市场，一旦地区性市场出现之后，就自然地会导致国内或国家市场的建立。但是这两种说法都不是事实。个人的交易活动在其他经济行为准则占优势的社会中通常并不会导致市场的建立——这是一个赤裸裸的事实。这样的交易活动几乎在所有类型的原始社会中都是很普通的，但它们是被视为次要的事情，因为它们并不提供生活的必需品。在许多再分配的古老制度中，交易行为及地区性市场是很普通的，但它们只不过是一个附属的特征。同理也可见诸互惠的法则：交易行为经常具体表现于互信互赖的长期关系之中，这种关系有助于消除交易时的对立性。从社会学领域中的各个角度可以看出一些限制性的因素：习俗与法律、宗教与巫术都会产生同样的结果，也就是将交易的行为限于特定的个人和物品，特定的时间和场合。

一般而言，从事交易的人只不过是加入一个在其中已经决定好交易之品类及数量的既有交易网。在提柯皮亚（Tikopia，波利尼西亚的一个小岛，英国人类学家 Raymond Firth 在此研究——译者注）语中，乌涂（Utu）一词的意思是在互惠交换中依传统而来的对等部分。① 那些 18 世纪思潮所假设的一些交易的基本特质——如交易中个人自主性的成分，以及买卖动机所表现出来之讨价还价等——在现实的交易中却很少见到；如果这一动机确实潜伏于交易过程中的话，也很难浮到表面上来。

初民社会所接受的行为准则表现出完全相反的动机。馈
65 赠者可能故意将赠品落在地上，而受施者则假装无意之中将它拾起，或者甚至让他的伙伴替他那么做。没有什么事比一个受礼者仔细察看收受之礼品更违背既定的行为准则了。我们有充分的理由相信这一有教养的态度并不是对交易之物品缺少兴趣的结果，是以我们可以把这种交易上的成规描写成是一种设计来限制交易之范围的抵消性措施。

事实上，从现有之证据来看，我们无法肯定地区性的市场是从个人之交易行为发展出来的。即使我们对地区性市场的起源不甚清楚，但可以肯定的是：这个制度从一开始就被一些设计来保护社会的一般经济组织免于受市场活动之干扰

① Firth, R., *Primitive Polynesian Economics*, 1939, p. 347.

的防范措施所围绕。市场的和平是以各种仪式和礼节为代价得来的。这些礼仪限制了交易的范围，并保证能在已给定的狭窄范围内进行交易。市场贸易之最主要的成果——城镇和都市文明的诞生——实际上是一矛盾之发展的结果。因为从市场衍生出来的城镇不仅是市场的保护者，而且也是预防它扩展到乡村去并因而侵害到这个社会之一般经济体制的手段。“包含”这一个词的两个意义也许最足以表现出城镇对市场的双重作用：一方面是将之圈围起来，另一方面是防止它发展起来。

如果以物易物是四周环绕着各种禁忌以防止人际关系侵害经济体制的话，市场的纪律则是更为严格的。在此可以用查加族（Chaga，有时作Chagga，位于东非坦桑尼亚的一个部落——译者注）作例子：“在集市的日子里，市场必须定时加以查勘。若有意外事件妨碍开市超过一天以上，那么交易不能恢复，直到市场被斋净为止。……在市场上发生任何伤害事件并导致流血时都必须立即给予祓除仪式。从那时开始任何妇人不可以离开市场，而且不可以触摸任何商品；商品在被运走或用为食物以前都必须加以净戒。至少要立即用一只羊作牺牲品。如果一个妇人在市集上生小孩或流产，那么更昂贵、更重大的祓除仪式是必需的。在这种情形之下必须用一只产乳的动物作为牺牲品。此外，地区酋长也必须用 66
祭祀过之母牛的血来清涤。乡村的所有妇人都必须接受同样方式的斋净，按区进行。”① 像这样烦琐的规则使得市场不易扩散。

典型的地区性市场——家庭主妇在此购买日常用品，农民、菜贩及地方工匠在此贩卖他们生产的成品——通常不受时间及空间的影响。像这种市场不但在原始社会甚为普遍，甚至18世纪中期西欧最发达的国家也依然如此。它们是地方生活的附属品，而且不管它是构成中非之部落生活，或墨洛温王朝时法国的城镇，或亚当·斯密时代苏格兰村落的一部分，其间的差别都是微不足道的。这不但在村落中是如此，就城镇而言也是一样。地方市场在本质上就是街坊市场，虽然它们对该小区的生活很重要，却没有一个地方显示出一般经济体制可以化约为地方市场的任何痕迹。它们不是国内或国家贸易的起点。

西欧的国内贸易实际上是由于国家的干涉而产生的。直到商业革命时我们所了解的国内贸易实际上并不是全国性的，而是地域性的。汉撒同盟（Hanse）并不是德国商人；他们是一群来自北海及波罗的海沿岸许多城镇之贸易巨头所组成的公会。汉撒同盟并没有将德意志的经济生活“国家化”，他们实际上有意地将其腹地从贸易中切开。安特卫普或汉堡，威尼斯或里昂的贸易实际上并不属于荷兰或德意志、意大利

---

① Thurnwald，R. C.，前引书，pp. 162 – 164。

或法国。伦敦也不例外：它比较少是属于“英国的”，而一如吕贝克（Luebeck，或作 Lubeck，德国西北部的港口——译者注）是属于“德意志的”。这个时期之欧洲贸易地图很适当地显示出只有城镇，而将乡村留下空白——就有组织的贸易所关切的地方而言，它的存在与否无足轻重。当时所谓的国家实际上只是政治的单位，而且非常松散，它包含了在经济上无数之大大小小的自给自足家庭，以及村落中无足轻重的地方市场。贸易只限于有组织的城镇之间，这就使得贸易变成或者是地方性的街坊买卖，或者是远途贸易——两者截然分开，并不得任意伸展到乡村去。

城市组织中地方性贸易与远途贸易的这种截然划分对演化论者又是另一个冲击，对他们来说，一样东西总是会很容 67
易发展成另一样东西的。然而这个特殊的事实却形成了西欧城市生活之社会史的关键。它有力地支持我们从原始经济状况来解释市场起源的论点。在地区性贸易及远途贸易之间的截然划分可能看似太过严格，尤其是这会导致一个使我们感到意外的结论：远途贸易及地区性贸易都不是现代国内贸易的前身——这就无选择的使我们从国家干预这个角度来解释国内贸易的起源。就这一点而言，稍后我们就可以看到最近的研究支持我们的结论。不过首先让我们简略描述一下城市文明的历史，这乃是因为它是中古城镇中将地区性贸易及远途贸易截然分开后形成的。

实际上，这种截然划分是中古城市制度的核心。[①] 市镇乃是城市居民（burgess）的组织。只有他们能享有居民权，而且这个制度是建立在城市居民与非城市居民之间的区别之上。乡村的农民或其他城市的商人自然就不是城市的居民。虽然城市的军队及政治力量可以对付周围乡村的农民，但这种力量却不适用于外地商人。因此，城市居民发现他们在地区性贸易及远途贸易上处于两种极端不同的地位。

就食品的供应而言，城市居民所使用的管制方法包括强制性公开贸易及排除中间商，以便能控制贸易量及抵制高价格。但这种管制方法只适用于城乡之间的贸易。在涉及远途贸易时，情形就不一样了。香料、咸鱼或酒类都必须从远处运入，也因而属于外来商人及其资本主义式趸售方法的范围。这种贸易避开了地方性的管制，而城市居民唯一可做的是尽可能将它与地区性市场分开。全面禁止外来商人从事零售买卖就是为了达到这个目的。资本主义式之趸售的数量愈大，
68 将进口商品排除于地区市场之外的限制也就愈严格。

就工业产品而言，地区性贸易及远途贸易的分界更为深入，尤其是在影响到整个外销生产体制时，其原因在于工匠行会——在此工业生产被组织化起来——的性质。在地区性市场上，生产是按照生产者的需要来调节的，以便把生产限

① 我们的说法是根据皮朗（H. Pirenne）的著名著作。

制在一个有利可图的水平上。这一原则并不适用于外销上，在这里生产者的利益不会对生产有限制。因此，当地区性贸易受到严格管制时，外销生产却只象征性地受行业公会的控制。当时主要的外销工业，即纺织贸易，实际上就是建立在工资劳动的资本主义基础之上。

对地区贸易及外销贸易愈来愈严格的区分，乃是城市居民对流动资本逐渐威胁城镇制度之生存时所产生的反应。中古时代的城镇并不企图以缩小可以控制的地区性市场与各种难以控制的远途贸易之间的鸿沟来消除其危机。相反的，他们却采取最严格的排外性及保护性政策来应付这个危机，这是它们存在的理由。

在实行上，这意味着这些城镇设立各种可能的障碍来防止全国性或国内市场的形成，而这却是资本主义式趸卖者所冀求的。城市居民借着非竞争性的地区性贸易及在各城镇之间同样的非竞争性远途贸易等手段，将乡村排除于贸易范围之外并避免开放城乡之间的贸易。这种发展使得各国政府不得不出面来作为市场“国家化”的工具以及国内贸易的催生者。

欧洲各国政府在15世纪、16世纪所采取之有计划的措施，将商业制度巧妙地引导到具有强烈保护主义色彩的城镇及公国中去。重商主义借着打破分离这两类非竞争性贸易的障碍而摧毁了地区性贸易及城市间贸易之落伍的排他性，并

69 因而为全国性市场——它逐渐消除了城乡之间、各城镇与各省份之间的区别——奠定基础。

事实上，重商主义是在面对着许多挑战时的一个反应。从政治上来说，中央集权制国家的政府是商业革命所产生的，这个革命将西方世界的中心从地中海转到大西洋沿岸，并因而迫使一些大农业国家中的落后人民为了商业及贸易而重新组织起来。就对外政治而言，主权的建立是当时所需要的；由此，重商主义者的经国治术是为了国际事务上之权力这个目的而将全国所有的资源都集中起来。就国内政治而言，将这些被封建主义及地域排他性所分化的国家统一起来是这样一种努力的必然副产品。从经济上来说，统一的工具是资本，也就是以货币形式储积着，且因而特别适合于商业发展的私有资源。最后，中央政府的经济政策之基础的行政技术将传统之市镇的行政制度扩张到全国。在法国，行业公会有变成国家机构的倾向，行业公会制被直截了当地扩展到整个国家领域之内；在英格兰，以围墙围起来之城镇的衰败命中注定地削弱了行会制度，而乡村已经在没有行会的督导下完成了工业化，此时乡村的贸易及商业扩散到全国各地，并且成为经济活动的主要形式。重商主义之国内贸易政策的起源就存在于这一情势之中。

国家的干涉——它曾经将贸易从有特权之城镇的限制中解放出来——现在被用来对付两个密切相关的危机，即垄断性及竞争，已往的城镇曾成功地应付过这两个危机。当时的人已经深切了解到竞争必然会导致垄断，而垄断因为经常涉及生活必需品并且因而很容易对整个社群造成危害，因而更为人所惧怕。于是对经济生活的全面管制——不过此时已经不止在市镇范围之内，而是在全国范围之内——就成为必要的对策。现代人看来是短视做法的排除竞争性，在当时的情况下却是保障市场运作的手段。在市场上对买方或卖方的暂 70
时性干扰都必然会破坏两者之间的均衡并使买卖双方失望，其结果是使市场停止运作。先前的供销者就会因为无法确定商品的价格而停止供应他们的商品，并且市场将因缺乏充分商品的供应而变成垄断商人的战利品。在某种程度上，同样的危险也可以见诸需求的一方，需求量突然降低也会导致需求上的垄断。政府为减少市场上之特殊限制所采取的每一个步骤——如关税与禁令——都会危及生产及分配的组织体制，它们此时已经受到无节制之竞争及外来之侵入者这两者的威胁——后者经常在市场上抢先“赚取暴利”而不提供长期供应的保证。因此虽然这种新出现的全国性市场不可避免的有某种程度的竞争性，但是占优势的却不是这个市场新要素的竞争性，而是管制的传统特色。[①] 自给自足的，为生计而劳动的农民仍是这个经济体制之广阔的基础，而且农民经由国

① Montesquieu, *L'Esprit des lois*, 1748. “英国束缚商人，但支持商业。”

内市场的形成而被整合到大的国家单位之内。全国性市场现在已经取得与地区性市场及国外市场并存（部分地互相重叠）的地位。农业现在已经被国内商业——一个相对孤立之市场的体系——所补充，后者与仍支配着乡村之家计经济原则并行不悖。

上面总结了到工业革命为止之市场的历史。一如我们所知道的，人类历史发展的下一个阶段是试图建立一个巨大的自律性市场。但是从重商主义这个欧洲民族国家所特有的政策中没有什么东西可以预示这样一个独特的发展。重商主义所推动之贸易的“自由化”只是将贸易从传统的排他主义中解放出来而已，但同时也扩张了管制的范围。经济制度仍是隐伏于一般的社会关系之下，市场只不过是前所未有地受到社会权威之控制与节制的一项制度装置的一个附属特征。

第六章　自律性市场及虚拟的商品：劳动力、土地与货币

经济体制与市场的这一幅粗略的轮廓，分别地显示出直 71
到我们自己的时代之前，市场只不过是经济生活上的附属品。一般而言，经济体制是包容于社会体制之内的，而且不论支配这个经济体系的主要行为原则是什么，所出现的市场形式也必然与之相符合。构成这种市场模式之基础的交易或交换原则，并没有牺牲其他的原则而扩张的倾向。市场在重商主义制度下高度发展的时期，它们是在中央集权管理——这在农民的家计经济和全国生活这两方面都助长独裁——的控制之下而发生滋长的。事实上，管制与市场是同时成长的。自律性市场是前所未闻的，自律这个观念的出现是完全违反当时发展之趋势的。根据这些事实可以更全面地了解构成市场经济之基础的一些不寻常假设。

市场经济是一个只受市场控制、调节及指导的经济体制；商品之生产及分配的秩序，完全委诸此一自律性的机制。这

种经济体制是从人类会以达到最大金钱利得而行动这一个可能性推衍出来的。它假设市场中的财物（包括劳务）的供应会在一定的价格上与需求量相等。并且，它假定货币的存在是作为其拥有者手上之购买力而起作用的。生产因而受价格控制，因为引导生产的那些利得是因价格而定的；财物的分配也依靠价格，因为价格形成所得，并且由于那些所得之助
72 而使得生产成品得以分配到社会成员手上。在这些假设之下，生产与分配的秩序是只被价格所保证的。

自律性意味着所有的产品都是在市场上售卖的，而且所有的所得都是从这些售卖中得到的。据此，生产的所有要素都各有其市场，不但财物（包括劳役）有其市场，而且劳动力、土地及货币都有其市场，它们的价格分别被称为物价、工资、地租及利息。这些词汇暗示着价格形成所得：利息是使用资本的价格，并成为有能力贷出者的所得；地租是使用土地的价格，且成为有能力出租土地者的所得；工资是使用劳动力的价格，且成为出售劳动力者的所得；最后，物价构成那些出售企业服务者的所得，而一般所谓的利润实际上是两组不同价格之间的差距——产品的价格及其成本的价格，亦即生产产品所需的价格。如果上述条件都能满足的话，所有形式的所得都是得自市场上的买卖，而所得将足够购买所有的产品。

就政府及其政策制定者而言，跟着这些假设而来的是另

一组更进一步的假设。没有任何东西可以被容许去抑制市场的形成，也不能容许从售卖以外的方式得到所得。此外，也不容许借调整价格来改变市场状况的任何外来干涉——不论是商品、工资、土地或货币的价格。因而不但所有的产业部门，都有其市场，① 而且任何会影响到市场活动的措施或政策都不应加以鼓励。价格、供应及需求三者都不能加以固定或调节；只有那些以创造性条件——这使市场成为经济领域里唯一的组织力量——来帮助确保市场之自律的政策和措施是妥当的。

为了完全地认识市场所意味的是什么，让我们落到重商主义制度及全国性市场发展起来的那一刻。在封建制度及行会制度之下，土地及劳动力构成社会制度本身的一部分（货币在此时还没有发展成产业的主要因素）。土地——封建秩序中的关键性要素——是军事、法律、行政及政治体制的基础；其地位与功能由法律与习俗来决定。诸如：其所有权是 73
否可以转移；如果可以的话，转让给什么人，在什么样的限制之下；财产包括了什么；某一种形态的土地该如何使用——所有这些问题都从商业组织中抽离出来，并受到另一套全然不同之制度的节制。

---

① Henderson, H. D., *Supply and Demand*, 1922. 市场的实地应用是两重的：分配不同用途之要素，以及组织影响各种要素之供应的力量。

相同的情况也见诸劳动组织。在行会制度之下——一如在历史上其他的每一个经济体制之下——生产活动的动机及环境都是包含于一般的社会组织之内。师傅、熟练工及学徒之间的关系，同业的相互关系，学徒的人数，工人的工资等都受到行会及城镇之习俗与规定的节制。重商制度所达成的仅是把这些条件统一起来——或者像英国那样经由法规来达成，或者像法国那样经由行会的"国家化"来达成。至于土地，其封建状态只有在与土地之特权相关时才被废除；在其他方面，土地仍是不准买卖，这在英、法皆然，直到1789年大革命时，土地产业在法国仍是社会特权的来源，甚至在此之后，英国有关土地的习惯法在本质上仍是中世纪风格的。重商主义（尽管有着十足的商业化倾向）从未攻击过保护生产之两个基本要素——劳动力及土地——使免于变成交易对象之安全措施。在英国经由《工匠法》（Statute of Artificers，1563）与《济贫法》（Poor Law，1601）的制定而完成劳工立法的"国家化"，这些法令将劳工从危险地区移出，而都铎王室和早期的斯图亚特王室的反圈地政策是一种反抗把土地财产用来图利的持续抗议。

不论重商主义者如何坚持商业化作为一种国家的政策，他们对市场的看法正好与市场经济的看法完全相反，这从政府对产业之干涉的巨大扩张上最足以看出。在这一点上，重商主义者与封建主义者之间，采邑领主与工商利益集团之间，中央官僚与保守排他主义者之间都没有差别。他们的差异只在于节制产业的方法：行会、城镇及省诉诸习俗及传统的力量，而新的国家权威则偏好于法令及条规。但他们全都反对把劳工及土地商业化的想法——而这是市场经济的先决条件。一直到 1790 年法国才废除了产业行会及封建特权；英国到 74
1813－1814 年才撤销了《工匠法》，1834 年撤销《济贫法》。在这两个国家之中，直到 18 世纪的最后十年以前还没有人谈及建立一个自由的劳动力市场；经济生活之自律的想法是全然超出当时的眼界之外的。重商主义者所关心的是经由贸易与商业来发展国家的资源，包括充分就业在内；他们将传统的土地及劳动力组织视为理所当然。不论就这一点而言，或者在政治领域上，他们与现代的概念相距甚远，他们对开明专制君主之绝对权力的信仰没有受到当时之民主思想的影响。一如转变到民主体制及代议政治意味着时代潮流的全面反转，18 世纪末从市场的节制改变到自律性的市场代表着社会之结构的全面转变。

自律性市场必须将社会在体制上分割为经济领域与政治领域。事实上，这样的二分法从社会整体的角度上来看只不过是自律性市场之存在的再声明而已。或许有人会辩称这两者的分割实际上已经在所有时代的每一个类型的社会中达到了。然而这种结论却是基于一种谬误之上。诚然，没有一个社会能没有某种用来确保商品之生产及分配之秩序的体制而存在。但这并不意味着就存在着分离独立的经济制度；一般而言，经济秩序只不过是社会秩序的一种作用，并包含于其中。就如我们在前面所看到的，不论在部落社会、封建社会或重商主义的社会里，都未曾有分离的经济体制。事实上，19 世纪欧洲社会的经济活动被抽离并分解为一个独特的经济动机，是一个奇特的转折。

这样的一个制度，除非能使社会屈从于它，否则是无法运作的。一个市场经济只能存在于一个市场社会。这是我们在分析市场制度时所得出的结论。现在我们可以详细叙述这个论断的理由。一个市场经济必须包含产业的所有要素，包括劳动力、土地及货币（后者在市场经济中，也是工业生产的基本要素，而且一如我们马上会看到的，其内涵在市场机
75 制中有深远之制度上的影响力)。但劳动力与土地只不过是人类本身以及社会所处之自然环境，是每一个社会都有的。把它们包括到市场机制内意味着把社会本身屈从于市场规律之下。

我们现在可以较具体地讨论市场经济的本质，以及它对社会的危害。首先我们要探讨市场机制用以控制及引导工业生产所需之各种要素的方法，其次我们要探究这种机制对社会所造成之冲击的性质。

在商品这个概念的帮助之下，市场机制得以适应工业生产的各个要素。在这里所说的商品可以从经验上界定为：为

了在市场上销售而生产的物品；其次，市场也可以从经验上界定为：买卖双方的实际接触点。因此，工业生产的每一个要素都可视为为了销售而生产的，也只有在此时它才是在价格上互相作用之供给与需求机制的主宰。实际上这意味着工业上的每一个要素都各有其市场；在这些市场上，那些要素都编入一个供给网或需求网；而且每一个要素都有一定的价格，这个价格受其供给量和需求量的影响。这些市场——其数目难以计算——则互相联结并形成一个大市场。①

关键点就在于：劳动力、土地及货币都是工业生产的基本要素；它们必须在市场之中被组织起来；事实上，这些市场形成经济体制中的一个绝对紧要的部分。但是劳动力、土地及资本显然不是商品；认为任何可供买卖的物品都是为销售而生产的，这对它们而言绝不是真的。换句话说，根据商品之经验的定义来看，它们都不是商品。劳动力只是一种与生命本身相调和之人类活动的另一个名称，它并不是为了销售而产生的，而是为了截然不同的理由而存在的，这种活动也不能与生活的其他面分开而加以积存或流通；土地则只是自然的另一名称，并不是人所制造的；最后，真实的货币只是购买力的一个表征，一般而言，它全然不是制造出来的，

① Hawtrey，G. R.，前引书。在 Hawtrey 看来，其功能是制造所有商品之相互一致的相对市场价值。

76 而是由银行或国家财政之类的机构所产生的。把劳动力、土地及货币看做商品全然是虚拟的。

然而，这种虚拟的想法却使劳动力、土地及货币之实际的市场被组织起来了；[①] 它们在市场上被实际地买卖着；它们的供应及需求有真实的量；任何足以妨碍这种市场之形成的政策与措施事实上都会危及市场制度之自律性。因而，这类虚拟的商品提供了一个关于整个社会之重要的组织原则，它以各种方式影响社会上的所有制度，也就是说，根据这个组织原则，任何足以妨碍市场机制之实际运作的安排或行为都不容许存在。

就劳动力、土地及货币而言，这样的一个假定却不能成立。倘若容许市场机制成为人类之命运、自然环境甚至购买力大小之唯一的主导者，它就会摧毁这个社会。所谓“劳动力”这种商品，并不能任意加以堆积，或无限制使用，或甚至不加使用，而不致影响到个人——后者乃是这种特殊商品的真正拥有人。在处理一个人的劳动力时，这个制度也同时处置了这个“人”之生理的、心理的及道德的本质。若将文化制度的保护罩从人类身上剥下，他们就会在社会裸露的影响下消失；他们会沦落为罪恶、是非颠倒、犯罪及饥荒等社

---

① 马克思对于商品价值之拜物性质的论断是就真正之商品的交换价值而下的，这与此处所指之虚拟商品无关。

会动乱的牺牲者而死亡。自然被还原到其基本元素，街坊及风景被污损，河川被污染，军事安全受到威胁，生产食物及原料的动力被摧毁。最后，只受市场调节的购买力也会周期性地消灭一些企业。这是因为过多或过少的货币，对商业而言，就像水旱灾对原始社会一样会造成极大的灾害。对市场经济而言，劳动力、土地及货币的市场无疑都是绝对必要的。但是没有一个社会能忍受这种纯然虚拟之制度的影响——即使是最短的时刻——除非人的本性与自然的本性一如商业机 77
构一样都得到保障以对抗撒旦之磨坊的破坏。

市场经济之所以会极端人工化根源于整个生产过程本身是依买与卖的形式而组织起来的。[①] 在一个商业社会里，舍此之外没有其他为了市场之需要的生产方式是可能的。在中世纪末期，外销工业生产是由富有之城市居民所组织，并在他们直接监督下在本市进行的。其后，在重商主义的社会，生产是由商贾所筹办，而且已经不限于在城镇之内；此时已是“分包”（putting out）的时期，商业资本家提供原料给家庭工业并控制生产的过程，视之为纯粹的商业企业。这时的工业生产已经完全处在商人之有组织的领导之下。他熟知市场的行情，需求的质与量；他也可以为供销做担保，这在当

① Cunningham, W., "Economic Change", in *Cambridge Modern History*, Vol. I.

时包括了羊毛、藏青染料，有时也包括家庭工业所使用的纺锭或织架。如果生产失败了，家庭工业者就会暂时失业，而蒙受最大损失；但这种生产却不需建造昂贵的厂房，而且商人也不会因承担生产的责任而冒风险。几个世纪以来，这个制度在势力上及范围上不断扩张，直到出现了像英国那样的一个国家，其羊毛工业——该国的主要产业——涵盖了全国各地，而其生产是由布商组织筹划的。这些从事买卖的布商这时成为筹办工业的生产者，而不需要单独的动机。商品的制造无须涉及互相帮助的互惠态度，生产者也无须过问他们的成品是满足什么人的需要，工匠在操作其专长时也无须考虑个人的骄傲或得自公众赞美的自满。这里除了商人所熟悉的图利动机之外就一无所有了。直到 18 世纪末期，西欧的工业生产仍只是商业的附属。

只要机器仍不太昂贵而且是非专门性的工具，这个情况就会持续不变。家庭式生产者若能因使用机器而在同样时间内生产更多的成品，他就可能采用机器以增加收入，但这一
78 事实却并不一定会影响到生产的组织。不论这种便宜的机器属于工人所有或商人所有，对他们在同伙间的社会地位必然有所影响，而且一定会对工人的收入造成差异，他只要是拥有自己的工具，就会比较富裕；但是这并不会使得商人变为工业资本家，或限制自己贷款给这类人。商品的流通极少短缺；较大的困难仍在于原料的供应，它有时无可避免地会受

到扰乱。但即使在这种情形下，拥有机器的商人所受的损失仍然不是很大。全面改变商人与生产者之间的关系并不是由于机器的来临，而是由于发明了精巧及特殊的机器及工厂。虽然新的生产组织仍然是由商人引进来的——此一事实决定了转变的全部过程——但使用精巧的机器及厂房更需要发展出新的工厂制度，并因而在商业及工业两者之间的相对重要性有决定性的转变而有利于后者。工业生产不再是由商人依买卖方式而组织起来之商业的附属品；它这时已经涉及长期的投资及相对应的风险，除非持续的生产被合理地确定，这样的风险是难以担当的。

但在工业生产变为更复杂时，就必需能保证充分供应愈来愈多的工业生产要素。其中最重要的三者是劳动力、土地及货币。在一个商业社会里，它们的供应只能以一种方式组织起来，即可以用购买的方式取得。因此它们必须能在市场上出售，换句话说，就是作为商品。市场机制扩展到工业生产的基本要素——劳动力、土地与货币——是一个商业社会中引进工厂制度所不可避免的后果。工业生产的要素必须能任意买卖。

这就意味着要建立一市场制。我们知道市场制里只有经由互相依赖之竞争性市场所保障的自律性才能确实保证利润。
由于工厂制的发展已经被编入买卖过程中的一部分，因此劳 79
动力、土地及货币都转变为商品，以便生产能持续进行。当然它们并不是真正转化为商品，一如它们事实上并不是为了在市场出售而生产的一样。但它们为市场而生产的这个虚拟却变成了社会之基本组织原则。这三者之中有一项最特殊：在他们不是雇主而是被雇者的范围内，劳动力是用来指人类本身的专门说法；跟随而来的是劳动力的组织会依市场制度之组织的改变而改变。但因劳动力组织只不过是一般人们之生活方式的另一个称谓，这就意味着市场制度的发展必然会引起社会本身的改变。据此推论，人类社会在此时已经变成经济体制的附属品。

我们可以回顾一下前述的几项历史进展：英国历史上圈地运动所造成的破坏以及工业革命所引发的社会灾变。我们已经指出：一般而言，进步是必须以社会变动的代价来换取的。如果变动的速度太快，社会就会在变动的过程中瓦解。都铎王室及早期的斯图亚特王室调节变迁的速度使变迁成为可以忍受的，并且把其影响导至较少破坏性的方向，因而把英国从像西班牙般的命运中挽救回来。但是其后却没有人将英国的人民从工业革命的冲击中挽救出来。这时人们已经盲目信仰自发性的进步，而且连当时最开明的人也像狂热教徒般追求社会之无止境及无节制的改变。这对人类生活的恶劣影响是难以形容的。事实上，假如没有当时一些保护性的对抗措施来打击这个自我毁灭之机制的运作，人类社会可能早已毁灭了。

19世纪的社会史因而是一个双重发展的结果：就真正的商品而言是扩展市场的组织；对虚拟的商品而言是限制其发展，这两者相伴随而发生。因此就一方面而言，市场已经扩散到全球各地，并且其商品的数量增加到不可思议的地步；在另一方面各政府却发展出成套的措施及政策来限制市场对劳动力、土地及货币的影响。虽然世界性的商品市场、世界性的资本市场及世界性的货币市场等组织在金本位制的推动 80
下，为市场机制取得空前的冲力，但却同时产生另一个更深入的运动以对抗市场经济的危害性影响。社会保护自己以对抗自律性市场所具有的危害——这就是当代历史的特色。

第七章　1795 年的《斯皮纳姆兰法案》

81 18 世纪的欧洲社会在无意识中抗拒了将它变为市场之附属品的任何企图。没有一个市场经济可以不包括劳动力市场而存在；但要建立这样的一个市场，尤其是在英国的乡村，就意味着社会之传统网络的全面摧毁。从 1795 年到 1834 年，也就是工业革命最有生气的时期，英国之劳动力市场的产生都受到《斯皮纳姆兰法案》（Speenhamland Law）的阻碍。

事实上，劳动力市场是新工业体制之下所要筹组之市场的最后一个，并且只有在市场经济已经开始运作，而缺少劳动力市场的危害对一般人民而言已经被证明为比引进劳动力市场所造成的危害还要大时，这个最后的步骤才会被推动。自由劳动力市场的最终结果——尽管在创造它时使用了非人道的方法——对所有与之有关的人在财务上都是有利的。

但正当此时，一个事关紧要的问题出现了。自由劳动力市场所带来的经济利益并不能弥补它对社会所造成的破坏。此时必须及时制定新的法规以保护劳工，只不过此时这些法规是为了防范市场机制本身而设的。虽然这些新的保护措施，像工会及工厂法，都尽可能适应经济制度的需要，但它们却无可避免的干扰到市场的自律性，并最后将之摧毁。

从广义的发展上来看，《斯皮纳姆兰法案》在这一历史过程中占有重要的地位。

在英国，土地与货币的动员都早于劳动力的动员。后者由于严格的法律限制人们迁徙（劳工实际上是限制在他们所 82
属的行政教区之内）而不能形成全国性的市场。1662 年的《定居法》（the Act of Settlement）所建立的所谓教区农奴制，直到 1795 年才松弛下来。假如不是同年所订立的《斯皮纳姆兰法案》或“贴补制”（allowance system）的引进，全国性之劳动力市场的建立是可能的。这个法案的意向是相反的，也就是走向加强从都铎王室及斯图亚特王室承袭下来的父权式劳动组织。伯克郡（Berkshire）的保安官们于 1795 年 5 月 6 日在靠近纽伯里（Newbury）的斯皮纳姆兰镇（Speenhamland）上的鹈鹕旅店开会，其时正值生产低潮期，保安官们决定工资的补贴须依面包的价格为尺度而发给，使穷人得以确保有最低的收入，不管其收入有多少。这些保安官们的著名建议如下：“当一加仑大小的面包需要花费一先令时，则每一个穷苦及勤劳的人每周必须有三先令的收入以维持生计，不论这是他自己或他家人的劳动力取得的，或是从贫民津贴得来的，并且为了养育他的妻子及家小，每增加一人则须增加一先令六便士；当一加仑大小的面包需要花费一先令六便士时，则每人每周要有四先令的收入，加上每一位家小的一先令十便士；面包超过一先令以上后每涨一便士，他自己就应多得三便士，他的家小则多得一便士。”在不同的郡县，补贴的数目有所不同，但就大多数的情形而言，《斯皮纳姆兰法案》的补贴尺度是被采用的。它实际上是一种非正式的急救措施。虽然人们通常将之称为法律，但这个补贴的尺度却从未正式成为法案过。但它很快就成为英国大多数乡村（其后甚至包括一些工业区）的法律。事实上，《斯皮纳姆兰法案》所引进的不只是一个社会的、经济的革新，而是“生存权利”，并且直到 1834 年被废止之前，它一直有效地防止了在英国建立一个竞争性的劳动力市场。在此两年之前，即 1832 年，中产阶级取得了政权，部分原因即是要废除这个迈向新资本主义经济体制的阻碍。实际上，很明显的，工资制度不可避免地要废除《斯皮纳姆兰法案》所宣称的“生存的权利”——在经济人的新政权之下，如果一个人可以不劳而获，则没有人会为工资而工作。

19 世纪大部分的作家没有注意到《斯皮纳姆兰法案》废
83 弃后的另一项特色，也就是工资制度的普遍化也是对赚取工资者有利的，即使这会剥夺了他们法定的生存权。“生存的权利”已经被证明是一条死路。

这里有一个矛盾（paradox）是很明显的。根据其主张来看，《斯皮纳姆兰法案》是想要充足地施行《济贫法》（Poor Law）——而实际上，它却产生了与原意相反的结果。在《伊丽莎白法》（即伊丽莎白一世时所制定的济贫法——译者注）之下，不论工资多少，贫民都必须强迫劳动，只有那些无法工作者才可以得到救济；当时从未考虑或付给工资补贴金。但在《斯皮纳姆兰法案》之下，只要一个人的工资低于贴补的标准，即使他有工作，也可以得到救济。因而，没有劳工在满足其雇主时有任何物质的利益，因为不论他的工资为何，收入总是一样；只有在标准工资的情况中，也就是劳工实际所得的工资超过贴补标准的幅度时，才会有所不同。但这种情形在当时乡村却甚为罕见，因为雇主几乎可以用极低的工资雇得劳工；不论雇主付多么少的工资，按贴补标准幅度而得来的补助可以将工人的收入提高到标准幅度之内。在几年之内，劳工的生产力开始下降到贫民工人的水平，而这一致给了雇主不将工资提高到标准幅度之内的理由。一旦劳工的工作强度，亦即他们的工作效率，降低到一定水平之下以后，他们就会变成跟“闲混”没有什么差别，或只为维持工作的假象而工作。虽然大体上工作仍在进行，但实际上救济院以外的济助已经很普遍，而且即使是在救济院中对收容之贫民的强制工作已经很难称之为工作。这可以说是由于过多的（而非过少的）父权式照顾遗弃了都铎王室之立法本意。将公共救济扩大，制定工资补贴并加上妻儿补贴，使每一项补贴收入都根据面包价格的升降而升降，亦即意味着在工业生产上已废除掉的管制法规，此时却很戏剧化地进入劳力界。

这个法案在当时却深得人心。[①] 父母们已经不再需要照顾他们的小孩，而小孩也无须依赖父母；雇主可以任意降低工资，而工人不论工作与否都可以免于饥饿。人道主义者称
84 赞这项措施为慈善的行动（虽然不是正义的行动），而自私的人则私下庆幸它虽然是慈善的，但至少不是慷慨的；甚至地方税的纳税人，也很慢才认识到这个制度——它宣称一个人不论是否能赚取生活所需的工资都有“生存的权利”——会带来怎样的后果。

就长远而言，其后果是可怕的。虽然要将一个人的自尊降低到宁愿接受贫民救济而不要工资是需要一段时间的，但由公款辅助的工资却必然变成一个无底洞，而迫使他依靠贴补标准的补助。乡村的人们逐渐变为贫民；谚语说“一旦靠救济，就要永远靠救济”是真实的说法。但是如果不从这种补贴制的长期影响来看，我们很难解释早期资本主义对人类及社会的损害。

这个《斯皮纳姆兰法案》的插曲对当时先进国家的人们显示这个他们曾参与其中之社会冒险的真正性质。无论统治

---

① Meredith，H. O.，*Outlines of the Economic History of England*，1908.

者或者被统治者都永远不会忘掉这个愚人天堂的教训；如果1832年的《改革法案》（the Reform Bill）及1834年的《济贫法修正案》（the Poor Law Amendment）可以视为现代资本主义之起点的话，这乃是因它们废止了仁慈之地主及其补贴制的统治。想要建立一种资本主义体制的秩序而不要劳动力市场的企图是彻底的失败了。资本主义经济的法则又再度肯定自己，并表现于对父权主义之原则的强烈敌意。这些法则的强韧性已变得很明显，违背它们的人将得到残酷的后果。

在《斯皮纳姆兰法案》之下，英国社会被两股相反的力量所扯裂，一股是由父权制而来的，保护劳工免于市场制之威胁的力量；另一股是在市场制之下组织生产的要素（包括土地），并进而剥夺一般人们先前的社会地位，迫使他们凭出卖劳动力来谋生，同时以低于市场的价格压榨他们的劳动力。一个新的雇主阶级形成了，但与其相对应的受雇者阶级却无法组成。新的圈地运动浪潮赋予土地流动性且造成了农村无产阶级，但“《济贫法》的恶政”却阻止他们凭劳动力谋生。无怪乎当时的人会为这看似矛盾的现象而感到恐怖：一方面是奇迹般的增加生产，另一方面却是饿殍般的大众人 85
民与之相伴出现。到1834年时，一般的看法——尤其是许多深思熟虑的人所强烈坚持的看法——是任何措施都要比延续《斯皮纳姆兰法案》为佳。或者必须将机器摧毁，就如卢德运动（Luddites，英国的劳工因物价高昂，生活不安，而于

1811 - 1816 年间展开之暴力破坏机械运动——译者注）所尝试做的，或者必须建立一个正常之劳动力市场。因而人类被迫走上了一条乌托邦式的实验道路。

这里不是详述斯皮纳姆兰之经济措施的地方，这在以后还会论及。从表面上来看，“生存的权利”会将工资劳动全面止刹住。标准工资应逐渐降低到零点，因而将实际工资全部转嫁到行政教区上，这个过程就会显示出这种制度的荒谬性。但这时是前资本主义时期，一般人们仍然具有传统的心态，并且不只单单以金钱动机来主导他们的行为。大多数乡村居民是占有土地或房屋，而且认为任何种类的生活方式都比贫民的身份好，即使在此时贫民的身份还没有像以后那样故意被烙上耻辱的印证。如果劳工们能为了提高本身的利益而自由组合的话，补贴制度就会对标准工资产生反效果：《济贫法》的放任政策会减轻工会对失业救济的负担而有助于其活动。这也就是在 1799 - 1800 年通过不公正之《反合并法案》（the Anti-Combination Laws）的理由，否则很难说明，何以会出现这个法案，因为伯克郡的保安官及国会的议员们一般都关心贫民的经济状况，并且在 1797 年以后，政治的动乱也逐渐平息。实际上，可以从此更进一步辩称由于斯皮纳姆兰的父权式干涉政策引出了《反合并法案》——这是更进一步的干涉。假如没有《反合并法案》的话，《斯皮纳姆兰法案》可能会产生抬高工资的后果，而不是像以后那样压低工资。与《反合并法案》——它要在 25 年以后才被废止——同时，《斯皮纳姆兰法案》产生了讽刺性的结局，也就是从财务上推展之“生存的权利”到最后却摧毁了那些它本来想要帮助的人们。

对后代的人来说，没有一样东西会比两套互不兼容的制度——如工资制与“生存的权利”——合在一起那样的别出心裁，或者换个方式说，没有一样东西会比一个运作的资本主义制度加上由公款补贴的工资那样不可行。但是当时的人并不了解他们所建造的这个新秩序。只有在一般人的生产能力急速降低，并成为阻碍机械文明进展的全国性危机时，才使人们意识到必须废除贫民无条件接受救济的权利。斯皮纳 86
姆兰的复杂经济制度已经超越了当时最卓越之专家的想象力；但其结论很明显是令人感叹的，即工资补贴在先天上必定是有缺点的，因它不可思议地损伤了接受补贴的人。

市场制度的陷阱却并不明显。要清楚地了解它，我们必须分辨自从机器发明以后英国工人所经历过的各种变迁：先是 1795 – 1834 年间的斯皮纳姆兰时期；其次是从 1834 年以后的 10 年间，《济贫法修正案》所带来的困境；再次是从 1834 年以后竞争性劳动力市场所带来的损害，直到 19 世纪 70 年代承认工会以后对工人所提供的充分保护。从年代上来讲，斯皮纳姆兰制早于市场经济，《济贫法修正案》的 10 年是过渡到市场经济的阶段。与前者重叠的最后阶段是市场经济本身。

这三个时期有显著的不同。斯皮纳姆兰制是设计来防止一般人民的赤贫化，或者至少缓和赤贫化。其结果却是一般人民的赤贫化，他们在这个过程中几乎失去了人的样子。

《济贫法修正案》除掉了对劳动力市场的干扰："生存的权利"被废止了。这个法案的残忍大大震撼了 19 世纪 30 年代与 40 年代一般民众的感情。当时人们的激烈抗议使后人对这个事件的理解没有清晰的影像。事实上确实是有许多真正需要救济的贫民，在公共救济停止之后就只有依靠命运。而受难最大的是所谓"值得救济的贫民"，他们因太自傲而不愿进入那些已经变为耻辱之屋的厂房。在整个近代史上大概从未有一个比这个修正案更残忍的《社会改革法案》；在它希望要提供一套贫民习艺所中之真正贫穷的标准时，它碾碎了许多人的生命。(这个残忍的《社会改革法案》所引起之)心理上的折磨被冷静地辩护着，并且由温文的慈善家和缓地付诸实行，以润滑工厂厂房的齿轮。但当时主要的抱怨实在是起因于这样的突兀性：一个古老的制度被推翻，而一个激进的改革被贸然推展开。迪斯雷里（Benjamin Disraeli, 1804 - 1881，英国籍犹太政治家及作家，曾任首相——译者注）就曾公然抨击这个"不可思议的革命"对人们造成的伤
87 害。然而，如果只计算金钱收入的话，人们的生活状况却即

将改善。

第三个时期的问题比前两个时期远为深入。从 1834 年之后的 10 年中，权力集中后的济贫机构对穷人所犯下的官僚式暴行仍只是零星的，而且无法比诸所有现代制度中最强有力者——劳动力市场——的全面影响。它在范围上与斯皮纳姆兰制所造成的威胁相似，但是主要的不同却在于危机的起源并不是缺少一个竞争性的劳动力市场，而是劳动力市场的存在。假如《斯皮纳姆兰法案》曾防止劳工阶级之出现的话，现在的劳苦人民却因冷酷无感觉之机制而迫使他们形成这样的一个阶级。假如在斯皮纳姆兰制之下的人们如同不太稀罕的禽兽而没有受到照顾的话，此时他们却只有在各种不利的条件下自己照顾自己。假如斯皮纳姆兰制意味着腐蚀之温暖的悲惨的话，现在的劳工却是无家可归。假如斯皮纳姆兰制过度滥用街坊、家庭及乡居环境之价值的话，现在的人却是远离家庭及亲人，并从他的根及所有有意义的环境中漂荡出来。简而言之，如果《斯皮纳姆兰法案》意味着停滞的腐朽的话，那么，现在的危险就是遗弃至死亡。

英国直到 1834 年才建立起一个竞争性的劳动力市场；因而，作为一个社会制度的工业资本主义在此之前不能说是已经存在了。但是几乎在同时，社会的自我保护作用立即相应而生：工厂法（Factory Laws）及社会立法，以及政治性的工人阶级运动浮现出来。由于要避免市场机制所带来之全然新鲜的危机，这些保护措施与这个制度的自律性产生了致命的冲突。毫不夸张地说，19 世纪的社会史可以说是被 1834 年《济贫法修正案》所解放出来之市场制度的逻辑左右的。而这个动力的起点是《斯皮纳姆兰法案》。

我们提议说研究斯皮纳姆兰制即是研究 19 世纪文明之诞生时，我们并不是只想到其政治的与社会的后果，甚至也不是只想到这些后果对现代政治史的影响，而是想到现在大多数人所不知道的，我们的社会意识在此时已经铸入它的模板里这个事实。贫民的形象——在此后几乎已经被遗忘了——主
88 宰着当时的议论，而其印记一如历史上最重大的事件那样强而有力。如果法国大革命是受惠于伏尔泰、狄德罗（Denis Diderot，1713 - 1784，法国哲学家、作家、启蒙运动的领导人——译者注）、魁奈（Francois Quesnay，1694 - 1774，法国经济学家，重农学派的创始人——译者注）及卢梭等人的思想，则《济贫法》的议论形成了边沁（Jeremy Bentham，1748 - 1832，英国哲学家，功利主义的创始人——译者注）、伯克（Edmund Burke，1729 - - 1797，英国政治家及政论家——译者注）、戈德温（William Godwin，1756 - 1836，英国作家及政治哲学家——译者注）、马尔萨斯、李嘉图、马克思、欧文（Robert Owen，1771 - 1858，英国工业家、社会改革家及社会主义者，合作主义运动的先驱——译者注）、穆勒（J. S. Mill）、达尔文及斯宾塞等人的思想。它们与法国大革命同是 19 世纪文明的精神祖荫。从《斯皮

纳姆兰法案》及《济贫法修正案》以后的年代开始，人们的心灵带着一种新的忧虑之苦闷转向他们自己的社会：伯克郡的保安官所试图引发而后来为《济贫法修正案》除掉的这个革命，将人们的视野转移到他们自己本身的社会，这是他们以往从未注意到的。人们揭露了一个以往未曾注意其存在的世界，也就是支配一个复杂社会的各种法则。虽然在这个新的、独特意义下出现的社会是见诸经济领域中，但其关联是全面的。

这个发生在我们意识中之未成熟的实体的形式就是政治经济学。其惊人的规律性与令人大吃一惊的矛盾已经与哲学、神学的体系格式相适应，以便同化于人类的意义之中。那些看来会废除我们之自由的顽固事实和冷酷无感觉的法则也已经以某种方式与自由相协调。这就是暗中支撑着实证论者及功利主义者之形而上力量的主要动机。对人之能力的未探究领域之无止境的希望和无限的失望，就是对那些惊人之限制的心灵上的矛盾反应。希望——想象中的完美无缺——就是从一般人与工资律的梦魇中超脱出来，并且是具体表现在进步的概念之中，它是如此的令人鼓舞，以至于能为即将来临之广泛而痛苦的破坏作辩解。失望成为转变的一个更有力的动因。

人类被推向世俗性的地狱：不管他是停止传宗接代，或自谴式地用战争、瘟疫、饥荒及罪恶来消灭自己，他都是死定了。贫穷还存在于社会之中；而有限的粮食和无限的人口已经在能无限增加财富的空头语言破灭时成为一个问题，这更使得这个讽刺变得难堪。

89 这就是整合着人类精神面貌之社会的发现；但是这个新的实体——社会——又是如何转化到生活的关系之中的呢？作为实际行动指标之和谐与冲突的道德原则已经被扭曲到极点，并被导向一全面矛盾的形态。它指称和谐是经济制度中本有的，个人与社会的利益最终是一致的——但这种和谐的自律性却要求个人服从经济规律，即使它会毁灭他。冲突也似乎是经济制度中本有的，不论是人与人之间的竞争或者阶级之间的斗争——但是这样的冲突却可能是导向现时或未来社会之深一层和谐的唯一工具。

贫穷、政治经济学及社会的发现这三者密切相连。贫穷使人注意到一个无法理解的事实，即贫苦似乎总是与富庶并存。不过这只是工业社会带给现代人的第一个不可理解的矛盾。通过经济学的门槛，他进入新的居住环境，这一偶然的状况使得这个时期具有强烈的物质主义气息。对李嘉图及马尔萨斯而言，没有一样东西会比物质财物更为真实。对他们而言，市场律即意指人之能力的极限。戈德温相信人类有无限的能力，因而必须否定市场律。欧文是唯一明白人类的能力并不是受市场律之限制，而是受社会本身之限制的人。他是唯一认识到市场经济之面纱后面的实体——社会——的人。但是他的看法却被忽略了一整个世纪。

其间，由于贫穷的问题使得人们开始探究生命在一个复杂之社会中的意义。政治经济学从两个相反的角度进入思想领域中：一方面是进步及完美无缺，另一方面则是决定论及毁灭；它也经由两个相反的方法转化到实际行动中：一方面是和谐及自律性的原则，另一方面则是竞争及冲突。经济的自由主义及阶级观念即预先形成于这些矛盾之中。由于此一惊人之事件的终结，一套新的观念已经进入我们的意识之中。

第八章　前提与结果

90 斯皮纳姆兰制原本不过是一个代用品。但没有一个制度像它那样更具决定性地塑造了整个文明的命运，而后在一个新纪元开始之前被抛弃。它是一个转变之时代的典型产物，并值得今天每一位研究人类活动的人注意。

在重商主义制度之下，英国的劳工组织是建立在《济贫法》及《工匠法》的基础上。《济贫法》——把它用来称呼从1536年到1601年间的各项法规——很明显是一个错误的名称；这些法规及其后的修正案实际上只构成英国之《劳工法令》的半数；另外的一半则包括1563年的《工匠法》。后者是针对受雇者，《济贫法》则是针对我们所称的失业者及无法就业者（老人及儿童除外）。除此之外，后来还加上了1662年的《定居法》，它关涉人们的法定居所，极度限制人们的迁徙流动。（对于受雇者、失业者及无法就业者之间的精巧区分，当然是不符合年代的，因为它意味着一个现代工资制度的存在；而实际上它要再经过250年才出现；我们只是为了简明的目的而在这一般的讨论中使用这些名词。）

根据《工匠法》，劳工组织建立在三根支柱之上：强迫劳动、7年的学徒见习期，以及由官员鉴定工人每年的工资。这里必须强调的是：这个法律同时适用于农业劳动者及工匠，也同时实行于乡村及城镇。在大约80年之间，这个法令被严格地遵行着；后来部分学徒见习期的条款废而不用，其效力只限于传统的技艺；对于新兴工业，像棉纺织业，它们并不适用；根据生活的费用而鉴定每一年之工资的条款在1660年王政复辟后的英国大多数地方都被搁置了。形式上，这个法令里的官方鉴定条款一直到1813年才被废止，而有关工资的 91
条款则废于1814年。然而，从许多方面来说，实际之学徒制的规则却比这个法规长命；它仍是英国技术行业中的一般惯例。在乡村的强制劳动则逐渐被废除。不过我们仍然可以说在这250年之中《工匠法》所规划之全国性劳工组织的轮廓是建立在管制原则与父权主义之上的。

《工匠法》是被《济贫法》（一个现代人听起来最易引起混淆的名词，"贫民"与"穷人"听起来都一样）所补充的。事实上，英国的绅士认为任何没有足够收入以保持悠闲的人，都属于贫民。"贫民"一词实际上就相当于"平民"，而所谓平民则包括所有地主阶层之外的人（当时所有成功的商人都会购买土地产业）。因此"贫民"一词意指所有仍有所寄的人，以及所有不时有所需的人。这当然包括了穷人，但却不止是穷人而已。社会中的老、弱、孤、残等都需要受到照顾，尤其是当这个社会声称在其疆界之内，每一位基督徒都应该有其归宿时。但更重要的却是有些我们称为失业者之有工作能力的穷人，他们若能找到工作，就可以凭劳动力谋生。乞丐们受到严酷的惩罚；流浪者，若是个累犯，则可处死罪。1601 年的《济贫法》规定有能力工作的穷人必须从事行政教区提供的劳役以赚取生计；救济的重担直接放在行政教区上，它有权从地方税收及财产估值中征取所需的费用。这些税收就是从所有的房主及房客，不论贫富，依其房、地租价格加以征收。

《工匠法》加上《济贫法》就构成所谓的《劳工法》(Code of Labor)。但是《济贫法》是由各地方自行主管的。每一个行政教区——通常是极小的单位——都有自己的条例以安置有工作能力者工作；或支持一家济贫院，或安插孤儿贫户子女为学徒，或照顾年老弱者，或安葬穷人；并且每一行政教区各有其本身的救济标准。但这些设施实际上都是名过其实；许多行政教区没有济贫院；更多的行政教区没有足
92 够的设施以安插有工作能力者工作；此外有更多的问题，如地方付税者迟不缴税，负责济贫的人漠不关心，以及对济贫兴趣的僵化以致降低了这个法律的作用等。尽管如此，全盘来看，英国近 16000 个济贫机构仍设法保住了乡村生活的结构，未使其受到破坏和损伤。

但是在一全国性的劳工制度之下，这种地方性的失业及救济组织很明显的是一种反常。哪个地方救济穷人设施的种类愈多，则职业性穷人涌至条件较好之行政教区的可能性也愈大。到了王政复辟之后通过了《定居法》来保护那些“较好”的行政教区，以防止蜂拥而至的穷人。再过一个多世纪以后，亚当·斯密痛责这个法案，因为它限制了人们的流动性，并因而妨碍他们找到适当的工作，一如它妨碍资本家找到受雇者。只有在地方官及行政教区当局的同意下，一个人才可以居住在他原来之行政教区以外；舍此之外，即使他品行良好而且有职业，也会遭到驱逐出境的下场。是以人们之自由平等的法定地位受到各种清楚界定的限制。在法律之前他们是平等的，而且就个人而言是自由的。但是他们并没有为自己及子女选择职业的自由，他们也没有迁徙的自由，并且他们被迫工作。伊丽莎白一世的两大法案加上《定居法》，构成了一般人民的自由宪章，同时也是使他们动弹不得的标志。

工业革命继续进行着，到 1795 年，在工业之需要的压力下，1662 年之《定居法》的部分条文被取消，教区农奴制被废止，并且工人之流动的自由得到恢复。劳动力市场现在在一种全国性的规模上建立起来了。但就在同年，如同我们已经知道的，一个类似济贫机构的措施被引进来，这意味着伊丽莎白一世之强制劳动的原则被废除，《斯皮纳姆兰法案》

保证了“生存的权利”；工资补贴变得很普遍；家庭津贴也被追加上去；而所有这些都是采取公共救济的形式，亦即不需要使接受救济者到贫民习艺所去。虽然救济的范围很小，但它却足以勉强糊口。正当蒸汽机吵吵闹闹地要求自由，以及机器呼吁着要人手的时候，劳工政策却又彻底地回到管制
93 主义及父权主义中去。不过《斯皮纳姆兰法案》在时间上与取消《定居法》一致。其间的矛盾是很明显的：《定居法》的取消是因为工业革命需要为工资而工作之劳工的全国性供应，而《斯皮纳姆兰法案》则宣称人们无须恐惧饥饿，而且不管其收入多少，行政教区会照顾他和他家属的生活。这两种工业政策之间有显著的矛盾；同时推行这两者时，除了社会罪恶之外还能期待什么呢？

但是，斯皮纳姆兰时代的人却没有意识到他们是走在什么样的道路上。在历史上最伟大之工业革命的前夕，没有出现任何征象或预兆。资本主义没有预告就来了。没有人预料到机器工业的发展，它完全是意外地来到。当水闸迸裂，旧世界被迈向世界性经济的浪潮所吞没时，过些时间英国实际上却在预期着对外贸易的永久性衰退。

但是直到19世纪50年代之前，没有人能说得如此肯定。要了解斯皮纳姆兰之保安官的这个建议的关键，乃在于这些保安官对他们所面临之发展的广泛意义懵然无知。从现在回过头去看，可能觉得他们不但企图达成不可能的事，并且是

以当时明显的相互矛盾的方法在做。事实上，他们在保护村落以防止动乱的这个目标上甚为成功，然而他们的政策对其他未曾预见之方面所产生的影响，则造成了灾难。斯皮纳姆兰政策是发展劳动力市场这一特定时期之内的结果，且应从当时那些决策者对当时之处境的看法去加以理解。从这个角度来看，津贴制看起来就会像是一种由乡绅所设计的措施，以应付工人的活动性无法再加以限制这个新情势，同时士绅们也希望能在接受一个自由的全国性劳动力市场时，避免造成地方状况的不稳，包括工资的上升。

斯皮纳姆兰制的动力深植于其起源之环境中。农村贫穷的加剧是这个即将来临之变动的第一个征兆。但当时的人没有一个这样想。农村贫穷与世界贸易两者之间的关联绝不是明显的。当时的人没有理由将乡村贫民的数目与世界贸易的 94
发展联系在一起。贫民数目之不能解释的增加，一般归诿于《济贫法》管理的方法，这并不是没有理由的。事实上，在这些表象底下，乡村贫穷的增加，是直接与一般经济历史的趋向相关联的。但是这一关联是很难看得出来的。许多作者探讨贫民以什么样的途径渗入乡村，他们提出一些令人惊讶的理由来解释贫民出现之数量的增加。但是只有少数当代的作者像我们今天这样从工业革命的角度来指出这些动乱现象之间的关系。一直到 1785 年，除了一阵阵贸易的增加及贫穷的增长之外，一般英国人仍然没有觉察到经济生活上的重大改变。

穷人是从什么地方来的呢？这个问题是当时愈来愈多之小册子作者提出来的。贫穷的原因和扑灭它的手段在这类文件——它们是受到这样的信念而写的：只要贫穷这个最明显的罪恶能充分消灭，它就全然不存在——中很难期望分开来。大多数人都同意的一点是：导致贫穷增加的理由相当多。譬如说：粮食不足；高粮价导致农业工资过高；农业工资偏低；城市工资过高；城市就业不稳定；自耕农的消失；城市工人不适合乡村的工作；农民不愿付高工资；地主担心如果付出较高的工资会招致租金的降低；家庭手工业无法与机器竞争；缺少全国性的经济；不适当的居住环境；顽固的饮食习惯；服药的习惯等。有些作者将贫穷归罪于新种的大型羊只，另外一些作者则归罪于马，认为必须以牛来取代；另外有人则鼓吹少养狗。有些作者认为穷人应该少吃，或者不吃面包，而另一些作者则认为即使他们“以最好的面包维生也不应该责备他们”。当时有人认为茶会损害穷人的健康，而“自酿的啤酒”则会使之康复；相信这种看法的人认为茶不会比最廉价的酒好。40 年后哈丽雅特·马蒂诺（Harriet Martineau，1802 - 1876，英国女作家，热心于社会改革——译者注）仍
95 然鼓吹祛除饮茶的习惯以减少贫穷。[1] 当然，有许多作者抱怨圈地运动的不良后果；另一些人则坚持制造业的兴衰伤害了农

① Martinearu，H.，*The Hamlet*，1833.

村的就业。但就总体而言，当时流行的看法是将贫穷视为一种独特的现象，一种因各式各样之原因而引起的社会疾病，其中一个最主要的原因是《济贫法》未能适当地施展补救措施。

贫穷增加及地方税升高的真正原因，必定是我们今日所称的隐藏性失业之增加。在当时那种甚至连就业都是隐藏性的状况下（在家庭工业下，某一程度内必然如此），这样的事实自然不会明显。但是问题却仍然存在：如何解释失业者及隐藏失业者之人数的增加；为什么当时具有洞察力的人都没有注意到工业即将改变的信息？

主要的解释是早期贸易的巨幅波动常常掩盖了贸易之绝对值的增加。虽然后者可以解释就业的增加，但是巨幅的波动却造成了更多的失业。当就业的一般水平增加得很慢时，失业者及隐藏失业者之人数的增加却倾向于加快。因此，建立恩格斯所称之产业后备军的速度，在当时更快于创造工业部队本身的速度。

此一趋向之更重要的结果是失业与总贸易额增加这两者之间的关联容易被忽视。虽然人们常常称失业的升高是因贸易上之大幅度波动而起的，但是这仍然没有使人注意到这些波动本身乃是另一个更大之过程的一部分，也就是一般商业的成长，逐渐依赖于工业生产。对当时的人而言，他们看不出都市中的工业生产与乡村穷人增加之间有什么关系。

贸易总额之增加自然扩大了就业的数量，而地区的专业

96 分工加上贸易之急剧的波动则导致乡村城镇之职业的剧烈变动，其结果是失业人口的快速增长。高工资的谣言使得穷人不再满足于农业的收入，这也造成了人们对农业工作的嫌恶，认为农业的报酬过低。当时的工业地区就像一个新的国家（如美国那样）吸引着无数的移民。移民通常还伴随着值得注意的再移民。乡村之绝对人口并没有减少这个事实似乎可以证明这种往乡村回流的情形必然曾经发生过。因而，当不同的人群在各个时期被吸入商业及工业生产的工作，然后又漂荡回原居之乡村时，一个人口之累积的动荡于焉产生。

对英国乡村社会的许多损伤，起初是贸易直接对乡村本身所产生之弄乱了秩序的结果。农业革命必然先于工业革命。公有地的圈围及农地的合并，伴随着新引进的农作方法，造成强而有力之动荡结果。农舍的争夺，农家果菜园、庭园之合并，使用公有地之权利的没收等措施剥夺了家庭手工业的两大支柱：家庭的收入与农业的底子。只要农村家庭手工业仍能从园圃，一小块地，或放牧权中得到部分收入，他们就不是那么全然地依赖着金钱的收入；一片马铃薯园或“拾穗的鹅群”，在公有地上的一头牛或一匹骡子都会造成重大的差别；家庭副业的收入就具有失业保险金的作用。农业生产的合理化无可避免地将劳工的根拔掉，并且不知不觉地伤害了他的社会安全。

在都市里，这种职业波动所造成之新的伤害性影响，自然是很显著的。一般而言，人们视工业为一项没有前途的职业。大卫·戴维斯（David Davies）就曾这么写过：“今天充分就业的工人，明天可能就在街头求人施舍面包……劳工状况的不确定性是这些新发明之最凶险的后果。”他还说：“当一个从事于某种工业的城镇失去了这种工业时，其居民就像中了风一样，立即变为行政教区的负担，而且这个不幸并不
因这一代人的消逝而终结。”这是因为在那个时候职业分工 97
施展了它的伤害性：失业工人徒劳无益地回到他的村子，因为“纺织工人一无所长”。都市化之致命的不可改变性是基于亚当·斯密所预见的一个事实：他指出产业工人比最庸劣的耕地者还差，后者能从事各种工作。不过，在亚当·斯密出版其《国富论》时，贫穷并没有显著地增加。

其后的20年间，景象却突然改变了。在其《对匮乏的思考与详述》（*Thoughts and Details on Scarcity*）一书——这是伯克（Edmund Burke，1729－1797，英国保守主义政治思想家——译者注）在1795年提交给威廉·皮特（William Pitt，1759－1806，英国政治家及作家，曾任首相——译者注）的著作——中，作者承认即使当时一般的进步状况下，仍有“20年的不良周期”。事实上，七年战争（1763）以后的10年间，失业率明显增加，这可以从公共救济之增加看出来。这是第一次出现贸易之突然的景气伴随着贫民之困苦有增无减的迹象。这个明显的矛盾注定成为西方人之下一代在社会生活

中之所有重复现象中最感困惑的现象。人口过多的幽灵开始萦绕在人们的心头。威廉·汤森（William Townsend）在其《济贫法研究》(*Dissertation on the Poor Laws*) 一书中就如此警告着："姑且不论一般人的臆测为何，在英国有多于我们能供养的人口，而且比我们现有之法律制度下能适当地雇用的还多，这是个事实。"在1776年，亚当·斯密反映着温和进步的心态。但是只在10年之后，汤森就已经意识到了巨浪即将袭来。

然而，许多事情发生了，(只在5年之后)，使得像特尔福德（Telford）这样一个不关心政治，而且甚为成功的英格兰造桥者，突然开始尖刻地抱怨起政府的无能，而且认为只有革命才是唯一的希望。一本由特尔福德寄回他家乡之潘恩 (Thomas Paine，1737 - 1809，美国独立革命的理论家——译者注）所著的《人类的权利》(*Rights of Man*) 一书，在那里引起了暴动。巴黎在催化着欧洲的动荡。

坎宁（George Canning，1770 - 1827，英国政治家，曾任外长——译者注）却坚信《济贫法》将英国从革命的危机中挽救了回来。他谈的主要是18世纪90年代及法国的战争 (即拿破仑一世及拿破仑三世时的战争——译者注)。此时复燃的圈地运动更加压低了乡村地区之穷人的生活水平。J. H. 克拉彭（J. H. Clapham）这位圈地运动的护卫者承认："在工资依赖补贴增加得最快的地方，以及最近进行大量圈地的地

98 方，两者之间有惊人的巧合。"换句话说，如果不是工资补

贴，英国乡村许多地区之穷人的生活水平会下降到饥饿线以下。焚烧禾草堆非常普遍。暴动经常发生，而关于暴动的谣言则更多。在汉普郡（Hampshire）——但不止是这里而已——法庭威胁着要将任何意图“强使物价下降，不论是在市场上或路上”的人处死；但与此同时，这个郡的地方官却紧急呼吁给予工资补贴。很明显的是，采取防范措施的时机已经到了。

但是在各种可行的措施中，为什么选择了这个事后看来最不切实际的措施呢？对此我们可以考虑一下当时英国的情势及所牵涉的势力。士绅及教士仍然统治着当时的乡村。汤森归结当时的情势，指出拥有土地的士绅将工业生产“保持在一定距离之外”，因为“他认为工业生产波动太大，而且由此得到的利益不足以抵消它对财产所造成的负担”。这些负担包括两项工业生产所造成的，看似互相矛盾的影响：贫穷的增加，以及工资的增加。但这两者只有在假定着有一竞争性劳动力市场存在时，才会互相矛盾。它此时当然压低受雇者的工资来减少失业者。假如没有这样的市场——此时《定居法》仍然有效——贫穷与工资可以同时上升。在这一情形下，都市失业的“社会成本”就要由工人的家乡来负担——失业工人通常回到家乡去。城镇里的高工资对乡村经济是更大的负担。农业的工资高于农民所能负担的水平，但却低于劳工赖以维生的水平。很明显的是农业工资无法与城镇的工资相较量。另一方面，当时一般的舆论是《定居法》必须加以废除，或至少使之松弛，使得劳工能找到职业，雇主能请得到工人。当时认为这样做就会提高所有劳工的生产率，并同时降低工资的真正负担。但如果让工资“自动调整到适当之水平”的话，城乡之间工资的差别这个马上面临的问题，很明显就会在乡村形成更迫切的问题。工业雇佣的流动性，加上间歇性的失业，会全面搅动乡村小区。乡绅及教士必须建立起一道堤防以保护村落免于遭受工资高涨之洪流
99 的冲袭。同时也必须及时设立一些能保护乡村以对抗社会变动的措施，加强传统的权威，防止农村劳动力流失，且提高农村工资而不致过度加重农民的负担。这样的一个措施就是《斯皮纳姆兰法案》。若将它掷入工业革命的狂流里，它必定会产生经济的旋涡。但是，如果从主宰乡村之士绅们的利益这个角度来看，其社会意义却能贴切地应付当时的环境。

从《济贫法》管理的观点来看，《斯皮纳姆兰法案》是一严重的“开倒车”表现。过去250年的经验已经显示出行政教区对济贫行政而言是太小的单位，因为任何一项措施若不能区分有工作能力而失业的人与年迈者、残疾者及儿童的话，它必定是不适当的。这就像是在现代以一个城镇单独应付失业保险，或像是将失业保险与对老年人的照顾混淆起来一样。因此，只有在一短暂的时期内，当济贫管理能同时涵

盖全国性及地方性两者时，它才多少有用。这样的一个时期是在伯利（William Bruleigh，1520－1590，英国女皇伊丽莎白一世的首席顾问——译者注）及劳德（William Laud，1573－1645，英国国教会大主教——译者注）当政的1590－1640年间，当时皇室经由治安推事（justice of peace）来主掌《济贫法》，并且推动了一个野心勃勃的计划来建立收容所并实施强迫劳役。但是共和政体（the Commonwealth，1649－1660，此即史称清教徒革命后所建立的共和制——译者注）再度摧毁了当时被攻击之皇室的个人统治。讽刺的是其后的王政复辟却完成了共和政体的任务。1662年的《定居法》限制《济贫法》只能以教区为基础单位，而且一直到18世纪的30年代，立法机关对贫穷问题只付出不充分的关注。至少，在1722年才建立起区分贫民的措施；贫民习艺所由联合行政教区建立，并与地方上的救济院相区别；此外有时也允许贫民接受公共救济，就如贫民习艺所可以执行检定贫民之需要的真实性。到了1782年，《吉尔伯特法案》（Gilbert's Act）以鼓励设立联合行政教区而扩大了济贫之行政单位；在那时，各行政教区被敦促替有能力工作者在邻近的行政教区找工作。这个政策并且得到公共救济以及工资补贴的帮助，以降低救济有能力者的花费。虽然设立联合行政教区并不是强制性的，而只是一个许可，但是它却意味着迈向更大之济贫行政单位，以及各种被救济之贫民的区分。因此，尽管这 100

个制度有缺陷，但《吉尔伯特法案》代表着正确方向上的一个尝试，而且只要公共救济及工资补贴仅是正面之社会立法的附属品，它们也就不一定会对一个理性的解决方案造成致命的伤害。但《斯皮纳姆兰法案》却扼杀了所有的改革。由于将公共救济及工资补贴普及化，它不但没有承袭《吉尔伯特法案》的路线（有人误以为两者是一致的），而且全然倒转了其意向，并且在实际上摧毁了整个伊丽莎白一世时代的《济贫法》。此时，在贫民习艺所及救济院之间费力建立起来的区分已经变得没有意义；不同类别的贫民和有工作能力的失业者此时混淆成一群有待救济的穷人。一个与区分过程相对的过程开始了：贫民习艺所合并入救济院；救济院本身逐渐消失；行政教区又再度成为这一制度退化之真正杰作下的最终单位。

在一般情形下，《斯皮纳姆兰法案》的影响甚至提高了士绅及教士的权力。贫民救济委员所抱怨的这种“权力之没有区别的慈善”在扮演“托利社会主义”（Tory socialism）时，最为成功：治安推事滥施仁慈，而税负的重担却由农村中产阶级来承担。在农业革命的浪潮下，大多数自耕农都已经消失了，其余的房地产所有人及领地者在乡村统治者眼中已经与手工业者和拾破烂者合并为一个社会阶层。他并不仔细区分真正需要救济的人，及碰巧需要救济的人；从他优雅的山庄里俯视农村里为生活而挣扎的人，他看不出贫民与穷

困者之间的区别，并且他可能会很惊讶地发现在年成不好时，
一个小农非得依赖救济不可，尤其是当地承受各种灾祸般之
税负时。虽然这种例子并不是普遍的，但其存在的可能就已
经点出这个事实：许多缴付这种税负的人，本身就是穷人。
就社会整体而言，纳税者与贫民之间的关系很像今日失业保
险制度下有职业者与失业者之间的关系：有职业的人承担着
供养暂时失业的人的责任。不过一般缴税的人通常不能取得
救济，而一般农业工人并不缴税。从政治上来说，士绅对穷 101
人的影响随《斯皮纳姆兰法案》而加强，而农村中产阶级对
穷人的影响则转弱。

这个制度最荒唐的地方是在经济上。对于“由谁来支付斯皮纳姆兰制（所需费用）”这个问题，实际上是无法回答的。当然最主要的负担是直接落在纳税者头上。但农民们也因他们付低工资给雇工而得到部分补偿——这是斯皮纳姆兰制的直接结果。此外，如果农民愿意雇用一个村人——否则此人就会依赖救济——那么他通常可以减除一部分税。结果是造成农家之厨房和园子里有过多的帮闲者——他们有些并不是很好的工作者，必须将之置于借方。雇用那些实际上已领取救济的人工作必然更为便宜。他们经常在不同的地点像“巡逻员”一般工作，只需给他们食物作为工资，或在村落的收容所被拍卖，一天只得到几个便士作为工资。这种契约工人到底能值多少钱是另一个问题。除此之外，有时穷人也

可以得到房租津贴，而那些无耻的房东则将不洁的房子以苛刻的租金租出去；只要这间破房的税捐源源而来，村政当局通常对此视若无睹。这种纠缠不清的利益必然损及所有财务上的责任感，并鼓励人们在各种小地方舞弊。

但是，在一个更广的意义上，斯皮纳姆兰制仍是值得的。它最初是一种工资津贴，表面上看对被雇者有利，但实际上则是用公款来补助雇主。这种补贴制的主要效果是把工资压低到生存水平之下。在极端贫困的地方，农民不愿意雇用拥有小片田地的农业工人，“因为有田产者不能得到行政教区的救济，而标准工资又是如此之低，如果没有某种救济的话，一个已婚者根本不足以养家”。结果，在有些地方，只有得到救济的人才有受雇的机会；那些试图避免领救济，而靠自己之劳动力维生的人，则难以找到工作。就整个英国来说，属于后者的人还是居多，而作为一个阶级的雇主们则从他们头上得到额外的利润，因为他们只需付出低工资，并且不需依救济标准而多支付其差额。长久来说，像这样一个不经济的
102 制度必然会影响工人的生产力并压低标准工资，最后甚至会压低治安推事为造福贫民而制定的“救济尺度”。到了 19 世纪 20 年代，面包的救济尺度在许多郡实际上已经逐渐降低，而穷人之可怜的些许收入则更加减少。1815 – 1830 年间，斯皮纳姆兰制的救济尺度——当时在全英国甚为平均——约减少了 1/3（这个下降实际上是全面性的）。克拉彭甚至怀疑全

部税负的负担是否确实像突然增加的抱怨那样严重。他是对的。虽然税负的增加甚为迅速，在有些地方甚至令人感到灾祸临头，但问题之根源所在，最可能的并不是这些税负本身，而是工资补贴对劳动生产率所产生的经济效果。在情况较严重的英格兰南部，济贫所支付的款项只占总收入的 3.3% 左右——克拉彭认为这是一个相当可以忍受的负担，尤其是考虑到这笔钱的一大部分“本来就应该以工资的形式给予穷人”。事实上，在 19 世纪 30 年代，救济金的总额继续下降。而其相对的负担对增长中的国家福利而言也急速地下降。1818 年时，实际用于济贫的总金额大约接近 800 万英镑；到 1826 年已持续下降到低于 600 万英镑，而其时英国的全国收入却迅速上升。但这时对斯皮纳姆兰制的批评却日益激烈，因为这种非人性化的措施已经开始使全国瘫痪，尤其是限制了工业本身的权力。

斯皮纳姆兰制加速了社会的灾变。我们现在已经习惯于把早期资本主义“引人一掬同情之泪”的悲惨描述打折扣。但这是无可辩解的。马蒂诺这位《济贫法修正案》的狂热信徒所描述的状况与鼓吹立宪运动（Chartism，1838－1848 年间的工人改良运动，鼓吹平民宪章，包括平民的投票权及其他改良——译者注）者所述的一致，而这些鼓吹立宪运动的人却是反对《济贫法修正案》的带头者。著名的《济贫法委员会报告》（1834）之中所陈述的事实，虽然鼓吹立即废止《斯皮纳姆兰法案》，但也同样可用于狄更斯（Dickens）反对这个委员会之政策的运动中。查尔斯·金斯利（Charles Kingsley，1819－1875，英国教士及小说家，鼓吹基督教社会主义——译者注）、恩格斯、布莱克（William Blake，1757－1827，英国艺术家及诗人——译者注）及卡莱尔（Thoams Carlyle，1795－1881，英国作家，相信英雄可以挽救人类，著《英雄与英雄崇拜》一书——译者注）等人认为人类的形象已因一些可怖的灾变而玷污，他们所说的并没有错。而比这些诗人及慈善家所喊出的苦痛及愤怒更令人刻骨铭心的，
103 却是马尔萨斯及李嘉图等在目睹惨相时的冷酷无言，他们的入世沉沦哲学就是来自这些惨状。

无疑，由机器所引起的社会变动以及人们被迫为机器服务的状况，必然产生了许多无可避免的后果。英国的乡村文明缺乏那些都市的环境，这种都市的环境产生了后来欧洲大陆的工业城镇。① 这些新兴市镇里没有定居的中产阶级，没有工匠、技工及令人尊敬之小资产阶级这样的一个核心，以作为同化外来粗工的媒介物——这些粗工是因高工资的吸引力或被狡猾的圈地者所逐出，而在早期的工厂中做苦工。英国中部及西北部的工业市镇是文化上的荒原，它们的贫民窟

① 厄舍（Usher）教授将都市化的开始时间定为大约1795年。

缺少原有的传统及市民的自我尊重。这些流动的农民，甚至包括一些早先的自耕农或土地领主，在被逐入这种悲惨的境遇以后，很快就变为泥沼中莫可名状的动物。这不单是因为他的工资过低，或工作时间过长——虽然这两者都经常是过度的——而是他现在生活在否定他作为人的生活条件下。非洲森林里的黑人发现自己被装在笼子里，并在奴隶贩子的船舱中渴望着新鲜空气时的感受，大概就是这些人的感受。但所有这些并不是无法补救的。只要人能得到一点社会地位，过着一种他的亲人或同伴所珍视的生活方式，他就会为此奋斗，并恢复他的精神。但此时对这些劳工而言，可以发展的途径只有一条：把自己变成一个新阶级的成员。他如果不能用自己的劳动力谋生，他就不再是一个劳工，而是一个贫民。斯皮纳姆兰制的最大坏处就是将他下降到这种状况。这个含混不清的人道主义方案，阻止了劳工组成一个经济的阶级，并因而剥夺了他们唯一能避免这种注定生活在经济磨坊之命运中的手段。

斯皮纳姆兰制是一个使公共道德败坏的有效工具。如果一个社会是一部为维护其赖以建立之规范的自我运作机器，那么斯皮纳姆兰制就是一部为摧毁这种任何社会赖以建立之 104
规范的自动机器。这不止是因它奖励逃避工作或假装无能力，并且也因其增加了贫穷的吸引力，尤其是当一个人正要挣扎避开贫困的命运时。一旦一个人进入救济院后（他和他的家人依赖救济金一段时间以后，就会被送到此），他就掉进这个陷阱了，而且很难有机会跳出去。多少个世纪的安居生活所培养出来的尊严及自我尊重，在这个混杂的救济院里很快就消磨殆尽了，在这里每个人必须小心，以免被视为高于他人，否则他就会被强迫送出去找工作，而不是做一些琐碎的杂事。马蒂诺如此叙述道："济贫的费用已经变成公众的赃品……为了得到他们的一份赃物，强悍者恐吓管理人员，淫荡者表示她们的私生子必须喂食，懒人则卷起双手等待他们的一份；无知的男女孩依此结婚；偷猎者、小偷及娼妓用威胁来强取它；乡村的治安推事滥施救济以抬高名望，而贫民救济委员则为了方便而滥施救济。这就是济贫基金的下落……""农人并不自己付工资以雇用适当数目的人手来耕种土地，而是被迫雇用一倍以上的人，这些人的工资有一部分是由济贫费用来支付的；他通常无法控制这些强迫他雇用的雇工——这些雇工工作与否随他们的高兴——而使得田地的质量降低了，而且还使他无法雇用较好的工人——他们愿意为自己的独立自主而努力工作。那些较好的工人在那些最低劣者之中也随着下沉；那些缴纳税负的小农在经过一番徒劳无益的挣扎后，也到登记处去寻求救济了。"① 日后，那些腼腆的自主主义者，却毫不领情地忽略了这位他们宗派里的

① Martineau, H., *History of England During the Thirty Years'Peace* (*1816 - 1846*), 1849.

率直信徒。然而即使她有所夸张——这正是他们所害怕的——但她仍点出了要害。她自已屈就于那个挣扎的中产阶级：他们有教养的贫穷使他们对《济贫法》之道德的复杂性更为敏感。她了解到，并清楚地表达出来，社会需要一个新阶级，“独立劳工”的阶级。他们变成她梦想中的英雄。她并且塑造出一个长年失业，但却拒绝领救济的工人，骄傲地对一个领救济的朋友说：“我堂堂正正地站在这里，拒绝任何轻视我的人。我让我的小孩坐在教堂的中排，而不怕任何人会因他们在社会上的地位而斥责他们。有些人可能比我聪明，另外有更多的人比我更富裕，但是没有人像我一样拥有 105
更多的光荣。”但这时统治阶级的大人物仍然没有了解到这个新阶级的需要。马蒂诺女士指出：“贵族阶级的粗鄙错误在于认定社会上除了有钱人之外，就只有一个阶级存在，贵族由于责任所在，必须要去应付这些贫民。”她抱怨说埃尔登爵士（Lord Eldon，1751－1838，英国政治家及法学家，曾任检察长——译者注）与其他见闻广博的人一样：“将这所有收入低于最富裕之银行家的人——企业家、商人、工匠、工人及贫民——都包括到下层阶级里去。”① 她认为最后两者之间的区分是社会的未来发展所依恃者。她写道：“除了主人及仆役之间的区别外，英国没有其他的社会分野会比独立工人与贫民之间

① Martineau，H.，*The Parish*，1833.

的差别更大了；将这两者混淆在一起，是无知的、不道德的、笨拙的。”这段话当然不是事实的陈述；在斯皮纳姆兰制之下，这两个阶层的区别已经不复存在。这段话毋宁说是以一种先知式之预期为基础的政策性宣言。这个政策由《济贫法》改革委员会提出；预言是期待一个竞争性的劳动力市场，以及因而出现的工业无产阶级。废除《斯皮纳姆兰法案》是现代工人阶级真正诞生之日。他们切身的自我利益使他们成为对抗机械文明之内在危机的社会保护者。但是不论他们将来的变化如何，工人阶级与市场经济在历史上一起出现。他们痛恨公共救济，不信任国家的措施，强调尊严及自力更生等，这些成为后世英国工人的特色。

废除《斯皮纳姆兰法案》是一个新阶级——英国的中产阶级——进入历史舞台时的成就。士绅阶级无法完成这个中产阶级注定要达成的使命：将社会转变为一个市场经济社会。在这个转变还没有开始之前，已经有数十条法律被废除掉，而另外的一些被制定出来。1832 年的国会《选举法修改案》(Reform Bill) 剥夺了陈腐的皇室指派议员的权力，而将国会的权力全部转移到下院。他们第一个重大的议案就是废除《斯皮纳姆兰法案》。现在我们了解到《斯皮纳姆兰法案》之
106 父权式措施与国家命运之密切结合的程度后，就会了解何以最强烈支持渐进改革的人，也不愿提议一个 10 年或 15 年的过渡时期。实际上，废除《斯皮纳姆兰法案》是那么突然，

使得后世为对抗激进改革而刻意制造英国人是温文的这种传说毫无意义。这个事件的残酷冲击在以后几个世代内继续出现于英国劳工阶级的梦魇中。然而这个有伤害性的手术之所以会成功，是因为各阶层的人，包括劳工本身，此时已经更深一层的认识到，这个表面上看是照顾他们的制度，实际上是在腐蚀他们，而“生存的权利”是致命的疾病。

新法律规定以后不得发任何公共救济金给贫民。其行政部门是全国性且有区别的。就此而言，它已经是一项彻底的改革。工资补贴当然停止了。贫民习艺所的测验在新的含义下重新引入。现在是由申请者本人决定他是否确定如此的破落，而愿意自动前往收容所。这时收容所已经被刻意弄成一个可怖的地方。贫民习艺所代表着耻辱；居留在那里成为心理上及道德上的痛苦，在那里要照卫生学与礼仪要求的规定行事——事实上这是用以进一步剥夺贫民的借口。在集权式中央管理制度下执行法律者，不再是治安推事或地方监护员，而是较精明的权威者——贫民救济委员。连穷人的葬礼，也包含其同伴甚至在死后与他断绝关系的仪式。

在 1834 年，工业资本主义即将开动，且《济贫法修正案》也已经通过。曾经保护过英国乡村——一般的劳动人民——以防止市场机制之全面冲力的《斯皮纳姆兰法案》已经侵入社会的骨髓。到了将它废止时，大多数的劳动人民已经像噩梦中出现的鬼魂，不具人形。假如说劳工们是身体上被非人化了的话，那么有财产者则是在道德上沉沦了。基督教社会在传统上的和谐性已经荡然无存，富人们否认对其他同胞们的生活条件负有任何责任。两个对立的国家已经形成。有思考能力的人感到困惑的是：前所未闻的财富变成与前所未闻的贫穷无法分开。学者们一致宣称发现了一门科学，这门科学使支配人类世界的法则没有任何被怀疑的余地。在这
107 些法则的引导下，怜悯从人的感情中消除，并以坚毅的决心，凭着最大多数人的最大利益——这已赢得世俗宗教的地位——之名去抛弃人类的团结。

市场的机制固执己见，并且为其成就——人的劳动力已经成为一种商品——而大声嚷嚷。反动的父权主义徒劳无益地抗拒这一必然的趋势。由于斯皮纳姆兰制的恐怖，人们盲目地奔向一个乌托邦之市场经济的保护罩之下。

第九章 贫穷与乌托邦

贫穷的问题围绕着两个密切相关的主题：贫穷与政治经济学。虽然我们将分别讨论这两者对现代意识的冲击，但它们却是一个不可分割之问题——社会（society）的发现——的一部分。 108

直到斯皮纳姆兰制的时代，人们对于穷人从什么地方来的这个问题没有满意的答案。然而18世纪的思想家一般都同意贫穷与进步是不可分离的。约翰·穆法兰（John M'Farlane）在1782年写道，最大多数的穷人并不在贫穷或野蛮的国家，而是出现在那些最富庶与最文明的国家。奥特斯（Giammaria Ortes）这位18世纪的意大利经济学家在1774年宣布一个公理：一个国家的富裕程度与其人口相对应，而其痛苦程度也与财富相对应。即使谨慎如亚当·斯密，也声称在最富裕的国家工资并不是最高的。因而，穆法兰在表达其看法——美国正要进入其极盛期，而“穷人的数目会持续增加”[1]——时，并不是大胆提出一个不寻常的见解。

再者，当时作为一个英国人而预测商业不景气，只不过是附和广泛的意见而已。虽然1782年以前的半个世纪外销的增加甚为惊人，但贸易的起伏则更令人印象深刻。贸易正要开始从一低落期复原，这个低落期将外销数量减少到大约半个世纪以前的水平。对当时的人而言，随七年战争而来之贸易大扩张及国家财富的增加，只不过表示英国跟随在葡萄牙、西班牙、荷兰及法国之后，也有它致富的机会。它在国力上
109 的急速上升这时已经成为过去。此外也没有理由相信它的进步会持续不断——它只不过是一场侥幸之战争的结果而已。几乎所有人都同意（一如我们所见的），贸易的衰退是预料得到的。

但事实上，繁荣富庶已经迫在眉睫——史无前例的繁荣富庶注定要成为全人类（而不只是英国一个国家）之新的生活方式。但是这时英国的政治家或经济学家丝毫没有一个新时代即将来临的预感。对政治家而言，这是可有可无的事，一如对另外两个世代而言，贸易量的猛涨对公众的悲惨痛苦只有些许影响。但是对经济学家而言，这是相当不幸的，因

---

① M'Farlane, J., *Enquiries Concerning the Poor*, 1782. 又参见1757年之Universal Dictionary讨论1531年10月7日的《荷兰济贫法》，Postlethwayt的编按。

为他们全部的理论体系都是建立在这一段“不正常”的紊流之下，当时贸易上及生产上之惊人的上升，却碰巧伴随着人类痛苦之急剧增加——事实上，马尔萨斯、李嘉图、詹姆斯·穆勒（James Mill）等人之理论所根据的明显事实，只不过反映着在一界线分明的转变期内，所发生之各种互相矛盾的趋势。

这个情形确实令人困惑不已。16 世纪前半叶，穷人第一次出现在英国；他们因不属于任何采邑（或任何封建领主）而变得很显眼，他们之所以会逐渐转变成一个自由劳工的阶级，是政府对流浪者的凶猛追捕，及对外贸易之持续扩张而崛起之家庭工业两者所共同导致的结果。英国在 17 世纪时很少提及贫穷，即使是《定居法》这种苛刻的政策，也没有激起什么公众的议论就通过了。到 17 世纪末重新开始讨论《定居法》时，距托马斯·莫尔（Thomas More）之《乌托邦》（*Utopia*）一书及早期之《济贫法》的公布已经有 150 年之久（前者出版于 1516 年，书中痛诋圈地运动，后者公布于 1601 年——译者注），修道院的解散（是英国宗教改革的一个步骤，没收教会财产而归于国王，约发生于 1535 - 1540 年间——译者注）及凯特叛乱已久远得被人忘记了。某些圈地及“占地”仍一直进行着，一如查理一世在位时，但是作为一个整体之新的阶级已经安定下来了。虽然穷人在 16 世纪中叶是社会的危害（他们像敌军一样降临），但在 17 世纪末时，穷人变成只是济贫税负的负担。另一方面，当时英国不只是一个半封建社会，同时也是一个半商业社会——一般公民愿意为工作而工作，而且不接受中世纪时认为贫穷是没有问题的看法，也不接受成功的圈地者所持失业者即懒惰但有
110 能力者的看法。但是在这以后，对贫穷者的看法开始反映出哲学外貌的改变，就如以前对神学问题一样。对穷人的态度，愈来愈反映出对作为一个整体之存在的看法。因此，这些看法多样且看似混乱，但也是它们对我们文明之历史的主要主张。

贵格派教徒可说是探索现代存在之可能性的先驱者，他们首先认识到非自愿性的失业必然是劳动组织本身的缺陷造成的结果。怀着对事务性之方法的强烈信心，他们将集体互助的原则应用在他们之中的穷人，他们有时以基于良知不服从（conscientious objectors，因道德或宗教原因而拒绝做某种事的人，像服兵役、缴税等——译者注）之名而使用此一原则，尤其在他们拒绝付税以维护监狱或支持官方权威时。劳森（Lawson）这位虔诚的贵格派教徒，曾出版一本《关于在英国没有乞丐之贫民问题一事向国会的条陈》（*Appeal to the Parliament Concerning the Poor That There Be no Beggar in England*）作为一个“行动纲领”，其中建议成立现代所谓公立就业机构之劳动交换制。这是1660年的事；在此之前10年，鲁宾孙（Henry Robinson）已经建议成立一个“请愿与遭遇

困难（时之辅导）的政府机构”。但是复辟政府偏好陈腐的方法；1662 年之《居住法》的趋势是直接跟任何理性之劳动交换制度相反的，后者会产生一个较广泛的劳动力市场；居住单位——一个首度出现在法案上的名词——将劳工束缚在行政教区之内。

1688 年“光荣革命”之后，贵格派哲学产生约翰·贝勒斯（John Bellers）这位未来社会思想倾向的真正预言家。他从受难礼拜会的气氛中（这种聚会所将统计学用来给宗教性济贫政策以科学的精确），在 1696 年建议成立一个“工业团体”。在此建设中，穷人之非志愿的空间，可以转化为正面的成效。这个计划所着重的不是劳动交换的原则，而是一种很不同之劳动力的交换。前者指的是一般为失业者找一雇主这一平常的想法；而后者意味的却是劳工们只要能直接交换劳动之成品，就不需要有雇主。贝勒斯说：“穷人的劳动力就是富人的矿源。”那为什么他们不能为自己的利益来开采这些富源，甚至多余一些利润呢？唯一必要的步骤就是将劳工组成一个“团体”或公会，使他们在这里共同尽力。这就是后来所有社会主义者解决贫穷问题的核心，不论它是以欧 111
文的联合村庄（Villages of Union）、傅立叶（Charles Fourier，1772－1837，法国社会哲学家，提倡 1620 人合组为一经济单位，即 Phalansteres，以实现乌托邦——译者注）的法伦斯泰尔（Phalansteres）、蒲鲁东（Pierre J. Proudhon，1809－1865，

法国社会理论家，无政府主义者，强调个人的道德责任，而非国家制度——译者注）的交换银行、路易斯·布朗（Louis Balnc，1811－1882，法国社会主义者，提倡“各尽所能，各取所需”，1848年大革命的领导人——译者注）的国家工作房（Ateliers Nationaux）、拉萨尔的国家工厂（Nationale Werkstatten），或斯大林之五年计划等形式出现。贝勒斯这本书实际上已经包含如何解决机器出现以后对现代社会造成之大变动的方案。“这种工人成员的团体会使得劳动，而非金钱，成为衡量所有生活必需品之价值的标准……”这个计划包括“各种行业团体，每一团体都为另外的团体而努力，但不需依赖救济……”。劳动券、互助及合作之间的联结是很有意义的。为数三百左右的工人应能自立，并为其基本生存而共同工作，“多做者，应多得”。因此，按基本生活所需的配给以及依工作效果而得到报酬相辅为用。有些小型实验性互助单位所得到的盈余则归诸受难礼拜会，以便将之分派给教派里的其他成员。这种盈余必定会有光明的远景，利润这个新观念在当时已经变成万灵丹。贝勒斯之失业救济的全国性计划实际上是由资本家为了利润而管理的！在同一年，即1696年，约翰·卡里（John Cary）倡建的布里斯托尔贫民公会（Bristol Corporation for the Poor），经过开始阶段的成功后，却与其他类似的冒险事业一样，未能产生利润。但是贝勒斯的方案是建立在与洛克之劳动比例制度相同的假设上，后者在 1696 年付诸实施，规定穷人必须被分派到地方缴纳赋税者处，按后者缴付之税率的比重而工作。这就是在《吉尔伯特法案》下穷人巡回工作之制度的起源。使穷人付出代价的观念此时已深入人心。

整整一个世纪之后，杰里米·边沁（Jeremy Bentham）这位多产的社会计划家，拟订了一个计划，大量使用穷人来操作他那位更有创造天才的哥哥萨谬尔·边沁（Samuel Bentham）所设计的机器，来制造木具及铁具。莱斯利·斯蒂芬爵士（Sir Leslie Stephen，1832 - 1904，英国作家及哲学家，女作家弗吉尼亚·伍尔芙之父——译者注）说："边沁与他哥哥原来是期待蒸汽机。后来想到何不雇用狱犯以代替蒸汽机？"这是 1794 年的事；杰里米·边沁之圆形监狱计划——依此监狱能设计得廉价且能够有效地监督——已经存在了两年，他现在决定将之应用到他以囚犯工作的工厂中；只是囚 112
犯的位置由穷人取代。现在，边沁兄弟的私人企业已经并入解决社会问题之整体计划中。斯皮纳姆兰之保安官的决定，惠特布雷德（Whitbread）之最低工资方案，以及皮特（William Pitt，1759 - 1806，英国乔治三世时的首相——译者注）所草拟之《济贫法》改革方案，使得贫穷成为政治家们的一项论题。边沁——他料定对《皮特法案》的批评必定会导致该案的撤回——于 1797 年在阿瑟·杨（Arthur Young）的《年鉴》（*Annals*）中提出了他自己的详尽方案。他在圆形监狱计划中的工作厂房——十二幢五层楼高的建筑——是用以剥削领取救济之贫民的劳动力，它由一设于伦敦，并模仿英格兰银行之董事会的中央评议会掌管，所有拥有五镑或十镑股份的会员都有投票权。他在几年后出版的一份报告中提及："第一，所有英国南部之贫民福利的管理，应由一个机构来执行，所有的费用由一个基金拨出。第二，这个机构是一个以国家慈善公司之类为名称的股份公司。"① 他想要建立不下250个工业厂房，大约有50万名收容者。而且，这个计划详尽分析了各种类型的失业者，边沁在这方面比其他研究此问题的人领先一个世纪。他那清晰的头脑——显示其能力擅长于现实主义。最近被解雇之"熟练工人"应该与那些因"偶尔不景气"而找不到工作的人分开；季节性工人之"定期不景气"则与"被代替的工人"——像那些"因使用机器而成为多余者"，或以更现代的名称，即"技术上的失业者"——加以区分；最后一群包括"解散的工人"，是在边沁的时代，由于法国大革命而变得显著的另一个现代的范畴。其中最有意义的范畴是上面所说的"偶尔不景气"者，它不只包括依赖时尚的熟练工人及技工，更重要的是包括那些
113 "因生产企业不景气"而失业的人。边沁的构想相当于大规模地经由失业之商品化，而使贸易周期平缓。

① Bentham, J., *Pauper Management.* 第一次出版于1797年。

罗伯特·欧文在1819年重新出版贝勒斯在120年前所提出之建立工业团体的计划。这时间歇性的贫困，已经扩展为苦难的潮流。他自己倡建之联合村庄与贝勒斯之主张的主要不同在于联合村庄的规模更大，包括1200人及同样亩数的土地。其他呼吁采用此高度实验性之计划以解决失业问题者包括像李嘉图这样的权威。但是没有赞助者出现。其后不久，法国人傅立叶则因终日盼望一些隐名的股东来投资他的法伦斯泰尔计划而备受嘲笑，这个计划是根据当时最出色的一个财务专家之概念而来的。欧文在新拉纳克（New Lanark，英格兰中南部镇名——译者注）的企业——由杰里米·边沁为其隐名股东——不是也因其慈善计划之财务成功而举世闻名吗？这时对贫穷或对从穷人身上谋利的可行办法仍没有权威的看法。

欧文从贝勒斯那儿借用了劳动券（labor-notes，以劳动时间表示价值，若生产者需要别的物品，可以持劳动券至劳动交易所交换有一时间之所需的物品——译者注）的概念，并在1832年将之应用到他的国民平衡劳动所（National Equitable Labour Exchange），但失败了。工人阶级在经济上应自给自足的原则——也是贝勒斯的概念——成为其后两年著名的工会运动之理论基础。工会是一个包括所有工匠、同业公会，不排除小业主的一般性组织，其模糊的目标是将他们以和平的手段组成一个团体。谁会料到这就是其后100年间所有激烈之大工会的胚胎呢？不论是工团主义、资本主义、社会主义或无政府主义，在对穷人的措施上实在是没有什么分别的。蒲鲁东之交换银行——第一个将哲学的无政府主义付诸实施者——实际上是衍生自欧文的实验。马克思这位国家社会主义者则尖锐地抨击着蒲鲁东的观念，认为今后应由国家提供资金来达成这一类型的集体计划。由此，路易斯·布朗克及拉萨尔的思想在历史上留名。

为何不能从穷人身上谋利的理由是显而易见的。150 年前，丹尼尔·笛福（Daniel Defoe，1660 - 1731，英国作家，《鲁滨孙漂流记》一书的作者——译者注）就曾在 1704 年出版一本小册子，以制止贝勒斯及洛克所引起之对此问题的讨
114 论。丹尼尔·笛福认为如果贫民得到救济的话，就不会为工资而工作；如果将他们安置到公家机构去从事生产的话，只会在私人企业中造成更多失业。他的小册子就有这么一个邪恶的标题《施舍不是仁慈，雇用贫民是国家的苦恼》，书后并附加了曼德维尔博士（Bernard Mandeville，1670 - 1733，英国讽刺作家，抨击社会对个人潜能的约束——译者注）之著名的打油诗，认为蜜蜂社会之所以会繁富，是因为它鼓励虚荣与妒忌、邪恶与浪费。虽然这位古怪的博士沉迷于一肤浅之道德上的矛盾，丹尼尔·笛福却点出了新的政治经济学之基本要素。他的小册子很快就被在“下层政治”圈——18 世纪对负责监理济贫者的称法——之外的人遗忘了，而曼德

维尔之廉价的矛盾问题则盘桓在柏克莱、休谟及斯密等人的脑中。很明显，在18世纪前半叶，流动性财产仍是一个道德上的问题，而贫穷则还不是。清教徒阶级被封建贵族的奢侈浪费所震骇，他们的良知将之谴责为奢靡及罪恶，但他们同时不得不同意曼德维尔所说之蜜蜂的比喻，也就是如果不是这些罪恶，商业及贸易会很快地退化。后来那些富商们必须使他们对商业之道德性放心：新的织布厂不只是要为无聊的炫耀而服务，同时是为了满足日常生活的需要，并且他们产生出更微妙的浪费方式——它在表面上看不甚明显，但实际上却比以往更为浪费。丹尼尔·笛福对救济穷人的嘲弄，在当时并不是足以影响那些关心财富之道德危机者的良知的重要论题；工业革命还未来临。不过，就此而言，丹尼尔·笛福的矛盾论点却预示了即将来临的困扰：施舍不是仁慈——这是因为如果去除了饥饿的威胁，反而会妨碍了生产，而制造出饥荒；“雇用贫民是国家的苦恼”——这是因为如果创造公共就业，则只会增加市场上之商品的过度供应，而加速毁灭私人商贾。大约17世纪初期，在贝勒斯这位贵格派教徒及丹尼尔·笛福这位趋炎附势的新闻记者之间，在圣人与愤世嫉俗者之间，已经提出了这些问题，其后两个世纪的努力与思考，希望与烦恼，都对这些问题提供了费尽心血的解决方法。

但是在斯皮纳姆兰制的时代，贫穷的真正性质仍然没有

115 被人了解。当时大多数人都同意人口多的优点，且愈多愈好，因为人民构成国家的力量。同时大多数人也同意廉价劳动力的优点，因为只有劳动力低廉时，生产才会兴旺。此外，假如没有穷人的话，谁又会肯到船上当水手或去打仗呢？不过当时对于贫穷并不是罪恶这一点仍有疑问。总之，为什么穷人不能为公共的福利而受雇于公家机构，一如他们为私人之利润而受雇于私人的企业一般？这些问题没有令人信服的答案。丹尼尔·笛福偶尔发现的真理，70 年后亚当·斯密可能会（也可能不会）理解；市场制之未发展的状况，掩饰了它的先天性弱点。不论是新的财富或新的贫穷，在当时都不能完全了解。

各种不同想法的人——像贵格派的贝勒斯、无神论的欧文及功利主义的边沁等——所提出之极为相似的计划显示真正的问题是在准备期的阶段。欧文这位社会主义者虔诚地相信人类的平等及他们的天赋权利；而边沁却斥责平等主义，嘲笑天赋人权并深深倾向自由放任。但是欧文的“平行四边形”（parallelograms）计划，却极为近似边沁的工业厂房，如果不是吾人注意到他们都借用了贝勒斯的见解，我们会误以为欧文完全受边沁的影响。他们三人都相信一个由失业工人组成的组织必然可以产生盈余，对于这些盈余，贝勒斯这位人道主义者希望能用诸其他受苦痛者之救济，边沁这位功利的自由主义者则希望将之交给股东们；欧文这位社会主义者则希望将之还给失业者。虽然他们的分歧已显示出他们未来的分裂，而他们共同的错误则暴露了在市场经济萌芽的时候，他们对贫穷本质的极度误解。更重要的是，当时穷人的数目不断增长：在1696年贝勒斯写作时，救济金的数目约为四十万英镑；1796年，当边沁公开反对《皮特法案》时，金额已经超过两百万英镑；到欧文时代开始的1818年时已经接近八百万英镑。从贝勒斯到欧文的120年间，人口大约变成3倍，而税负增加了20倍。贫穷已经变成一个预兆。但其意义仍然是不可知的。

第十章　政治经济学与社会的发现

116 当贫穷的意义被了解时，已是19世纪了。分水岭大约是在1780年。在亚当·斯密的巨著里，贫民救济还不是问题；但只有十年之后，汤森的《济贫法研究》一书里却将之视为一明显的论题，而且在其后150年间未曾从人们的脑海中褪去。

从亚当·斯密到汤森的10年之间，气氛的改变着实惊人。前者标志着一个时代——由托马斯·莫尔（Thomas More）、马基雅维利（Nicollo Machiavelli，1469－1527）、马丁·路德（Martin Luther，1483－1546）、约翰·加尔文（John Calvin，1509－1564）等形势之开创者所开拓的时代——的终结；后者则属于19世纪，那时李嘉图与黑格尔从相对的角度发现了一个社会（society）的存在，这个社会不是受国家之法律支配的，反而是国家受到社会本身之法则的支配。没错，亚当·斯密把物质财富视为一学问之单独领域来探讨；如此，再加上他高度之现实主义意识，使他成为经济学这门新科学的创立人。即使如此，对他来说，财富仍只不过是社会生活的一面而已，其目的也是附从于社会之下的；它是各民族在历史上为生存而奋斗的附属物，而且不能从这些生存奋斗中分离出来。对他来说，支配国家财富的一组条件，是从整个国家之进步、停滞、衰颓的状况中导衍出来的；另一组条件是从国家安全之主权及权力均衡之需要中导衍出来的；另外一组条件则看政府之决策是否有利于城镇或乡村、工业或农业等来决定；因此，他认为只有在一既定之政治架构下才有可能明确地陈述财富的问题，他所指的财富是“对大多数人而言的”物质享受。他的著作里没有暗示过资本家的经济利益决定了社会的法则，他也没有暗示过资本家就是支配经济世界之神圣旨意的世俗发言人。对 117
他来说，经济领域还没有本身的法则可供我们作为区别善恶的标准。

斯密把国家的财富视为国民生活（包括物质的与精神的）的一个机能；这就是他的海运政策如此地契合克伦威尔（Cromwell）的《海事法》，以及他对人类社会的观念与洛克之天赋权利体系和谐一致的原因。在他的看法里从没有认为社会中会出现一个独立的经济领域，并成为道德法则及政治义务的来源。自利（self-interest）只不过在本质上促使我们做一些有利于他人的事，就像屠夫的自利，最后就会供应我们晚餐所需要的肉食。斯密的思想弥漫着乐观主义，因为主宰宇宙之经济生活的法则与人类的命运相一致，一如与主宰其他部门之法则相一致。这里没有隐藏着的手试图假自利之名而强将人吃人的仪式加诸我们的头上。人的尊严就在于人是一道德的存在，是家庭、国家及“人类大社会”之公民秩序的一部分。理性与人性对个人行为设下限制，竞争与图利都必须在它们之前让步。自然是那些与具体表现于人类心灵之原则相一致者，而自然秩序则是与那些原则相一致者。斯密在讨论财富问题时，有意识地排除了物理意义的自然。他说，“不论一个国家的土壤、气候及疆域的大小如何，其每年生产的丰富或缺乏必定——由于独特情况之故——依两个情况而定”，也即劳动的技术，以及社会上生产者与逸乐者之间的比例。他所考虑的并不是自然的因素，而是人的因素。他在书中一开始就有意地将生产及地理的因素排除掉。重农学派的错误对他是个警惕；他们因偏爱农业，而使他们混淆了自然性与人性，并误使他们辩称土地本身有创造力。重农学派对土地的赞美与斯密的想法可说是南辕北辙。政治经济学应该是一门人的科学；它研究的是对人而言何者为自然，而不是自然本身。

十年后汤森之《济贫法研究》一书则集中在山羊与狗之法则上。背景是在智利海外太平洋中《鲁滨孙飘流记》中那
118 样的小岛上。在这个小岛上胡安·费尔南德斯（Juan Fernandez）放牧了几只山羊，以备将来再访时肉食所需。这些山羊以空前的速度繁殖，并成为一群英国海盗的粮仓，这些英国

海盗不时骚扰西班牙贸易商。为了消灭他们，西班牙当局就放了一条公狗和一条母狗到这岛上，过了不久也大量繁殖，并减少了海盗们所吃之山羊的数目。汤森写道："因此，一个新的均衡重建起来了……这两个种属中的弱者就首先死掉：最有生气和最强健的就保存了生命。"并且，他还加上一句："食物的数量调节了人类的数目。"

我们注意到其后的调查①无法证实这个故事的真实性。胡安·费尔南德斯确实曾放生过一些山羊到这个小岛上；但故事中的狗，据威廉·芬内尔（William Funnell）说却是美丽的猫，而且不论是猫和狗都不曾大量繁殖；而所有的山羊都是住在无法攀缘的石丘上，此外，所有的报告都一致指出在海边有许多肥大的海豹可以作为野狗的猎物。然而，这个例子却无须经验事实的支持。缺少真实性却不能否认一个事实，即马尔萨斯及达尔文的灵感都是由此而来的——马尔萨斯是从孔多塞（Antoine Nicolas Condorcet，1743－1794，法国哲学家、数学家及革命家，对概率的研究有极重要贡献——译者注）那边听到这个故事的，而达尔文则是得自马尔萨斯。达尔文的自然淘汰学说及马尔萨斯的人口律若非遵从汤森从山羊与狗这个故事所推论出来的准则，是不会对现代社

① 参见 Antonio de Ulloa，Wafer，William Funnell 与 Isaac James（包括 Captain Wood Rogers 对于 Alexander Selkirk 的记录）和 Edward Cooke 的观察。

会有什么显著之影响的。汤森即希望将他的论点运用到《济贫法》之改革上："饥饿可以驯服最凶猛的野兽，它会把礼节和谦恭，恭顺与服从教导给最顽固的人。一般而言，只有饥饿可以激使（穷人）去工作；但我们的法律却说他们不应遭到饥饿。必须承认的是法律也同样地说他们必须被强迫去劳动。但是法律上的限制却伴随着许多纷争、暴力及喧嚣；制造了不健康的心意，而且从未能有商品和合意的服务产生，反之，使用饥饿为驱策手段不仅是和平的、平静的、不断的压力，而且，作为工业及劳动之最自然的动机，它也激使工人尽量发挥能力；当他们因得到别人之自由施舍而感到满足
119 时，将产生长远的好意及感激。奴隶应该强迫工作，而自由人应该听由他自己的判断与考虑；不管所得是多是少，他应该得到充分就业的保障；而当他侵犯邻居的财产时应受到惩罚。"

从此政治科学有了一个新的起点。从兽性的角度来看人类的社群，汤森避开了政治之基础这个多半是不可避免的问题；在这样做的时候他把一个新的法则观念引入人类的思想中，这个法则就是自然的法则（laws of Nature）。霍布斯（T. Hobbes）之于几何学的偏见，一如休谟（David Hume，1711 - 1776）、哈特利（Hartley）、魁奈（Francois Quesnay）、爱尔维修（Claude Adrien Helvetius）等人之向往社会现象的牛顿定律只是一个比喻而已：他们热切地想找出在人类社会

中普遍有效的法则，一如自然界之中的万有引力定律一般，但是他们想到这是一个关于人类本身的法则，如霍布斯所说的恐惧之精神力量，哈特利之心理学中的联想力，魁奈的自利，或爱尔维修的追求效用等。他们对此也不太严谨：魁奈与柏拉图一样偶尔会用养牲畜者的观点来看人类，而亚当·斯密也不会忽视实际工资与长期劳动力供应之间的关系。然而，亚里士多德曾说过只有神与野兽才能生活于社会之外，而人类则不属于这两者。基督教思想中认为人与兽之间的区分是本质上的，对生理现象的研究决不会与神学上研究人类团体之精神起源相混淆。对霍布斯而言，假如人是披豺狼兽皮的人，那是因为人在社会之外就会像豺狼一般，而不是在人与狼之间有什么共同的生物因素。最后，我们更可以指出每一个人类的社群都必须建立大致相同的法律及政府。但是在胡安·费尔南德斯的小岛上却是既没有政府，也没有法律；然而在山羊与狗之间却有某种均衡。这两者之间的均衡是因狗无法捕食躲在石堆上的山羊，以及山羊成功地逃避狗的追捕才得以维持住的。维持两者之间的平衡不需要任何政府；它一方面是由于饥饿的痛苦，而另一方面是由于食物的缺乏。霍布斯认为人类需要有一专制君主，因为人类像禽兽一般；但汤森却坚持人类实际上就是禽兽，而且正因为如此，只有最小限度的政治是需要的。从这个新奇的观点来看，一个自由社会就可以视为包括两种不同的人：有产者和劳动者。后

者数目受到食物供应之多寡的限制；而且只要财产安全无虞，
120 饥饿就会驱策他们去工作。这时已经不需要保安官，因为饥饿是比保安官更好的惩罚工具。汤森尖刻地说，诉诸保安官是“从诉诸一个强而有力的权威者转而诉诸一软弱的权威者”。

这种新的理论基础，密切吻合着即将出现的社会。从18世纪中叶起，全国性市场已经发展起来；谷类的价格不再是地方性的价格，而是地区性的价格；这预设着货币之普遍使用与商品之广泛的市场性。市场价格与收入（包括地租与工资）都相当稳定。重农学派学者最先注意到这些规则，但他们却无法将之在理论上统合起来，因为当时法国封建采邑的收入仍然很普遍，而劳动力经常是半农奴式的，所以地租及工资大都不是由市场所决定。但是在亚当·斯密的时代，英国乡村已经变成商业社会的一部分；付给地主的地租以及付给农业劳动者的工资都明显地受到市场价格的影响。只有在极端例外的情形下，才由官方规定工资或价格。然而，在这一奇妙之新秩序下，旧有的社会阶级虽然已经失去了法律的特权并丧失了能力，但是却仍然或多或少地在其从前之阶级制度中继续存在。虽然当时已经没有法律强制规定劳动者要为农民服务，也没有规定农民必须充分服从地主，但是劳动者及农民却一如这些强制仍旧存在一般地行事。是什么样的法则使得劳动者注定要服从主人，注定要受到没有法律束缚的束缚？是什么样的力量使得社会的各阶级分离一如他们是不同类的人？在人类之集团里，是什么样的力量使得平衡与秩序能够维持住而不需要诉诸政府的干涉，也不需要容忍政府的干涉？

山羊与狗的例子似乎为这些问题提供了一个答案。是人类的生物本能（而不是一个政治秩序）作为一个社会之既定的基础。因此发生了当时的经济学家们放弃了亚当·斯密之人文主义基础，而加入了汤森的阵营。马尔萨斯的人口律加上李嘉图的报酬递减律使得人与土地的生产力成为这个新发现之领域中的基本要素。经济的社会独立于政治国家之外而出现。

对19世纪思想之历史而言，最重要的问题是在什么状况 121
之下，这个人类之集合体的存在——一个复杂的社会——会变得显而易见。由于这个即将出现的社会只是市场制度而已，人类社会此时已面临一个危机，也就是它已经被转移到一个旧有之道德秩序——政治是其中的一部分——所不熟悉的基础上。贫穷这个无法解决的问题迫使马尔萨斯与李嘉图承认了汤森所陷入的自然主义。

伯克则从公共安全的角度去探讨贫穷的问题。他对西印度群岛之情形的了解，使他认识到豢养一大群奴隶而没有给白种主人提供适当之安全保障时的危险性，尤其是在允许黑人持有武器的情形下更是如此。他认为同样的顾虑也可以适用于英国日增的失业者，因为政府看起来缺乏足够调动的警力。虽然他是家长式之传统的卓越卫道者，但他却是经济自由主义之热情支持者，他认为在经济自由主义之中可以找出解决行政上燃眉之急的贫穷问题之答案。棉花作坊对贫苦儿童——他们在学徒期间由行政教区照顾——的意外需求使得地方政府当局乐于从中得利。成百的行政教区（通常是在英国偏僻地区者）与工厂签订服务契约。总而言之，这些新城镇逐渐产生对贫民的高度需求；工厂甚至准备为使用贫民而支付薪资。成人则被分派到任何愿意供养他们的雇主那里，一如他们在行政教区之内的农家，循着巡逻员制度的各种形式轮流住宿。让他们外宿耕作，总比维持这些“没有罪犯的监牢”——当时对贫民习艺所的称呼——更为廉价。从行政的角度来看，这意味着借“雇主更具持久性与更周详的权威”[1] 来取代政府及行政教区的强制性工作。

很明显，这就涉及了一个经国治术的问题。如果资本主义的企业渴望得到贫民来填满他们的工厂，甚至愿意付钱来获取他们的劳动力，而行政教区则将有工作能力的贫民交给厂家以履行他们的责任，那么这些穷人为什么要成为公家的

---

① Webb, S. and B., *English Local Government*, Vols. VII - IX, “《济贫法》之历史”条。

负担，而由行政教区来维持他们的生计呢？这是否很明白地指出另外有一个比行政教区更便宜的方法来驱策贫民去赚取他们的生计呢？解决的方法在于取消伊丽莎白一世的《济贫 122 法》而不以任何其他法案来取代它。取消工资的估定，取消能工作者之失业救济，取消最低工资，也取消生存之权利的保障。劳动力应该被当做一种在市场上找寻其价格的商品来处理。商业的法则实际上就是自然的法则，因而也就是上帝的法则。这即是从依赖柔弱的保安官，转而仰赖万能的饥饿煎熬。对政客及行政官僚而言，自由放任政策是成本、辛劳最少而又能确保法律与秩序的一个原则。让市场来对付贫民，其他的事情就会各得其所。

在这一点上，边沁这位理性主义者，与伯克这位传统主义者一致。对痛苦与快乐的衡量使得人们避免任何可以逃避的痛苦。如果饥饿能达成这个任务，就无须其他形式的惩罚。对于“法律能为人民的生计做些什么”这个问题，边沁回答道：“直接上来看什么都不能。”① 贫穷是自然遗存在社会的现象，它在物质上的惩罚就是饥饿。“物质之惩罚的力量已经足够了，再使用政治惩罚是多余的。”② 唯一需要的是对穷人作“科学而经济的”处理。③ 边沁强烈反对实际上等于重

---

① Bentham, J., *Principles of Civil Code*, Ch. 4 Bowring, Vol. I, p. 333.

② Bentham, J., *Principles of Civil Code*, Ch. 4 Bowring, Vol. I, p. 333.

③ Bentham, J., *Observation on the Poor Bill*, 1797.

建《斯皮纳姆兰法案》，并允许公共救济及工资补贴之《皮特济贫法案》（Pitt's Poor Law Bill）。然而，边沁（不像他的门徒）在他那个时代并不是严格的经济自由主义者，也不是一位民主主义者。他的工业厂房是琐碎的功利主义管理（以各种科学管理之策略来实施）的一个梦魇。他坚信由于社群不能完全不关心自己在穷困中的命运，因此永远需要这种工业厂房。边沁相信贫穷是富庶的一部分。他说："在社会繁荣的最高阶段，大多数人民除了他们日常的劳动力之外，就没有多少资源了，因而总是过于穷困的……"。因而他建议"为了贫穷的需要应设立定期的补助（措施）"，不过，他懊恼地指出，这样做的话"在理论上，需求会减退，并因此打击工业"，因为从功利主义的观点看来，政府的任务是提高
123 人们的需求，以便使饥饿的物质惩罚有效。①

以这种使大多数人民生活在贫穷边缘来作为换取繁荣之代价的看法伴随着非常不同的人生态度。汤森沉迷于偏见及感伤主义以维持他情绪上的平衡。穷人的不幸是自然的法则，否则低贱、污秽、可耻的工作就不会有人去做。如果不是我们能依赖穷人来工作，英国会变得怎么样呢？他说："不正是由于下层阶级间的痛苦与贫困而使他们在狂暴的海洋或战场上面对所有的恐惧吗？"但是在发挥过他那横暴的爱国主

① Bentham, J., *Principles of Civil Code*, p. 314.

义之余，他却还有些许空间来容纳较温柔的感性。贫民救济当然应该立即废止。《济贫法》“是肇因于一些近乎荒谬的原则，并主张去达成那些（在世界之本质上与构造上）办不到的目的”。但是一旦这些贫困者完全沦于富人之慈悲的主宰时，谁又会怀疑“唯一的困难”就是如何去约束后者的慈善所造成的鲁莽行动？此外，诉诸慈悲的感性不是也不比由冷酷之法律责任而来的感性高尚多少吗？“在自然界有什么比为善而来的自足更为美丽？”他反对将慈善事业与“行政教区之供餐桌”的冷酷相对比，认为后者从未有过“因意外得到关切，而表露出笔墨难以形容的真诚感激”。“当穷人必须与富人培养友谊时，富人决不会缺少解决穷人困难的倾向。”没有一个人在读到这些对两个国度（穷人与富人）之内在生活的动人描写后，会下意识地怀疑维多利亚时代的英国是从山羊与狗的岛屿上得到了他们的感情教育。

埃德蒙·伯克却是一个完全不同气质的人。像汤森那样的人在小处犯错，他却在大处犯错。他的才华使他将残酷的事实提升为悲剧，而将感性赋予神秘主义的光圈。“当我们矫揉造作的去怜悯那些不工作就不能生存的人时，我们是在戏弄人类的身份地位。”这当然是比漠不关心、空洞的悲叹，或虚假的同情更好。但是这种现实主义的态度所具有的冲力，却因他不可思议的自负而受损。其结果就是比希律王还要暴 124
虐，并且失去了适时改革的机会。假如伯克还活着的话，可以猜想得到 1832 年的《国会改革法案》——它将旧制度废除——必然只有经过一场不可避免的流血革命才可能通过。但是伯克可能会反驳道：如果一般人民按照政治经济学之法则必须在悲苦中工作的话，那么平等这个观念岂不是导致人们走向自毁的钓饵吗？

边沁既没有汤森那种圆滑的自得，也没有伯克那种轻率的历史感。反之，对他这个理性与改革的信徒来说，这个新发现的社会法则则可以视为功利主义实验的最佳场合。他与伯克一样拒绝遵从生物决定论，而且他也拒绝把经济学抬高到政治学之上。虽然他曾经写过《论高利贷》及《政治经济学手册》等书，但他对经济学实际上是门外汉，而且未能从功利主义的角度对经济学作出重大的贡献，也就是发现价值源自功利。反之，他因过分着重联想心理学，而束缚了作为社会工程师所应具有的丰富想象力。对边沁来说，自由放任只不过是社会机器里的另一个策略而已。工业革命在智识上的主发条是社会上的发明，而不是技术上的发明。自然科学对工业技术的决定性贡献要在一个世纪之后才出现，而那时工业革命早已开始了。对桥梁或运河之建造者及机械、引擎的设计者而言，在机械及化学等新的应用科学还没有发展起来以前，一般自然法则的知识是全然无用的。特尔福德（Telford）这位土木工程师协会的创始人及终身会长，就拒绝让学物理学的人入会，而且，根据布儒斯特爵士（Sir David

Brewster，1781－1868，苏格兰物理学家——译者注）的说法，他从没有通晓过几何学的原理。自然科学的胜利在理论上固然是真的，但就当时的实际重要性而言，却无法与社会科学相比。由于后者而使自然科学取得反对因袭与传统的地位，并且，在现代人看来似乎不可思议的是，自然科学因其与人文学的关联而得到很多好处。经济学的发现是个令人吃惊的意外，它大大地促进了社会的转变与市场制度的建立， 125
而当时那些重要的机器却是由一些没有受过教育的工匠——他们之中有些人甚至不会书写——发明的。我们可以公平而恰当地说：工业革命的智识源泉是社会科学而非自然科学，它把自然的力量变成给人类支配的力量。

边沁自己相信他发现了一门新的社会科学——道德与法律。它建立在功利之原则上，并容许在联想心理学的帮助下精确地计算。在18世纪时的英国，因科学在人类生活上甚具实效，因此被视为一基于经验知识而来之实用的学科。这样一种实效之态度的需要在当时确实是压倒性的。在缺少统计资料的状况下，很难掌握当时之人口增减、对外贸易之收支的趋势，或财富的分配。关于国家财富究竟是增加还是减少，穷人是从什么地方来的，信用、银行及利润的状况究竟如何等问题，通常都只有依靠猜测。对这些问题采取经验性的研究方法以代替冥想性、搜集古董的研究方法，就是“科学”之最初的意义；由于最重要的是实际的利益，因此开始以科学来建议如何调整、组织各种新的现象。我们已经提到先贤们是如何为贫穷的本质感到困惑，是如何精巧地尝试各种自助的方式；利润的观念是如何被认为是各种病症的万灵药；人们是如何不能说清贫穷是好的征候还是坏的征候；熟练的贫民习艺所管理者是如何为他们无法从穷人身上弄到钱而不知所措；欧文是如何像办理慈善事业似地运转他的工厂而致富；而其他许多类似的实验却不幸失败了，因而使那些慈善事业的创办者感到困惑。如果我们把我们的视野从贫穷扩大到信用、硬币、垄断、救济、保险、投资、公共财政，或者监狱、教育及彩券等方面，我们可以很容易在上述每一项目中举出数量繁多的实验。

126 大约在边沁去世时（1832），这个时代也告结束；从1840年以后，商业上的计划者就只是单纯的投机事业助长者，在人类之相互关系、信赖、冒险或其他进取之气质等普遍原则之新的运用上，不再有人们所谓的发现者。此后的生意人认为他们已经知道应该从事什么样的活动。在创设一个银行以前，他们不会去探究货币的本质。旧式的社会工程师现在只在一些具怪癖的人或骗子之中可以找得到，而且大都被关在牢里。工业体制和银行体制的盛行——它在从威廉·佩特森（William Paterson，1658－1719）与约翰·劳（John Law，1671－1729）的时代到佩雷尔斯（Pereires）的时代跟各种宗教的、社会的、学术宗派的各种计划一齐涌到股票交易所——现在已经变得微不足道。对那些忙于商业琐事的人来说，分析性的概念已经不受欢迎了。当时流行的看法是：对社会的探究已经结束了，人类事务的地图上已经没有空白点留下来了。在一个世纪之后，像边沁那样的人已经无法存在。一旦工业生活的市场组织变成支配性的制度，其他所有的制度都必须臣服于这一形式的制度；那些主张以人为方式来改造社会的天才们现在已经找不到买主了。

边沁的圆形监狱不只是一个“压榨流浪汉之诚实与懒惰者之勤劳的工厂”，[①] 它也像英格兰银行一样分派红利。此外他所赞助的各种议案还包括：改良专利制度；有限责任公司；每十年一度的人口普查；设立卫生部；有息的储蓄券；蔬菜及水果的冷藏；由犯人或贫民作业而且以新技术来生产的军火工厂；把功利主义教给中上阶级的学校；财产登记署；公共会计保存的制度；公共教育的改革；全民兵役登记；高利贷的自由化；殖民地的放弃；使用避孕法以降低贫民的比率；组成一联合股票公司以联结大西洋及太平洋地区；以及其他。这些计划中包含着许多小幅度的改良，例如工业厂房就是基于联想心理学的成就，为了人之改良与利用之各种发明的一个堆积体。虽然汤森与伯克把自由放任与立法的寂静主义联结在一起，但边沁并不认为它会成为改革的障碍。

---

① Stephen, Sir L., *The English Utilitarians*, 1900.

127 在我们讨论1798年马尔萨斯给戈德温（William Godwin，1756－1836，英国作家及政治哲学家——译者注）的复函——古典经济学即肇始于此——之前，先让我们回述一下这个时代的背景。戈德温《政治的正义》（*Political Justice*）一书是针对伯克《法国大革命的反省》（*Reflections on the French Revolution*，1790）一书而写的。它出版于取消人身保护令（1794）以及迫害民主的通信协会（Correspondence Societies）等一系列高压政策之前。这时英国正在跟法国作战，而法国大革命的恐怖使得“民主”一词变成社会革命的同义词。但是英国的民主运动——这是由普莱斯博士（Dr. Price）之“老犹太人”的说教（1789）所激起的，并且在潘恩《人类的权利》（*The Rights of Man*，1791）一书中达到其写作的高峰——只局限于政治领域；而贫苦劳动者的不满仍然得不到回应；在那些鼓吹全民投票制与定期召开国会的小册子里都只略为提及《济贫法》的问题。然而，在实际上，地主们的决定性对抗手段却是以《斯皮纳姆兰法案》的形式出现在《济贫法》的范围内。行政教区退到一个人为的困境之后，并且在其掩护之下较滑铁卢之役多存在了20年。18世纪90年代时一些仓促制定之政治迫害措施，若单独存在的话，其恶劣影响必能很快地加以克服，但是由《斯皮纳姆兰法案》所引发的退化过程却在英国留下了无法洗刷的污点。它将地主阶级的寿命延长了40年，其代价却是牺牲一般人民的奋发性。芒图（Mantoux）曾说："当有产阶级抱怨济贫的税负愈来愈重时，他们忽视了一个事实，也就是这实际上是他们为了防止革命所付出的保险费，对工人阶级而言，当他们收到些许分派的津贴时，他们不知道这实际上是从他们应该得到的收入中削减下来的。津贴制之不可避免的结果就是将工资压到最低水平，甚至强迫他们接受低于最低生活水平的工资。农民与工场主人依靠行政教区来补足他们付给工人的工资与实际生活开支所需之间的差异。他们为什么要多花一笔开销——这笔开销能很容易转嫁到缴付赋税者的身上——呢？另一方面，接受行政教区救济的人也愿意为低工资而工作，这使那些没有得到行政教区补助的人无法与他们竞争工作。其矛盾结果是所谓'济贫的税负'对雇主而言，是一项经济措施，但是对没有得公共救济的勤奋工人而言却是一项损失。 128
因而在各种不同利害关系的交互影响之下，已经把慈善的法律转变为一付铁枷。"①

我们认为工资律及人口律就是建立在这一铁枷之上的。马尔萨斯自己就像边沁与伯克一样，都强烈反对《斯皮纳姆兰法案》，并建议全面废止《济贫法》。他们都没有看到《斯皮纳姆兰法案》把工资压低到生活水平之下；相反的，他们预期它会使工资上涨，至少会保持原来的水平；如果没有

---

① Mantoux, P. L., *The Industrial Revobution in the Eighteenth Century*, 1928.

《反合并法案》（Anti-Combination Laws），这是可能成为事实的。这个错误的预期有助于说明他们在解释农村工资之低水平时没有追溯到《斯皮纳姆兰法案》——这其实是其真正的起因——而将之视为所谓工资铁律之运作的明确证据。基于这些了解，我们现在必须转述经济学这门新的学科。

汤森的自然主义，并不是政治经济学这门新科学之唯一可能的基础。一个经济社会的存在显示在价格的规律，以及由这些价格而来之所得的稳定性之上；据此，经济的规律可以从价格中直接导出来。使得古典经济学在自然主义中寻找其基础的原因是当时许多生产者面临无法解释的困境——就我们今天所知，这是无法从旧的市场法则中找出脉络来的。当时的人所面临的事实大致是这样的：劳动人民过去经常生活在贫困的边缘（至少考虑到不断改变的一般标准时是如此）；自从机器出现以后，他们的生活水平仍然没超出生存水平；现在经济社会终于实现了，一个无可置疑的事实是：经过若干代人之后，这些贫苦的劳动人民在物质生活水平上，如果不是变得更坏的话，也丝毫没有改善。

如果事实之确切证据是指向一个方向的话，就工资律而言，它实际上是源自一条法律（即《斯皮纳姆兰法案》——译者注）。其作用就是使工资压低到最低标准。当然，从资
129 本主义制度下之任何一致的价格理论与所得理论来看，这看起来不只是误导的而且实际上是荒谬的。总之，由于工资律

不能基于任何人类行为之理性规则上，这一个假的表象，只得从人与土地之生产力这个自然的事实中演绎出工资律，一如以马尔萨斯之人口律加上报酬递减律而呈现出来的。正统经济学之基础中的自然主义成分主要是《斯皮纳姆兰法案》所制造出来之条件产生的结果。

李嘉图或马尔萨斯都没有明白资本主义制度是如何运作的。在《国富论》出版了一个世纪之后，人们才逐渐了解在市场制度之下，生产品包含了生产元素。在产品数量增加时，其包含的生产元素也必定会增加。[①] 虽然亚当·斯密跟随着洛克而误以为价值源自劳动，但是他的现实感使他不坚持这个看法而保持了论点的一致。他虽然弄不清价格因素的各种观点，但却正确地指出在一个社会里，如果大多数成员都是穷困时，这个社会必然无法兴旺。这个在今天看来几乎是不喻自明的事实，在他那时候却是一个费解的现象。亚当·斯密自己的看法是：全面的繁富必然会下渗到一般的人民；社会愈变愈富而其人民却愈来愈穷是不可能的。不幸的是，后来出现的现象并不支持他的论点；当这些理论家必须面对事实时，李嘉图不得不辩称：在社会愈来愈进展时，会愈来愈难以购得食物，而且地主会愈来愈富，进而剥削资本家及工人；资本家及工人的利益互相冲突，但是这些冲突却没有长

---

① Cannan, E., *A Review of Economic Theory*, 1930.

远的影响力，因为工资永远无法超出基本生活水平，而利润最后也会干涸。泛泛而言，上述的这些论点的确包含了一些道理，但是作为对资本主义的解释而言，没有比它们更不真实和深奥难解的了。然而，这些事实本身就构成了自相矛盾的模式，而且即使在今天我们仍难以了解它们。不足为奇的是，在经济学里，虽然学者们号称是从人类的（而不是动物
130 与植物的）行为中抽离出生产与分配法则，但他们却仍须诉诸动植物之繁殖来解决问题。

让我们简略地考察一下在斯皮纳姆兰制时期奠定经济理论之基础这个事实——在表面上看起来似乎是一竞争性的市场经济，实际上却是没有劳动力市场的资本主义——的影响。

首先，古典经济学家的经济理论在本质上就混淆不清。财富与价值之间的比较，使李嘉图之经济学的每一个部分都充斥着令人困扰的伪问题。亚当·斯密遗留下来的工资—资金理论（wage-fund theory）就是导致误解的丰富源泉。古典经济学理论除了一些像地租、赋税、国外贸易等特殊理论确实有些灼见之外，它包括一些没有希望的企图，希望从一些空洞的名词——这些名词想去解释价格的行为，所得的形成，生产的过程，成本对价格、利润水平、工资水平、利息水平的影响，而这些大都像以往一样暧昧不清——去得到明确的结论。

其次，就当时这些问题所出现的情况而言，没有其他的

结果是可能的。没有任何单一的理论体系可以解释这些事实，就如它们并不是任何一个体系的一部分一样，这些事实实际上是两个互相排斥的制度——新生的市场经济，以及生产之最重要的因素，劳动领域内之家长式的规制——同时在社会上交互作用的结果。

再次，古典经济学者所提出的看法，对了解经济社会的
性质，有深远的影响。当支配市场经济之法则逐渐被人了解
时，这些法则就被置于自然本身的权威之下。报酬递减律是
植物生理学上的定律。马尔萨斯的人口律反映出人类的繁殖
力与土地之生产率之间的关系。这二者的驱动力都是自然的
力量，也就是动物的性本能以及土壤中植物的生长。它们所
涉及的法则也就是汤森所举的山羊与狗之法则：自然有其限
制，一旦超过了这个限制，人类就无法繁殖，而这个限制是
由食物的供给量决定的。跟汤森一样，马尔萨斯下结论说多
余的人会被消灭掉；当山羊被狗消灭了，狗就会因食物不足 131
而饥饿。对马尔萨斯而言，这个抑制性的制止工具就是借着
自然的残酷力量来除掉多余的个体。除了饥饿以外，人们也因
其他原因而灭绝，如战争、瘟疫，及恶行等，因此人们也同样受
制于自然的摧毁力。严格地说，这包含着一个矛盾，因为它们借
社会的力量来达成自然所需要的平衡，然而，马尔萨斯对这个批
评可能会答辩道：如果没有战争与恶行——也就是在一个完美
的社会里——饿死的人数大概会不下于因和平的美德而挽回生

命的人数。本质上，经济社会就是建立在自然之冷酷的现实上；如果人们不遵从支配这个社会的法则，可怕的刽子手就会扼杀那些没有远见者的子孙。一个竞争性社会的法则是被置于生死关头之惩罚之下的。

像贫穷这个令人苦恼的问题，其真正的意义现在已经很明显了：支配经济社会的法则并不是人类的法则。亚当·斯密与汤森之间的歧见已经扩大为一道鸿沟；一个对立体出现了，它标志着19世纪意识的诞生。从这个时候开始，自然主义的阴魂纠缠着人文科学；而且，把社会重新整合到人的世界中去变成社会思想之演进进一步再想达到的目标。就此而言，马克思经济学想要达到这个目标在本质上是不成功的，其失败的原因是马克思太固执于李嘉图及自由主义经济学的传统。

古典经济学者并不是没有意识到这个需要。马尔萨斯与李嘉图并不是对穷人的命运漠不关心，但他们的慈悲心肠却只将一个假的理论推展到一个更曲折的途径上去。工资铁律就包括了一项广为人知的附言，也就是劳工阶级的需求愈高时，基本生活水平就会提升得愈高，而工资铁律也就无法将工资压到这一水平之下。马尔萨斯的希望就是寄托在这一个“贫困的标准”之上；[①] 他希望用各种方法来提高这个标准，

① Hazlitt, W., *A Reply to the Essay on Population by the Rev. T. A. Malthus in a Series of Letters*, 1803.

他认为如此一来，就可以将那些依他的法则原应贫困潦倒的人从最低形式的贫困中挽救出来。根据同样的推理，李嘉图也希望在所有的国家里，劳工阶级可以分享到舒适与快乐，“而且他们也应该在各种合法的途径下，被鼓励去努力争取 132
这些”。可笑的是，为了避免残酷的自然法则，人们此时被要求去提高他们本身的饥饿水平。然而，就古典经济学者而言，这些无疑是他们真诚的意图，也就是将穷人从他们的理论所造成的厄运中解救出来。

以李嘉图来说，他的理论就包含抗拒僵硬之自然主义的成分在内。这个成分——广泛地存在于他的整个理论体系之中，并且深植于他的价值理论之中——就是劳动的原则。他完成了洛克与斯密所开始的工作，也就是经济价值的人性化；重农学派所归诸自然者，李嘉图还诸人类。他在一个错误前提之下研究劳动，并视之为产生价值的唯一标准。因此，这就将经济社会中各种可能的交易化约为自由社会里公平交易的原则。

在李嘉图的理论体系里，自然主义及人本主义共存，并且为了取得经济社会中的主导地位而互相竞争。这一情势的动力是压倒性的力量。其结果是一竞争性市场取得自然过程中无法抗拒之推动力的趋势。自律性市场现在已经被认为是顺从自然之冷酷无情的法则，而市场之束缚的解除也成了不可避免的必然性。一个劳动力市场的创造是在社会体上从事活体解剖的活动，要决心这么做，就只有科学才足以提供手术安全的保证。废除《济贫法》就是这个手术的一部分。李嘉图写道：“与那些把财富跟活力转变为贫困与愚弱之法律所造成的倾向比较起来，引力原理并不更为确实……至少直到所有的阶级都感染到普遍贫穷的疾病时是如此。”[①] 事实上，他并不是道德上的懦夫，但是却未能找到精神上的力量，用废除贫民救济这个无情的手段把人们挽救回来。在这一点上，汤森、马尔萨斯、李嘉图、边沁及伯克都是一致的。不论他们的看法在方法上与外观上的歧异有多大，但是都一致反对政治经济学的原则，并且一致反对《斯皮纳姆兰法案》。由于当时这些分歧的学派所达成的一致意见，使得经济自由主义成为一股不可抗拒的力量；既然这是极端改革者边沁与
133 极端传统主义者伯克都一致赞许的观点，那么它自然就会成为自明之理。

这时只有一个人了解到这项痛苦经验的意义，这可能是因为在当时这些社会思想家中，他是唯一具有工业上之具体知识，而且有内省洞察力的人。欧文对工业社会的深刻认识在当时是首屈一指的。他深深理解到社会与国家之间的区别；虽然他不像戈德温一样对后者怀有敌意，但他却只从它能担

---

① Ricardo, D., *Principles of Political Economy and Taxation*, ed. Gonner, 1929, p. 86.

当什么作用的角度来看国家；只从设计来使社群避免受到伤害之有益的干涉介入这个角度来看国家，而不是显著地从社会的组织来看国家。他也并不反对机器（其中立的性质是他所了解的）。但不论是国家的政治机器，或是机器的技术装置，都不能使他无视于真正的现象：人类的社会。他反对从动物的角度来看社会，并据此驳斥马尔萨斯与李嘉图的一管之见。他思想的阿基米得点是他之背离基督教，他责备基督教"个人主义化"，责备基督教把责任固着于个人本身，因而否定了（欧文心目中之）社会实体以及对个人之强而有力的影响。他攻击"个人主义化"的真正意义是他坚持主张人类动机之社会起源这一个看法："个人主义化的人以及在基督教中真正有价值的事情，是那样的分离以至于永远都不能结合起来。"正是欧文对社会的发现使他超越了基督教并立足于基督教之外的基点上。他领悟到这个真理，因为社会是真实的，人必须从属于社会。人们可以说他的社会主义是基于人类意识之改造（而这是经由对社会实体之认识而达到的）。他写道："倘若以人类所取得之新力量都无法消除罪恶之原因的话，他们就知道这些罪恶是必然而无可避免的；这时幼稚无效的抱怨就会停止。"

欧文可能刻意夸张了那些力量，否则他很难向拉纳克郡（Lanark County，今苏格兰中南部地方——译者注）的保安官们建议：社会应该立刻从"社会的核心"重新开展——这是他在他的实验村落小区所发现的。这种源源涌现的想象只有天才才有，如果没有这样的天才的话，人类就会因为缺少对自身的了解而无法存在。但更重要的是他指出由于社会中罪
134 恶的缺乏所产生的必然限制，自由有不能消除的边界。但是欧文认为直到人类运用他新取得的力量去转变了社会之后，这个边界才会变得很明显；然后人们才会以成熟的心态，而非幼稚的抱怨，来接受这一边界的限制。

欧文在1817年描述了西方人已经踏入的路途，他的观点总结了即将来到之世纪的问题。他指出："如果任他们自由发展"的话，机器生产会产生巨大的影响。"在一个国家之内机器生产的扩散，会使居民产生新的特质；由于这种特质不利于个人或公众的幸福，它会产生可悲而持久的罪恶，除非这种倾向能以立法的干涉和立法的导向来加以对抗。"根据图利与利润的原则来组织整个社会必定有深远的影响。他从人类之特性的角度将这些结果加以明确陈述。这种新的制度体系最明显的影响是摧毁了人们安土重迁的传统特性，并且把他们蜕化为一种新形态的人：迁移、飘荡、缺乏自尊与自律——粗暴、无情，劳工与资本家两者都是一个例子。他由此进一步推论：这种原则自然不利于个人及社会的幸福。这种情状会产生严重的罪恶，除非市场制度的内在倾向能以立法的程序有效地加以抑制。的确，他所指出的劳动者的悲惨状况部分可归咎于"贴补制"。但是，本质上他在城镇工

人与乡村工人身上都看到相同的情形，也就是“他们现时所处的状况比在引进机械生产之前更为沉沦、更为悲惨，而他们的生存却有赖于机械生产的成功”。他在此再一次强调沉沦与悲惨，而非收入，才是事情的真相。至于导致这一沉沦的主因，他再度正确地指出是因为工人依赖工厂来维持基本的生存。在此他了解到一个事实，也就是表面上看似一经济问题者，实际上是一个社会问题。从经济上来说，工人确实是被剥削了：在交易中他没有得到应有的一份。虽然这一点很重要，但却不是重点。工人尽管受到剥削，他在财务上的情况可能比以前更好。对个人之幸福与公众之幸福的最大伤 135
害是市场制摧毁了他的社会环境、他的街坊、他在社群中的地位以及他的同业公会；总而言之，也就是摧毁了以往包含在经济活动之中之人的关系、自然的关系。工业革命导致了社会的解体，而贫穷问题只不过是这一个事件之经济面而已。欧文正确地指出：除非以立法干预与立法导引的方法来对抗这些破坏性的力量，否则更广泛而持久的罪恶会接踵而至。

当时他并没有预料到他所呼吁的社会自保措施，根本无法抗衡经济制的运作。

第二卷　社会的自我保护

第十一章　人·自然·生产组织

136 在一整个世纪之内，现代社会的原动力是由一双重倾向支配着：一方面是市场不断地扩张，另一方面是这个倾向遭到一个相反的倾向——把市场之扩张局限到一个特定的方向——的对抗。这样一个相反的倾向对社会的保护虽然极为重要，但是却跟市场的自律互不兼容，因而也跟市场本身互不兼容。

市场制度急速地发展；它吞噬了时间与空间，而且借着银行通货的创造而产生了前所未闻的动力。大约 1914 年，其发展达到巅峰时，它已将全世界的每一个角落、所有的居民以及他们还没有降生的后代子孙、自然人以及所谓公司之巨大虚构体，都包含在里面。一种新的生活方式扩散到全球，这是基督教开始其事业以来前所未有的，只是这个时代之市场扩张完全是一种物质层面的。

然而，在这同时，一个相反的发展也开始了。它不只是一个社会在面临变迁时所采取之一般性的保护措施；更是社会之构造被破坏以后所产生的反应，并且这个反应必然会摧毁随市场制产生的生产组织。

罗伯特·欧文可说是洞烛先机：如果让市场经济按着它自己的法则去发展，必然会产生全面而持久的罪恶。

生产是人与自然之间的互动；如果这一个过程是经由以物易物及交换的自律性机制组织起来的，则人与自然都要纳入其轨道；他们都要受到供给与需求之支配，也就是要被视为商品，如同为销售而生产之商品一般。

这正是在市场体制之下的状况。人以劳动的形态，自然以土地的形态而被销售；劳动力的使用，可以在一种称为工 137
资之价格下普遍地被买卖，土地的使用，可以在一种称为地租的价格下进行协商。劳动与土地都各有其市场，两者的供给与需求分别受到工资与地租之高低的左右；劳动与土地是为了销售而存在的假定是一贯被承认的。据此，劳动与土地之各种组合中的资本投资就可以从一个生产部门流到另一个生产部门，也就是要求生产之各个部门中的利润有一个自动调整的水平。

虽然生产在理论上可以用这种方式来组织起来，但是这种视土地与人为商品的假定却忽视了一个事实：把土地与人的命运委诸市场等于毁灭土地与人。因此，对抗这种组织方式的手段就是在生产、劳动与土地等要素上抑制市场的活动。这就是干涉主义的主要功能。

生产组织也受到同样来源的威胁。不论是工业、农业或商业，只要它们直接受市场之价格波动的影响，就会面临危险。在市场制度之下，如果价格下降，企业就受到伤害；除非所有与成本支出相关的因素也都按比例下降，否则“各有关的企业”就会面临破产，价格的下降有时并不是因为生产成本的降低，而只是由于货币制度被组织起来。事实上，正如我们以后会看到的，这是自律性市场下的一个实际的例子。

大体上，购买力是由市场本身之活动来供给、调节的；这意味着：当我们说货币是一种商品，其数量是被商品——如货币一样，也是以商品的形式发生作用——之供给与需求控制的，这就是大家所知道的古典货币理论。根据这个理论，货币只不过是一种比其他的商品更常用于交易之商品的别称，因而取得货币之主要目的就是为了促进交易。用皮革、牛、贝壳还是黄金作为货币并不重要；作为货币使用之物品的价值就好像有关食物、衣服、装饰品或其他目的，只有它们的用处是被企求着。假如黄金被用来当货币，其价值、数量与价格变动是被应用到其他商品之同一个法则支配。任何其他的交易手段都涉及市场之外通货的创造，这一创造的活动——不管是由银行或者政府创造的——构成市场之自律性

138 的一种干涉。其关键是作为货币使用的物品与其他的商品没

有什么差别；其供给与需求像其他商品一样受到市场的调节；结果是所有赋予其他特征——把货币看做用来作间接交易之手段的商品——给货币的想法是先天上就错了。跟着而来的推论是，如果黄金是用来作为货币的话，银行票券就代表黄金。根据这种看法，李嘉图学派主张由英格兰银行来发行通货。事实上，舍此之外就没有其他更好的方法来保证货币制度不会受到国家的"干涉"，并且因而保证市场的自律性。

因此，关于商业方面，也存在着与社会之自然本质、人文本质方面极为相似的情境。自律性市场对它们都是一个威胁，而且也都是为了本质上很相似的理由。如果工厂立法与社会法是用来保护工人在劳动力方面不被视为商品，如果土地法与农业关税是用来保护自然资源与乡村文化不被视为商品，那么中央银行与货币体系的管理是需要的，以使制造业与其他生产企业不会受到把货币当做商品的伤害。很矛盾的是，不只是人与自然资源需要避免自律性市场之毁灭性影响，就是资本主义生产组织本身也需要避免自律性市场之毁灭性影响。

现在让我们回到前面所提及的双重倾向。它可以比拟为社会之中两种组织原则的作用，两者各有其特殊之制度目的、各有特定之社会力量的支持，而且根据本身之特殊的方法行事。其中之一就是经济自由主义的原则，其目的是要建立一个自律性的市场，受到商人阶级的支持，而且使用自由放任与自由贸易为其手段；另一个原则是社会保护的原则，其目的是人类、自然与生产组织的保护，受到最直接市场制度所伤害的人的支持——主要是工人阶级与地主阶级，但并不限
139 于此，它使用保护性立法、限制性的公会，以及其他干涉工具为其手段。

在此，强调阶级是重要的。地主阶级、中产阶级与工人阶级为社会提供服务，构成了整个19世纪的社会史。他们的重要性是因他们完成了当时社会分派给他们的任务。中产阶级是初生之市场经济的鼓吹者；整体来看，他们的商业利益在生产、就业方面是平行于一般利益的；如果商业兴盛，所有人都有工作的机会，地主有收取地租的机会；如果市场不断扩张，他们就可以自由而迅速地进行投资；如果商业团体能成功地与外国商人竞争，那么国家的币值就会稳定。另一方面，商人阶级却没有特殊的器官去感觉到各种危机，如对劳工之体力的剥削，对家庭生活的破坏，对街坊邻居的侵袭，对森林的滥伐，对河川的污染，行会规范的退化，风俗习惯的凋敝，生活（包括居住与工艺）之全面退化，一如不影响到利润之许许多多私人生活形式、公共生活形式的全面退化。中产阶级对利润观念有几近神圣的信念，由此他们尽了他们在历史发展上的功能，虽然这使他们没有资格成为其他利益的守卫者——这跟良好的生活、生产的促进一样重要。在这里就有着那些并不从事于在生产上应用昂贵、复杂、特殊之

机器的阶级的机会。概略地说，地主士绅与农民仍承担维护国家军事体制的任务，因它仍然依赖人力与土地，而劳工则多少代表着无家可归者之共通利益。但是在各个时代，即使是无意识的，每个社会阶级都代表着比自己阶级之利益更广的利益。

到了19世纪初期——全民投票在这时已经很普遍了——工人阶级已经成为国家之中有影响力的因素了；另一方面，商人阶级因为已经无法全面控制立法机构，而变得开始关注他们在工业领域内的政治权力。只要市场制度继续运作而不产生较大之压力，这种独特的权力分配便不会导致差错；但是一旦内在的理由使情况改变时，或产生社会阶级之间的对 140
立紧张时，社会本身就会受到威胁——这是因为各竞争的阶级会企图使政府与商业、政府与工业分别成为他们的据点。当他们为局部利益而相互争夺时，社会的两个主要功能——政治的功能与经济的功能——就成为他们滥用的武器。就是由于这种危险的僵局，才在20世纪产生法西斯的危机。

本书就是试图从这两个角度来探讨塑造19世纪社会史的过程，其中一个就是经济自由主义的组织原则与社会保护措施的冲突，所导致之长远的制度压力；另外一个是社会阶级的冲突，再加上前者的影响，将这个危机转变为灾祸。

第十二章　自由主义的诞生

141 经济自由主义是一个社会致力于市场制度之建立时的组织原则。它原来只是一种非官僚作风之方法的倾向而已，后来演变成一种真实的信念，认为人可以经由自律性的市场得到世俗性的救赎。这样的狂热信念源自它们自己献身于其中的事业突然之间急剧恶化了：这可见诸无辜人民所遭受之伤害的深度，以及在建立一个新秩序时，所引起之广泛的变化。自由主义者只有在应一充分发展之市场经济的需要时，才发挥其布道者般的热忱。

通常将自由放任的政策提早到 18 世纪中期——当时这个宣传口号首次在法国出现——是全然不符合史实的；我们可以确实地说在其后两代人中，经济自由主义只是一个间歇性的倾向。直到 1820 年，它才具有三个古典的教义：必须由市场来决定劳动的价格；货币的发行必须受一独立机构的支配；商品必须能在国与国之间自由流通而不受阻挠或保护；简单地说，就是劳动力市场、金本位制，以及自由贸易。

把魁奈说成是曾想象到这种形势的人是捕风捉影的。重农主义者在重商主义时期所要求者，只不过是谷类的自由输出，以便确保农民、佃户及地主有更好的收入。除此之外，他们所谓的自然秩序（ordre naturel）只不过是由一个设想之权力极大，且无所不在的政府，调节规制着工业、农业之生产的指导原则。魁奈之《农业国之经济统制的一般准则》（*Maximes*，1768）一书就是试图提供这样的政府在观点上的需要，把他在《经济表》（*Tableau*，1758）一书——此书以 142
他定期提供之统计数字为基础——中的原则转化为实际的政策。而自律性市场的观念，从未在他脑中出现过。

在英国，对自由放任的解释也至为狭窄；它只是指在生产上免于管制的自由，贸易并不包括在内。当时最主要的棉纺织业，就是从微不足道的地位，发展为全国之主要外销工业——然而，印花布的进口在当时仍然受到法令的禁止。英国生产的白洋布或棉布，尽管一直垄断着国内市场，仍然得到外销的补助。保护主义在当时是如此根深蒂固，以至于到1800年时，曼彻斯特的棉纺织业主曾要求禁止棉纱外销，虽然他们知道这样做会导致他们生意上的损失。1791年通过的一项法案将对出口生产棉纺织工具的惩罚，扩大到包括设计图或设计说明书的外销。自由主义起源于棉纺织工业的说法，是一个神话。在生产领域中免于管制的自由是所有工业的要求，在贸易领域中的自由仍然被认为有危险。

我们可以假定生产上的自由，自然会从纯粹技术性领域，扩散到劳动雇佣上。然而，只有在比较晚时曼彻斯特才开始要求自由的劳动。棉纺织业从未受《工匠法》的支配，因此没有受到每年一度之工资鉴定与学徒见习年限之规章的困扰。在另一方面，后来自由主义者强烈反对的《旧济贫法》，却是对棉纺织业者的一项帮助；它不但供应他们行政教区的学徒，而且容许他们逃避解雇工人应负的责任，因而将失业的负担转嫁到公共基金上。即使是斯皮纳姆兰制，在开始时对棉纺织业者而言，也并不是不受欢迎；只要津贴制在道德上的影响不会降低工人的生产率，工业界视家庭补贴有助于维持产业后备军，当时确实是迫切需要这支产业后备军，以应付贸易上的巨幅波动。在农业上雇佣仍是按年计酬时，这种流动劳工之储备在应付工业扩充时所需之劳动力这一点上是很重要的。因此，当时的业者攻击《定居法》，因为它限制
143 工人的流动。直到 1795 年这个法案才被废除，但是取代它的《济贫法》却具有（而不是更不具）家长式保护的色彩。贫穷仍然是地主与乡村的主要问题；即使是严格批评《斯皮纳姆兰法案》的人，像伯克、边沁与马尔萨斯等，都不认为自己是工业进步的代言人，而是良好之农村行政制度的倡议者。

一直到 19 世纪 30 年代，经济自由主义才开始具有十字军般的热忱，而自由放任则变为一好战的信条。此时生产者阶级开始要求修改《济贫法》，因为它妨碍了工业劳动阶级

的兴起——后者依他们的劳动力得到收入。建立一个自由劳动力市场所隐含的意义，到这时已经很明显了，同样明显的是进步之受害者所遭受的苦痛。因此，到19世纪30年代早期，一般人的想法有了激烈的改变。1817年所重印之汤森的《济贫法研究》就包括了一篇前言，称赞作者批评《济贫法》以及要求将之全面废止的远见；不过编者同时指出汤森建议在短短10年之内废除贫民救济的论调，太过鲁莽与仓促。李嘉图的《经济学与赋税之原理》一书，也在同年出版，并坚持废除津贴制的必要性。不过他同时大力鼓吹必须以渐进的手段达成这个目的。皮特这位亚当·斯密的门徒，却因废除《济贫法》会招致无辜者受害，而反对废除《济贫法》。一直到1829年，皮尔（Sir Robert Peel，1788 - 1850，英国政治家，曾任首相——译者注）仍然“怀疑除了渐近的手段之外，是否还有其他的方法可以确实地废除津贴制”。[①] 但到了1832年，中产阶级取得政治胜利之后，《济贫法修正案》就以最激烈的形式出现，且仓促付诸实施，而不容许任何过渡期。自由放任已经转化为一不妥协之残暴行为的动力。

经济自由主义从理论的兴趣转化为无限之行动主义可见诸工业组织的两个领域：通货与贸易。就这两方面而言，自由放任逐渐变为一狂热的教条，尤其是当除了一些极端手段

① Webb，S. and B.，前引书。

之外，其他对策已经明显无效时。

在英国由于生活开支不断提高，人们开始注意到货币问题。1790－1815年间物价上涨了一倍。实质工资下降了，商
144 业也因国外贸易的萧条而受到打击。但是直到1825年经济恐慌时，要有健全的货币才变成经济自由主义的一个教义，也就是只有当李嘉图的原理已经深入政客与商人的脑海之后，他们才不顾无数之财政上的意外而强调需要维持货币价值的“本位”。这就是金本位自动导向机制之不可动摇的信念的开端，没有它的话，市场制度就不可能进行。

国际自由贸易简直是一种信仰。它的含义是全然没有限制的。它意味着英国需要依赖海外市场来供应粮食；如果必要的话将牺牲本国的农业，并开始一种新形式的生活，在这种新形式的生活下，英国成为模糊构想之未来的世界体中的一部分；这一全球共同生活体必须是和平的，否则就以海军的力量来保障大不列颠帝国的安全；而且英国必须在对其优越之创造力的坚定信心中面对持续的工业混乱。然而，人们也相信只有在全世界的粮食都能自由地流通到英国时，它的工业产品才能廉价地销到世界各地。再者，一定需要之策略是由全面接受（这种态势）所伴随之风险的广度与问题的规模所决定的。然而，不全面接受（这种态势）将招致损害。

只要把自由放任之独断教条的诸多乌托邦思想源泉分开来看，就无法完全了解它们。它的三个教义——竞争性的劳

动力市场，自动调整的金本位，以及国际自由贸易——是合成一个整体的。如果要达成其中任何一个而做某种牺牲，是没有用的，除非能同时调整其他两者。要么就是三者全都有，否则就是三者全都没有。

例如，任何人都可以看到金本位制隐藏了致命之通货紧缩的危险，并且可能在恐慌时造成银根紧缩。因此，生产者只有在确定生产会持续增加，并且在有利可图之价格下时，才会继续其企业（换言之，只有当工资能像物价一样按比例下降时，产品才得以打入扩张中的世界市场）。因此，1846年的《反谷物法案》（Anti-Corn Law Bill）就是1844年之《皮尔银行法案》（Peel's Bank Act）的必然结果，这两者都假定通过1834年的《济贫法修正案》以后，劳工阶级已经 145
在饥饿之威胁下倾力工作，因此工资须由谷物的价格来调节。这三个法案构成一个完整的体系。

现在我们就可以了解经济自由主义是如何扩张到全球的了。只有一个世界规模之自律性市场才能确保这个巨大之机制的运作。除非劳动的价格是依最廉价的谷物来决定的，否则就无法保证那些没有受到保护之工业会屈从于黄金的支配。19世纪市场制度的扩张是与国际自由主义、竞争性劳动力市场及金本位制的散布同时并行的；它们是一体的。难怪一旦这一冒险事业之危机显而易见时，经济自由主义就转变成一个世俗性的宗教。

自由放任绝非自然产生的；如果让事物自然发展，绝不会产生自由市场。当时主要的自由贸易工业，即纺织业，即是由保护性的关税、外销补贴，以及间接工资补助等扶助手段创造出来的，自由放任本身也是由国家强行实施的。20世纪30、40年代不但出现各种立法，以废除各种限制性的管制，同时也大大增强政府的行政功能，政府在这时已经由一集中的官僚体系来推动自由主义信徒们所提出的各种措施。对典型的功利主义者而言，经济自由是一社会计划，为最大多数人的最大幸福而实行；自由放任并不是达成某一个目标的特殊手段，而是有待达成的目标。诚然，立法手段除了能废除一些有害的管制之外，并不能直接做什么。但这并不意味着政府就应该全然无能，尤其是在间接方面。相反的，功利的自由主义者认为政府应该是达成最大幸福的主要经纪人。就物质生活上的福利而言，边沁认为立法程序的影响，若与那些“警察教士”（minister of the police，即在斯皮纳姆兰制下主持济贫的行政教区神职人员——译者注）之无意识的贡献相比较，是“一样的没有作用”。就经济发展上所需要的三个要素——意向、知识及权力而言，私人所有的只是意向。边沁认为政府比私人更能廉价地支配运用知识与权力。政府中的行政人员能负起搜集统计数据及信息、培育科学与实验，
146 以及提供各种设施并将其付诸实现等任务。边沁之功利主义

的自由主义意味着用行政机构的措施来取代国会的立法。

就此而言，可施展的空间很大。英国的反动力量并没有像法国的反动力量一样用行政方法来实施政治压制，而是用国会立法的方式来实施政治压制。“1785 年与 1815 - 1820 年的革命运动并不是以政府部门的措施，而是以国会的立法来对决。《人身保护法》（Habeas Corpus Act）的停止，《诽谤法》（Libel Act）与 1819 年之‘维持治安六法’（Six Acts）的通过都是极端压制性的措施；但它们并未显露出任何迹象要将大陆法的特质赋予英国的行政机构。就以破坏个人自由而言，是由国会的法案来加以破坏的。”① 到了 1832 年，当情势全面改观而偏向行政措施时，经济自由主义对政府几乎毫无影响力。“从 1832 年以后，特质化（虽然有不同的程度）之立法活动的净结果就是逐渐建立一复杂的行政机构，其性质一如现代工厂一样，在有新情况出现时，经常加以修补、更换、重建及调整。”② 这种行政机构的扩张，反映出功利主义的精神。边沁构想之圆形监狱——他个人的乌托邦——就是一星形的建筑，由这个建筑的中心，监狱官可以用最有效的监督方法，花费最少的公款，收容最多的犯人。同样的，在他理想之功利主义王国里，他最喜欢的“可监

---

① Redlich and Hirst, J., *Local Govenment in England*, Vol. II, p. 240, Dicey, A. V., *Law and Opinion in England* 一书第 305 页所引。

② Ilbert, *Legislative Methods*, pp. 212 - 213, Dicey, A. V., 前引书所引。

督”原则就是确定在上层的长官，应对所有的地方行政单位加以有效的控制。

通往自由市场的大道是依靠大量而持久之统一筹划的干涉主义，而加以打通并保持畅通的。要使亚当·斯密所谓“简单而自然的自由”与人类社会之需要相一致是一件很复杂的差事。我们只要看看各种圈地法之中的复杂条款，在执行《新济贫法》——这是从伊丽莎白一世以来首次由中央政
147 府有效地来加以推动的措施——所涉及的官僚控制，或者在推动声誉卓著之都市改革时所导致之政府行政部门的扩张就可见一斑了。所有这些政府干涉的重点，其目的都是为了维护一些简单的自由，如土地、劳动、都市行政制度的自由。与人们所期待的正好相反的是：使用机械不但没有减少人力的使用，反而使之增加，同样的，引进自由市场不但没有消除对控制、管制与干涉等方面的需要，反而扩大了它们的范围。政府官员必须随时保持警觉，以确保这个制度的自由运转。因此即使是那些最强烈主张除掉政府所承担之不必要责任的人，也就是那些以限制政府活动为其哲学的人，也不得不将新的权力、机构与制度委诸政府，以求建立自由放任制。

比这更矛盾的是另一个现象。虽然自由放任经济是有计划之政府的措施所造成的，但其后对自由放任的限制，却是自然而然出现的。自由放任是刻意造成的，而计划经济却不是。这个论断的前半段已经在上面证实过了。如果美国当时

确曾有意使用行政命令来达成政府管制的话，这乃是一些功利主义者在自由放任之辉煌时期的作为。这句话的后半段是首先由戴西（A. V. Dicey）这位杰出的自由主义者提出来讨论的；他自告奋勇地去探讨“反自由放任”的起源，或者照他所说的，英国公共舆论中“集体主义”倾向的起源，这种倾向在 19 世纪 60 年代后期已经很明显。他很惊讶地发现：除了立法行为本身之外，没有这样一种倾向存在的痕迹。说得更准确一点，除了那些看似代表这种“集体主义倾向”的法律之外，公共舆论并没有显示出这种倾向。至于其后之“集体主义式”的公共舆论，戴西认为其主要的来源是那些“集体主义式”的立场本身。他深入研究的结论指出在 19 世纪 70、80 年代直接参与制定管制性法案的人，完全无意扩大政府的功能，或限制个人的自由。从 1860 年之后半个世纪发展出来的，由立法带头之对抗自律性市场的反潮流，是自然发生的，不是由舆论引导的，而且是由纯粹实用主义之精神激励的。

经济自由主义者必然强烈反对这种观点。他们的整个社 148
会哲学是系于自由放任是一自然的发展这一想法之上，而其后的反自由放任立法是那些反对自由主义原则的人有意行动的结果。我们可以不夸张地说，对这双重倾向所作的这两个截然不同的解释，涉及了今日之自由主义立场究竟是真是假的问题。

自由主义学者像斯宾塞、萨姆纳（William G. Sumner，1840－1910，美国社会学家、经济学者，耶鲁大学教授，在经济上鼓吹极端的自由放任——译者注）、米塞斯及李普曼（Walter Lippmann，1889－1930，美国作家，在政治事件、国际关系及社会哲学方面有许多著作——译者注）等人对这个双重倾向所作的分析与本书很相似，但他们却用完全不同的说法来加以解释。本书认为自律性市场的观念实际上是乌托邦的，而其发展受到社会本身之自我保护的阻止。但自由主义者认为所有的保护主义都是因为耐心不够、贪婪与短视而造成的错误，如果没有保护主义，市场将自行解决其困难。关于两种看法中哪一种是正确的，这个问题就触及了近代社会史上最重要的问题，因为这涉及经济自由主义自称它代表社会的基本组织原则。在我们进一步探讨更多的事实之前有必要对这个论题做精确地陈述。

回顾我们时代的历史，将会因自律性市场终结而著称。在20世纪20年代，经济自由主义的地位达到其巅峰。数以百万计的人受到通货膨胀的伤害；所有的社会阶级，甚至整个国家的财产都被侵夺。货币的稳定化成为各国人民与政府之政治思考焦点，重建金本位制也成为经济领域中所有计划之努力的最高目标。偿还外债及重建货币的稳定被视为政治理性的试金石；为了要恢复对货币的信心，任何个人的痛苦，或对国家主权的侵害，都被认为是值得的牺牲。萧条使得失业者忍受各种苦难；公务人员在被解雇时得不到遣散金而潦倒；为了要达成健全之预算与健全的货币——这是经济自由主义的先决条件——即使是牺牲了国家的权利，或者放弃宪法保障之自由，都被认为是应该付出的代价。

20 世纪 30 年代时已经开始怀疑 20 世纪 20 年代的极端
措施。在重建货币与平衡预算的几年后，英、美这两个最强 149
大的国家发现它们面临重重的困难，进而放弃了金本位制，并着手管制他们的货币。它们大规模地拒绝偿付国际债务，而经济自由主义的信条这时被最富强、最体面的国家抛弃了。到了 20 世纪 30 年代中期，法国及其他一些仍然使用金本位制的国家，被英、美这两个以前鼓吹自由主义信念的国家，强迫放弃金本位制。

到了 20 世纪 40 年代，经济自由主义受到更严重的挫折。虽然这时英、美两国已经背弃了正统的货币主义，但它们在工商业——其经济上的一般组织——上仍保留着自由主义的原则及方法。这在事后证明是一种加速战争与阻碍预防战争的一个因素，因为经济自由主义制造、培养出一种错觉，认为独裁政权必然会造成经济灾祸。由于这种错觉，使得民主国家成为最晚才了解到管制货币与直接贸易之影响的国家，甚至在它们因情势所迫而不得不采用这些措施时亦然；此外，经济自由主义之放弃平衡的预算与自由企业则被自由主义者认为是战时唯一能提供经济力量的坚实基础。大不列颠这个实际上已面临全面战争的帝国仍然受预算与货币之正统教条的影响，而继续服膺传统之有限参与原则；在美国，既得利益——如石油业与炼铝业——把自己固守在自由商业的禁忌之后，并且成功地抗拒为应付工业紧急状况所做的准备工作。假如不是经济自由主义者之顽固而强烈地主张其错误的信念，各民族的领袖与大多数的自由人大概能更有准备地应付这个时代的灾难，或者也许会完全避开它。

十年间的许多事件并没有驱逐整个文明世界所采用之社会组织的世俗性教义。在英国与美国，数以百万计之独立商业是依自由放任之原则而生存的。自由主义在某一方面的重大挫折并没有摧毁其全面性的权威。事实上，它局部性的失色反而增加其声势，因为这使得其辩护者能辩称是由于没有完全施行它的原则，而产生各种困难。

150 事实上，这是今天之经济自由主义的最后遁词。它的辩护者以各种说辞辩称：如果不是那些反自由主义者所提出的保护政策，自由主义会不负所望；并不是竞争性制度与自律性市场要对我们今天的病症负责，该负责的是对这个制度与市场的干涉。他们不但从最近侵犯经济自由的无数例子中去找支持这个说辞的证据，而且还从19世纪后半叶以来持续抗拒自律性市场制度，因而妨碍经济之自由运作的事实中，寻找支持这个说辞的证据。

经济自由主义者因此能够明确地陈述一个事实，这个事实把现在与过去在一个一贯的整体中联结起来。谁能否认政府对商业的干涉确实可以逐渐损坏人们的信心呢？谁能否认如果不是法律规定社会提供失业救济辅助，那么失业人数可能会减少呢？谁能否认由于公共事业的竞争而伤害到私人企业呢？谁能否认由于政府之财务透支而使私人的投资受挫呢？谁能否认家长式干涉的倾向阻碍了商业之进取精神呢？现在有这些问题，那么过去一定也没有什么不同。1870 年前后当保护主义（包括社会的保护主义与国家的保护主义两方面）在欧洲开始流行时，谁会怀疑它会妨碍贸易、限制贸易呢？谁又会怀疑此时所施行的工厂法、社会保险、城市贸易、卫生设施、公共水电、关税、外销奖励、同业联盟与托拉斯、移民限制、资金移动、进口商品等限制——而不谈对人、商品与薪资等的控制——已经严重妨碍到竞争性市场的运作，延长了商业萧条，使失业情形恶化，加深金融的萧条，降低贸易力而且损害到市场的自律性机制呢？自由主义者坚称：万恶的根源是 19 世纪第三个 25 年以降，各种社会的、国家的与垄断的保护主义之不同学派，对就业、贸易及货币自由所采取之干涉；如果不是工会、工党、垄断性企业与农业利益等团体之卑鄙的结合，加上其短视的贪婪而协力挫损经济自由的话，今日的世界早已享受到一个创造财富之自动机器的成果了。自由主义的领导人不厌其烦地复述：19 世纪的悲 151
剧是人们无法对早期之自由主义者所提出的灼见保持信心；

我们祖先之丰富的创造才能被民族主义与阶级战争的激情所破坏，被特殊利益、垄断者，以及短视的工人——他们无视于经济自由到最后必然有益于全人类，包括他们自己在内——所挫伤。于是自由主义在知性上和道德上的进步被群众在知性上和道德上的虚弱所挫伤；启蒙运动之精神所达到的就被自私的力量所抵消。简而言之，这就是经济自由主义者的自辩之词。除非能将这些说辞驳倒，否则他们会继续反复论辩下去。

现在让我们将焦点集中在这些问题上。上述散播市场制的自由主义运动，面临一自卫性的对抗运动，试图限制其发展；事实上，这样的一个假定构成本书所称之双重倾向的基础。虽然本书强调自律性市场制这个观念的内在不合理最后将摧毁社会，但自由主义者却责备保护社会的措施早已毁坏了伟大的创造力。由于他们无法引用证据来证明任何这样的共同努力以阻止自由主义运动的发展，于是就归诸阴谋这个实际上无法反驳的假设。这就是反自由主义之阴谋的神话，其各种形式的说法被所有的自由主义者用来解释在19世纪70、80年代之间出现的诸多事件。他们认为国家主义及社会主义的兴起就是这种转变的主要策动力；生产企业者的行会、垄断者、农业利益者，及工会都是恶棍。于是自由主义的教义在其最净化的形式中假设现代社会中有某些辩论法则在运作，足以使开明动机之努力变为愚昧的，而在其最粗糙的说法中，则把自己退化到攻击政治民主主义，说政治民主主义是干涉主义的主要原因。

事实的证据却有力地反驳了自由主义者的论点。反自由主义之阴谋纯粹是虚构的。并不是人们偏好社会主义或民族主义而发展出各种形式之“集体主义的”相反倾向，而是因为不断扩张的市场机制影响到重大的社会利益而引发这种相反倾向。这说明了市场机制之扩张所引起之普遍反应的显著 152
实利特性。思想潮流在这一过程中完全不占任何地位；因此，自由主义者认为在反自由主义之趋向的背后有一意识形态的力量，是一无法立足的偏见。诚然，古典自由主义到了 19 世纪 70、80 年代已告终结，而且现在所有关键性的问题都可以回溯到这段时期，认为这时欧洲转向社会保护主义与国家保护主义，是由于内在于自律性市场制度之弱点与危险的表露这一原因以外的其他原因，是不正确的。这可以从几个方面来加以说明。

首先，我们可以检视反自由主义者在极端不同事项上所采取的行动。这一事实就足以排除所谓共谋的可能性。让我们引用斯宾塞在 1884 年所列出之各种干涉来说明，他列出这个表的主要目的是责备自由主义者，认为他们已经为了“限制性的立法”而放弃其立场。[①] 这个表包括五花八门的项目。

---

① Spencer, H., *The Man vs. the State*, 1884.

在1860年，官方被授权“从地方赋税中支付研究饮食之专家的开支”；其后有一法令规定“检查瓦斯工程”；又将《矿工法》扩大到“惩罚任何雇用十二岁以下，不上学又不会写或读之童工的行为”。在1861年，授权给“执行《济贫法》的官员，强制执行防疫注射”；地方官员有权“制定规章以雇用运输工人”；而且有些地方政府“有权为乡村之排水道、灌溉工程与供应牛之饮用水而在当地抽税”。到了1862年通过一项法案禁止“任何煤矿只有一个通风井”；另一个法案则授给医学教育委员会绝对的权力以“编纂一套药典，其价格由财政部决定”。斯宾塞继续记载了几页诸如此类的干涉措施。到了1863年，“强迫防疫注射扩大到苏格兰与爱尔兰”。另一个法案则委聘一位检疫官以决定“食物是否有益于健康”；《烟囱消除工法案》是为了防止使用儿童去清除狭窄的烟囱而导致他们伤亡；此外还有一《传染病法》；《公共图书馆法》则授权地方以“让大多数人能向少数人为他们的书刊抽税”。斯宾塞从这些例证中归结出有力的证据，来证明反自由主义的阴谋。但是这些法案全都是针对现代工业所
153 引起之特殊问题而制定的，其目的在于保护公众利益，以对抗这种情况的内在危机，或者以市场的方法来处理这些问题时的内在危机。对一个没有偏见的人来说，这些法令正足以证明这些“集体主义式”之对抗措施之实利的、实用的本质。支持这些法案的人也大都支持自由放任，而且不会因为

赞同在伦敦市设立一个救火队就表示他们反对经济自由主义的原则。相反的，支持这些立法议案的人，大都是坚决反对社会主义或任何形式之集体主义的人。

其次，从自由主义的立场转变为“集体主义”，常在一夕之间发生，而且对那些立法者而言，常是在无意中发生的。戴西曾引用《工人赔偿法》——它厘定雇主在工人于受雇期间受伤时应负的责任——这个有名的例子来说明这一点。自1880年以后，具体体现这一意念之众多法案的历史显示了一贯服膺个人主义的原则，即雇主对其雇工所负的责任，与这个雇主对其他人——如陌生者——所负的责任一样。到了1897年，在舆论界没有任何改变的情形下，雇主突然变成雇工的保险，承担雇工在受雇期间的伤害责任；正如戴西所称的，这是一“彻底集体主义的立法”。这个例子最足以证明，在没有改变有关者的利益关系，或对此一事件的舆论下，突然用一反自由主义的原则，来取代自由主义的原则，其改变完全是因情况的演变，产生出问题，并因而需要一解决方案。

再次，如果比较一些在政治上或意识形态上很不相同之国家的发展，也可以得出一些间接的，但却极为明确的证据。维多利亚时代的英格兰与俾斯麦时代的普鲁士，其差别有如天南地北，而二者与第三共和之法国或哈布斯堡帝国也极不相同。但它们都各自经历过早期之自由贸易及自由放任的阶段，然后进入在公共卫生、工厂条件、城市管理、社会保险、造船补贴、公用设施、贸易协会等方面之反自由主义的立法阶段。从这些国家所发生之类似的改变，就可以很容易制定154 出一有秩序的日程表。英国在1880年与1897年制定工人补偿法，在德国则是1879年，奥地利是1887年，法国为1899年；英国在1833年采用工厂安全检查制，普鲁士是在1853年采用，奥地利是1883年，而法国则在1874年与1883年采用；城市管理，包括公共设施的经营，是由约瑟夫·张伯伦（Joseph Chamberlain，1836－1914，英国帝国政策的鼓吹者，曾任殖民部部长——译者注）这位非国教派者（Dissenter）与资本家在19世纪70年代于伯明翰采用，在维也纳是由卡尔·卢埃格尔（Karl Lueger）这位天主教社会主义者与犹太迫害者在19世纪90年代倡导，在德国与法国则是由一些地方联盟的变动所促成。支持这些改变的力量，有时来自极端暴力的反动分子及反社会主义者，如在维也纳的情形，有时候则来自“激烈的帝国主义者”，如在伯明翰的情形，或者是最纯正的自由主义者，如里昂市长爱德华·埃里奥（Edouard Herriot）。在清教徒的英国，保守党及自由党内阁轮流当政，完成了《工厂法》的立法；在德国，罗马天主教与社会民主党携手完成这项任务；在奥地利则是由教会及其好战的支持者完成此项工作；在法国则是由教会的敌人及反教士者制定几乎完全相似的法案。因此，欧洲各国在各种不同的旗帜下，加上形形色色的各种动机、政党与社会阶层，对这些复杂的社会问题却产生几乎完全一致的对策。从外面看来，没有比相信反自由主义阴谋这类神话者的说法——这类立法是由同一意识形态或狭窄之团体利益所驱动的——更荒谬的。相反的，各种证据都支持本书的论点，也就是特殊情况的客观理由使立法者采取这些法案。

最后，一个有意义的事实是，经济自由主义者在许多情形下，也会建议在重要关头对自由结社与自由放任加以限制。当然，他们的动机并不是出自反自由主义的偏见。在这里，我们可以举工人结社的原则，以及相对之商业团体法来加以说明。前者是指工人有权为了提高他们的工资这个目的而结合起来，后者则是指组织托拉斯、企业组合或其他资本主义式的组织以抬高物价的权利。在这两种情形下，我们可以公平地说，结社的自由或自由放任已经被用于贸易的限制。不论是为了抬高工资的工人组合，或是为了抬高物价的贸易集团，自由放任的原则这时已很明显被有关之利益团体利用来 155
限制劳动力市场或其他商品的市场。很有意义的是，在上述两种情形之下，即使是强硬的自由主义者，从劳合·乔治（David Lloyd George，1863－1945）与西奥多·罗斯福（Theodore Roosevelt，1858－1919）到瑟曼·阿诺德（Thurman Arnold）与李普曼，都将自由放任原则置于自由竞争市场的需要之下；他们鼓吹管制及约束，支持刑事法与强制性规定，并像任何“集体主义者”一样称自由结社权已经被工会或企业集团所“滥用”。就理论上来说，自由放任或自由结社权是指工人如果决定个别或联合地保留他们的劳动力不出卖，他们有权如此做；也指不管消费者的意愿是什么，商人结合起来制定价格的自由。但是实际上，这种权利却会与自律性市场的制度相冲突，而且自律性市场，在这种冲突时总是占上风。换句话说，如果自律性市场的需要，与自由放任的需要互不兼容时，经济自由主义者就会转而反对自由放任，并且像任何反自由主义者一样，采用管制与约束等所谓集体主义式的手段。工会法与反托拉斯法就是出自这种心态。由于经济自由主义者本身在工业组织这种关键性的问题上，也经常使用这种反自由主义的方法，这个事实就可以说明何以在现代工业社会里，会无可避免地使用反自由主义或类似“集体主义”式的对策。

附带一提，这也有助于澄清所谓“干涉政策”一词的真义。经济自由主义者经常以“干涉主义”一词来指涉与他们对立的政策，但这只是显示出他们思想上的紊乱。干涉主义的反面就是自由放任，我们已经指出经济自由主义并不等于自由放任（不过在日常用语上，两者交互使用却无伤大雅）。严格地说，经济自由主义是一个社会的组织原则，在这个社会里工业建立在自律性市场的基础上。诚然，在这种制度趋向完美时，减少某些干涉是有必要的。然而，这并不表示市场制与干涉互不兼容。在市场制还没有建立起来时，经济自由主义会毫不犹豫地呼吁政府干涉，以便维持它。因此，经济自由主义者可以毫不违背立场地呼吁政府使用法律力量以建立自律性市场；他甚至可以诉诸内战的暴力以建立自律性市场的先决条件。在美国，南方各 156
州使用自由放任的说辞为奴隶辩护，而北方各州则用武力干涉主义以建立自由劳动力市场。因此，自由主义者所指控的干涉主义，实际上是一空洞的口号，他们指责的都是同样一套措施，只不过为他们所不赞成而已。自由主义者唯一能前后一致坚持的原则，只有自律性市场，不论它是否涉及干涉政策。

概略地说，相应于经济自由主义与自由放任而生之相对倾向具有自然反应之所有明白的特质。它在许多毫不相干的问题上出现，而没有任何痕迹显示受其直接影响的利益之间有何关系，或它们之间有何意识形态上的一致。甚至在处理同一个问题，如工人赔偿的问题上，其解决的方法可以从个人主义转到“集体主义”，或从自由主义转至反自由主义，或从自由放任转到干涉主义，而在所涉及之经济利益、意识形态的影响与政治力量上都没有改变，唯一改变的只是对问题的本质有更清楚的认识。其次可以看到一个很相似的，从自由放任转向集体主义的改变在许多国家之工业发展过程的特定阶段中发生，我们可据此指出这个过程之根本原因的深度与独立性，以及经济自由主义者把这个过程归因于变动的情绪或各种利益是如此肤浅。最后，从上述的分析中可以看出，即使是激进的经济自由主义者，也无法逃避一个法则，它使得自由放任无法适用于先进的工业状况；在工会法与反托拉斯法等关键个案上，即使是极端的自由主义分子也会要求政府多方面干涉，以便能达到反抗垄断协议的目的，这是自律性市场运作的先决条件。即使是自由主义与竞争也总要政府的干涉才能使之发生作用。自由主义者所谓的19世纪70、80年代之“集体主义阴谋”的神话完全与事实相反。

我们发现，本书对这一双重倾向所作的解释，是更合乎事实的。依照我们的看法，当市场经济对社会组织中的人性要素与自然要素构成威胁时，社会各阶层自然就会各自争取
157 某种保护政策。这正是我们所见到的。此外，本书也认为在这些反应的背后，并没有特别之理论的或思想的背景作为驱策力，而且与他们对市场经济之基础原理的态度无关。而这是事实。再者，本书认为如果在许多不同的国家里，特殊的利益能被证明是独立于特殊的意识形态之外，那么比较政治史上可以对本书的论点提供准实验的支持证据。这一点，我们也引用了确凿的证据。最后，自由主义者本身的行为也证明自由贸易——我们所称的自律性市场——的维持不能排除干涉政策，事实上，正需要这种干涉措施，而且自由主义者经常呼吁政府在工会法与反托拉斯法等方面采取强制性的手

段。因此，究竟对这一双重倾向所作的两种不同解释——其一是经济自由主义者认为其政策从未有机会实施，而被短视的工会主义者，马克思主义知识分子，贪婪的企业家，以及反动的地主扼杀了；其二是这种说法的批评者，认为从19世纪后半叶以来，对抗市场经济之扩张的普遍“集体主义式的”反应正是自律性市场之乌托邦式的原则会给社会带来内在危难之没有争论余地的证明——哪一种是对的，应该可以从历史的证据上找到答案。

第十三章　自由主义的诞生（续）：阶级利益与社会变迁

158 在进一步探讨19世纪之政策的真实基础以前，我们仍须将“集体主义之阴谋”这个自由主义的神话彻底清除。这个神话认为保护主义是农民、制造业生产者与工会运动者为了邪恶之特殊利益而产生的结果，并因而破坏了市场之自律性机制。马克思主义者从相反的政治倾向，用同样片面的说辞，换一种语调，来申辩同样的观点（至于马克思之基本的哲学所着重者，是社会的整体性以及人之非经济性的本质，和此处所论是无关的[①]）。马克思本人追随李嘉图，从经济的角度来划分阶级，并视经济剥削为这个小资产阶级时代的特色。

在通俗马克思主义里，这引申出社会发展之粗陋的阶级

① Marx, K., “Nationalokonomie und Philosophie,” In *Der Historische Materialismus*, 1932.

理论。各国对市场的争夺以及势力范围的划分，都被归诸少数金融家的利润动机。帝国主义则被解释为一种为了大企业的利益而引导政府去开启战端之资本主义的阴谋。战争是导因于那些利益结合了军火生产业者——他们不可思议地取得权力去把整个国家导入致命的政策中——而违背了他们的重大利益。事实上，马克思主义者与自由主义者都同样从各阶级争夺片面利益的角度来解释保护主义；他们还同样从反动地主阶级对政治之影响的角度来解释农产品关税；或从工业巨子之汲汲于图利来解释垄断性企业之成长；或以商业的兴衰来解释战争。

因此，从狭窄之阶级理论中，自由主义经济得到一强有力的支持。由于赞同阶级对立之观点，自由主义者与马克思主义者站在相同的命题上。他们提出一个无懈可击的说辞来 159
证明 19 世纪之保护主义政策是阶级行动的结果，这样的措施必定只关系有关之阶级成员的经济利益。这两种思潮的影响几乎完全妨碍了后人对市场社会，以及这种社会中之保护主义之作用的全面了解。

事实上，阶级利益只能对社会之长远变动提供有限的解释。阶级之命运被社会之需要所决定远甚于社会之命运被阶级之需要所决定。在一定的社会结构下，阶级理论发生作用；但是如果结构本身遭到改变，阶级理论会怎么样呢？一个变成没有作用的阶级，就会瓦解，并且被一个或一些新的阶级取代。同样的，在斗争中各阶级的胜算机会也决定于它们从本阶级之外的成员中取得支持的能力，而这又有赖于它们是否能代表本阶级之外的利益。因此，如果无视于一个社会之整体情况的话，我们无从了解各阶级之诞生与死亡，它们的目标与达到目标的程度，也无从了解它们之间的合作与对立。

一般而言，一个社会的整体情况，是由外在因素形成的，如气候的改变、农作物的收成、一个新的敌人、一个旧敌人采用新武器、出现新的共同目标，或发现新的方法来达成旧有的目标。若要了解各阶级在社会发展过程中的作用，就必须把这些局部的利益放在社会之整体情况中通盘考虑。

阶级利益在社会变迁中会扮演重要的角色毋宁可说是相当自然的。任何全面性的变迁必然会对社会之不同的部门造成不同的影响，而其原因则可归诸地理位置、经济与文化条件上的不同等。局部性利益于是就成为推动社会、政治变迁之现成工具。不管社会的变迁是源自战争或贸易、令人吃惊的发明或自然条件的改变，这时社会的各部门会采用不同的适应方式（包括强制的），并调节本身的利益以配合他们试图领导的其他阶级；因而只有当我们能指出某一群体或某些群体引发变迁时，我们才能解释何以会发生这些变迁。然而，
160 变迁的最终起因是由外在力量决定的，只有关于变迁之心理过程，社会才依赖内在的力量。“挑战”是针对社会整体而发的，而所生的“反应”却是来自内部各个团体、部门与

阶级。

因此，只从阶级利益并不能对长期社会演变的过程提供满意的解释。第一，因为这种过程可能会决定阶级本身的存亡；第二，特定阶级的利益，只决定这些阶级试图达成的目标，而不决定这种努力之成功或失败。阶级利益并没有不可思议的力量保证该阶级的人会得到其他阶级之成员的支持。但是这样的支持却经常出现。事实上，保护主义就是这样的例子。问题的关键不在于为什么农民、企业家或工会会员试图借保护措施来增加他们的收入，而是为什么他们能达到这个目的；问题的关键也不在于为什么商人与工人企图为他们的产品建立垄断性的市场，而是他们何以能达成其目的；问题也不在于何以在欧洲大陆的一些国家中，某些团体希望以相似的方式来行动，而是为什么在这些极为不同的国家内会有这种团体的存在，而且经常达成他们的目的；问题不在于何以那些种玉米的人试图以高价出售产品，而是为什么他们常能成功说服那些买玉米的人来帮助他们提高玉米的价格。

其次，将阶级利益视为只限于经济本质者，同样是错误的看法。虽然人类社会在本质上受到经济条件的限制，但只有在极端例外的情形下，个人的动机才会只受物质需要的决定。19 世纪的欧洲社会就是根据一个假设——认为这样的动机可以使之成为普遍的——而组织起来的，这是那个时代的特色。因此，当我们分析那个社会时应该比较广泛地审视一下经济动机的作用。但是我们必须避免对问题怀有先入为主的成见，因为问题本身在于：这种特殊的动机如何才会变得有效。

纯粹的经济活动（如满足各种欲望）和社会认可的问题比起来，是和阶级的行为更少关联的。当然，欲望的满足可能就是这种社会认可的结果，尤其是作为其外在的表征或奖品。但是与阶级利益最直接相关的是地位的高下、等级与安全，也就是说，阶级的意义主要是社会性的，而不是经济性的。

161 1870 年以后，参与推动保护主义的阶级与团体，主要并不是为它们本身之经济利益的考虑而这样做。在这段关键性年代所制定之“集体主义式”的措施，明确地显示出只有在极端例外的情形下，才会涉及某一个特殊阶级的利益，而且即使在涉及某一阶级之利益的情形下，这些利益也不全然是经济性的。以下这些措施就很明显并不具有“短视的经济利益”：授权市镇当局维护公共活动的空间；规定至少每 6 个月以热水及肥皂清洗烤面包间；或规定强制性地定期检验电缆与船锚。这些措施是针对一些工业文明中，市场制无法应付之社会需要。这些干涉政策对收入没有直接或间接的影响。这尤其是在与健康、住宅、公共环境、图书馆、工厂条件及社会保险等有关的立法上，更是如此。至于在公用设施、教育、交通及其他许多事项上也大致如此。即使这些措施涉及金钱价值，这种金钱价值仍是次于其他方面之利益的。几乎无可避免的，职业地位、安全保障、生活方式、生活面的广度及环境的安全性等，都成为阶级问题的焦点。当然，有些干涉性措施，如关税税率、劳工赔偿等，在金钱上有不容忽视的重要性。但即使在这些例子中，非金钱的利益仍然无法与金钱上的利益分开。从表面上来看，关税意味着资本家的利润与工人的工资，但其更深一层的意义却是免于失业的保障、地方情况的稳定化、保障工厂以免破产，以及，也许是最重要的，免除丧失职业的痛苦——这通常意味着将一个人从一个工作，转移到另一个较不熟练的较少经验的工作。

一旦我们能去除掉这层偏见，也就是认为重要的只是片面的阶级利益，而非全面的社会利益，以及与之相伴而来的偏见，也就是把人类群体的利益限于金钱收入上，保护主义运动的广度与深度就失掉其神秘色彩。虽然金钱上的利益必然是由得利者代表的，但其他方面的利益却是由更广泛的社会阶层构成的。它们以许多方式影响到每个人：街坊邻居、职业工作者、消费者、行人、通勤者、运动员、远足者、园艺家、病人、母亲或恶人——它们因此也能组成各种不同形式之地域性或功能性团体为其代表，如教会、乡镇、兄弟会、 162
俱乐部、工会，或是基于概括原则而组成的政党。对利益作太过狭窄的解释必然会歪曲社会史与政治史的见解，没有任何纯粹以金钱为依归的利益团体，能达成保护社会生存这一重大的需要。社会生存之需要的代表，通常就是照顾社会之一般利益的机构——在现代的情况下，就是现今的政府。由于市场制威胁到各种人在社会上的利益，而非经济上的利益，因此，不同经济阶层的人会不自觉的联合起来对抗这种危机。

市场的扩张于是同时受到阶级力量之行为的帮助或阻碍。由于建立市场制需要机械生产，因此在早期发展的阶段，商人阶级就处于领导的地位。其后，从旧有阶级的残余中产生出一个新的企业阶级，他们代表与社会整体利益一致的发展。如果工业家、企业家与资本家的崛起是由于他们在市场扩张之发展中扮演领导地位的结果，那么，当时担任保护性角色的是传统地主阶级与新生的工人阶级。如果在贸易群体中资本家是站在市场制之结构原则这一边，那么，社会组织之顽强保护者的角色是由若干封建贵族与新兴之工业无产者扮演的。地主阶级自然想在维持过去之传统这样一个大前提下寻找解决所有罪恶的方案，而工人阶级则想超越市场社会的限制，并从未来中寻求解决对策。这并不意味着回到封建制度或社会主义的宣言是行动之可能方针；但它指出紧急关头时，农民与城市工人阶级力量在寻求救济时所采取之行动的导向全然不同。如果市场经济崩溃，就如在每一次主要之经济危机时它都想做的，地主阶级就企图回到家长式的军事政权或封建政权，而工厂工人则强调要建立劳动之合作式的民主国。

在危机中，各种“反应”会导向互不兼容的解决方法。阶级利益的冲突——在其他方面将碰上妥协——是具有重大意义的。 163

所有这些讨论都提醒我们不能太过于根据特定阶级之经济利益来解释历史。这种研究观点蕴涵着那些阶级的存在，而这只有在一无法摧毁的社会中才可能。持阶级理论的人更将历史上一些关键的时期遗漏掉：在其时某个文明瓦解了，或者经历了一个转变；或者出现了新的阶级。它们有时在极短的时间内从旧阶级的废墟上出现，有时从外来的因素（如外来之探险者或流浪者）中出现。由于时代的需要，新的阶级经常会在历史的交接点上出现。因此，一个阶级与社会整体的关系，决定了它在这段历史中所扮演的角色：这个新阶级是否成功决定于本身之外，它能为其服务之各种利益的广度与多样性。事实上，没有任何根据狭窄之阶级利益所制定的政策能够很好地保护其利益——这是一个允许例外，但很少有例外的法则。除非一个社会采取这种措施就要面临毁灭，否则没有任何粗暴自私的阶级能长久处于领导的地位。

经济自由主义者若想将错失归咎于所谓集体主义阴谋的话，就必然会否定社会需要任何保护。最近他们为某些学者喝彩，这些学者反对以往对工业革命的看法，也就是认为大约 18 世纪 90 年代时，灾祸确曾降临到不幸之英国工人阶级头上。根据这些学者的新看法，当时一般工人的生活水平并没有突然降低。一般而言，他们的生活比以前有明显的改善，尤其是比建立、引进工厂制之前，而且就人数来说，没有人能否认工人的数目确曾急剧增加。他们认为如果用经济福利的指标——真实工资与人口数——来衡量就可以归纳出早期资本主义的恐怖并不存在；工人阶级不但没有被剥削，反而在经济上获益，他们认为在这种对所有的人都有利的制度下，还要社会的保护，简直是不可思议。

批评自由资本主义的人被这一论点所困惑。在过去 70 年内，英国学者与皇家委员会都一致谴责工业革命的恐怖，无
164 数的诗人、思想家与作家都刻画出它的残忍性。冷酷的剥削者，利用大众的无助状况而劳役他们、使他们饥渴，这已是不争的事实；圈地者将乡下人从他们的家园逐出，并将他们投到由《济贫法修正案》所制造出来的劳动力市场上；童工们有时在矿坑与工厂中工作到死的悲剧，更足以证明一般人民的贫穷。事实上，一般对工业革命的解释是基于 18 世纪之圈地运动使得高度剥削成为可能这一个前提上；此外，工厂主付给无家可归之工人的低工资，造成纺织工业的高利润，并使得早期企业得以迅速积累资本。对他们的控诉是控诉他们对自己的同胞作无止境的剥削，而这是无穷悲惨沉沦的基本原因。所有这些说法现在却遭到明显的反驳。经济史家宣称笼罩在早期之工厂制头上的阴影已经被清除了。如果当时

确定是有经济发展的话，怎么可能会有社会灾祸呢？

当然，当时所谓的社会灾难主要是在文化上的，而不是可以用岁计收入或人口统计来加以衡量之经济现象上的。影响各阶层人民的文化灾难，自然不会是常有的现象；但像工业革命这种大变动的事件也不是常见的，这个经济上的大震荡在不到半个世纪之内就将英国乡村的广大居民，从定居者变为无根的移民。如果这种排山倒海般的破坏在阶级之历史上仅是例外的话，在不同种族之文化接触的领域上却是经常发生的现象。从本质上看，这两种文化灾变的性质是一样的。主要的不同在于：社会的阶级构成位于同一地理区域内之社会的一部分，而文化接触则发生于不同地区的社会之内。在这两种情况下，文化接触对较弱者而言，可能产生灾难般的影响。导致沦落的起因并不是通常所假设之经济剥削，而是受害一方在文化上的瓦解。经济过程自然可以提供其毁灭的工具，而且经济上的劣势会使得弱者让步，但是导致这些灾变的直接原因并不是经济上的理由，而是该社会之制度上的致命创伤——这些制度是社会所赖以生存者。其结果是失去 165
了自尊及品格，不论就个人或一个阶级而言都是如此，不论这个灾变是源自所谓的“文化冲突”还是一个社会内某一阶级之地位有所改变。

对研究早期资本主义的人而言，这两种灾变的相似性是极有意义的。今天非洲一些土著部落的状况与 19 世纪初期之英国工人阶级极为相似。南非的卡菲尔（Kaffir，或作 Kafir，为南非欧洲人对当地班图族人的称呼，该词出自阿拉伯语，意指“不贞者”，为早期阿拉伯奴隶贩子用于黑人的蔑称——译者注）原为一“高贵的蛮族”（noble savage，为卢梭所创用的名词，意指部落民族的生活方式虽近乎野蛮人，但在道德上却是高尚的——译者注），生活于安定的村落中，但其后他们却被改头换面成一群半家养的动物，穿着“破烂、污臭、不堪入目，即使最低下之白人都不愿穿着的破布絮”，[①] 他们变成一莫可名状的生物体，没有自尊与品格，名副其实的人渣。这种描述令人想起罗伯特·欧文对他当时之工人所作的描写，他在新拉纳克对这些工人演讲时，当着他们的面，他像一位社会研究者一般，很冷静而客观地告诉他们，他们何以会变成这种沦落的贱民；最足以点出他们沦落之真正起因的，是因为他们生存于一个“文化真空”之中——这个名词是一位人类学者用来描述在与白人文明接触之影响下，一些非洲英勇的黑人部落如何失去固有文化。[②] 他们的工艺技术凋敝，政治及社会环境被摧毁了，以里弗斯（Rivers，19 世纪末英国著名的人类学家——译者注）的名句来说，他们因厌烦而濒于灭亡，或者在放荡中消耗生命与肉

① Millin，Mrs. S. G.，*The South Africans*，1926.

② Coldenweiser，A.，*Anthropology*，1937.

体。当他们的传统文化无法再提供任何值得去努力或去牺牲的目标时，种族偏见与种族歧视却阻止他们适时吸收入侵之白人的文化。[①] 如果用种族隔离来代替社会隔离，这两个19世纪40年代的不同社会就合二为一，而卡菲尔被金斯利（Charles Kingsley，1819－1875，英国教士及小说家，鼓吹基督教社会主义——译者注）小说中的贫民窟居民取代了。

有些人虽然同意在文化真空下的生活不配称为生活，但却认为经济上的满足会将这个真空填补起来，而使得生活有生气。人类学研究的结果却与这种论点相反。米德博士（Margaret Mead，1901－1978，美国著名的女人类学家，研究南太平洋土著族文化——译者注）说："人类奋斗的目标是由文化所决定的，而不是受文化以外的条件（如缺少食物所 166
引起之生物机体的反应所决定的）。"她继续说道："一群野蛮人被改造为金矿工人或船员，或被解除了所有奋斗的目标，而抛弃在充满鱼虾的河边，静待着死亡。像这种转变的过程，看来是如此不可思议，如此不合乎社会的常规，我们会视之为病态，但这却经常发生于面临急剧变迁的民族之中。"她总结道："这种粗暴的文化接触将原始民族从他们的传统道德中抽离出来，而且是如此经常地出现，因此应该由社会史家来加以研究。"

① Goldenweiser，A.，前引书。

但是，社会史家却未能领会这一点。他们否认目前激烈改变殖民世界的文化接触力量，与一个世纪前制造出早期资本主义制度下之各种悲惨状况的力量是相同的。一位人类学者总结道："即使两者在表面上有所不同，但今天原始民族所面临的困境，在本质上与我们几十年间或几世纪之前所面临的相似。新的技术设施、新的知识及新的财富与权力都加速了社会的流动，也就是个人的迁移、家庭的浮沉、团体的分化、新的领导形式、新的生活方式及不同的价值取向等。"① 图恩瓦尔德之锐利心灵——认出了今天黑人社会之文化灾难很类似于早期资本主义时之白人社会的大部分。社会史家仍然回避这一相似点。

没有一样东西像经济至上的偏见那样深深地混淆着我们的社会见解。由于在讨论殖民主义这个问题上，剥削一直是主要的争议点，因此这里需要特别加以讨论。此外，由于白人对世界各落后民族作持续不断而粗暴的剥削，使我们在讨论殖民地问题时，若不给予适当的篇幅，就会显得过于麻木不仁。但也正由于过于注意剥削，使我们忽视了文化上之退化这个更大的问题。如果用严格之经济词汇
167 来把剥削界定为长久之不平等交换，那么我们很怀疑事实

① Thurnwald, R. C., *Black and White in East Africa; The Fabric of a New Civilization*, 1935.

上是否有过剥削。初民社群之灾难是其基本制度受到急剧而暴烈之扰乱所导致的直接后果（至于在这个过程中是否使用武力似乎无关紧要）。那些初民社群之制度是由于把市场经济强加诸一完全不同组织形态之社群上而瓦解的；将劳动力与土地转变为商品就是消灭一有机社会之文化制度的秘方。很明显的，在收入及人口数字上的改变是无法与这种改变过程相提并论的。例如，从前自由的野蛮人在被拍卖为奴隶以后，虽然在生活水平上比起从前在丛林中的生活是有所改善了，但是我们是否能否认他们是被剥削了呢？即使这些被征服的土著仍然保有自由，而且不被迫去购买堆积在他们头上的廉价棉布成品，其结果仍然一样，也就是他们的饥荒“全然”是起因于他们之社会制度的瓦解。

我们可以用印度做例子来说明这一点。19 世纪后半叶印度人并没有因受到兰开夏郡（Lancashire，英国纺织业中心——译者注）的剥削而饿死，他们大量死亡是因为印度的村落社群被摧毁了。如果说这是由经济竞争的力量所导致的，也就是由手工纺制品被机器产品所取代这个事实导致的，那无疑是真的；但这却证明没有经济剥削的存在，因廉价倾销即意味着没有额外索价。19 世纪后半叶印度的饥荒，实际上的根源是谷物的自由市场，加上地方收入降低所致。当然，谷物歉收是这个问题的一部分，但是用铁路来运送谷物使得将赈灾品送到灾区成为可能；问题在于人们无法付出高价去购买玉米，这就是在一个自由但组织并不完善的市场中，商品短缺时必然有的反应。在从前，乡村的杂货店就可用来对抗农作物歉收，但此时这些店铺或者已经歇业，或者被卷入大市场中。因此，后来的赈灾措施就以公共劳役的形式出现，使一般人能以高价去购买生活必需品。在英国统治下，印度发生了三四次大饥荒，这并不是剥削或其他因素的结果，而是新的劳动、
168 土地之市场组织打破了旧有的村落社群，却未能实际上解决其问题的结果。在封建统治下与村落社群中，贵族的义务、民族的团结，以及谷物市场的规律都有助于防止饥荒，但是在市场制之法则下，按照其运作之规律，人们无法防止饥饿。“剥削”一词无法贴切描绘当时的情形，印度的饥荒实际上是在东印度公司之残酷垄断被取消，而代之以自由贸易以后才益发恶劣的。在东印度公司之垄断控制下，借着乡村的古老制度——包括谷物的自由分配——之助，情形还能适当地控制，而在自由交易与等价交易之下，印度人的死亡以百万计。就经济而言，印度可能是——就长期而言，确定是——得利者，但就社会而言，印度的社会却被肢解了，并且沦为悲惨与沉沦的牺牲品。

至少在某些情形中，剥削的反面（即慷慨施与——译者注）也会引发社会分解的文化接触。1887年，美国政府强制

授田给北美的印第安人，照我们的经济推理，此举应该会有利于所有的印第安人。然而，这个措施却几乎把印第安人全面摧毁——这是在文献上有名之文化退化的例子。大约半个世纪之后，一种约翰·科利尔（John Collier，1884 年生，卒年不详，美国社会工作者与作家，1933－1945 年间出任印第安事务署主任一职——译者注）式的道德风气才以坚持回归传统部落之土地制度而修正了整个形势：至少在某些地方之北美印第安人又再度出现生机盎然的社群。造成这个奇迹的因素，不是经济上的改善，而是社会的重建。大约在 1890 年，庞尼族印第安人（Pawnee Indians，与白种人类相友善，于 1876 年被迁徙到俄克拉荷马州的印第安保留区——译者注）所发明之有名的祖灵祭（Ghost Dance，起源于 1870 年前后之庞尼族印第安人。全体族人围绕着祖先之象征物共舞，直到昏迷不醒。仪式的目的在于欢迎祖先的灵魂降临，以驱除白种殖民者——译者注）就是这种毁灭性之文化接触所引起之震撼的佐证，其时由于经济上的改善，使得印第安文化变得落伍过时，此外，人类学的研究指出，即使是人口增加的事实——这是另一个经济指标——也不排除文化灾祸的出现。人口增长率实际上可作为文化发展或衰退两方面的指标。“无产阶级”一词之原有的意义——和多产与乞丐生活连在一起——就是这一种两面性之适当的表现。

经济主义的偏见是下列这两种看法的来源：早期资本主

义之粗糙的剥削理论，以及同样粗糙但略具学术意味之误解——否认有社会灾变之存在。后者隐含的意义，以及近时
169 对历史的重新解释是重建自由放任经济体制。他们的论点是：如果自由经济并没有导致灾难的话，那么保护主义——它将自由市场的好处从全世界夺走——是一种放肆的罪恶。“工业革命”这个词现在也受到这一派学者的批评，因为它对一个本质上是缓慢改变的过程加以夸张。这些学者们坚称：除了一个改变人们生活之技术进步的力量逐渐扩散以外，没有发生过其他事情；他们承认在这个改变过程中，无疑有些人受到损伤，但就整体而言，却是不断地在进步。这个圆满的结果是经济力量之几乎无意识运作的结果，尽管这种经济力量受到一些没有耐性之团体的干涉，并且夸张一些当时无法避免的困难，但它仍然发挥出有利的作用。他们的结论是不承认新的经济会有威胁社会的危险。假如这个工业革命史之修正观点属实的话，那么保护主义运动自然就失掉了所有客观存在的理由，而自由放任也就可以雪冤。关于社会灾祸与文化灾祸之性质的唯物论谬误解释，助长了这种传说：当今所有的苦难都是由于我们背离了经济自由主义。

简而言之，我们找不到任何一个单一的团体或阶级是所谓的集体主义之根源运动，虽然其结果必然会影响到有关之阶级的利益。终极而言，有关系的是作为一个整体之社会的

利益，虽然保护社会利益的责任主要是落在社会中一部分人的身上。因此，不从阶级利益来讨论保护运动，而从受市场威胁之社会本质来讨论是很合理的。

我们可以从伤害之主要方向看出威胁的所在。竞争性劳动力市场伤害到劳动力的所有者，也就是人。国际自由贸易主要是威胁到依靠自然的最大产业，也就是农业。金本位制损害到那些依靠价格的相对波动而发挥功用的生产组织。在这些不同的领域里，市场制都充分发展，也就蕴涵着在某些关键部位，对社会之生存构成潜在的威胁。

我们很容易分辨劳工、土地与货币的市场；但要分辨由 170
人群、自然环境生产组织所构成之文化的各个部门并不是很容易的事。从文化的角度来看，人与自然实际上是一体的；生产企业上之货币的一面，在社会利益的某些方面——国家的统一及凝聚上——甚为重要。因此虽然吾人甚易分辨这些虚拟之商品，如劳动力、土地与货币等的市场，但我们却难以看出它们对社会的威胁。

即使是如此，如果将西方社会在这个关键性的 80 年间（1834 - 1914）在制度上的发展作一简述，我们或许可以用相似的名词来指出那些危难中的每一个点。不论我们关心的是人、自然或生产组织，市场的发展终究会形成威胁，某些特定的团体或阶级就会要求保护。在这些例子里，英国、欧洲大陆及美国在发展上的时间差异就具有重要的意义，但在进入 20 世纪之际，保护主义的反方向发展，却在所有西方国家都产生了类似的处境。

据此，我们要分别讨论人、自然与生产组织之自我防卫措施——也就是一种自求生存的倾向，其结果是出现了一个更为密切契合的社会，但这种社会也濒临全面崩溃。

第十四章　市场与人

把劳动与生活中的其他活动分开，使之受市场法则的支 171
配，实际上就是摧毁所有生命之有机形式，并以另一种不同形态——一种原子式、个体主义式的组织形态——之组织来取代它。

这样一种破坏的企图是由契约自由（freedom of contract）之原则的应用提供的。实际上这意味着亲属、街坊邻居、同业关系、信仰等非契约性的组织被扫除掉，因为这些组织要求个人的忠诚，并因而限制了个人的自由。用契约自由这一原则来表示不干涉——如经济自由主义者经常做的——实际上只是一种惯有之偏见的表现，偏好一种特定种类的干涉，也就是像会摧毁个人间之非契约性关系，并防止他们自发地再形成非契约性关系的那种干涉。

在今日的殖民地区，建立劳动力市场之影响是很明显的。土著被迫出卖他们的劳动力以谋生。要达到这个目的，则必须摧毁他们的传统制度，并防止这种制度再形成，因为，一般而言，在原始社会里个人不会受饥荒的威胁，除非整个社群都处于相同的困境中。例如，在卡菲尔族的村落社会里，“贫困无依是不可能的事：任何需要帮助的人都会毫无问题地得到帮助”。[1] 没有任何夸扣特尔人（Kwakiutl）会“面临饥饿的威胁”。[2] “在自给自足为生的社会里没有饥馑这件事”。[3] 在印第安村落社群中，免于匮乏的自由是广为人知

172 的，我们还可以再加上一句，从大约16世纪开始——这时人文主义者比韦斯（Juan Luis Vives，1492－1540，西班牙人文哲学家，强调归纳法与实验——译者注）提出贫穷的现代观念，在巴黎大学引起争辩——之前，几乎在每一种形态的社会组织下都是如此。由于原始社会没有个人饥饿的威胁，使得它比市场经济在某种意义上更为人道，但是不经济。极为讽刺的是：白人对黑人世界的最大贡献就是教导他们使用饥饿的鞭策力。因此殖民统治者有可能故意砍倒面包果树，以制造人为的食物匮乏，或者将茅屋税加在土著头上，来迫使他们出卖劳动力。在上述两个例子中，其影响就与都铎时期的圈地运动一样，制造出成群结队的流浪者。一份国际联盟的报告中就以警告的口吻提及最近出现于非洲丛林中，类似16世纪欧

---

① Mair, L. P., *An African People in the Twentieth Century*, 1934.

② Loeb, E. M., “The Distribution and Function of Money in Early Society,” in *Essays in Anthropology*, 1936.

③ Herskovits, M. J., *The Economic Life of Primitive Peoples*, 1940.

洲舞台之前兆景象：“无依者”（masterless man）。[①] 在中古欧洲后期，这种人只见于社会之“缝隙”中。[②] 然而他们是19世纪之流浪工人的先行者。[③]

今天白人在偏远地区仍然经常从事的——也就是摧毁土著族的社会结构，以便榨取其劳动力——在18世纪则由一些白人为了达到相似的目的而加诸其他的白人。霍布斯之奇特的国家观——国家是一巨大之人间性的怪兽，其身体由无数人类的躯体堆砌而成——如果与李嘉图之劳动力市场的设计（市场中的人数由供应之食物量来控制）相比较，就有小巫见大巫之感。虽然一般学者认为需要有一最低工资的标准，而且工资不应低于此，但这个标准只有在劳工只能选择饥饿或在市场上出卖其劳动力（不管其价格多少）这两者之一时，才会有效。附带提到的是，这也可以说明古典经济学者难以解释的问题，也就是何以只有饥饿的惩罚，而非高工资的诱惑力，才能创造出一运作的劳动力市场。对这个问题，当前殖民地的经验就能加以解答：因为工资愈高的话，工作对土著人的吸引力就愈低，他们与白人不一样的是他们的文 173
化观念并不驱使他们去尽量赚钱。相似的是早期的劳工也讨

---

① Thurnwald, R. C，前引书。

② Brinkmann, C, “Das soziale System des Kapitalismus,” in *Grundriss der Sozialbkonomik*, 1924.

③ Toynbee, A., *Lectures on the Industrial Revolution*, 1887, p. 98.

论工厂。他觉得在工厂中被贬低而且受虐待，就像今天的原始土著人一样，只有对他们的身体加以惩罚时，他们才会像我们一样地工作。18世纪里昂的制造商提倡低工资，主要就是为了社会的因素。[①] 他们辩称：只有一个过度工作与饱受压榨的工人，才不会与他的朋友结伴嬉游，并且才不会逃避个人处于奴隶状态之处境。在这种状态下，不论他的主人要他做什么，他都要去做。像英国之法定劳役与行政教区之农奴制，欧洲大陆之专制的劳动警察，早年美洲之定期契约劳动等都是"自愿劳工"的必要条件。其最后阶段都是要以"自然的惩罚"——饥饿——来达成。为了要挣脱那些束缚，必然要先摧毁有机社会，在这个社会里其成员不会受到饥饿的威胁。

保护社会的责任，起初自然落在统治者身上，他们能直接实行他们的意志。但是经济自由主义者却很草率，假定经济上的统治者对人们有利，而政治上的统治者则不然。当斯密在敦促英国政府以直接统治来取代东印度公司对印度之行政管理时并不这么想。他辩称：政治上的统治者与被统治者之间有平行的利益，特别是后者的赋税会充实前者的财源，而商人的利益却自然而然地与其顾客相对立。

---

① Heckscher, E. R，前引书第二册，p. 168。

由于其传统及禀性，英国的地主承担了保护一般人民以防止工业革命冲击的任务。当变迁的浪潮涌至乡村，农业变为一个不稳定之产业时，《斯皮纳姆兰法案》就是建立来保护传统农村组织的护城河，乡绅们因为不愿屈从于工业城镇之需求，首先起来在一整个世纪的奋斗中采取对抗措施，这些奋斗在其后证明已无法挽回局势，但他们的对抗措施并不是完全无效的；它免除了几代人受到摧残，并争取到了时间，
以便进行全面适应。在关键性的40年间，它阻碍了经济的进 174
步，而且当1834年改组后的国会取消《斯皮纳姆兰法案》时，地主们把他们的对抗措施转移到工厂法上。教会与庄园鼓动人们反抗工厂厂主，后者的主宰性地位，使得降低粮价的呼声日益高涨，并因而（间接地）威胁到地租与农产品税之减收。奥斯特勒（Oastler）就是一位“教徒、保王党员及保护主义者”;[①] 但更重要的是他也是一位人道主义者。同样的情形也可见诸其他对抗工厂扩张的斗士们，如萨德勒（Sadler）、骚塞（Robert Southey）及莎夫茨伯里爵士（Lord shaftesbury，1801－1885，为一社会改革家，从1826年以后，在英国国会促成矿坑禁止雇用女工与童工之法令、照顾精神病患之法令的通过，并促成工厂工作十小时制——译者注）等人。但是他们及其信徒担心在金钱上遭受损失，后来果然

① Dicey，A. V.，前引书，p. 226。

成为事实：曼彻斯特的外销商人不久就叫嚣着要降低工资，包括更廉价的谷类——将《斯皮纳姆兰法案》废除，加上工厂逐渐增加，实际上已经为1846年的《反谷物法》（Anti-Corn Law）铺下了成功的道路。然而，由于一些巧合的原因，英国农业的破败延迟了一整个世纪。当迪斯雷里借保守社会主义来对抗《济贫法修正案》时，保守的英国地主迅速将新的求生技巧加诸这个工业社会上。1847年之《十小时工作法案》——马克思认为这是社会主义所打的第一次胜仗——实际上是开明反动派的杰作。

在这个剧烈的变迁过程中，劳动人民本身却几乎无足轻重，这个变迁之过程使得他们能挨过（比喻地说）大西洋的中央航线（Middle Passage，指西印度群岛与非洲之间的中间航线，其距离较其他航线为长——译者注）。在决定他们自己之命运时，他们毫无发言权，一如霍金斯（Sir John Hawkins，1532-1595，英国航海家，在非洲掠捕黑人，然后贩卖到西班牙的美洲殖民地为奴而致富，后来帮助维多利亚女王建立海军——译者注）船舱中之黑奴的发言权那么少。由于英国之工人阶级并没有参与决定他们自己的命运，这就改变了英国社会史的发展，并且，不管是好是坏，是如此不同于欧洲大陆之社会史的发展。

关于英国工人阶级之自发成长，以及这一新生阶级之摸索、疏忽，有其特殊的性质。其真正的性质早已在历史上显示出来。在政治上，英国的工人阶级是由1832年之《国会选举权修正法案》（Parliamentary Reform Act）界定的，这个法案否定他们的投票权；在经济上，英国的工人阶级却是由1834年之《济贫法修正法案》来界定的，这个法案把他们排除在接受救济之行列以外，并将他们与贫民分开。在很长一段时期内，这些雏形之产业工人阶级仍然不能确定他们是否 175
必须回复到农村的生活及手工艺的生产以得到解脱。在斯皮纳姆兰制之后的20年间，他们奋斗的目标集中在加强推行《工匠法》中有关学徒制的条款，或者采取卢德运动那样的直接行动，以阻挠机器生产。这种落伍的态度在整个欧文运动之期间内一直是一道潜流，直到19世纪40年代末期，当《十小时工作法案》通过，民权运动逐渐消退，以及资本主义之黄金时代开始，才将这种过时的看法去除。直到这个时候，英国之萌芽中的工人阶级的社会地位仍然是模糊不清的；只有当我们了解英国工人在这种模糊状态下所从事之活动时，我们才会看清当时英国将工人阶级排除在国家生活之外所遭受的重大损失。当欧文运动与民权运动逐渐消退时，如果从盎格鲁－撒克逊民族要在未来之世纪中建立自由社会这一理想的标准看来，英国这时已经变得更贫穷了。

纵使欧文运动之结果只是一些微不足道的地方活动，它仍然可以被视为盎格鲁－撒克逊民族所具有之创造性想象力的里程碑，纵使民权运动从未扩散到一些核心人物之外——这些核心人物想出一个“国庆节”的构想来增进人民的权利——但它却足以显示出某些人仍能编织他们自己的梦想，而且能够为一个已经不具人性的社会筹措对策。但事实却不是如此。欧文运动不只是一小群信徒之信仰的源泉，民权运动也并非只限于少数政治上的精英分子；这两个运动实际上包括成千上万的机匠、工人与劳动人民，参与这两个运动的人数之众多，使它们成为近代史上最大的社会运动之一。不论两者的差异有多少，也不论其唯一相似的地方是两者都失败了，但它们却证明了保护人们的对抗市场的必然性是如何从一开始就是不可避免的。

在刚开始的时候，欧文运动既不是政治运动，也不是工人阶级的运动。它代表遭受工厂之打击的一般人的热望，希望去发现一种使人们能成为机器之主宰的生活方式。本质上，其目的在我们看来是一种对资本主义的回避。当然，这样的一种解决方案多少是有误导性的，因为这时对资本之组织性
176 的角色以及自律性市场的性质仍然不清楚。但它却对欧文的精神作了最好的表现，欧文断然不是机械的敌人。不管有没有机器，他认为人仍然应该是自己的雇主；机器的问题，可以借合作的原则或“工会”来加以解决，而不至于牺牲个人的自由或社会的团结，也不至于牺牲人的尊严或对其他人的

同情心。

欧文运动的长处就在于其灵感是显著的实践性的，而其方法则是基于把人看成一个整体这样的认识上。虽则其针对的是日常生活上的问题，如食物、居住及教育的质量，工资的水平，失业的预防，病患的抚养等，但是它所涉及之问题与这些问题所诉诸的道德力量一样广泛。其信念是：只要正确的方法被找到了，就可以重建人类的生活，并使这个运动的本质渗透到人们心底深处之人格面上。在运动之范围上与之相似的其他社会运动里，很少有像它那样不具学究气息的；由于这种实际的态度，参与运动者对一些无足轻重的活动都赋予特别的意义，以至于他们不必仰赖特殊的教条为行动方针。事实上，他们的信念可以说是先知式的，因为他们坚持要超越市场经济之重建方法。

欧文运动是一种工业的宗教，而其信徒则是工人阶级。①其形式与创意的丰富是无与伦比的。在实践上，它是现代工会运动的开端。合作社被创立了，主要是销售商品给其会员。当然，这些合作社并不是一般的消费合作社，而是由热心者所支持的商店，这些商店将营业利润用来推展欧文的计划，尤其是建立合作村。“他们的活动兼具教育性、宣传性及商业性；他们的目标是要以联合的努力来创造一个新社会。”

---

① Cole, G. D. H., *Robert Owen*, 1925，作者从这本书中得到很多灵感。

工会会员建立的“工会所”（Union Shops）在性质上更像生产者的合作社。失业工人可以在这里找到工作，或者在罢工时可以在这里赚取一些钱以代替罢工津贴。在欧文式的“劳动交易所”，合作商店的观念已经发展为一种独特的制度。在交易的中心所依赖的就是各种技艺的互补性质，也就是认
177 为如果是工匠们能够提供另外的人的需要，那么就可以把自己从市场之起伏中解放出来；后来这种制度又加上劳动券的使用，其流通更为广泛。在今天看来这样的一种措施似乎甚为古怪；但是在欧文的时代，不只对工资的特性不清楚，对银行钞券的特性也不清楚。社会主义与边沁运动之各式各样的计划和发明没有什么本质上的不同。不只是这些反叛性的对抗者还处于试验的状态，那些体面的中产阶级亦然。边沁本身就曾投资于欧文在新拉纳克所设之未来式教育机构，并且赚到股息。各种欧文式的团体基本上就是一些组合或俱乐部，以支持合作村之各种救济贫民的计划；这就是农业生产者之合作社的起源，其影响至为深远。英国第一个具有企业组合目标之全国性产业组织是建筑业者公会（Operative Builders' Union），它企图以下列方法来直接控制建筑业：“大规模建造房舍”、使用自己的货币及发展各种方法来实现“为了生产阶级之解放的伟大组织”。这个组织成为19世纪工业生产者组合的前驱。从这个建筑业者公会及其“委员会”产生出更具野心及团结的产业工会，它在很短的时间内就拥有近百万

的劳工与工匠，分布于该组织之下的工会与合作社之中。它的理念就是以和平的手段从事产业工人的反抗，我们必须记住在这些运动的初期，他们唯一的目的就是要重建工人的工作热忱，能了解这一点，这种手段就不会显得矛盾了。托尔普德尔（Tolpuddle）的牺牲者就是属于这一组织在乡村的支部。工厂立法的鼓吹就是由该工会的革新委员会（Regeneration societies）推动的；其后它又设立了伦理委员会，也就是世俗主义运动（secularist movement）的前身。在当时已经充分发展出非暴力反抗这个观念。英国的欧文主义与法国的圣西门主义一样，显示出类似的精神特征；不过圣西门是为了基督教的复兴而努力的，而欧文却是近代工人阶级领袖中第一位反对基督教的人。欧文主义最主要的影响，当然就是英国的各种消费合作社其后在世界各地被人模仿了。但这个运动的主要动力却被人遗忘——或者反过来说，只有它的一些 178
次要措施，如消费者运动，才被保留下来——这可视为英国工业史上对精神力量的最大打击。但是盎格鲁-撒克逊这个民族在经过斯皮纳姆兰时期之道德沉沦后，却仍然能以充沛的想象力及持久力来重振其社会，可以说是拥有无穷之智慧与感情动力。

由于欧文主义强调把人视为一个整体，因此仍然固守着某些中世纪之合作生活的遗习，这可见诸建筑者公会以及欧文主义之社会理想的合作村。虽然它是现代社会主义的源泉，但是它的计划并不是基于财产问题之上的，只有资本主义的法律面才基于财产问题之上。它和圣西门主义一样，在碰到工业社会之新现象时认识到机器所带来的挑战。但是欧文主义的特点是强调从社会的角度看问题：它拒绝把社会分割为经济领域与政治领域，因而拒绝只以政治行动来解决问题。接受一个分割之经济领域的存在就蕴涵着承认图利原则，以及承认利润是社会中的组织动力。欧文拒绝这样做。他的天赋使他认识到只有在一个新的社会里，人才可能将机器包容到社会体之中。对他而言，形势之工业面决不只限于经济上（形势之工业面只限于经济上的看法蕴涵了一个市场社会观，这是欧文所拒绝的）。新拉纳克的经验告诉他：在工人的生活里，工资只不过是诸多考虑——如自然环境与居住环境、商品的质与价格、工作的安定性及保有权之安全等——中的一种而已（新拉纳克的工厂与早期的其他工厂一样，即使工人没有工作时，仍然支付他们工资）。但除了这几点之外，要适应这个新社会还包括许多其他方面的适应，如成人与儿童的教育、娱乐设施、舞蹈、音乐以及产生一种环境（在其中把产业人口视为一个整体而达成一种新状态）之高超道德标准的一般假定。成千上万从欧洲各地（甚至美国）来的人访问了新拉纳克，就如它已经以人成功地运转了工厂，并成为人

类未来的希望。但如果与当时附近的工厂比较，欧文的企业所付的工资却较低。新拉纳克的利润主要来自在短时间内 179
劳工的高生产率，这要归功于卓越的管理组织以及得到充分休息的工人，其利益要比实质工资之增加所能提供的更好生活更有价值。这就可以说明何以欧文的工人愿意依附于他。从这些经验里他看出必须从社会层面——也就是比经济层面更广的层面——才能解决工业所造成的问题。

虽然他从全面观点探讨问题，但直觉却使他了解到安定工人生活上一些具体物质条件的重要性。他的宗教感使得他反对汉娜·莫尔［Hannah More，1745 - 1833 英国女作家，有才女之名，于 1799 年成立宗教小册子丛书社（Religious Tract society）—译者注］的实用超验论，以及她那廉价的库存小册子。她的小册子中有一册是赞美兰开夏郡一个女矿工的例子。这个女工在九岁时就被带下矿坑工作，跟比她小两岁的弟弟一道推煤车。“她欢悦地跟着她的爸爸下煤坑，将自己埋在堆里，并在稚嫩的年纪，不用她的性别差异为借口，而与其他矿工一道工作。他们的生活虽然艰苦，但对社会却有极大的贡献。”① 她的父亲在一次矿场变故中，当着小孩的面被杀害了。于是她就去申请一份佣人的工作，但由于她曾

① More，H.，*The Lancashire Colliery Girl*，May，1795；参见 Hammond，J. L. and B.，*The Town Labourer*，1917，p. 230。

当过矿工，许多人对她有成见，因此无法申请到工作。幸而她的苦难与耐心受到人们的注意，有人打听她的下落，使她成名并得到工作。这本小册子归结道：“这个故事可以教谕贫民：只要他们愿意强迫自己工作的话，就必然有机会独立自主，没有任何难以克服的困境，使人们找不到受尊敬的工作。”莫尔姐妹们喜欢和饥饿的工人一道工作，但对他们所受到之物质上的痛苦却不感兴趣。她们解决工业化所带来之物质问题，只是用她们的宽宏度量，给予工人一些空名与地位。莫尔强调她故事中女英雄的父亲是社会上有用的一分子，
180 而他的女儿也受到雇主的公开称赞。莫尔相信在一个实际社会里只要有这些名誉上的报酬就不再有什么需要了。[①] 欧文对一种基督教表示轻蔑——这种基督教放弃了主宰人类世界的使命，并且宁愿去赞美莫尔所描写之女英雄所得到之虚幻的地位与名声，而不愿去面对《新约》以外的一些令人震惊的真相，不愿去面对人在一个复杂社会中的生存条件。当然，没有人会怀疑莫尔对她自己之信念——穷人如果能默认他们艰苦之生存条件的话，就更容易转向宗教的慰藉，她坚信这正是使他们得救并且使市场社会顺利运转的方法——的真挚性。但是上层阶级所依以为生之悲天悯人的基督教空壳，如

① 参见 Drucker，P. E，*The End of Economic Man*，1939，第 93 页对英国福音主义者（Evangelicals）的讨论；及 *The Future of Industrial Man*，1942，第 21 页和第 194 页对身份与功能的讨论。

果与工业宗教的创造性相比，却是非常贫乏的，后者的精神已经是当时一般英国人用来拯救社会的工具。但是，资本主义仍然有前途等待着。

宪章运动（1837 – 1848）所诉诸的是如此不同的推动力，在欧文主义失败后我们几乎已经可以预料到它的出现，以及它一些成熟的步骤。宪章运动纯粹是一种政治性的努力，试图经由立宪的途径影响政府；它企图对政府施加压力是合乎改良运动之传统路线的，并且得到中产阶级的支持。宪章运动提出六点方案，要求给予全民投票权。但是这个扩大之投票权方案所遭到的敌对态度（它在 1/3 世纪内不断被改良国会否决）、宪章运动者在群众之支持下所使用之强制力量，以及 19 世纪 40 年代自由主义分子对全民政府的厌恶态度，都证明对当时的英国中产阶级而言，民主是一个陌生的观念。只有当工人阶级接受了资本主义经济的原则，以及工会将工厂的顺利运转视为它们的主要关怀以后，中产阶级才会将投票权给予一些工人；这已经是在宪章运动消逝很久以后的事了，而且是在中产阶级确定工人不会尝试着用投票权来达成他们自己之任何想法以后的事了。从生存之市场形式的扩散这一个观点来看，这可能是正当的，因为这有助于克服工人 181
残存之有机的、传统的生活方式所造成的障碍。另一个全然不同的任务是重建一般人的生活（他们在工农革命中生活是无根的)，以及引导他们回到一全国性的文化中。这是未做的。在将工人阶级要求分享领导权的能力摧毁殆尽以后，再给予他们投票权，已经不能弥补这个创伤了。统治阶级已经因为把强硬的阶级统治延伸到一个文明的形式——它要求全民在文化上与教育上的一致，以避免不良的影响——而造成了错误。

宪章运动是政治的运动，因而比欧文主义易于被人了解。但是如果我们不参考当时其他情况的话，我们仍然难以认清这一运动的情绪与广度。1789 年与 1830 年的动乱已经使革命在欧洲成为家常便饭了；在 1848 年巴黎动乱之前，柏林与伦敦就已经有了预兆，只是其时间上的准确性不像社会动乱那样，而更像市集的开放，“接踵而来”的革命发生于柏林、维也纳、布达佩斯与意大利的一些城镇。当时伦敦的情势也很紧张。每一个人（包括宪章运动者在内）都预测会有暴力事件发生，以迫使国会将投票权给予人民（当时只有 15% 的成年男子有投票权）。英国历史上从来没有像 1848 年 4 月 12 日那样，全面调度各种武装力量以准备保卫法律与秩序。成千上万的人被任命为保安人员，以便在那天用武器来对付宪章运动者。但是巴黎大革命的火花来得太晚了，因而无法引导英国的民众运动达到胜利。到巴黎大革命时，由《济贫法修正案》及饥饿之 19 世纪 40 年代所激起的反抗情绪已经逐渐消退了；高涨的贸易浪潮提高了就业的机会，而资本主义的成果也开始出现了。宪章运动被和平地解散了。国会甚至拒不受理他们的请愿，直到后来下院才以五对一的多数否决了他们的要求。他们徒劳无益地搜集了成千上万的联署签名。在徒劳无益的挣扎之后，宪章请愿者规规矩矩地做个守法的 182
公民。他们的运动在获胜方的讥嘲下消失了。英国人民试图建立全民民主政治之最大努力就这样结束了。一两年后，宪章运动已经全然被人遗忘了。

工业革命在半个世纪后出现于欧洲大陆。那里的工人并不是因为圈地运动而离乡背井的；而是由于高工资与城市生活的引诱，使得许多半农奴似的农业劳动者抛弃了庄园而移居到城市里去，他们在那里与传统之较下层的中产阶级合流，并且培养出一种城市的格调。他们不但不觉得是沦落了，反而觉得在新环境中高升了。当然他们的居住条件仍然很低劣。直到20世纪初期，酗酒及卖淫在下层城市劳工之中仍然很猖獗。然而英国之手工业生产者或者有过显赫祖先之地主和斯洛伐克或波美拉尼亚（Pomerania，东普鲁士的一个省，第二次世界大战以后归入波兰——译者注）的农业劳动者是不能相比的，前者在道德上、文化上堕落，在邻近工厂之贫民窟的泥沼中陷入无望的沉沦，后者则在一夜之间就从定居之农奴变成现代城市中的产业工人。一个爱尔兰或威尔士的短工或西部苏格兰高地地区的居民懒散地走过早期曼彻斯特或利物浦的小巷时，可能会有相似的经验；但是英国自耕农的儿子或被逐的佃农并不感到其身份提高了。但是当时欧洲大陆新近被解放的农民不但有很多机会晋升到工匠或商人之较下层的中产阶级，而且保有他们古代的文化传统，但是当时社会地位在他们之上的中产阶级在政治上与他们的处境是相同的，几乎被从实际的统治阶级中逐出。在反抗封建贵族与罗马教廷这一点上，新兴的中产阶级与工人阶级这两股力量密切联合。知识分子，尤其是大学生，将这两个阶级缝合起来，以共同打击极权主义与特权阶级。但是英国的中产阶级，不管是 17 世纪的乡绅与商人，或是 19 世纪的农民与贸易者，都能单独地维护自己的权益，即使在濒临革命边缘的 1832 年，英国中产阶级也不必仰赖劳工的支持。此外，英国的贵
183 族阶级不断吸收新兴的有钱人，并扩大社会阶层的顶端阶层，而欧洲大陆的半封建贵族却不愿让子女与中产阶级的妇女通婚，而且由于欧洲大陆的贵族缺乏长子继承制，因而将他们与其他阶级分隔开来。因此，在欧洲大陆，迈向自由与平等的每一个成功的步骤都使中产阶级与工人同蒙其利。从 1830 年（如果不是从 1789 年）以后，欧洲大陆的传统就变为工人阶级帮助中产阶级为对抗封建制度而奋斗，只不过——就如一般所知的——到后来却由中产阶级骗走了胜利的果实。但不论工人阶级是成功或失败了，他们的经验都增强了，并

且他们的目标提升到了政治的水平。这就成为所谓的阶级意识。马克思主义的意识形态将城市工人阶级具体化，他们从经验中学到如何使用其工业的力量与政治的力量作为政治武器。而英国工人在工会运动中，却经历了完全不同的经验，包括工业行动上的战术与战略，并因避免涉及全国性的政治而得利，中欧的工人则变为政治上的社会主义者，惯于讨论国家大事——诚然，他们关心的主要仍然是与自身利益有关者，如工厂法与社会立法等方面。

如果说英国与欧洲大陆在工业化过程中相隔半个世纪的话，在建立国家之统一这一点上，两者的差距更大。直到19世纪后半叶，意大利与德意志才完成国家的统一，一些东欧小国则在更晚才达成统一，而这在英国已经是几个世纪之前就完成了的。在这些建国的过程中，工人阶级扮演了重要的角色，这就更增长了他们的政治经验。在工业时代，这种过程自然包含社会政策在内。俾斯麦经由一个社会立法的划时代计划来统一第二帝国。意大利的统一则由于铁路国有化而加速。在种族大杂烩的奥匈帝国，皇家本身不断呼吁工人阶级支持中央集权与帝国的统一。在这些地区，社会主义政党与工会也经由他们对立法机构的影响，找出许多有利于产业工人的空隙。

唯物论的偏见模糊了工人阶级问题的轮廓。英国的作家不 184
能理解：何以早期资本主义在兰开夏郡的情况会给欧洲大陆的

观察者如此恶劣的印象。他们指出，在中欧许多纺织工人的生活水平比早期英国工人更低，而且他们的工作环境与他们在英国的伙伴们所面临的一样差。但是这样的一种比较却忽视了一个重要的区别：工业生产提高了欧洲大陆工人在社会上与政治上的地位，而在英国工人的地位则下降了。欧洲大陆的工人没有经历过斯皮纳姆兰制时期之可耻的赤贫化，他们的经验中也没有类似《新济贫法》的煎熬。他们从农奴变为——或者说高升为——工厂工人，而且很快就有了投票权并参加了工会。因此，他们得以避免像英国工业革命之后接踵而来的那种文化灾难。此外，欧洲大陆是在新的生产技术之适应已经变成可能时工业化的，这得感谢英国社会保护之方法的仿效。①

欧洲大陆之工人所需要的保护并不是以工业革命之冲击——在社会意义上，在欧洲大陆并没有这个问题——为背景的，而是针对工厂的一般状况与劳动力市场的条件。他们主要是借立法之助来达成目的，而英国的工人则比较依赖志愿性的组织——工会——以及工会独占工人的力量来达到相同的目标。相形之下，欧洲大陆的社会保险就比英国更早实行。其差别可以从欧洲大陆之政治的转向与劳动群众较早得到投票权这两方面来加以解释。虽然经济上之强制性的保护

① Knowles, L., *Industrial and Commercial Revolutions in Great Britain during the Nineteenth Century*, 1926.

与志愿性的保护——也就是立法与工会运动——两者之间的差异易于被高估，但这在政治上的影响是很大的。在欧洲大陆，工会是工人阶级之政党的产品；在英国，政党却是工会的产物。在欧洲大陆的工会主义多少有社会主义的色彩，在英国，即使政治上之社会主义在本质上仍然是工会运动的。因而，英国的全民投票加强了国家的统一，但是在欧洲大陆却时而有相反的结果。皮特与皮尔（Sir Robert Peel，1788 - 1850）、托克维尔 185
（Alexis de Tocqueville，1805 - 1859）与麦考利（Thomas Babington Macaulay，1800 - 1859）等人的疑惧——民众政府包含着对经济体制的威胁——是在欧洲大陆，而不是在英国，成为事实。

就经济上而言，英国及欧洲大陆的社会保护措施产生了几乎完全相同的后果。它们达成了预期的目标，也就是为了保护生产上的劳动力因素，而阻挠了市场的运作。照古典经济学的看法，只有在工资随商品价格一齐升跌时，这个市场才会发挥作用。从人性的角度来说，这样的一个主张意味着：工人不应有稳定的收入、不应有职业上的保障、随时要被任意踢开、完全受市场价格之起伏的支配。米塞斯（L. von Mises）公平地指出："如果工人不按照工会运动者的要求行事，而是按照劳动力市场之动向而减少他们的要求或改变他们的居住地与职业的话，那么他们都必然会找到工作的。"这段话概括了基于劳动是一种商品这一主张之经济体制的立场。商品本身无法决定在什么地方被卖出，卖出去做什么用，在什么价格下被卖出去，以及如何被使用或废弃。米塞斯这位首尾一贯的自由主义者继续写道：“人们未理解的是：工资的缺少是就业的缺少之更为恰当的说法，因为失业者所失去的并不是工作，而是工作所带来的收入。”米塞斯是对的，虽然他不应该自认为这是独到的；在他之前150年，惠特利主教（Bishop Whately）就曾说过：“当一个人乞求工作时，他所要得到者不是工作，而是工资。”但是，认为“在资本主义国家中的失业，是由于政府及工会两者的政策将工资抬高到无法与现有劳动生产率保持和谐的水平”这一技术性的说法，倒是正确的。米塞斯问道：如果不是工人“不愿意在劳动力市场上，就他们的劳动力所能取得的工资而工作的话”，那怎么会有失业的人呢？这些分析使得雇主对流动性劳工与伸缩性工资之需要的真正意图变得很清楚，也就是认为在一市场中，人的劳动力应该被视为一种商品。

所有社会保护措施的最终目标都是要摧毁这样的一种制度，并且使之无法存在。实际上，劳动力市场只有在符合下列条件时才能发挥其作用：它必须要有特定的工资、工作的
186 条件、标准与规范，以保护劳工这种商品的基本人性。如果辩称社会立法、工厂法、失业保险与工会等并没有干涉劳工的流动与工资的升降，就意味着这些保护措施在目标上完全失败，因为它们的目的正是要干预人类劳动力的供需法则，并使它脱离市场的常轨。

第十五章　市场与自然

我们所说的土地是一种与人类之制度紧密相关之自然的 187
要素。将土地孤立起来并使之成为一种商品，也许是我们的祖先所做过的事中最不可思议的。

就一般而言，土地不能与劳动分开；劳动是生活的一部分，土地是自然的一部分，生活与自然则结合成一个整体。土地因而与亲属组织、街坊、职业及信仰等连成一体，也就是与部落、庙宇、村庄、行会及教会等连成一体。另一方面，一个大市场是一种经济生活的安排，在这种安排中包括了各生产要素的市场。因为这些要素无法与人类之制度的要素——人与自然——相区分，因此我们可以说市场经济伴随着一个社会，这个社会中的制度受到市场机制的左右。

这种对土地的看法和对劳动的看法一样不切实际。经济的功能只不过是土地所具之诸多重大功能之一。它给人类的生命注入了安定的力量，是人类居住的地方，是人类之物质安全的必要条件；它构成风景与四季。我们可以将没有土地的人比拟为没有手足的人。但是将土地与人分开，并且依不动产之市场的需求来组织社会，是市场经济这个乌托邦概念中甚为重要的一部分。

我们可以从现代殖民化的领域中看出这种市场制的真正意义。不论这些殖民者为了埋藏在地下的财宝而取得土地，还是为了希望强迫土著去生产过剩的粮食或原料而取得土地，经常都是不相关的；不论这些土著是在殖民者直接监督下工
188 作，或者只受强迫劳役之间接控制，也是不相关的，因为不论在哪一种情况下，殖民者都必须先行摧毁土著生活中的社会体制与文化体制。

今日殖民地的情况与一两个世纪前的西欧社会极为类似。但是在欧洲花费几个世纪才动用的土地，现在在这些外来的地区却被缩减到几年或几十年。

这个挑战来自资本主义之纯粹商业形式以外的其他发展。英国从都铎时代开始，农业资本主义就发展出个人主义化的土地使用方法，包括改变耕作与圈地。从 18 世纪初叶起，英国与法国的工业资本主义仍然是以农村为主，而且需要土地来建造厂房与工人的住所。而在 19 世纪出现了强而有力的因素——不过它对土地之使用的影响更甚于对土地所有权的影响——工业城镇兴起，以致对原料与食物供给的需要急速增加。

从表面上来看，对这些挑战的响应很少是一样的，然而

其过程仍然存在于使土地遵从一个工业社会之需要的各阶段中。第一个阶段是土地的商业化，并动员封建制度之土地财源。第二个阶段是增加食物及农业原料的生产，以满足增长之工业人口与全国的需要。第三个阶段则是将这样的一种剩余生产的制度扩张到海外与殖民地。到了这个最后的阶段时，土地及其产品就被纳入一个自律性的世界市场。

土地商业化只不过是消灭封建制的另一个名称，这个过程于 14 世纪在西欧的城市中心与全英国开始进行，而在其后 500 年内经历欧洲无数的革命——其时农奴制的痕迹已经逐渐褪去——才得以完成。将人们从土地上分离出来，就意味着将具体的经济体分解为各种要素，使得每一个要素都能嵌含到它所发挥最高作用的市场中去。这个新的市场制度最初是建立在旧体制之侧，它尝试着在这种前资本主义式之社会纽带所控制之土地里取得一席之地，来将之同化、吸收。土地之封建式接收的制度被废除了。“其目的就是要消除街坊组织或亲属组织对土地的控制权，尤其是男性贵族后裔，以及教会的权力——它们将土地排除于买卖或抵押之外。”① 这 189
个目的有时是以使用个人的力量与暴力来达到的，有时是以从上而来或从下而来之革命来达成的，有时则借战争或征服

① Brinkmann, C, “Das soziale System des Kapitalismus,” in *Grundriss der Socialökonomik*, 1924.

来达成，有时以立法行动，有时以行政命令来达成，有时则由少数人以小规模的活动，经长时间的努力而达成。这种社会的变动是很快的复原或是对社会体造成长久的创伤，取决于当时所采取之节制此一过程的保护措施。各种变迁与适应之强有力的因子由政府本身引入。如教会土地之世俗化就是意大利统一建国（19 世纪中叶——译者注）为止之建立现代国家的根本措施之一，附带地，这也是将土地转变为私人所有的主要手段。

在这些措施里，最大的单独步骤可见诸法国大革命，以及 19 世纪 30 年代、40 年代边沁的改革。边沁写道："农业繁荣之最有利的时机是当没有继承的限制，没有不可分割遗产的限制、没有公有地、没有赎回权、没有什一税的时候。"这种处理财产（尤其是土地财产）的自由构成边沁之个人自由的概念的本质部分。将这种自由以各种方法加以扩充是立法——如《遗嘱法案》（the Prescriptions Acts）、《继承法案》（the Inheritance Act）、《罚金与赎回法案》（the Fines and Recoveries Act）、《产业法案》（the Real Property Act）、《一般圈地法案》（the general Enclosure Act of 1801）及后来的一些修正案，[1] 以及从 1841 年到 1926 年的各种《采邑所有权法案》（the Copyhold Act）——的主要目的与功能。在法国与欧洲

① Dicey，A. V.，前引书，p. 226。

以外多数地方，《拿破仑法典》（the Code Napoleon）建立了财产的中产阶级形式，使土地成为可以买卖的商品，及使抵押成为私人之间的契约。

与第一阶段重叠的第二个阶段是将土地从属于急速扩张之城市人口的需要。虽然土地不能流动，但是只要在运输条件与法律条件许可下，其产品却可以流动。“正因商品之流动可以某种程度地弥补生产要素之地区流动的缺乏；或（这事实上是同一件事）贸易可以减少因生产设施在地理分布上之不均所引起的不利条件。”① 这样的一种观念和传统（对经济）的看法是全然不同的。“可以断然地指出：不论是在古代或是中古时代早期，都没有这种日常生活用品的规律买 190
卖。”② 农民剩余的谷类原是用来供应邻近居民——尤其是地方上的城镇——之需要的；一直到15世纪，谷物市场仍然只是一个地方性的组织。但是城镇的扩张，诱使地主们为市场的销售而生产，并且——在英国——城市的成长使官方放松了谷物交易的管制，并容许地区性的（虽然不是全国性的）谷物交易市场成立。

---

① Ohlin, B., *Interregional and International Trade*, 1935, p. 42.

② Bücher, K., *Entstehung der Volkswirtschaft*, 1904。也可参看 Penrose, E. F., *Population Theories and Their Application*, 1934；引用 Longfield 在1834年的一本书中第一次提到商品之流动可以视为生产要素之流动的代替品这个观念。

到了18世纪后半叶，工业城镇的人口不断增长，因而完全改变了这种情况——这首先见诸西欧各国，进而扩大到全世界。

这个变迁所产生的影响是出现了真正的自由贸易。土地产品的流动从城市边缘的乡村扩展到热带与亚热带地区——工、农业的分工逐渐推广到全球。其结果是不同地区的人都被卷入这个变迁的旋涡，而不清楚其变迁的起源，同时，欧洲各国在日常生活上变得依赖并没有全然融合在一起的人类社会。自由贸易产生了全球性之互相依赖这个新的、巨大的危险。

对抗全面破坏之社会防御的范围跟攻击面一样的广。虽然习惯法（common law）与立法有时会加速变迁，但通常是会使变迁延缓下来。然而，习惯法与制定法（statute law，或译成文法）并不必然在同一方向上发生作用。

在劳动力市场出现时，习惯法主要扮演一积极的角色——劳动的商品理论并不是由经济学者，而是由法律学者首先提出的。至于在工人组合及谋反法等问题上，习惯法也偏向自由劳动力市场，虽然这意味着要限制有组织之工人的结社自由。

但是，在土地问题上，习惯法却从鼓励变迁转变为反对
191 变迁。在16世纪、17世纪时，习惯法大都认为地主有权改

善他们的土地，即使这样会造成居住及雇佣上极大的骚动。一如我们所知，在欧洲大陆使土地流动的过程伴随着罗马法的继受，而在英国，习惯法却持续下去，并成功地横跨了受到限制之中古财产与现代个人财产权之间的鸿沟，而没有因而牺牲了法官制定法的原则（principle of judge-made law）——这对宪法自由至关重要。另一方面，18 世纪以后，在面对现代化的立法时，土地方面的习惯法却成为传统的维护者。但是到了最后，边沁主义者占了上风，他们在 1830 - 1860 年间将契约自由扩大到土地方面。这股强有力的倾向，直到 19 世纪 70 年代才扭转过来。当时法律急剧地改变其立场。"集体主义者"的时代于焉开始。

习惯法的惰性被成文法有意地夸张，议会所通过的各种成文法是为了保护农村阶级的居住环境与职业，以对抗契约自由的影响。一个范围广泛的计划被提出来以确保贫民之居住环境一定程度的健康与卫生条件，提供分配租借地给他们，为他们提供"整洁的公园"使他们有机会避开贫民窟并呼吸到大自然的新鲜空气。潦倒的爱尔兰佃户与伦敦的贫民窟居民都借着立法的行动来保障他们的居所以对抗"进步"这个诱导人牺牲的迷信，而将他们从市场法则的掌握中抢救出来。在欧洲大陆则主要是借着成文法与行政措施挽救了佃户、农民、农业劳动者，以避免都市化之最暴烈的一些影响。普鲁士的保守主义者——如罗德贝图斯（Rodbertus），他的土地贵族社会主义（Junker socialism）影响了马克思——与英国托利（保守）民主党人是同一流派的。

现在，关于整个国家和整个大陆之农业人口的保护问题出现了。如果没有受到遏止的话，国际自由贸易必然会消灭大量的农业生产者。[1] 摧毁（农业）这一不可避免的过程被现代运输工具之发展的中断大大加重了，除非所获得的利润很高，否则扩展到世界上的一些新地区是代价高昂的。但是一旦商船与铁路之建造的大投资计划完成了，整个大陆就开
192 放了，而且大量的谷物就涌至悲惨的欧洲。这是和古典（经济学）的预言相反的。李嘉图就曾断言说：最富庶的土地必然最先有人定居。当铁路发现最富庶的土地是在我们居处的蛮荒之地时，这就会变成笑话。中欧在其农村社会面临全面毁灭之际，不得不制定《谷物法》来保护其农民。

但是欧洲之有组织的独立国家能保护自己以对抗国际自由贸易浪潮，那些在政治上没有组织的殖民地人民就不能这么做了。这些殖民地的人民起来反抗帝国主义，主要是想取得政治地位来保护自己以避免欧洲贸易政策所引起的社会动乱。对白人经由其社群之主权地位很容易得到的保护，有色人种却无法得到——只要他们缺乏独立自主的政府。

---

① Borkenau, F., "Towards Collectivism," in *The Totalitarian Enemy*, 1939.

商人阶级也赞助土地之流动的需求。当科布登（Richard Cobden 1804－1865，英国政治家，反对《谷物法》——译者注）宣称农耕是一种“企业”，破产必须清算时，英国的地主们为之震惊。当工人阶级发现自由贸易政策会降低食品价格时，他们马上转而支持它。工会变成反农业主义的大本营，革命的社会主义更把全世界的农民冠上反动分子的帽子。国际分工无疑是一进步的信念，其反对者大都来自那些因缺乏天生的智慧或因既得利益而影响其判断能力者。少数特立独行而无私的人，虽然能看出不加限制之自由贸易的弊端，但却因人数过少而无法产生任何影响。

虽然他们的影响力没有被人们清楚地意识到，但并不是说不存在。事实上，19世纪西欧之地主们所发挥的巨大影响力和中欧、东欧之封建生活方式的遗存是很容易用那些延缓土地之流动化的力量的重大保护功能来解释的。一个经常被提出的问题是：一旦欧洲大陆的封建贵族放弃了他们祖先遗留下来之军事的、司法的、行政的权力后，是什么因素使他们能在中产阶级国家中维持其支配力呢？“遗存”理论（theory of “survivals”）经常被引用来作为一个解释，根据这种说法，由于惯性的功效使得一些没有功能的制度或特征继续延 193
存下去。然而，更真实的说法应该是：没有一个制度曾经苟延过其功能——当它看起来是如此的时候，即是因为它在其他功能，或那些不需包括原有之功能的功能上发生作用。因此，只要他们对一个目的——抑制土地之流动的灾害性后果——还有用，封建主义和地主保守主义就会保有他们的势力。这时，这些自由贸易者却忘了土地是国家疆土的一部分，这种国家主权的地域性特征，不仅仅是情感结合的结果，而且还包括其他各种因素（包括经济因素）在内。“农民与游牧民族不同的是：他们致力于改善一个特定地区的条件。如果没有这种努力的话，人类的生活必定还很原始，而且与动物相差无几。那些人们努力建造、开垦的固定物在人类历史上所扮演的角色是多么大啊！它们——开垦、耕作的土地，房屋，其他的建筑物，交通的手段，生产所需的各种工厂，包括工业与矿业——都是把人类社群联结在一起之永存的、确定的改进。这种进展不是临时搭凑出来的，而是要经过许多代人之耐心经营才有的成果，社群也不能轻易将之牺牲而在别的地方另起炉灶。因此国家主权的地域性特征渗入了我们的政治概念。”① 在一整个世纪里，这种浅而易见的真理却受到人们的嘲笑。

为了要把隶属于土地及其资源之完整性的安全防御条件包括进来，经济学的论辩很容易被扩张，这些条件就如人口的活力，食物供应的多寡，战略物质的量额与特性，甚至森

① Hawtrey, R. G., *The Economic Problem*, 1933.

林的滥伐、土壤的侵蚀及沙尘暴对气候产生的影响，这些最后都依土地这个因子而定，而没有一个是因市场之供求机制的。一个全然依赖市场功能来保障其生存之需要的体系，其信心自然转移到那些在市场制度之外，而却足以保障受市场制度损伤之公共利益的力量上。这样的一种看法和我们对阶级影响力之真正来源的判断——我们不用反动阶级之（未解 194
释的）影响力来解释当时违反一般潮流的发展，而是用他们代表看似相对于社群之一般利益的利益这个事实来解释这样的阶级的影响力——相符合。他们自己的利益经常受到保守政策的帮助这一点提供了另一个真实情况的说明：各阶级从他们对公众提供的服务里取得不相称的利益。

《斯皮纳姆兰法案》就是一个具体的例子。支配乡村的士绅们在这个方案中找到了一个降低农村工资上升，并避免农村生活结构崩溃的妙方。从长远的观点来看，这个政策必然造成极端不良的后果。但是，除非这样做能帮助英国对抗工业革命所卷起的风暴，否则这些乡绅们是无法维持其政策的。

在欧洲大陆上，农业保护主义是一件必然的事。但是当时最有生气的知识分子都从事于一种冒险，这转移了他们的视角而无法看出农村危机的真正意义。在这种情形下，代表农村利益的保守阶级就能取得较其人口比重为大的影响力。保护主义的反潮流确实成功地稳住了欧洲大陆的乡村，并且削弱了迈向城市的趋势——城市是当时的罪恶之渊。守旧势力是一种社会有用之机能——这是碰巧完成的——的受益者。相同的机能容许欧洲的守旧阶级利用传统的感情来抗拒农业税，也是半个世纪之后美国田纳西流域计划及其他进步的社会措施成功的原因。在新大陆有益于民主之同样的需要，在旧大陆却加强了贵族的影响力。

和土地之流动相对照的是自由主义与保守势力之间的斗争，这构成 19 世纪欧洲大陆之政治史的社会学背景。在这一斗争中，军人与较高级的僧侣是和地主阶级联盟的，后者几乎已经失去了它在社会上的直接功能。这些阶级现在对于困局——这是市场经济及其必然结果的立宪政府所导致的——
195 的任何保守的解决方案是有所裨益的，因为他们在传统上和意识形态上并不受公众自由和国会统治的束缚。

简单的说，经济自由主义是与自由主义国家制结合在一起，而保守的地主们却没有——这就是他们在欧洲大陆上有不变之政治重要性的源泉。它在俾斯麦统治下的普鲁士政坛上产生激流，在法国助长了教士及军方的报复性行动，在哈布斯堡王朝确保了封建贵族对皇室的影响力，使教会与军方成为崩溃中之皇权的保护者。由于保守势力的政治延续，在凯恩斯（John Maynard Keynes）所称决定性的两代人之后，土地与地产现在被认为是偏向保守的。而 18 世纪英国托利（保守）自由贸易者与农业的先驱者，以及都铎王室时期的土地垄断者和他们从土地上赚钱的革命性方法都被忘掉了；由于农业部门的持久落后，使得现代心灵也忘了法国与德国的重农主义地主们如何热衷于自由贸易。斯宾塞就简单地把军国主义与保守反动视为同样的事。最近日本、苏俄或纳粹的军队在社会上的适应性与技术上的适应性，对他而言简直是不可思议的。

这样的想法当然甚为肤浅。市场经济在工业上的惊人成就是以牺牲社会的代价换来的。因此，封建阶级从鼓吹土地与其耕作者之重要性这件事中找到机会争回一部分失去的权力。在文学的浪漫主义里自然与过去相结合；在19世纪欧洲大陆的农民运动里，封建势力将自己装扮成人类之自然居所——土地——的保护者，而恢复其过去的权位。但如果不是社会危机迫在眉睫的话，他们的政策必然不会成功。

此外，军队与教会也借着“捍卫法律及秩序”而取得权势，法律与秩序在此时变得很脆弱，而居统治地位的中产阶级却还不能胜任这个新经济体制的要求。市场经济较我们所知道的其他经济体制更容易受到暴乱的影响。都铎王朝靠暴乱来解决地方的问题；它可能吊死几个强盗头子，但除此之外就不会有其他影响。金融市场的兴起意味着对这样的一种态度的全面突破；到1797年以后，暴乱已经不再是伦敦生活 196
中的热门话题，代之而起的是正式会议，在会中，人们以举手表决而非动手打人来决定问题。[①] 普鲁士国王因宣称人民最主要的责任就是保持和平而一举成名，但是很快的这种看法就变成一种普通的见解。19 世纪时，如果一群武装民众破坏和平的话，会被视为粗具雏形的叛变，而且对国家构成严重危机，股票就会暴跌。在城市街道上胡乱开枪就有可能摧毁该国的中央政府。但是中产阶级却没有军人气质；大众民主就是以其民众能表达自己的意见为傲；在欧洲大陆，中产阶级只会沉湎于回忆他们年轻时作为革命青年，面对暴虐贵族之碉堡的英勇事迹。最后，那些最少受到自由主义感染的农民就成为唯一能维护“法律与秩序”的阶级。保守势力的功能之一就是使工人就范，并使得市场不致陷入混乱状态。虽然各国政府很少召唤他们来承担这种任务，但是可以用农民来捍卫财产的事实，对这种传统农业利益集团而言，是一项重要的政治资产。

我们若不从这个角度看，就无法了解 20 世纪 20 年代这段历史。当时中欧的社会结构在战争与挫败的压力下崩溃了，

---

① Trevelyan, G. M., *History of England*, 1926, p. 533. Trevelyan, G. M., History of England, 1926, p. 533. “Walpole 治下的英格兰，仍旧是个混杂着暴动的贵族社会。”Hannah More's“祭坛（repository）”歌，“骚乱”写于“九五年，匮乏与惊恐的一年”——这正是制定《斯皮纳姆兰法案》的那一年。参见 The Repository Tracts, Vol. I, New York, 1835. 亦见 The Library, 1940, fourth series, Vol. XX, p. 295, on “Cheap Repository Tracts (1795 – 98)。”

只有工人阶级能继续工作。各国都能把政权赋予工会与社会民主党；奥地利、匈牙利，甚至德国都宣称成立共和制，虽然这些国家以往并没有为人所知之活跃的共和政党存在过。但是一旦社会解体之尖锐危机刚刚渡过，而工会的作用已经成为多余时，中产阶级就企图将工人阶级在公共事务上的影响加以全面的排除。这就是我们所知的战后之反革命时期。事实上，当时并没有出现共产党政权之任何重大的危险，因为有组织的工会与工党是极端敌视共产党的（匈牙利曾经有 197
过短暂的布尔什维克时期，但那是因为在抵抗法国入侵时别无选择而强加在身上的）。这时真正的危机并不是布尔什维克主义，而是在紧急状况时，工会及工人政党可能会舍弃市场经济的规则。在市场经济之下，一些对公共秩序和商业习惯看似无害的干扰都可能构成致命的危害，[①] 因为这会导致社会赖以为生之经济制度的全面崩溃。这说明了在某些国家里何以会从产业工人专政转变为农民专政。20 世纪 20 年代里，许多国家的农民决定其经济政策——他们在此之前只扮演一无足轻重的角色。他们在这个时候是唯一能维持法律与秩序——在现代高度紧张意义上的法律与秩序——的阶级。

战后欧洲疯狂的土地均分运动是基于政治原因而给予农

① Hayes, C., *A Generation of Materialism*, *1870 - 1890*, 此书认为“大多数单一国家（至少在西欧与中欧）现在表面上维持无比的内在稳定性”。

民阶级特惠照顾的一个旁证。从芬兰的拉普族（Lappo，北欧的游牧民族，分布于芬兰、瑞典与挪威北部之北极圈内，相传是从中亚移居到此地，饲养驯鹿为生——译者注）运动，以至于奥地利的回乡运动（Heimwehr），都证实农民确实是市场经济的捍卫者；这使他们在政治上举足轻重。有人认为战后前几年缺乏粮食，主要就是由于农民的社会地位上升过快，但是实情并非如此。例如，奥地利为了增加农民的收入，就对进口的粮食征收关税而降低其食物的标准——虽然它在粮食上极端依赖进口。虽然农业保护主义意味着城市居民的不幸，以及外销工业之不合理的高生产成本，但是农民的利益却不惜任何牺牲地受到保护。在这种情形下，这些以往卑微的农民阶级这时已经上升到高过他们实际经济重要性的地位。对布尔什维克的恐惧是促成农民政治地位高涨的力量。但是，如我们所看到的，这种恐惧并不是害怕工人阶级专政——当时并没有工人专政的蛛丝马迹出现——而是害怕市场经济的瘫痪，除非是把所有可能被迫取消市场制度之规则的势力都从政治舞台上清除掉。由于农民是唯一能除掉这些
198 势力的阶级，他们的声望就很高，而且能将城市中产阶级掌握在手作为人质。但是一旦国家的力量强化了，或法西斯分子将城市低层中产阶级武装起来以后，小资产阶级就从对农民的依赖中解放出来了，而农民的声望地位也随之迅速跌落。一旦将城市及工厂的“内在敌人”中立化或降服之后，农民们的地位

就被降回到他们以往在工业社会中的卑微位置。

但是大地主的势力却并没有随之下降，一项对他们有利的因素是农业的自给自足在军事上日渐重要。第一次世界大战使一般民众了解到这个基本战略的事实，而对世界市场之轻率的依赖现在已经被一种惊慌的食物生产能力之囤积所代替。战后中欧始于对布尔什维克之恐惧的“再农业化”是完成于专制政治之征候出现时，主张这种措施者除了以“内在敌人”来加以论辩之外，现在又上了“外在敌人”的说辞。自由主义的经济学者和往常一样，认为这只是一种由健全之经济教条所引起之浪漫的错乱而已，事实上，即使是心智最简单的人也可以感觉到在国际组织体系面临解体之际，巨大的政治事件是和经济上的考虑不相关的。日内瓦（指国联——译者注）继续试图使人相信它在为对抗一个假想敌而奋斗，只要各国行动一致，就能重建自由贸易，而对每个人都有利。在当时那种易于使人盲从的环境下，许多人确实相信只要能解决经济问题（不管其意义是什么），不但会解除战争的威胁，而且能永保和平。百年的和平在这时已经产生了一种难以克服的错觉，并掩盖了事实。那个时期的作家都是出奇的不切实际。汤因比将民族国家视为一狭窄的偏见，米塞斯将主权视为一种荒谬的错觉，而诺曼·安杰尔（Norman Angell，生于1874年，卒年不详，英国国际主义者，积极反战，1933年得诺贝尔和平奖——译者注）则将战争视为一商业上的错误算计。此时对政治问题本质的认识降到了难以想象的低点。

1846 年通过谷物法时争取到的自由贸易，在 80 年后又重起争端，而这次却失败了。专制政治的问题从一开始就阴魂不散地纠缠着市场经济。因此，经济自由主义者试图借着驱除战争的威胁来克服这个阴魂，并天真地将他们的论辩建立在一个无法摧毁的市场经济之上。当时没有人注意到他们的论辩仅足以言明：将世界和平寄托在自律性市场这种脆弱
199 的制度上，其危险性有多大。20 世纪 20 年代的独裁运动在本质上是预示性的：它指出在一种秩序消失时需要一些调整。第一次世界大战已经明白地显现出危险所在，而人们仍不知警觉地依此行事；但因为他们晚了十年才这样做，因此原因和结果之间的关联过度地降低了。许多当时的人认为："为什么要以过去的危险来保护自己呢?"这一错误的逻辑不但混淆了我们对专制政治的了解，更重要的是，混淆了我们对法西斯主义的了解。事实上，这两者都可以用一事实来解释，也就是说一旦人们接受了危险的印象后，只要危险的原因没有消除，恐惧就仍然潜伏着。

我们认为欧洲各国从未克服战争经验的冲击，战争的经验意外地使它们面对互相依赖的危险。人们徒然无益地重建贸易，徒然无益地召开许多夸示和平牧歌的国际会议，许多国家徒然无益地宣布贸易自由的原则——没有人能忘掉除非他们拥有自己的食物与原料资源，或者得到武力的保护，否则健全的

通货与信用都不能把他们从无助中拯救出来。没有一件事情比这个基本的考虑所产生的社会政策更具逻辑的一致性。危机的根源并没有消除。为什么要期待恐惧会平息下来呢？

相似的谬误蒙蔽了法西斯主义的批评者——他们占多数——他们形容法西斯主义是一种全然没有政治常规的变异种。他们说墨索里尼声称在1923年避开了布尔什维克主义，而史料却指出在前一年3月，罗马的罢工浪潮已经退潮了。他们承认武装工人确曾在1921年占领过工厂。但是这时工人早已从他们设防的墙上爬下来了，因此又凭什么要在1923年解除他们的武装呢？希特勒声称将德国从布尔什维克主义手中拯救出来。但证据不是显示在他当总理之前的失业浪潮在他掌握权力之前就已退潮了吗？主张他避开了当他掌权时已不存在的危机是不合因果律的，而因果律在政治上仍然适用。

实际上，战后德国与意大利的布尔什维克主义完全没有成功的机会。但当时确实显示出在面临危机时，工人阶级及其工会与政党有可能抛弃保障契约自由与私有财产权至上的 200
市场规则——这可能对社会产生极端不利的后果：阻吓投资、预防资本的累积、把工资保持在无利可图的水平、使通货陷入险境、逐渐损坏国外信用的基础、削弱信心并使企业瘫痪。社会潜在之恐惧——在紧要关头时它并发为法西斯主义的恐慌——的根源并不是共产主义革命这个虚幻的危险，而是工人阶级能去推动可能招致毁灭之干涉这个无可否认的事实。

对人与自然的危险是无法清楚分开的。工人阶级与农民对市场经济的反应都导向保护主义，前者主要是以社会立法与工厂法的形式来导向保护主义，而后者则以农产品税与土地法的形式。但两者之间一个重要的不同点是：在面临危机时，欧洲的农民会起而捍卫市场制，而工人阶级的对策则会危害它。在这种先天不稳定之制度中，由这两派保护主义运动所引起之危机发生时，与土地有关的社会阶层倾向于与市场制妥协，而广大的工人阶级则毫不畏缩地破坏市场制度的规则，并彻底地向它挑战。

第十六章　市场与生产组织

即使是资本主义之商业本身也要在市场机制之无限制运作下被保护。这应该会消除“人”与“自然”等名词有时候在有教养的人们中所唤起的疑虑，他们倾向于抨击所有保护劳工与土地的措施是陈腐观念的产物，或者是一种既得利益的欺瞒。 201

实际上，市场制对生产企业与对人或自然所造成的危害都是实在的。对商业之保护的需要是由于货币的供给在市场制度之下是被组织起来的。事实上，现代的中央银行本质上是一种为了提供保护而发展出来的策略，没有这个保护，市场将会摧毁它自己的产物——所有的商业。然而，最后就是这种保护措施最直接地造成国际体系的崩溃。

虽然市场制度对土地与劳工的威胁至为明显，但内在于货币制度之商业的危机却不容易使人觉察。如果利润是依价格而决定的，那么价格所依赖的货币制度，对靠利润之刺激而运作的任何一种制度必然是很重要的。就长期而言，物价上的起伏波动不一定会影响到利润，因为生产成本也会对应地升降，但是就短期而言就不是这样，因为在契约性的固定价格改变之前，必然会有一时间上的落差。劳工的工资就是这种价格，它与许多其他的价格一样，自然是由契约所决定的。因而，如果价格水平由于货币的因素而滑落一段相当之时间的话，商业就面临生产的危险，并伴随着生产组织的解体与巨大的资本崩溃。问题并不在于低价格，而是在跌落的
202 价格。休谟（David Hume，1711 - 1776）发现，如果将货币数量减半的话，商业仍然没有什么影响，因为各种价格会自动地调整到它们从前之水平的一半，他因此而成为货币数量理论（quantity theory of money）的鼻祖。但是他忘了商业可能在这一过程中被毁掉。

这也就很容易了解何以一个商品货币的制度（system of commodity money）——就如在没有外力干涉时市场机制很容易产生的——与工业生产是互不兼容的。商品货币只是一种被用来做货币的商品，因此，在原则上其数量是全然不能增加的，除非是将不作为货币之商品的数量加以缩减。实际上商品货币是使用金或银，其数量虽然可以增加，但是在短时间内不会增加很多。但是如果货币数量没有随着生产与贸易的扩张而增加，一定会导致物价水平的滑落——这就是我们记忆中的毁灭性通货紧缩。货币的缺乏对17世纪之商人社群而言是一经常的、严重的问题。早期发展出来的象征货币

（token money，如纸币——译者注）是用来保护贸易，使它免于因使用商品货币而在商业扩张时面临通货紧缩的问题。市场经济不使用这种人为货币的媒介是不可能的。

大约在拿破仑战争时期（拿破仑一世所发动或参与的战争，大约自 1803 年至 1815 年——译者注）由于稳定之外汇的需要与随后金本位制之建立，真正的困难出现了。稳定之外汇变成英国经济存在之基本条件，伦敦变成一个增长中之世界贸易的金融中心。但是为了明显的原因，不论是由银行或官方所发行的象征货币，都不能在外国通用，而只有商品货币能达成这个目的。因而，金本位制——一个国际性之商品货币制度的公认名称——出现了。

一如我们所知道的，对国内贸易而言，商品货币不是一种适当的货币，因为它是一种商品，而且其数量不能任意增加。黄金的数量一年大概可以增加百分之几，但却不能在几个星期内如交易之突然增加时所需要的增加百分之几十。在未采用象征货币时，若贸易量突然增加，或者必须缩减商业，或者必须以很低的价格来继续维持贸易，因而导致不景气并造成失业。

简而言之，问题是：商品货币对国际贸易之生存是很重要的；而象征货币则对国内贸易很重要。这两者之间要如何 203
互相调和呢？

在 19 世纪的形势下，国外贸易与金本位制确实是比国内商业之需要更为重要的事。每当贸易受到通货贬值之威胁时，金本位制就会迫使国内商品之价格降低。由于通货紧缩通常是经由信用的限制达成的，因而就形成商品货币的流通干扰到国内信用的流通。对商业而言，这是一个持久的危机。然而，弃置象征货币，而只限于商品货币的流通是完全不可能的，因为这样的一个矫正措施会造成比原来之毛病更坏的毛病。

中央银行制度大大地减轻了信用货币的这一缺点。经由一国之内货币供给的集中化，避免通货紧缩所引起之商业与就业的大规模错乱是可能的，而且以这样的一种方式去有机化通货紧缩以缓和震荡并把通货紧缩的压力分散到整个国家也是可能的。中央银行的正常功能是缓冲黄金突然减少时对货币流通之直接影响，以及缓冲减少货币流通对商业的直接影响。

中央银行可以使用各种方法来达成这些目的。短期放款可以弥补黄金短期不足所造成之空隙，并避免了信用紧缩的压力。但是即使在信用紧缩是不可避免时，中央银行的措施仍然具有缓冲的效果：提高银行的贴现率以及公开市场操作都可以将紧缩的影响分散到整个社会，而将紧缩的压力转嫁到最强有力的负担者头上。

让我们注意从一国向另一国单边付款——就如一国需要本国的食物转变为需要他国的食物所引起的——这个重要的

资金转移问题。现在用来支付进口食物而流出的黄金，在不同状态下，原可用来作为国内的支付，而缺少这些黄金时必然会导致该国国内销售量的衰退，以及随之而来的价格下跌。我们称这种形态的通货紧缩为“交易性的”紧缩，因为它是由于一个厂商扩散到另一个厂商之偶发性的交易所引起的。最后，通货紧缩扩散到外销厂商，并且因而形成出超，这代表了“真正”的资金转移。但此时对该国造成的损伤，一般而言是远大于为了达成出超这个目的所需要的。因为有一些 204
厂商不能够输出，它们所需要的只是成本之轻微降低的刺激去“达到外销标准”，而将通货紧缩的压力分散到整个商业界是达成这种降低成本之最经济的方法。

这正是中央银行的功能之一。其贴现与公开市场操作之范围广大的压力可以迫使国内价格压低，并使得一些“接近外销标准”的厂商重新开始外销或者增加外销，而只淘汰掉那些最缺乏效率的厂商。以“真正的”资金转移来达成出超所付出之动乱的代价，比起以偶然的、经常的灾难性震荡——经由“交易性通货紧缩”之狭窄渠道来传达的——之不合理方法来达到同样的出超所需要付出的代价要小很多。

尽管那些策略缓和了紧缩的影响，然而，结果还是商业之一再的全面解体，以及随之而来的大量失业——这对金本位制是强有力的控诉。

货币的事例跟劳动与土地两者甚为类似。将虚拟之商品的概念套在它们每一者的头上，可以把它们包含在市场体制之内，而在同时却对社会产生了极大的危险。就货币而言，主要是威胁到生产企业，源于商品货币之使用而造成之价格水平的滑落都危及生产企业的生存。这时必须采取一些保护手段，而其结果是市场之自我操纵的机制失去作用。

中央银行将金本位制的自动机能削减成仅只是一种假象。它意味着由中央管理的货币制度；虽然此一设计并非总是审慎的、有意识的，但是人为的操纵总是取代了供给信用的自律机能。人们逐渐了解到只有在每一个国家都取消中央银行制的情形下，国际金本位制才可能成为自律性的。在纯粹金本位制的支持者中，米塞斯是鼓吹采取这种猛烈的步骤者；他的建议若是受到注意的话，各国的经济早就变成一片废墟了。

货币理论中大多数的混淆源自政治与经济分开这个市场
205 制社会的显著特征。一个多世纪以来，货币被视为一纯粹经济范畴里的东西，是一种为了间接交易之目的的商品。如果人们喜欢用黄金做这种商品的话，就产生了金本位制（将“国际”一词冠在金本位制之上是没有意义的，因为对经济学家而言，国家并不存在；国际贸易，并不是国与国之间的贸易，而是个人与个人之间的贸易，他们所属的政治单位，与他们的头发颜色一样，跟贸易无关）。李嘉图给 19 世纪的英国灌输了这么一个信念："货币"这个名词就是指一种交易的媒介，银行钞券只是一种方便的东西，其功用在于较黄金易于携带，但钞券的真正价值在于随时都可以将之换成商品本身，即黄金。由此引申而来的是：通货之国家的特性是无关紧要的。因为它们只不过代表同样一种商品的不同象征物而已。如果一个国家累积黄金是不智的话（这是因为这种商品在世界各地的分布与其他商品一样能自行调节），那更为不智的是认为国家的福祉及繁荣与它们各种不同的表征有任何关联。

且说政治领域与经济领域或这一制度性的分割从未是完全的，特别在货币上，这种分割必然是不完全的；国家——其造币厂看似只保证硬币的重量——事实上是代用货币之价值的保证人，它在纳税和其他方面接受这种象征货币。这一货币不是交易的媒介，它是一种支付的工具；它不是一种商品，它具有购买力；它本身没有实用性，而只是一种筹码，具体地表现它可以购买之商品的一种数量上的要求权。很明显的，一个社会之中的分配若借助拥有这种购买力的象征物来进行的话，是全然有异于市场经济的。

当然，我们此处的讨论并非基于实际的情况，而是为了厘清的目的所作之概念上的类型。没有一个市场经济能与其政治面分开；但是从李嘉图以降，这样的一种结构已经成为古典经济学的基础，不从这个角度着眼，就无法了解其概念

与假设。依照这种“设计”，社会包含了许多进行交易的个人，他们拥有各种商品——商品、土地、劳动力，及其复合
206 体。货币只不过是这些商品中的一种，而且只不过较其他商品更常为人所交换，并因而用来作为交换的媒介而已。这样的一个“社会”可能是不真实的，但它却是古典经济学者用来建立其理论体系的基本架构。

另一个更不完整的说法是由购买力经济学提出来的。[①]它所提出的一些观点比市场经济理论所提出的更接近实际社会的情形。其论点是：在一个社会里，每个人都拥有一定的购买力，并可用心选择任何标有价目的商品。货币在这样的一种经济里并不是一种商品；它本身没有用处，其唯一的用处是购买那些附有价目的商品，一如我们今天在商店里做买卖。

在 19 世纪，当社会制度在许多要点上顺应于市场模式时，商品货币论的观点远优于其对手的说法，20 世纪初叶以降，货币购买力的概念逐渐占据上风。随着金本位制的崩溃，商品货币论实际上已经不存在了，而货币购买力的概念就很自然地取代了它。

从（货币制度之）机制与观念转到在其背后操纵的各种

① 基础的理论由新西兰惠灵顿（Wellington）的 F. Schafer 完成。

社会力量，可以认识到统治阶级本身支持经由中央银行的货币管理。当然，他们并不认为这种管理会干涉到金本位制；相反的，他们认为唯有在这种管理之下，金本位制才可以发挥作用。金本位制的维持在当时被认为是自明的，而且中央银行这一机制从没有被容许像一个国家废弃金本位一样的去运作，相反的，银行之至高的指导原则是要经常的、在所有条件下去维持金本位，所以这里没有原则的问题。但这只有在物价水平之波动在微不足道之百分之二三，至多在所谓的黄金点（gold points），之内才可能。只要为了保持汇率之稳定而使国内物价水平的波动太大——如达到 10% 或 30% 时，
情形就全然改观了。物价水平下降会引起困难与崩溃。这时 207
通货的管理就变成最重要的事了，因为这意味着中央银行制度的方法是一种政治上的决策，也就是，有些事由政治来决定。事实上，中央银行制度之最大的制度意义也就在于货币政策因此被卷入政治的领域中。其结果当然影响深远。

其影响有两方面。就国内而言，货币政策只是干涉主义的另一种形式，不同经济阶级之间的冲突，具体化在金本位制及平衡预算这两个密切相关的问题上。20 世纪 30 年代许多国家的内部冲突就围绕着这个问题，并且它在其后的反民主运动中扮演着重要的地位。这一点在本书后几章会再加以详述。

就国外贸易而言，国家之通货所扮演的角色更是重要，

虽然当时没有认清这个事实。19 世纪之主要的哲学是和平主义与国际主义；“大体上”，所有受过教育的人都是自由贸易者，在实际上，除了一些现在看来微不足道的枝节外，他们也确实是如此。这种见解的来源当然是古典经济学；许多真正的理想主义从交换与贸易的领域中产生——一个极大的矛盾是人类的自私欲望支持了他最宽宏的精神推动力。但是从 19 世纪 70 年代以后，一种感情上的变化已经明显可见，虽然在支配意念上并没有相对应的改变。这个世界的理想仍然是国际主义与互依互存。但另一方面却奉行民族与自力更生的原则。自由的民族主义变成国家的自由主义，其特性是在国外走向保护主义及帝国主义，而在国内则走向垄断的保守主义。没有一个领域像货币领域那样，矛盾那么深却那么不受注意。这是因为当时国际金本位的独断教条仍然得到人们毫无节制的忠实信仰，而与此同时，基于各种不同之中央银行制度体系之主权的象征货币已经被建立起来了。在国际主义原则的支持下，一种新的民族主义城堡就在中央银行发行的纸币里，无意中被建立起来了。

事实上，这种新的国家主义是这种新的国际主义之必然结果。那些在理论上服膺金本位的国家却无力承担维护国际
208 金本位制的职能，除非它们能确定在遵行这个制度时，国家不会受到威胁。一个完全货币化了的社会是不能承受为了维持稳定之汇率而让物价急剧波动的毁灭性影响的，除非这些

冲突可以由一个独立之中央银行的政策来加以缓冲。国家的象征货币是这一相对安全的确实保障，因为它使得中央银行成为国内经济与国际经济之间的一个缓冲器。如果国际收支的平衡受到资金不流动的威胁，中央银行就可以使用其储备金及国外贷款来渡过难关；如果一个新的经济平衡被创造出来而伴随着不下降，它也可以用最合理的方法将信用紧缩的压力分散到各企业，淘汰掉那些不合效率者，而将负担加诸有效率之企业身上。缺乏这样一个（缓冲之）机制会使任何先进国家要维持金本位而不致对其繁荣——不管是从生产、所得、就业的角度来看——产生致命的影响是不可能的。

如果商人阶级是市场经济的鼓吹者，那么银行家就是这个阶级之自然的领导者。就业与赚钱都有赖于企业的利润，而企业的利润却有赖于稳定之汇兑与健全的信用条件——这两者都是在银行家的照看之下。在他的信念里，这两者是不可以分开的。一个健全的预算与稳定的国内信用条件以稳定的外汇为前提，除非该国国内的信用是安全无虞的，而且国家的财务平衡，否则外汇无法稳定。简而言之，银行家的双重任务包括维持健全的国内财政以及进货的外在稳定。这也就是何以在这两者都已经失去其意义时，作为一个阶级的银行家是到最后才注意到的。事实上，国际银行家在 20 世纪 20 年代有支配性的影响力，或者在 30 年代衰落了，都是不足为奇的。在 20 年代，金本位制仍然被视为回到安定与繁荣的先决条件，因此其职业守护者——银行家——所做的任何要求都不会被认为过分，只要它能保证提供一稳定的汇率；但是1929年以后，这种稳定已经被证明为不可能，所以当务之急就是建立一稳定的国内币制，而这时没有人会像银行家一样不适合来承担这个职务了。

在市场经济里，没有一个领域崩溃得像货币领域那么突然。农产品关税干扰了外国产品的内销而削弱了自由贸易；
209 劳动力市场的限制与管制限制了劳工的讨价还价——而这是法律赋予劳资双方去决定的。但是不论是在劳工或土地的例子中，都没有像货币领域那样，在市场机制中出现突然而全面的裂缝。在市场机制的其他方面，没有可以跟英国在1931年9月21日废弃金本位相比拟的措施，也没有可以跟美国在1933年6月所采取之类似措施相比拟的。虽然始于1929年之经济大萧条损及世界贸易的主要部分，但它在措施上却没有改变，也没有影响到其主要的理念。但是金本位制的最后失败就是市场经济的最后失败。

经济自由主义始于100年前，并且遭到保护主义之对抗。令人意想不到的是，现在保护主义已攻破市场经济的最后堡垒。一套新的支配理念已经取代了自律性市场的世界。对于当时大多数茫然无所从的人来说，克里斯玛型（charismatic）的领袖与专制孤立主义之力量迸发出来了，而且将社会融合为新的形式。

第十七章　自律性市场的损坏

1879－1929 年这半个世纪中，西方社会发展为一些紧密 210
结合的单元，在其中分裂性的倾向隐而不彰。这一发展之更直接的根源是市场经济之自律性的损坏。因为整个社会被塑造成顺应市场机制的需要，所以该机制在机能上的缺点就对社会产生累积性的紧张压力。

市场之自律性的损伤是保护主义的结果。当然，从某种意义来说，市场经常是能自我调整的，因为它倾向于产生可以出清市场存货的价格；然而，这对所有的市场都是如此，而不论其是否是自由市场。但一如前面已经指出的，自律性市场制度蕴涵着非常不同的意义，也就是说，市场制度指的是生产要素（劳动力、土地与货币）的市场。因为这样一种市场的运作有摧毁社会的危险，社会的自保行动意味着去预防这种制度的建立，或者，一旦建立了，去干预其自由运作。

经济自由主义者喜欢引用美国为例，以证明市场经济有能力自行运作。在一整个世纪里，美国的劳动力、土地及货币都完全自由买卖，而不需任何社会保护的手段，而且除了关税之外，工业生活一直没有受到政府的干扰。

当然，经济自由主义者对这种现象的解释很简单，也就是劳动力、土地与货币都是自由的。直到19世纪90年代，美国的边疆地区仍然是开放的，而且存在着自由的土地；直到第一次世界大战时，低级劳动力仍能自由流入美国；① 直到19世纪末20世纪初，没有任何措施去保持外汇的稳定。
211 土地、劳动力与货币之自由供给继续存在，因此自律性市场制度并不存在。只要这种状况持续不变，不论是人、自然或企业组织都不需要只有政府之干涉才能提供的保护。

一旦这些条件不存在时，社会保护就流行起来了。当低阶级的劳工不再能自由地从源源不绝的移民中得到，而较高阶级的劳工也不再能自由地得到土地时，当土地与自然资源都变得稀少而必须节约时，当为了使通货不受政治的影响并将国内贸易联结于世界贸易而引进金本位时，美国就赶上了欧洲一个世纪以来的发展：土地及其耕作者的保护，对劳工之经由工会与立法的社会保护，及中央银行制度——都是最大规模的——等都出现了。货币保护主义最早出现：联邦储备制度（the Federal Reserve System）的建立是为了调和金本

① Penrose，E. F.，前引书。马歇尔的人口律只有在“土地的供应是有限的”这个假设下才是有效的。

位之需要与地区性的需要；接着是劳动力与土地的保护。20世纪20年代整整十年的繁荣足以引起如此强烈的萧条，（罗斯福的）新政开始在劳工与土地的四周筑起保护的壕沟，其范围比已知任何欧洲国家的措施都广泛。因此，无论就正面而言或者就反面而言，美国对本书的论点——社会保护是一想象之自律性市场的附属品——提供一显著的印证。

同时，每一个地方的保护主义都为浮现中之社会生活制造出一层保护的硬壳。这个新的社会生活体是以民族国家的形式出现的，但这些民族国家与其前身，即已往疆界不明的帝国，却很少有相同之处。这种新的、甲壳形态的国家借着全国性的象征货币——以一种比从前任何已知之主权更猜忌、更绝对的主权来保护它——来表现其身份。这些货币也受到外国的重视，因为国际金本位（世界经济的主要制度）就是依它们而建立起来的。假如现在货币公然地统治着世界，那么货币是盖着国家的戳记的。

如此强调国家与货币是自由主义者所难以理解的，他们经常躲开身处于其中之世界的真正特性。他们把国家看成落伍的东西，更认为国家的货币不值得一提。没有一个自由主 212
义时代之自重的经济学家会怀疑，不同种类之纸张在不同的政治领域有不同的名称这个事实的不恰当。要证明这一点，最简单的方法就是在外汇市场将一种货币换为另一种不同名称的货币，这种兑换制度从没有失败过，因为很幸运的，它并不是在国家或政客的控制之下。西欧经由一个新的启蒙而消失了，而国家的“部落性”观念在当时被视为妖异的事物中名列前茅，这种观念所主张的主权对自由主义者而言是一种褊狭思想的表露。直到 20 世纪 30 年代的《经济年鉴》（*Economic Baedeker*，乃德国出版商 Karl Baedeker 及其后裔所出版的一系列丛书——译者注）仍认为货币只是一种交换的工具，因而是不重要的。这种市场心态的盲点使他们对国家与货币的现象茫然无所感觉。对这两种现象而言，自由贸易者是唯名论者。

这两者的关联极为重要，但在当时却没有受到注意。自由贸易论者与正统论者一样经常讨论货币的出现，但是几乎没有人了解到这两组学说是以不同的说法在述说同一件事情，如果其中一组是错的话另一组也是错的。坎宁安（William Cunningham）与瓦格纳（Adolph Wagner）都曾指出世界主义之自由贸易的错误，但是却没有将之与货币连在一起；另一方面，麦克劳德（Macleod）或格塞尔（Gesell）虽然攻击古典的货币理论，却仍然服膺于世界主义之贸易制度。自由主义之启蒙作家——如他们 18 世纪的前辈完全忽略历史的存在——完全忽略了当时建立国家为一关键性之政治单位与经济单位时，货币之本质的重要性。这就是从李嘉图到维泽尔（Wieser）、从小穆勒（J. S. Mill）到马歇尔（A. Marshall）与维克塞尔（Wicksell）这些最有才气的经济思想家们所支持的立场，而一般有教养的人被教导去相信这样的偏见：国家的经济问题或货币的经济问题使人蒙上劣等之污点。把那些错误的论点结合成一个怪异的主张，认为全国性的货币在我们之文明的制度机制里扮演一个重要的部分，会被认为是一种没有意义的、似是而非的说法。

事实上，民族国家这种新的国家单位和新的国家货币是不可分的。这种货币提供全国性制度与国际性制度（运作之）机制，并且引进那些终归于崩溃毁坏之（制度上的）特色。信用所赖以为基础的货币制度已经变成全国性经济与国 213
际经济的生命线。

保护主义之车是三轮驱动的。土地、劳动力与货币都各有其地位，但土地与劳动力是与特定的（虽然是广泛的）社会阶层——如工人或农民——相联结的，而货币保护主义在一更大程度上是一全国性的要素，经常融合各种不同的利益为一个整体。虽然货币政策也可以导致结合或分裂，但客观地说，在统合国家的经济力量中，货币制度是最强有力的。

劳动力与土地分别是社会立法与谷物税的原因。农民反抗有利于劳工的措施与工资的上升，因这会增加他们的负担，而工人则反对食物价格的任何上涨。但是一旦制定谷物法与劳工法——如德国在 19 世纪 80 年代早期以后所实施的——以后，就很难消除其一而不消除另一。农产品关税与工业产品关税之间的关系是很密切的。由于俾斯麦在 1879 年鼓吹全面的保护主义，地主与工业界为了相互的关税保护而开展的政治联盟已经是德国政治的一项特色；两者在关税政策上的互助，和设立同业联盟以便在关税上确保私利，一样普遍。

这时，内在的保护与外在的保护，社会性的保护与全国性的保护倾向于融合在一起。[①] 谷物法所引起之生活费用的上升招致产业者要求关税保护，难得的是他们并没有利用这一点来作为推动同业联盟政策的工具。工会自然坚持较高的工资以弥补生活费用的上升，也没有反对关税保护，以使雇主能支持高涨的工资。但是一旦社会立法之会计以关税所决定之工资水平为基础以后，雇主们不能顺利地承担这种立法所带来的负担，除非他们能确保持续的保护。附带一提，这就是责难被认为是保护主义运动之原因的集体主义阴谋之薄弱的事实基础。但这是倒果为因的。保护主义运动的起源是自然产生的而且广泛传播出去，但是一旦运动开始之后当然
214 就不能不产生一些平行于运动的利益，以确保运动的持续。

比这类平行利益更重要的，是由这样的措施之联合影响所产生之实际条件的均匀扩散。如果不同国家的生活是不同的话，其差异可以归诸具有保护意向的一些立法与行政措施，因为生产的条件与劳动的条件主要是依关税、税负和社会立

---

① Carr, E. H., *The Twenty Year's Crisis, 1919 - 1939*, 1940.

法等条件而决定。早在美国与大英国协开始限制移民之前，从联合王国向外的移民已经开始减少，尽管这时英国存在极严重的失业问题。不可否认，这源于英国社会气候的极大改善。

但是如果关税与社会立法产生出一种人为之社会状况的话，那么货币政策所产生的就是真正之人为的社会状况，其变化日夜不休，而且影响到社会上每一个人的直接利益。货币政策的整合力量远超过其他各式各样的保护主义，后者具有较为迟缓而庞杂的机制，而货币保护的影响却非常活泼，而且千变万化。商人、有组织的劳工、家庭主妇，或者在计划耕作的农民、在衡量子女之前途的家长、准备在适当时机结婚的情侣，在考虑到其利益而下决定时受到各国中央银行之货币政策的影响更甚于其他任何单一的市场要素。如果这种情形在货币稳定时是真的话，那么在货币不稳定时更是无比的真实，而且要使通货膨胀或紧缩的重大决定是由货币政策来决定的。在政治上，国家的身份认同是由政府来建立的；在经济上，（这一工作）则赋予中央银行。

在国际方面，如果可能的话，货币制度负起更重要的责任，很矛盾的是，货币的自由是对贸易加以限制的结果。对跨越边界之货物与人所设的障碍越多，则付款的自由越能有效地获得保证。短期货款可以在一小时内从地球的某一个地

方转到另一个地方；在政府与政府之间，在私人企业或个人
215 之间，国际付款的形式都一律受到管制。即使是一些落后国家企图拒绝偿还外债，或意图玩弄预算的担保，都会被视为一种违法，并且遭到被视为信用不好之国家的惩罚。跟世界货币制度相关的各种相似的制度都被建立起来了，诸如代议制，宪法明文规定政府之权责与预算的公布、法令的颁布、条约的签署、处理财务债务的方式、公共会计的规则、外国人的权利、法院的权限、国外汇票的付款地，以及由此而来之发行银行地位、外国公司债持有人的地位，以及各种债权人之地位等等。这意味着各国使用类似的银行币券，使用类似的邮政管制，以及在股票市场与银行作业上使用类似的措施。也许除了最强有力的国家外，没有一个政府能忽视这些货币的禁忌。在国际意义上来说，通货就是国家；没有一个国家能长时期置身于国际货币架构之外。

货币与劳动力或商品不一样的是：它不受任何干扰措施的影响，而继续发展其随时处理商业之能力。实际物品之转移越难时，其所有权之转移就越容易。商品与劳务的交换甚为缓慢，而且其平衡是摇摆不定的，而在全球通用之短期贷款制的帮助下，支付的平衡却几乎是自动保持流畅的，而且资金之操作几乎是不可见的。支付、债务与所有权之流转都不会受到为防止商品之交易而设的关卡的影响；在某种程度上，国际货币体制之急速成长的弹性与普遍性是可以弥补世

界贸易中逐渐紧缩之渠道的。到了20世纪30年代早期，当世界贸易已缩小到微不足道时，国际短期借贷之流动性却达到一前所未闻之程度。只要国际资本流通与短期信用之机构还继续运作着，任何贸易上的不平衡都可以借助记账方式加以解决。借着信用流通的帮助，社会的纷乱因而得以避免；而经济上的不平衡则由财政上的手段加以纠正。

受到损害之自律性市场以政治的干预作为其最后的手段。当商业循环不能恢复过来并使就业恢复时，当进口不能导致 216
出口，当银行准备的调整有造成商业恐慌的危险时，当国外的负债者拒绝偿还债务时，政府就必须对这些损害采取行动。在面临紧急关头时，社会就会经由干预的媒介来维护自己的统一和谐。

国家会干涉到什么地方，依政治领域之组织结构及经济上之困难的程度而定。只要该国人民的选举受到限制，而且只有很少的人行使政治权力的话，干涉主义就不是一个迫切的问题，当普遍选举使得国家成为数以百万计之选民的机关时——这些人在经济上常带有被统治的辛辣感——干涉主义就变为一个迫切的问题。只要就业机会仍然很多，收入可以确保，生产可以持续，生活水平可靠，而且物价稳定的话，干涉主义的压力自然不会大，当长期的衰退使工业成为一堆无用之工具的残骸，并且使人们的努力终归于无效时，保护主义的压力就会增大。

从国际上讲，政治的手段也可以用来补助自律性市场的不完备。李嘉图学派的贸易理论与货币理论完全忽视各国之间由于财富生产之能力、外销设施、贸易、运输，及银行经验等方面之差异所造成之地位上的差异。在自由主义理论中，大不列颠和丹麦及危地马拉一样，只不过是世界贸易中的另一个原子而已。事实上，世界各国却可以分为：资金出借国与资金借贷国，外销国以及差不多自给自足的国家，外销多种产品的国家及只靠一种产品——如小麦或咖啡——来进行进出口及国外借款的国家等。在理论上我们可以忽视这些差异，但是在实际上却不能不顾及其影响。经常有一些国家无力偿付其外债，或者因为通货的贬值而危及其偿还债务的能力；有时这些国家决定用政治的手段来恢复其平衡，而干涉外国投资者的财产。在上述这些情况下，都没有办法靠经济自愈的过程加以应付，虽然按照古典经济学的说法，市场自愈的过程必然会使这些国家偿还其债务、重建其币制，并保护外国人以免遭受同样的损失。但是要建立这样的世界性自
217 律性市场，各国就必须在世界分工体系中大致平等地参与其中，这显然不是事实。如果我们期待那些通货衰落的国家会自动增加其外销，因而重建其支付的平衡，或者因为外国资本的需求而迫使它赔偿外国投资者并重新开始偿付其债务的话，那只不过是一相情愿的幻想。例如，当一个负债国增加

咖啡或硝酸盐的外销时，可能反而会将市场的底价压得更低，并且拒付高利贷的外债还比国家通货的贬值略胜一筹。但是世界市场制度不能冒这样的风险。在这种情形下，债主国会动用炮舰，不履行债务的国家（不管是不是诈欺）必须面临着炮弹与协商的选择。（除了武力之外）没有其他的方法能强制执行国际债务的清偿，避免大的损失，并维持制度的继续运作。当理论上对贸易之相互利益的确实论辩不能迅速地被土著了解时，一种相似的策略（使用武力）可以被用来诱使殖民地居民认识到贸易的利益。更明显地需要武力干涉的时机是当一个地区拥有大量欧洲生产者需要的原料，但却因土著的需求不同，或缺乏和平制度以培养土著对欧洲产品的依赖时。当然，上述这些问题在一所谓自律性市场制度之下应当是不会出现的。但是如果使用武力干涉来取得债务之偿还的次数越多，则贸易路线需要炮舰来保护的机会就越多，而且贸易跟随在舰旗之后的情况也就越多，而舰旗是随着侵略性之政府的需要而采用的，当其效益明显时，这种政治的手段就被用来维持世界经济之均衡。

第十八章　使国际经济瓦解的压力

218 从（欧洲各国）这些整齐的基础制度安排中产生一些极类似的事件，而在 1879 – 1929 年这半个世纪里扩展到世界各地。

由于各国之民族性和背景，精神状态与历史经历有无限的多样性，使得许多国家之盛衰兴废有不同的地方色彩与概括的重要性，然而，世界文明的主要部分仍然有相同的构造。这一类似性超越了人们使用相似的工具、享受相似的娱乐及以相似的奖赏来酬劳努力等共通的文化特征。的确，这种相似性与人类生活之历史脉络中的具体事件的功能有关，与共同生活中有时间限制之要素有关。对那些典型的紧张与压力作一分析，就可以看出在这段时期中产生这种历史之单一整齐形式的主要机制。

这些压力可以依照主要的制度领域轻易地加以分类。在国内经济上，不均衡的各种症状——如生产、就业与赢利的衰退——可以用失业这个典型的病症来作为其代表。在国内政治上，各种社会力量的斗争与停滞，可以称之为阶级的紧张。至于在世界经济领域里的问题——主要集中于所谓的收支不平衡，包括外销减退、不利的贸易条件、内销原料涨价，及外来投资的丧失——则可称之为交易上的压力。最后，在国际政治上的紧张关系则可称之为霸权竞争。

现在让我们考虑一个国家在商业萧条的情形下受到失业之打击的情况。我们很容易看出经济政策的所有措施——这 219
些措施是银行为了创造就业机会所能自行决定的——都受限于维持稳定的汇兑行市这一急务。在没有请求中央银行的援助时，银行将不能对工业界扩大或进一步展延信用，而中央银行在其任务上将拒绝顺从这种请求，因为通货的安全所要求的是相反的措施。另外，如果压力从工业界扩大到全国——工会会敦促亲近的政党在国会中提出这些问题——任何救济政策或公共建设的范围都将受限于预算平衡这个条件，这是维持稳定之汇兑行市的另一个先决条件。金本位将因而在实际上牵制财务委员会和发行银行的作为，而且立法机关也将发现自己跟工业界一样，面临各种相同的限制。

在一个国家的领域内，失业的压力当然可以由工业界或国家来承担。如果在一特定情形下，失业的危机是借助一种工资上之通常紧缩的压力来克服的话，那么我们可以说解决问题的负担主要是落在经济领域之上。但是，如果那些痛苦的措施是借助遗产税补贴的公共建设来避免的话，那么这个紧张的压力将落在政治领域之上（同样情形也可见诸某些政府的措施，这些措施不顾工会既得的权利，而强迫工会降低工资）。在第一个例子——以工资上之通货紧缩的压力来解决危机——中，紧张仍然是在市场范围之内，而且是表现在价格之改变所带动之收入的改变；在后一个例子——以公共建设或工会的限制来解决危机——中，会有一种法律地位或税收上的改变，这会影响有关之群体的政治地位。

再者，失业的压力有时会扩大到本国范围之外并影响到外币汇兑。这种情形不论是采用政治的措施或经济的措施来对抗失业，都有可能发生。在金本位制之下——我们一直假设它是有效的——任何政府的措施所引起之预算透支，都可能导致通货贬值；在另一方面，如果以扩大银行信用的方式来对抗失业问题的话，高涨的国内物价就会伤及外销，并且影响到支付的平衡。不管哪一种情况，汇兑行市都会暴跌，而这个国家就会感受到加诸其通货的压力。

这两种情况中任何一种压力（这是因失业而引起的）都
220 可能产生外部的紧张。对一个弱小国家而言，这有时会对其国际地位产生严重的影响。其地位降低了，权利被忽视了，外国的控制加在它的头上，其国家的声望受损了。而对一个强国而言，这些压力可以转嫁到争夺国外市场、殖民地、势力范围及其他形式的霸权竞争之上。

从市场散发出来的压力在市场与其他主要的制度之间来回移动，有时影响到政治领域的运作，有时影响到金本位制或均势制，视情形而异。这些不同的领域都各自独立，而且倾向于迈向它本身的均衡；而一旦这一平衡不能达到，使得压力逐渐累积并产生紧张，到最后则以或多或少之相同形式爆发出来。虽然19世纪的想象力是从事建造一自由主义的乌托邦，但在实际上它却将支配日常生活的机制交给几个具体的社会制度。

要了解当时之真正情势的现实化之最接近的门径也许是一位经济学家之夸张的质问，他直到1933年仍在责难“绝大多数国家都采用的”保护主义政策。他问道，如果一个政策被所有的专家一致宣告为全然错误的、大体上是谬误的，而且和所有经济学理论的原则矛盾，那么这个政策有可能是正确的吗？他的回答是毫无保留的：“不！”① 但是在自由主义的文献里，我们却找不出任何理由来解释这些明显的事实。那些无知，具有野心、贪婪与短视之偏见的政府、政客和政治家们无止境地滥用权力，应该为“大多数”国家之持续不断的保护主义负责，这是唯一的答案。他们舍此之外很少能对这个问题提出条理分明的论辩。自从中世纪之烦琐哲学家不顾科学之经验事实以降，没有一种偏见表现出如此可怕的

① Haberler, G., *Der Internationale Handel*, 1933, p. vi.

阵势。对这一偏见之唯一的知性反应是在保护主义阴谋的神话上加上帝国主义狂热的神话。

自由主义者认为从 19 世纪 80 年代初期开始，帝国主义
221 的激情在西方国家开始滋长，而且以其诉诸部落偏见的情绪摧毁了经济思想家们的丰盛工作成果。那些情绪性的政策逐渐积集而强壮起来，终于导致第一次世界大战。在大战之后，开明派原有机会重建理性的势力，但是，没有预料到的帝国主义爆发了，尤其在一些新兴的小国，其后再加上那些“贫国”，诸如德国、意大利与日本，因而搅乱了进步的轨迹。各国的政客们，亦即那些“狡猾动物”，击败了人类智力的中心——日内瓦、华尔街及伦敦市。

在这一派通俗的政治神学里，帝国主义代表邪恶的人性。它认为国家与帝国天生就是帝国主义的，它们吞噬其邻国时全然不会感到任何道德上的不安。这一论点的后半段是对的，但前半段则不然。虽然当帝国主义出现时，它不以理性的理由或道德的理由来正当化其扩张，但认为国家与帝国经常是扩张主义的看法，却不符合事实。地域性组织并不必然渴望扩大其疆界，城市、国家或帝国都不见得会有这种冲动。若辩称其反面为真的话，乃是将一些特殊的情况误为一般的法则。事实上，与一般先入为主之看法相反的是：现代资本主义是以一段很长时期之收敛主义开始的；只有到了后期才开始转向帝国主义。

反帝国主义肇始于亚当·斯密。他不但因而预测了美国的独立革命，而且还预测了随后一个世纪之英国的反帝国主义政策运动（Little England movement）。必须中止（帝国主义政策）的理由是经济上的：七年战争引起之市场的急遽扩张使得帝国落伍了。地理上的大发现加上（陆上）比较缓慢的运输工具使人们偏好海外的殖民农场，而（后来陆上）快速的交通使得殖民变成昂贵的奢侈品。另一个对殖民农场不利的因素是这时外销的意义已经重于内销；内销市场的理想已经让步给外销市场，而此时要达到这个目的，可以用简单之低价倾销方法打败竞争者——包括殖民地人民本身。一旦大西洋沿岸的殖民地失去了以后，加拿大几乎无法继续立足于大英帝国之中（1837）；甚至连迪斯雷里都鼓吹放弃英国在西非的属地；奥兰治邦（Orange State，南非东部一个省，1848 年被英国并吞，但旋即退出，1854－1900 年波尔人建立奥兰治自由邦，1900 被英国并吞，1906 年自治——译者注）企图加入大英帝国而不果；太平洋上的一些小岛，虽然今天被视为具有世界战略上的枢纽地位，但在当时却一再被拒绝加入大英国协。当时不论是自由贸易者或保护主义者，不论 222
是自由主义者或托利保守党分子，都一致认为殖民地是一种浪费的资产，必然会变为政治上与财务上的负担。从 1780 年到 1880 年的一整个世纪里，任何鼓吹扩张殖民地的人，都被认为是旧制度的信徒。中产阶级谴责战争与征服为帝国王朝的阴谋诡计，并鼓吹和平主义（魁奈是第一位为自由放任取得和平之桂冠者）。法国与德国都跟随着英国的步调。法国很明显地放慢其扩张的速度，而且此时其帝国主义的发展主要是在欧洲大陆而不是在海外殖民地。俾斯麦傲慢的拒绝为取得巴尔干半岛而牺牲任何德国人的生命，并将他的影响力置于反殖民主义的宣传上。这就是当资本主义的商行对各个大陆进行侵略时，欧洲各国政府的基本态度；当东印度在兰开夏郡之外销商人的热切坚持下被解散以后，无名的布商在印度取代了沃伦·黑斯廷斯（Warren Hastings，1732 - 1818，于1774年至1784年出任第一任英国驻印度总督——译者注）及克莱夫（Robert Clive，1725 - 1774，英国军人及政治家，服役于东印度公司时，屡次打败法国殖民军，两度出任孟加拉国总督——译者注）之辉煌形象。政府都离开了。坎宁（George Canning，1770 - 1827，英国保守党政治家，曾出任外相一职——译者注）嘲笑为了冒险投资者与海外投机者的利益而由国家出面干涉的看法。政治与经济的分离现在扩大到国际事务的领域中。虽然伊丽莎白一世不愿将她的私人收入与武装掠夺而来的收入严格地区分，但是格莱斯顿（Gladstone，1809 - 1898，英国政治家，四度出任首相之职——译者注）认为将英国的外交政策视为替海外投资者服务是一种诽谤。允许国家的力量与贸易利益纠缠在一起，并不是19世纪的观念；相反的，早期维多利亚时代的政治家就已经宣称国际行为的准则是政治与经济的独立。只有在极端例外的情形下，外交人员才会积极为其本国国民的私人利益奔走，而且如果说这种情形被不正当地加以扩大，是会被公然否认的，若有这种情形被证实了，有关人员会受到惩罚。国家不干涉私人商业的原则不但在国内被遵守，就是在国外也一样被遵守。国内的政府机构也不干涉私人贸易，而其国外的机构，除了在与国家政策有关的情形下，自然也不会照顾私人的商业利益。当时主要的投资是在农业上及在国内；国外投资则被视为一种赌博，而且投资者经常遭遇到的投资损失，被认为可以从高利贷般的暴利中充分补回。

但是，忽然间情形改变了，而且这些改变同时出现在欧
洲几个主要的国家中。虽然德国重复英国之国内发展只在半 223
个世纪之后，但此时世界性之外在事件必然会影响到所有的贸易国家。这样的事件是国际贸易之数量和节奏的增加，以及土地之全面性的流动化——这可见诸将谷物与农业原料以微少的成本从地球的某些地方大量运送到另一些地方。这一经济上的震荡招致欧洲数以百万计的农民流离失所。在短短几年之内，自由贸易已经成为过去的事情；市场经济的进一步扩张已经在一新的情形下进行着。

那些情况是由“双重动向”决定的。此时以加速度扩张之国际贸易模式，受到设计来检查市场之全面性活动的保护主义制度的牵制。农业危机与 1873 – 1886 年间的大萧条动摇

了人们对经济的自我恢复的信心。从此以后，市场经济的各种制度，只有伴随着保护主义的才可能被引进，因为从19世纪70年代晚期19世纪80年代早期以后各国已经结成一个有组织的单元，为了国际贸易与外汇的需要而做之任何剧烈的调整都会引起混乱，并招致严重的损伤。市场经济之扩张的主要工具——金本位制——只有在同时伴随着典型的保护主义政策（如社会立法与关税保护）时，才会被接受。

就这一点而言，传统之自由主义所说的“集体主义之阴谋”是与事实不符的。自由贸易与金本位制并不是被那些自私的关税贩子与软性的社会法规所破坏的；相反的，金本位制本身的发生反而加速了那些保护主义制度的扩张，而保护主义制度越受欢迎，则对固定交换的负担就越重。自此以后，关税、工厂法与积极的殖民地政策就成为一稳定之外汇的先决条件（大不列颠则因其先进工业，而可视为一例外）。只有在有了这些先决条件之后，市场经济的措施才可以安全无虞的引进来。当这样的措施强加于外国或半殖民地之无助人们身上而没有保护的措施，不可言喻的痛苦就产生了。

224 我们在此中掌握了帝国主义之表面上的矛盾——各国不愿意不分青红皂白地相互贸易，而且它们志在海外市场、国外市场的取得，这两点是经济学上无法解释，因而视之为不合理的。这些国家之所以设立保护性立法是因为它们惧怕遭到那些弱小民族所无法逃避的命运。其间的差别只是：热带民族在饱受蹂躏的殖民地被投入悲惨沉沦的无底深渊，且经常达到灭种的地步，而西欧各国之拒绝无限制的贸易是由于一较小的，但仍然足以使他们不惜任何代价来避开它的危险。这种威胁——就像在殖民地所面临的——究竟是否源自经济因素是无关紧要的；除了偏见之外，我们没有理由用经济的尺度来衡量对社会的破坏。事实上，期望一个社群在长时期内只因为经济上的效益，而无视失业的痛苦，无视产业与职业之变动所造成的挫伤，以及伴随而来之道德上与心理上之折磨，是一件可笑的事情。

国家不但积极制造这种紧张压力，同时也消极承受这种压力。如果某些外在的事件对这个国家形成很重的压力时，它内部的机制就会像往常一样，将压力从经济面转移到政治面，或者从政治面转移到经济面。在战后就有一些甚为明显的例子可以证明这一点。对一些中欧国家来说，战败产生了一些高度人为的条件，包括赔款的巨大外在压力。在十多年间，德国的国内情况就是将外来的压力，在工业界与政府之间转来转去，也就是一方面在工资与利润之间转来转去，另一方面在社会福利及税收之间转来转去。整个国家是赔款的承担人，而国内的情况则依国家——包括政府及企业界——应付此一问题的方式而改变。国家的团结因而寄托在金本位制之上，这使得维持德国货币在国外的汇兑价值，变为一最重要的责任。道斯计划（Dawes Plan，为美国副总统 Charles Gates Dawes，1865 - 1951，于第一次世界大战后为德国减少赔款额，以稳定其财政而拟——译者注）就是为保障德国之货币而制订的。而杨格计划（Young Plan，美国企业经理人杨格所制定之德国赔款方案，以取代道斯计划——译者注）更明确而硬性地规定了相似的条件。如果不是从避免德国马克之国外价值受到损伤这个角度来看，我们会难以了解这段期间德国内政的进展。对于货币的共同责任，在德国产生了一牢不可破的架构，企业与政党、工业与国家在这个架构中互相调节以适应这个压力。但是，德国因战败而承担的后果，
225 在其他各国却是在第一次世界大战之前就已经自发的去承受了，也就是说为了要承受稳定之外汇的压力，使得这些国家以人为的方式加以统合。只有在放弃了市场之不可避免的法则以后，我们才能解释何以人们能骄傲地背负起这个重担。

或许有人会反对上述论点，视之为过于简单化的结果。他们会指出：市场经济并非始于某一特定的日子，土地、劳动力及货币这三个市场也不像三驾马车一样并驾奔驰，保护主义在所有的市场中并没有同样的效果等等。这些质疑当然是真的，只不过它忽略了问题的重点。

诚然，经济自由主义只不过是从一些多少已经发展了的市场中，创造出一种新的机制；它统一了各种已经存在的市

场，并将它们的功能协调到一个简单的整体架构之下。同样的，劳动力与土地的分割在那时已经开始进行，同样的情形也可见诸货币市场与信用市场的发展。在这些发展过程里，现在衔接着过去，而且见不到任何断裂之处。

然而，制度的变迁突然开始进行——这是制度变迁的本质。在英国，劳动力市场的建立很快就达到关键性的阶段，这时工人若不遵从工资劳动之法则的话，就会面临饥馑的威胁。一旦这个激烈的步骤被采用了，自律性市场之机制就上紧发条了。它对社会的冲击是如此猛烈，以至于——几乎是立即的——在一般人之看法还没有任何变化的状况下，强而有力之保护性的反抗措施就被建立起来了。

虽然工业生产之各个要素的市场在本质与起源上都甚为不同，但这时却显现出同样的发展过程。这很难是不一样的。人类、自然与生产组织的保护就等于对劳动力市场、土地市场、交易媒介（货币）之市场的干涉，因而——由于这个事实——伤害到市场制度的自律性。因为干涉的目的就是要重建人们的生活及其环境，并给予他们某些保障，因此干涉政策就必然指望减少工资的弹性与劳工的流动性，而致力于收入的稳定性、生产的持续性，并倡导自然资源的公共控制与通货的管理，以避免物价水平的波动。

从 1873 年到 1886 年的不景气，加上 19 世纪 70 年代的农业困境更增加了这种紧张压力。不景气开始时，欧洲正值 226

自由贸易的盛期。新的德国政府（1871－1918）强行将德法之间最惠国的条款加在法国头上，并承诺取消铣铁的关税，引进金本位。到了不景气的末期，德国已经用保护性关税将自己包围起来了，它设立了一般的卡特尔组织，设立了全面性的社会保险制度，并采取高压性的殖民政策。普鲁士主义（Prussianism，即黩武主义——译者注）——这是自由贸易的先锋——很明显的不是转变为保护主义的原因，也不是引进“集体主义”的原因。美国当时的关税比德国还高，而且与德国一样，以自己特有的方式进行“集体主义”；它辅助建筑长途铁路，并发展规模宏大的托拉斯。

不论它们的精神面貌及历史条件如何，所有西方国家这时都顺着同样的潮流走。[①] 国际金本位这个规模最宏大的市场架构付诸实现之后，就意味着市场从国家政权中完全独立出来。世界贸易现在意味着在自律性市场——包括劳动力市场、土地市场与货币市场，而由金本位制作为这个巨大之自动机制的监护人——下之全球性的生活组织。国家与人民只是外表上看起来不在它们之控制下的傀儡。借着中央银行、关税与移民法之助，各国将自己保护起来以免遭失业与不稳定。这些措施是用来对抗自由贸易与固定币值之毁灭性的影响，但在它们达到这个保护社会之目的时，却干预到市场机

① G. D. H. Cole称70年代是“整个19世纪社会立法最积极的时期”。

制的运作。虽然每一项单独的保护措施都有其受益者，这些受益者之额外的利润或额外的工资是一种加诸所有其他国民的税负，但一般人通常只认为税负额过多是不公平的，却不会认为保护政策本身是不公平的。就长期而言，保护政策会引起物价之全面降低，而这对所有的人都是有利的。

不论保护政策是否能证明是正当的，干涉主义的影响使人们认清了世界市场制度的弱点。一国的进口关税妨碍了他国的出口，并迫使后者在不受政治力量保护的地区寻求市场。经济帝国主义主要是强权之间为了将它们的贸易网伸进没有政治保护之市场的斗争。由生产热所引发之原料供应的争夺 227
更加强了出口的压力。各国政府开始支持它们在落后地区经商的国民。贸易与国旗互相追逐另一者的踪迹。帝国主义与不完全故意地为独裁政权做准备，是当时列强的倾向，它们发现自己越来越依赖于一越来越不可靠之世界经济体系。国际金本位制之完整的严格维持是不可避免的。这就是（国际经济）崩溃瓦解之制度上的根源。

在各国内部也有相似的矛盾出现。保护主义有助于将竞争性市场转化为垄断性市场。市场已经越来越不能描述为相互竞争之原子间独立的、自律的机制。个人逐渐被公会所取代，人与资本结合为非竞争的团体。经济的调整变得缓慢而困难。市场的自律性也严重受挫。到了最后，无法调整的物价及成本结构拖长了不景气，无法调整之生产设备也延误了对无利润之投资的清算，无法调整之物价与所得水平导致社会的紧张。只要市场发生问题——不论是劳动力市场、土地市场或货币市场——压力将超越经济领域，而需要以政治手段来重建平衡。但是，市场社会的本质是在制度上将政治领域与经济领域分离，而且不管伴随着怎样的紧张都要维持这种分离。这是破坏性压力的另一个根源。

我们已经接近我们之讨论的结尾。然而我们之论证的重要部分仍然还没有显露出来。即使我们已经成功地、确切地证明转变的核心是市场乌托邦的失败，我们仍然有义务指出什么样的实际事件是由这一原因所决定的。

在某种意义上，这是一件不可能的事，因为历史并不是由任何单一之因素所具体决定的。但是不管历史是如何的多样、如何的丰富，历史之流是会循环再现的，这可以说明何以一个时代之事件在构造上是大体相似的。只要我们能在某种程度内说明历史发展的规律性——在正常的状况下它支配着主要的潮流及反潮流，我们就无须为一些无法预测的旋涡而操心。

228 在 19 世纪，这种状况是由自律性市场之机制所给予的，自律性市场之必要条件是和国内生活、国际生活有关的。从自律性市场之机制产生了欧洲文明的两个特色：其严格的决定论以及其经济性格。当代的学者倾向于把这两者连在一起，而且假定决定论是从经济动机的本质中推衍出来的，按照这个说法，人们当然会追求他们金钱上的利益。但事实上，这两者之间并没有什么关联。“决定论”在许多方面如此显著只不过是市场社会之机制与其可预料之选择的结果，其说服力被错误地归因于物质动机之力量。不论个人的动机是什么，供给—需求—物价体系将永远保持平衡，而且在本质上，经济动机远不如大多数人所谓的情绪动机有效果。

（在市场经济体制下）人类是受到新的（市场）机制的束缚，而不是受到新的动机的束缚。简单地说，紧张的压力来自市场的领域之内，来自市场扩张到政治领域，因而包含了整个社会。但是只要世界经济持续运作，在一个国家之内的紧张关系就仍然是潜在的。只有当世界经济之最后残存的制度——金本位制——瓦解时，各国之内的社会压力才会被解除。各国对这个新情势的反应不尽相同，本质上它们主张适应传统世界经济的消逝；当传统世界经济瓦解了，市场文明本身也就被淹没了。这解释了一个几乎不能令人相信的事实：一个文明被没有灵魂之制度的盲目行动摧毁了，而这种制度唯一的意图是物质福利的自动增加。

但是这不可避免的事情在实际上是如何发生的呢？它是如何以历史之核心的政治事件表现出来的呢？在这个市场经济崩溃的最后阶段，阶级力量的冲突决定性地登场了。

第三篇

进行中的转变

第十九章　民众的政府与市场经济

当20世纪20年代国际（经济）体系失败，一些几乎已 231
经被忘掉之早期资本主义的争论点重新浮现了。其中最重要的问题是民众的政府（popular government）。

法西斯主义者对大众民主的攻击只是使得政治干预主义——它纠缠着市场经济的历史——这个论题再度出现，因为这个问题几乎就是将经济从政治领域中分离出来的另一个说法。

干涉主义之论题在劳工问题上第一次受到注意，一方面是由于《斯皮纳姆兰法案》与《新济贫法》，另一方面是由于《国会选举权修正法案》（Parliamentary Reform Bill，1832）与宪章运动（Chartist Movement）。干涉主义的重要性也同样见诸土地问题与货币问题，虽然它们所引起的冲突没有那么严重。在欧洲大陆，劳动、土地与货币等方面在稍后也产生类似的问题，这一时间上的落差使得冲突发生在一工业较发达但社会还没有结合为一体的环境下。当时每一个地方经济领域与政治领域的分离是同一发展形式的结果。英国与欧洲大陆一样，发展的地点是建立在竞争性之劳动力市场与政治的民主化之上。

《斯皮纳姆兰法案》可以视为一干涉主义的防范措施，妨碍了劳动市场的产生。为缔造一工业化之英国所进行的战斗，是首先在斯皮纳姆兰制之上展开的，而且也是在斯皮纳姆兰制上暂时中止的。在这一斗争中，干涉主义的口号是古典经济学家们发明的，而且斯皮纳姆兰制被加上人为干扰市场秩序的污名，而这秩序实际上是不存在的。汤森、马尔萨斯与李嘉图就在《济贫法》这个薄弱的基础上建造了古典经济学——一个最难以敌对之毁灭的概念工具，始终针对着一过时的秩序——的巨厦。然而对另外的世代来说，补贴制度
232 仍然保护乡村社会以避免城市之高工资的吸引力。到了19世纪20年代中期，赫斯基森（Huskisson）与皮尔扩大了对外贸易的渠道，准许机械的外销，提高羊毛外销的限制量，取消海运的限制，放松移民法规，而且在废除《结社禁止法》（Anti-Combination Laws，1825）之后，也正式取消《工匠法》中有关学徒学习年限与工资审核的规定。而使人堕落的《斯皮纳姆兰法案》仍然从这个郡传布到那个郡，妨碍了劳工们诚实地工作，并使得独立工人这个概念成为不调和的概念。虽然建立劳动力市场的时机已经成熟了，但乡绅的“法律”却阻碍了它的诞生。

改革后的国会立即废除了补贴制度。达成这个目的之

《新济贫法》，被公认是下院所通过之最重要的社会立法。但这个法案的重点只不过是废除了《斯皮纳姆兰法案》。这可以证明在当时已经认识到没有外力干涉之劳动力市场是整个未来之社会结构中极其重要的基础。关于紧张之经济的根源亦有同样的重要性。

在政治方面，1832 年《国会选举权修正法案》达成一个和平的革命。它借着 1834 年之《济贫法修正案》改变了英国的社会阶层，而且根据全新的看法，英国人之生活的某些基本事实被重新解释了。《新济贫法》取消了贫民、“诚实的贫民”或“有工作能力的贫民”——这些都是伯克所痛加批评的名词——这些概括性的范畴。从前的贫民现在被区分为在物质上无助的穷人与独立的工人。前者被安置在贫民习艺所，后者则必须以劳动力赚取工资以维生。这产生一种贫民的全新范畴——失业者——出现在社会舞台上。基于人道的理由，穷人应该给予救济，基于工业的理由，失业者不应该给予救济。失业工人是其命运之无辜者这一点则无关紧要。问题的重点不在于这个工人在确实努力尝试之后，能找到工作还是不能找到工作，而是除非他面临饥饿的困境，而且他唯一的选择只有令人厌恶的贫民习艺所，否则整个工资制度就会崩溃，因而将整个社会投入悲惨与混乱的状态。当然人们已经认识到这个方法可能会伤害到无辜者。这种故意使用残忍手段的目的，是要以饥饿之破坏性的威胁来达到解放劳 233

动者的目的。这个方法使我们清楚地了解到古典经济学家之著作中所表达出来的那种荒凉的忧郁感。但是在将那些多余的人们——他们现在是被束缚在劳动力市场之内——安全地锁在（救济之）门内时，政府是被置于一种献身的法令——用马蒂诺（Harriet Martineau）的话来说，其大意是说，对无辜的受害者提供任何救济都是以“人民之权利的侵犯”这种状态来代替的——之下。

当宪章运动要求给予（1832 年《国会选举权修正法案》中）没有选举权者地方选举权时，政治与经济的分离不再是一个学术上的议题，而成为既存社会体系中无可争辩的状态。如果将《新济贫法》及其精神折磨之科学方法的管理权交给那些《新济贫法》所设计来对付之同一些人所选出来的代表，无异是愚蠢的行为。麦考利爵士（Lord Macaulay, 1800 - 1859，英国史家，上院议员，著有《詹姆斯二世去位以来的英国史》一书——译者注）这位伟大的自由主义者在上院所作之一席雄辩的演说中，就从财产制度是所有人类文明之基石这个角度要求无条件地拒绝宪章运动者的请愿，这只是表达其一致的立场而已。皮尔爵士称宪章（the Charter）是一种对宪法（the Constitution）的弹劾。劳动力市场对工人之生活的控制越厉害，他们对选举权的要求也越彻底。对民众之政府的要求是紧张压力之政治上的根源。

在这些状况下，立宪制度就取得了一全新的意义。在此之前宪法所保障的是从上面来的，对财产权之任意的、非法的侵犯与干扰行动。洛克的观点并没有超出土地权与商业财产权的范围，其目的也只在于排除皇室的专横作为，如亨利八世脱离教皇而世俗化，查理一世之强夺制币厂，或查理二世之“关闭”财务法院。从洛克的观点来看，在1694年独立的英格兰银行之特许状这个范例中，政府从商业中分离出来这个目标已经达成了。商业资本在对抗皇室时占了上风。

在100年之后，所需要保护的已经不是商业财产，而是工业财产了；所要对抗的已经不是皇室了，而是普通的人民。只有对17世纪之意义的误解才会将17世纪的意义应用到19世纪之状况中去。孟德斯鸠在1748年所创造之分权概念，这时已经被用来将人们在自己之经济生活方面从政治权力中分 234
离出来。美国宪法是在从英国之产业舞台得到预警之领导人，在农人—工匠的环境中具体成形的，这部宪法将经济领域完全从宪法的司法权中独立出来，因而将私有财产置于想象得到之最高的保护之下，并产生了世界上唯一奠基于法律之上的市场社会。尽管有普遍选举权，但美国选民还是无力对抗物权所有人。①

① Hadley, A. T., *Economics: An Account of the Relations between Private Property and Public Welfare*, 1896.

在英国，工人阶级没有选举权是宪法中的不成文法。宪章运动的领袖们被捕下狱；其数以百万的支持者则被一个只代表极少数人口之立法机构嘲弄，一般人只是要求选举权也经常被官方视为一种犯罪的行动。所谓英国（政治）制度之特性的妥协精神——这是后来杜撰的——毫无踪迹。这种妥协的精神要等到工人阶级熬过饥饿的19世纪40年代，以及一个温顺的世代开始取得资本主义之黄金时代的利益后才出现；要等到熟练劳工之上层领导者发展出他们的工会，并与贫困的、受打击的劳工分手后才出现；要等到劳工们默认《新济贫法》强加于他们身上之较高工资阶层的工人才被允许有选举权的规定之后才出现。宪章运动者为了阻止市场——这是人们之生活的基础——之磨盘运转的权利而奋斗。但是人们一直要到惊人的适应完成了才取得这个权利。在英国内外，从麦考利到米塞斯，从斯宾塞到萨姆纳，没有一个好斗的自由主义者不表达其信念：大众民主是资本主义的威胁。

在劳工问题上的经验也重复出现在货币问题上。18世纪90年代的情况已经预示了20世纪20年代的情况。边沁首先认识到通货膨胀与通货紧缩都会干扰到财产权：前者等于对商业征税，后者是对商业的干扰。① 从那时候开始，劳工与

① J. Bentham在*Manual of Political Economy*一书第44页视通货膨胀为“强制性的节约”，第45页（脚注）则视之为“间接的税负”。又参见*Principles of Civil Code*，第15章。

货币、失业与通货膨胀在政治上都在同一个范畴之内。威
廉·科贝特（William Cobbett, 1763 - 1835，英国新闻记者及
改革者，英国工人阶级的领导人——译者注）就一并公然抨
击金本位制与《新济贫法》；李嘉图则以非常相似的说辞为
这两者辩护，认为劳工与货币都是商品，而政府没有权力去 235
干涉任何一方。反对建立金本位制的银行家，如伯明翰的阿
特伍德（Atwood），发现他们与社会主义者，如欧文，站在
同一边。而一个世纪之后，米塞斯重弹老调，认为劳工与货
币不比市场上的其他商品更需要得到政府的关心。在 18 世
纪，也就是成立联邦之前的美国，贬了值的货币就等于《斯
皮纳姆兰法案》，也就是一种政府对大众之扰攘所作的经济上
会挫折锐气的让步。法国大革命及其发行的纸币（这种纸币是
革命政府为偿付所征收之土地地价而发行的——译者注）显示
出人民会摧毁货币，而且英国各邦的历史并不能有助于驱除人
们的疑虑。伯克将美国的民主与货币上的麻烦视作同样的东
西，而汉密尔顿（Hamilton, 1757 - 1804，美国独立革命元
勋，主张联邦制——译者注）所担心的不止是党争，而且也
担心通货膨胀。但是在 19 世纪的美国，当人民党员（popu-
list，于 1891 年结合，主张保护农民政策之政党的党员——
译者注）和美钞党（greenback party，于 1874 - 1876 年间出
现于美国的政治舞台，其主要参与者为美国西部与美国南部
的农民，他们希望政府多发行钞票，使之贬值，以削减他们

的债务——译者注）与华尔街巨子之争论还是地方性问题时，在欧洲，对通货膨胀政策之责难变成反对只在20世纪20年代存在之民主立法机关之引人注目的论辩，并产生深远的政治影响。

货币的社会保护政策与货币的干预政策不仅是类似的问题，而且经常是根本上相同的问题。自从金本位建立了以后，工资水平的上涨与直接的通货膨胀一样，都危及货币——两者都会使出口减少，并且终致压低汇率。这一个干涉之两个基本形式之间的接触点，就成为20世纪20年代政治上的杠杆支点。关心货币安全的党派全力反对有威胁性的预算赤字，并且同样反对贬值之货币政策，因而他们像反对“信用膨胀”一样地反对“岁入膨胀”，或者以更适当的说法来说，他们抨击社会负担与高工资，抨击工会与工党。他们关心的不是形式，而是实质，谁会怀疑无限制的失业救济金会像物价上涨时的低利率一样，造成预算的失衡并对兑换行市造成同样不利的后果呢？格莱斯顿使得预算成为英国的意识。对较弱小的国家而言，稳定之货币（的要求）将代替预算（平衡之要求）。但是结果是很相似的。不管是工资或社会服务（的费用）都必须遭到削减，不削减它们的结果是不可避免地由市场之机制决定的。从这个分析的观点来看，1931年之大不列颠的中央政府以适度的方式完成了美国之新政同样的功能。这两者都是个别的国家在巨大的转变中所作的适应调

236

整。但是在英国的例子中由于它有着不受复杂因素——如国内的纷争或者意识形态的改变——之干扰的长处，因而更清楚地显现出一些决定性的特色。

从 1925 年以后，英国货币的地位已经不稳固了。它回到金本位制的做法并没有伴随一相对应之物价水平——它很明显地超出世界的物价水平——的调整。只有极少数人意识到这个由政府与英格兰银行、政党与工会所共同推动之政策的荒谬性。第一个工党内阁（1924）的财政大臣斯诺登（P. Snowden）就是一个金本位迷——如果真有这样一个人的话——但是他没有认识到在（以金本位制）重建英镑时，他不是使他的党担负着工资下降的责任，就是使他的党走向失败。七年之后（1931），这两点都成了事实。到了 1931 年秋天，持续的不景气压力明显地反映在英镑上。1926 年总罢工的失败确保了工资水平不再进一步上升——但这并不能遏止社会福利之财务负担的持续上升，尤其是经由无条件之失业救济的负担。这时已经不需要银行家的“欺骗”（虽然是有着这种欺骗）来使国民感到需要在健全之货币、健全之预算与改善社会福利、货币的贬值——不管这种贬值是源于高工资和外销的萎缩，还是单纯由于赤字的开支——之间做一个选择。换句话说，就是要在削减社会福利与外汇行市衰退之间做一个选择。工党由于无法决定采取哪一种措施——削减社会福利违背了工会的政策，而放弃金本位制则有如亵渎神明——而下台了，而保守党则削减社会福利，并最后停止金本位制。无条件的失业救济被取消了，一种（失业救济金申请者的）家计调查被引进了。与此同时，英国的政治传统经历了一个意味深长的改变。两党制中断了，而且并不急着去恢复它。20 年之后两党制的前景依然渺茫，所有的迹象都显示出反对恢复两党制。英国借取消金本位制而没有牺牲社会福利或国家自由，这已经是在迈向转变的途中采取了决定性的步骤。在第二次世界大战期间，这是由自由资本主义之秩
237 序的改变伴随着的。不过后者的改变却不是永久性的，也因此并未将英国从危机中挽回。

在所有重要的欧洲国家中，一种相似的机制正在运作着，且有着同样的影响。在 1923 年的奥地利、1926 年的比利时与法国，以及 1931 年的德国，工党都下台，以便“挽救货币”。像塞佩尔（Seipel）、弗朗科克（Francqui）、普安卡雷（Poincare）或布吕宁（Brüning）等政治家都将工党从政府之中排除，减少社会福利支出，并且试图打破工会对工资调整的抗拒。危机的原因都归咎于货币，而调整的责任则都是固定膨胀的物价与不平衡的预算。这样一个简单化（的解决方案）很难恰当地面对着问题的多样性，这些问题几乎包含着经济政策与金融政策的每一个问题，如外贸、农业与工业等问题。然而当我们更仔细地考察那些问题时，下面这一点就变得更清楚：货币与预算的问题最后集中焦点于雇主与被雇

者之间这个未决的论题，而其余的人则游移于这个领导群体或那个领导群体之间。

1936年（法国）所谓的布卢姆实验（Blum experiment）提供了另一个例子。法国工党在不能禁止黄金出口的条件下执政。法国的新政根本不可能成功，因为这个政府在货币这个紧要问题上被缚住了手脚。这个例子是没有争论余地的，因为法国与英国一样，一旦工人变成无害的，中产阶级的政党就可以毫不费力地放弃金本位制。这些例子显示出健全的货币这个基本条件在大众政策上的影响是如何的无用。

美国的经验以另一个方式给我们同样的教训。若不放弃金本位制，新政是不可能推动的，虽然外汇（在新政中）是无关紧要的。在金本位制下，金融市场的领袖们在稳定之外汇与健全之国内信用的保护——这是政府之金融在很大程度上所依赖的——上必然受到信赖。银行组织因而居于一个可以干扰任何国内之经济领域内它们不喜欢之措施的地位，不管其理由是好的还是坏的。从经营的角度来看，在货币与信用方面政府必须采纳银行家的意见，他们是唯一知道每一种金融措施会不会使资本市场与兑换行市陷入困境的人。由于美国及时放弃金本位这个事实，社会保护主义并没有在这个例子中归于停滞。这一措施（放弃金本位）在实际上的利益 238
是很少的（而且一如往常，美国政府所给的理由非常贫乏），把华尔街从政治上逐出是这一步骤的结果。金融市场被（经济的）恐慌支配着。华尔街在20世纪30年代的衰落将美国从欧洲大陆那样的社会灾难中拯救出来。

然而，只有在美国，由于其独立于世界贸易之外，以及其极端有力之货币形势，使得（放弃）金本位制只是国内政治上的问题。在其他国家，放弃金本位制无异于退出世界经济。也许唯一的例外是大不列颠，由于它在世界贸易上所占的比重是如此大，使它能为国际货币制度订下一些可以运作的模式，因而将金本位制的负荷大量地转移到别的国家。其他国家，如德国、法国、比利时与奥地利，没有一个具备那些条件。对它们来说，货币的崩溃意味着和外在世界之关系的中断，因而要牺牲依赖进口原料之工业，要解散就业所依赖的国外贸易，它们不能像大不列颠那样，对其承办商人强制实施（与货币贬值）相似程度之减值，因而避免了货币对黄金之价值跌落的内在后果。

汇兑可以说是压低工资水平之极有效的工具。在汇兑成为主要问题之前，工资的论题通常是升高问题表面下的紧张压力。但是那些无法强加于赚取工资者头上的市场法则，外汇机制可以最有效地实行。货币这个指示器使得所有干涉主义之工会政策加诸市场机制之不利影响变得很明显（市场机制的内在弱点，包括景气的循环，现在被视为理所当然的事）。

事实上，没有比把社群之中的劳动力视为虚拟之商品这件荒谬的事情更能说明市场社会之乌托邦性质的了。罢工这种工业活动中的正常议价武器越来越经常被视为对社会有用之工作的任意干扰，同时也使社会的红利——工资最后是从这里得到的——减少。同情罢工是遭到怨恨的，而总罢工则被视为对社会生存的威胁。事实上，在重要的服务业与公共 239
事业上的罢工是以国民作为人质，同时把他们卷入劳动力市场之真实机能的错综复杂的问题中。劳动是被（古典经济学理论）假定可以在市场上找到其价格，如此建立起来之价格以外的价格都是不经济的。只要劳工遵从其责任而行动，他就会如一种生产要素般供应商品“劳动力”，并且一贯地推论下去，这意味着劳工的主要义务是不断地罢工。没有再比这个命题更荒谬的了，然而这只是劳动商品论的逻辑推论而已。当然，理论与实际不一致的根源是劳动并不是真的商品，而且如果劳动力被留着不用只是为了要确定其正确的价格（就如所有其他的商品在供给增加时把商品留着不供应一样），社会将会因缺乏维持生存的东西而瓦解。值得注意的是，在部分自由主义经济学者讨论罢工问题时，极少（即使有）触及这一考虑。

让我们回到现实层面上：以罢工作为规定工资的方法，不只是对我们自己这种夸耀功利理性的社会，对任何种类的社会都是一种灾害。事实上，在私有企业体制下之工人在其工作上没有安全的保障，这种状况严重地降低了他的身份地位。除了避免大量失业的威胁之外，工会的功能在维持大多数人之最低（生活）标准这一点在道德上、文化上变成必须的。然而，很明显的是，任何对工人提供保护之干预措施必然干扰到自律性市场机制，且最后降低了消费者的购买力，而这种购买力提供工资给工人。

由于内在的必然性，干涉主义与货币这两个市场社会的根本问题再度出现了。它们成为 20 世纪 20 年代政治问题的中心。对这些问题，经济自由主义与社会主义的干涉主义有相对立之不同解答。

经济自由主义以消除所有干预了土地市场、劳动力市场、货币市场之自由的干预主义政策，企图重建市场制的自律性。
240 在危急关头时，经济自由主义所做的就是去解决环绕着自由贸易、自由劳动力市场与自由运作之金本位制这三个基本原则的世俗问题。事实上，经济自由主义成了重建世界贸易，去除所有劳动力流动之可避免的障碍，以及重建稳定之外汇等大胆尝试的先锋队。最后一个的重要性高于其余两个。除非对货币的信心重新建立起来，否则市场机制无法运作。在这个例子中，要期望政府不会以它所能采取之所有的手段来保护人民的生存是一种幻想。在道理上，那些手段主要是以关税和用来保障食物与就业之社会立法为主，也就是说，正是使自律性市场制度无法运作的干涉措施。

首先考虑去重建国际货币制度的另一个（更直接的）理由是，面对着市场解体与汇兑不稳定的局面，国际信用占着一个越来越重要的地位。第一次世界大战以前，国际资本的流动（不包括和长期投资有关的）仅是用来保持国际收支的平衡，但是即使就这种作用而言，也因经济的考虑而受到限制。信用只有在从商业理由上看起来值得信赖的情形下才给予。现在的情形正好反过来：债务因政治的理由——如赔款——而产生出来，贷款也因近乎政治的理由——以便赔款能够支付——而给予。但是贷款也有因经济政策的理由——以便稳定世界物价或重建金本位制——而给予的。信用机制被世界经济之相对健全的国家用来缩短它与世界经济之相对解体的国家的差距，而不管生产的条件与贸易的条件。许多国家借助一种被假定全能的国际信用机制，人为地达成国际支付的平衡、预算的平衡、汇兑的平衡。这一国际信用机制（之所以能运作）是基于回到稳定之汇兑——回到金本位的同义语——的期望。在一解体的经济体系中，一条具有惊人力量的橡皮筋有助于维持各国表面上的团结；但是这条橡皮筋是否能承受得住这种压力，要视各国是否及时回到金本位制。

从这个角度来看，日内瓦（即国际联盟——译者注）的成就是值得注意的。如果不是这个目标在本质上是不可能的，

以国际联盟对这个目标所做的努力是如此的能干，如此的持久，如此的全心一意，应该是真正可以达到的。按照现状来
241 看，没有干预在其后果上也许比国际联盟所做的结果更悲惨。正因为没有干预经常看起来几乎是成功的，它才大大地加重了最后失败的结果。在1923年（当时德国马克在几个月之内崩溃）与20世纪30年初（当时世界上所有重要的货币都与黄金有所联系，即采金本位制）之间，国际联盟使用国际信用机制将东欧不完全稳定化之经济的负担转移到西欧战胜国肩上，然后又自此转移到美国这个更宽广的肩膀上。[1] 美国的景气衰退兴起于一般景气循环期之中，但当衰退来到时，由国际联盟与盎格鲁-撒克逊银行体制所创造的金融网把全世界的经济卷入可怕的大翻覆之中。

但是问题所牵挂的尚不止于此。在20世纪20年代，根据国际联盟的想法，社会组织的问题要完全迁就于货币重建之需要。通货紧缩是当时主要的需要，国内的各种制度要尽可能适应这个需要。即使是国内自由市场的重建与自由政体的重建也可以暂且延缓。以国际联盟黄金委员会（Gold Delegation）的话来说，通货紧缩未能“影响某些种类的商品与服务，因而不能重建一个稳定的新平衡”。政府必须干预，

① Polanyi, K., “Der Mechanismus der Weltwirtschaftskrise”, *Der Osterreichische Volkswirt*, 1933 (Supptement).

以便降低独占之物品的价格、降低已达成协议之工资，并削减租金。主张通货紧缩者的理想是有一“强有力之政府底下的自由经济”；在这里“政府”一词意味着紧急的权力与公共自由的停止，“自由经济”意味着在实际上与这个词所说的相反，也就是说，由政府来调整物价与工资（虽然这种调整是为了重建交易之自由与国内自由市场这一明确的目的）。强调汇兑（之稳定）的首要性无异于意味着要牺牲自由市场与自由政体——这是自由经济的两根支柱。因此国际联盟所代表的是目标上的改变，但是在方法上并没有改变：那些被国际联盟谴责之实行通货膨胀政策的政府将货币之稳定置于所得与就业的稳定之下，而那些实行由国际联盟推动之通货紧缩政策的政府也使用不少的干预手段，以便将所得与就业之稳定置于货币的稳定之下。1932 年，国际联盟黄金委员会 242
的报告宣称，由于汇兑回复到不稳定的状态，过去十年在货币上之努力的主要成就已经被一笔勾销。这个报告没有说明的是，在这个实行通货紧缩之徒劳无益的努力中，自由市场没有被重建起来，但是自由政体已经被牺牲掉了。经济自由主义者虽然在理论上一样反对干涉主义与通货膨胀政策，但是实际上在两者之间却有所选择，而把健全之货币的理想置于非干涉之上（也就是比较反对通货膨胀政策——译者注）。他们这样做是遵循自律性经济的内在逻辑。然而这样的做法易于把危机扩大，它将巨大经济错乱之无法承担的压力加诸金融问题之上，而且将许多国家经济之赤字累积到一个点，在这个点上残存之国际分工的破坏是不可避免的。在这关键的十年，经济自由主义之顽固地施行通货紧缩政策、支持独裁主义式的干涉主义，其结果只是决定性地削弱了民主主义的力量——这种力量在别的状态下是可以避开法西斯主义之灾难的。大不列颠与美国——他们是货币的主人而不是仆人——及时放弃金本位制而避开了这一个危险。

本质上，社会主义是工业文明的先天倾向，这种倾向试图使自律性市场服膺于民主社会的方法，以超越自律性市场。这一解决方案对产业工人来说是极自然的，他们看不出有什么不直接调节生产的理由，也看不出有什么理由在一个自由的社会中要把市场置于一个有用但从属于这个社会这样的地位之上。从整个社会的观点来看，社会主义只是使社会中人与人之间有一种人性关系之努力——这在西欧历史中经常是跟基督教传统结合在一起的——的延长。另一方面，从经济体系的观点来看，它是一种对晚近历史之激烈的转变，在经济的范围内，它打破了私人金钱利得为生产活动之一般诱因的想法，并且不承认私人有处置主要生产工具之权利。终极而言，这就是社会主义政党对资本主义经济的改革充满困难——即使当他们决心不干预财产制度——的原因。只是社会主义者可能会决定去干预财产制度的可能性都会摧毁某种形态之信心的基础——这种形态的信心对自由经济是很重要

的，也就是说，对于财产权之持续保有的绝对信心。虽然财
产权的实际内涵可以用法律重新界定，但是其形式之连续性 243
的保证对市场制度之运作是绝对必要的。

第一次世界大战以后，发生了两件影响到社会主义之地位的变化。第一件是市场制已被证实为不可信赖到几至全面崩溃的地步，这个缺陷即使是它的批评者也没有预料到；第二件是在俄国所建立的社会主义经济，代表了一种全新的开始。虽然这一冒险的条件无法应用到西欧国家，但是苏俄的存在证明这是一个深刻的影响。诚然，苏俄是在缺少工业、受过教育的人民，以及民主主义的传统——按照西欧社会的想法这三者是社会主义的先决条件——之下转向社会主义的。这些差异使苏俄的方法与解决问题的方案无法应用到其他地方，但这并不妨碍社会主义成为一种世界性力量。欧洲大陆的工人政党一向都具有社会主义的外观，而且他们所希望达成的任何改革当然都被怀疑是在替社会主义的目标服务。在和平时期，这样的一种疑虑是不合道理的；就一般而言，社会主义工人阶级政党是致力于资本主义的改革，而不是企图以革命的方式将资本主义推翻。但是在紧急状况下，形势就不一样了。此时，如果正常的方法已经无能为力了，非常的方法就会被尝试，在一工人政党来说，这样的方法就可能包括对财产权的漠视。在迫切之危险的压力下，工人政党可能会孤注一掷的

采取社会主义的手段——或者至少在好斗之私人企业的支持者看起来是社会主义的手段。只要这种征兆存在，就足以将市场卷入混乱状态中，并且导致普遍的恐慌。

在诸如此类的情况下，雇主与雇工之间经常不变的利益冲突呈现一个不吉利的特性。虽然在经济利益上的分歧通常都会以妥协的方式来终止，但是社会中之经济领域与政治领域的分离，倾向于冲突而对社会造成严重的影响。雇主拥有工厂与矿区，因而直接对带动社会的生产这一任务负责（这全然远离他们个人在利润上的利益）。大体上，他们会以所有努力取得的后援来维持产业的营运。另一方面，受雇者代表社会中一个很大的部门，他们的利益在很
244 大程度上是与整个社会的利益相一致的。他们是唯一能保护消费者、国民、人类之利益的阶级，而且，在普遍选举权之下，他们的人数使他们在政治领域中取得优势。然而，立法机构与工业一样，在社会中有其形式的功能要完成。它的成员受委任形成公共意志、督导公共政策及制订国内外的长期计划。没有一个复杂的社会能没有政治上的立法机构与行政机构。群体利益的冲突所导致之产业机构或国家机构的瘫痪——不论是其中一者或两者——会对社会形成直接的威胁。

然而这正是20世纪20年代的情况。劳工在议会里坚守自己的立场，而他们的人数使他们举足轻重，资本家则

在产业中筑起城堡，而由此支配国家。大众团体则在商业上以毫不留情的干预来报复，不顾既有组织之产业的需要。产业首领们破坏人们对他们自由选出之统治者的忠诚，而民主主义的团体则继续对抗每一个人生活所依赖的工业体系。最后，经济体系与政治体系有全面瘫痪之虞的那一刻将到来。恐惧紧紧抓住了人们，那些为摆脱这种困境提供简单（而不管最后之代价为何）方法的人将被推上领导地位。以法西斯主义之解决方案来解决问题的时机已经成熟了。

第二十章　社会变迁之齿轮中的历史

245 如果有一个政治运动是因应于客观情势之需要，而不是偶然之原因的结果，那就是法西斯主义。可是，法西斯主义之解决方案的退化特性是很明显的。它提供一个面临制度之停滞——本质上这在大多数国家都一样——时的逃避，但是如果这个救济对策被尝试，将在各地产生致死的疾病。那是文明枯萎死亡的方式。

法西斯主义对自由资本主义所造成之困局的解决方案，可以说是一种以所有民主主义制度（产业领域的、政治领域的）之清除为代价之市场经济的改革。有崩溃危险之经济体系因而得到生气，但另一方面人民本身受到一种企图使个体变质，并且使他不能作为群体之可以负责任的个体的再教育。[1] 这一再教育——包含一个政治宗教之教义，这一教义

① Polanyi, K., "The Essence of Fascism", In *Christianity and the Social Revolution*, 1935.

否定所有形式之人类的兄弟关系的理念——是经由大规模心理转变之作为而达成的，这种大规模心理转变以拷问之科学之方法强施于顽强的反抗者。

这样一种（法西斯主义）运动在地球上之工业国家，甚至在若干只有些微工业化之国家的出现，不能如当时的人那样归因于地域的原因、国民特有的心性，或者历史的背景。法西斯主义与第一次世界大战只有很小的关系，一如跟《凡尔赛条约》、普鲁士容克军国主义，及意大利气质只有很小的关系一样。这个运动出现在战败的国家，如保加利亚，也出现在战胜的国家，如南斯拉夫；出现在具有北方气质的国家，如芬兰与挪威，也出现在具有南方气质的国家，如意大利与西班牙；出现在雅利安人种的国家，如英国、爱尔兰或比利时，也出现在非雅利安人种的国家，如日本、匈牙利与 246
巴勒斯坦；出现在天主教传统的国家，如葡萄牙，也出现在新教国家，如荷兰；出现在尚武的社会，如普鲁士，也出现在尚文的社会，如奥地利；出现在具有古老文化的国家，如法国，也出现在只有新文化的国家，如美国与拉丁美洲国家。事实上，一旦法西斯主义出现之条件具备了，没有一种背景——宗教的、文化的，或国家的传统——可以使一个国家免于遭受法西斯主义的侵袭。

更有甚者，在法西斯主义之物质的与数字上的力量，以及其政治效率之间，也明显地没有任何关联。“运动”一词是一个误导，因为这蕴涵着大量的人某种方式的投入或个别的参与。如果法西斯主义有任何特征的话，就在于它独立于诸如此类的大众性的表明态度。虽然（法西斯主义）通常也希望有大量的追随者，但是其潜在力量并不是由于其信徒的数目，而是由于居高位者的影响力，这些居高位者与法西斯主义领导者们维持良好的关系，而且这些居高位者在社会上的影响力能够在一失败之暴乱的结果中保护他们，因而避免了革命的危险。

一个国家在走向法西斯主义时会显现一些征候，在这些征候中，法西斯运动并不是必然的一个。这些重要的征候至少有非理性哲学、种族主义的审美观、反资本主义之煽动行为、非正统之流行观点、政党体制之批评、对“政权”（不管是否以民主的方式组织起来的）之最普遍的蔑视等现象的扩散。在奥地利，斯潘（Othmar Spann）所谓的普遍主义哲学（universalist philosophy），在德国，斯蒂芬·乔治（Stephan George）的诗与克拉格斯（Ludwig Klages）之宇宙进化论的浪漫主义（cosmogonic romanticism），在英国，劳伦斯（D. H. Lawrence）的性爱生机论（erotic vitalism），在法国，索雷尔（Georges Sorel）之政治神话的崇拜等都是法西斯主义之各式各样的先驱。希特勒最后是以环绕着兴登堡总统之封建派阀取得政权的，一如墨索里尼与普里莫·德里韦拉（Primo de Rivera，1870 - 1930，西班牙独裁者——译者注）

是由其统治者分别地引进政府机关。虽然希特勒有一个广大的运动来支持他，墨索里尼只有一小小的运动支持他，而普里莫·德里韦拉则没有运动支持他。以上没有一个反抗权力当局之实际的革命；法西斯主义者的策略经常是在当局的默许下安排一虚假的暴动，使权力当局假装被武力淹没了。这就是一个复杂状况之赤裸裸的轮廓，构成这一复杂之状况的是各式各样的人——如工业城底特律之天主教自由契约的煽 247
动家，日本之武力阴谋者，落后之路易斯安那（Louisiana）的“企业巨子”，及乌克兰之反苏维埃的破坏活动者。法西斯主义是一始终存在的政治可能性，是自20世纪30年代以后在每一个工业社会中几乎同时发生的情绪反应。我们可以比称它为一个“运动”更恰当地称之为一个“趋向”，以指出这个危机之非个人的性质，这个危机的征候经常是含糊、暧昧不清的。人们通常不能从一个政治演说或一出戏剧中，不能从一篇布道证词或一场公共的示威游行中，不能从一形而上学的或艺术的时尚中，不能从一首诗或是一个政党的计划中真正地看出它是不是法西斯。法西斯主义并没有一个可接受的标准，也没有因袭的教义。然而，所有其组织形式中一个最具重大意义的特征是它突然地出现，并且再突然地消失，然后又经过一段潜伏的不确定时期后，带着暴力突然地迸发出来。所有这些都与社会力量的状况相适应，这种社会力量根据客观形势而盛衰消长。

我们所简略称为“法西斯主义的事态”只不过是法西斯主义轻易而全面地获胜之典型的时机而已。突然地，劳工以及其他维护宪法所保障之自由的产业及政治组织都销声匿迹了。少数法西斯主义者的力量，就能将统御全国的民主政府、政党及工会排挤到一边。假使一般所谓“革命的情势”所意味的是所有社会力量在心理与道德上都已经瓦解，而且让一小群只有些许武装的暴徒就能袭击为“反动派”所据且原以为无法攻破的城堡的话，那么此时所谓的“法西斯情势”与此几乎完全相符。唯一的差别是在此时，被袭击的是民主与宪法所保障之人身自由等堡垒，而且他们反抗法西斯的力量几乎微不足道。在 1932 年 7 月，普鲁士的社会民主党政府，将自己防护在合法之权力的壕沟内。但这个政府却因赫尔·冯·巴本（Herr von Papen）恫吓着要使用非宪法的暴力，而向他宣告投降。六个月之后，希特勒和平地为自己取得最高权位。从那时开始他就立刻对魏玛共和政体以及其他合法之政党发动全面的攻击。假如我们错误地以为是这个（法西斯）运动的力量创造了这种情势，而不是这种情势的发展产生了这个（法西斯）运动的话，那我们可以说是忽视了过去十年中最突出的教训。

248 法西斯主义与社会主义一样，都是在市场社会无法运转时，脱颖而出。因此它是世界性的，其范围也是全面性的，而且应用广泛。它的论点已经超出经济领域之外，并且产生了一个全面的转变，造成了一个特殊的社会形态。它影响到人类所有的活动，不论是政治、经济、文化、哲学、艺术，或宗教等，并且完全不跟地域的、局部的趋势相结合。除非我们能清楚区分潜在的法西斯动向，以及不同国家内这个动向所结合之各种短暂的力量，否则我们无法了解这段时期的历史。

20 世纪 20 年代的欧洲，就有两股明显的力量。它们掩盖了色彩较淡，但却甚易辨别的法西斯主义。这两股力量就是反革命力量，及修正的民族主义。直接造成这两股力量的起因就是凡尔赛和约及战后的革命。虽然这两股力量受到客观条件的限制，而且只企图达成特殊的目标，但是人们却经常误将这两者当做法西斯主义。

通常一个国家被暴烈干扰过，其政治钟摆向反面摆动时就会出现反革命的情况。这种动向，从英国建立共和政体之后，在欧洲已成为常态，而且与当时的社会发展没有什么关联。到了 20 世纪 20 年代，许多这一类的反革命情势在欧洲发展出来，因为当时摧毁了十多个中欧与东欧王室的动乱部分是由于战败的余波，而不是民主的潮流。反革命的工作主要是属于政治性的，而且自然落在那些被夺权的阶级与团体头上，像皇室、贵族、教会、重工业，以及与它们有关的政党等。在这段时期保守派与法西斯主义者之间的联合与冲突，主要集中于在这一反革命过程之中法西斯主义者所扮演的角色。在此时，法西斯主义是一个进步倾向，其反对保守派的成分一如反对与其竞争的社会主义势力。但是这却并不排除法西斯党徒借向反动势力提供服务而在政治圈取得权力。相反的是，他们能取得政权，主要是他们攻击保守主义者无法禁止社会主义。保守派自然想要全面垄断反革命的荣耀，而且事实上在德国他们也一直这么做。他们剥夺了工人阶级政
249 党的影响与力量，但是却也不将之给予纳粹分子。同样，在奥地利，保守的基督教社会党也在 1927 年将工人解除武装，且未对“右倾的革命力量”做任何让步。即使是当法西斯者参与反革命潮流时，保守派也能建立起“强有力”的政府，而将法西斯主义打入冷宫。这发生于 1929 年的爱沙尼亚、1932 年的芬兰，及 1934 年的拉脱维亚。此时一些伪自由主义政权也粉碎了法西斯主义的势力，像 1922 年的匈牙利及 1926 年的保加利亚。即使在意大利，虽然保守派未能重建工业界的工作纪律，但也未给法西斯主义者提供取得政权的机会。

但此时在军事上的战败国之中，包括在“心理上”战败的意大利，国内的问题却日渐扩大。不可否认的是，当时有些措施确实订得过于苛刻。在这些问题之中，最严重的自然就是永久废除战败国的武装这一点。在当时所有国际法、国际秩序，及国际和平机构都必须依赖实力来维持的情况下，有些国家却被弄得全无武装，而且没有任何取代旧有和平体

制的机构来保障它们。我们最多只能把国际联盟看做一改良的均势制。但它在实际上却比不上以前的欧洲协调，因为在这时已经缺少一个权力分散的先决条件。早期各国的法西斯运动都是将自己置于为国家大事服务的地位。如果没有这种“捡来”的任务，法西斯主义是无法生存的。

但法西斯主义只是利用这些事件作为踏脚石而已。它在其他时候却高唱和平主义及孤立主义的调子。在英国与美国，它与绥靖主义者联合。在奥地利的回乡运动者与各种天主教和平主义者合作。天主教法西斯主义者却反对民族主义。休伊·朗（Huey Long，1893－1935，美国路易西安那州州长，1928－1931，及参议员，1931－1935——译者注）不需要借与密西西比州或与得克萨斯州间的边界纠纷，就可以从巴吞鲁日（Baton Rouge，路易西安那州首府——译者注）发动他的法西斯运动。在荷兰及挪威的法西斯运动却反对民族主义，反到几乎可以视之为叛国。吉斯林（Vidkun Quisling，1887－1945，挪威的法西斯党领袖，德国占领时期1941－1945的总理，战后以叛国罪被枪毙——译者注）可能是一个优秀的法西斯主义者，但却绝对不是一个爱国者。

在争夺政治权力时，法西斯主义者随时利用地方势力。它的目标超乎政治及经济的架构之上——它是社会性的。它将一个政治宗教注入一个衰颓的社会之中以为之服务。在它崛起时，它尽量包容各种社会动力于其运动之内。但在它一

250 旦得到胜利之后，却禁止大多数信念，除了一小撮极端特殊者。除非我们能仔细区分它在夺权过程中的半容忍状态，及它在夺权后的真正不容忍性，否则我们无法了解革命期间法西斯运动的伪民族主义，以及在革命后它发展出来的特殊的帝国主义式非民族主义。这两者之间有微妙而具决定性的区别。①

虽然保守主义者一般能成功地推动国内的反革命，但他们却很少能真正解决国内与国际的问题。譬如布吕宁（Heinrich Brüning，生于 1885 年，于 1930 年至 1932 年间出任德国总理，解散希特勒的暴徒，1934 年离开德国——译者注）就认为到 1940 年时他已解决了德国的赔款及裁军问题。但是环绕在“兴登堡总统周围的一小撮党派”，却将他逐出政府机构，并将权力给予纳粹党徒。他们主要就是不愿让他得到这个荣誉。② 当然，他这种说法是否正确还值得商榷。因为当时德国的地位问题，并不像布吕宁所说的只限于技术上之解除武装而已，还包括更重要的非军事化问题。此外，我们也不能低估纳粹群众的激进国家主义政府所带给德国的外交力量。事后证明德国如果不采取一个革命性的步骤，是无法取得国际上之平等地位的。从这个角度来看，纳粹主义的主要意义——它

① Rauschning，H.，*The Voice of Destruction*，1940.

② Heymann，H.，*Plan for Permanent Peace*，1941，参考 Bruning 在 1940 年 1 月 8 日的信。

将一个自由、平等的德国带上罪恶之途——也变得很明显。在德国与意大利，法西斯主义能取得权力，就是因为它能利用难以解决的国内问题作为他们的起点。但是在法国与英国，由于其反对爱国主义，使得法西斯运动欲振乏力。只有在一些较小的，且本质上有依赖性的国家，法西斯主义才能利用反对对外国屈从的精神，作为其政治本钱。

如前所述，20 世纪 20 年代欧洲的法西斯主义只有在偶然的情形下，才与民族主义者及反革命的潮流结合。这实际上是若干起源不同之运动的共生关系。它们互相支持，并造成一个印象，使人们误以为它们完全一样，但是在实际上却没有关联。

法西斯主义在政治上担当的角色，实际上是由一个因素决定的，也就是市场制的条件。

在 1917 – 1923 年间，有些国家的政府寻求法西斯主义者 251
的帮助，以重建法律与秩序。这两者是市场运转的必要条件，且舍此之外，不需其他条件，法西斯主义此时尚不发达。

在 1924 – 1929 年间，当重建市场制已经看似不成问题时，法西斯主义已经全面丧失其政治力量。

1930 年之后，市场经济已经成为世界性的危机。在几年之内，法西斯主义成为一个世界性的力量。

1917 – 1923 年间这第一个时期，只产生法西斯这个名称。此时一些欧洲国家，像芬兰、立陶宛、爱沙尼亚、拉脱维亚、波兰、罗马尼亚、保加利亚、希腊及匈牙利，都发生了农民革命或社会主义革命。而在其他国家，像意大利、德国及奥地利，则是由产业工人取得政权。到后来，反革命的势力得以在这些国家重建权力的平衡。在上述大多数国家中，农民转而反对城市工人。在有些国家中，法西斯运动是由军人与士绅推动的，他们为农民树立表率。在另一些国家，像意大利，失业者及小资产阶级组成法西斯主义的队伍。在这些国家中，除了法律与秩序之外，没有其他悬而未决的问题，也没有人提出激进的改革意见。换句话说，此时在这些国家没有出现任何法西斯革命的征兆。这些运动只是表面上看似法西斯运动。也就是说，这些运动只有在市民自己组织武装队伍，提出不负责任的政见，而且在官方的纵容下使用暴力等方面，才类似法西斯运动。法西斯的反民主哲学此时已经形成，但它仍不是一个政治力量。譬如像托洛茨基（Leon Trotsky, 1879 - 1940，俄国马克思主义者，参与十月革命，在列宁时代出任对外关系的负责人。到斯大林时代，托洛茨基于 1929 年被逐出苏俄，于 1940 年被一随从刺杀——译者注）在 1920 年向第三国际第二次代表大会报告意大利的情形时，甚至没有提及法西斯主义，虽然法西斯主义者那时已经存在一段时间了。意大利的法西斯主义还要再等上 10 年，并且在政府中据有一席之地以后，才发展为一个特殊的社会制度。

到了 1924 年左右，欧洲及美国正值经济高度繁荣期，并因而忽视了市场制是否健全的问题。资本主义已经宣告重建。除了在一些边缘地区，布尔什维克主义与法西斯主义全都被消灭。此时，第三国际宣称资本主义的统合已是一事实。墨索里尼赞扬自由资本主义。除了英国之外，所有重要的国家都在改进。美国享受一段传奇式的繁华，而欧洲大陆也相差无几。希特勒的暴动被敉平了。法国自鲁尔区（Ruhr，德国西部鲁尔河谷之矿业及工业区——译者注）撤出。德国奇迹般地重建了马克。道斯计划将政治从赔款问题中抽离出来。 252
洛迦诺（Locarno，瑞士东南部一小镇，第一次世界大战后，德、法在此签约以捐弃前嫌——译者注）已经伸手可及。德国已开始其繁盛的七年时期。到了 1926 年底，金本位制又再度控制从莫斯科到里斯本之间的所有国家。

一直要到第三阶段，也就是 1929 年之后，法西斯主义的真正意义才变得明确。此时市场制的僵局已经变得很明显。直到这时法西斯主义还只不过是意大利极权政府中的一个特色，此外它与传统的政党没有什么区别。但在此时法西斯主义却以能提出另一个解决工业社会问题的姿态出现。德国在这个欧洲革命中起了带头作用。而各国法西斯党的结盟，也为它在争权夺利上注入了一个新动力，并迅速扩散到五大洲。历史处于社会变迁的齿轮中。

一个偶发但却非意外的事件开启了国际经济制度的崩溃。

华尔街股市的暴跌愈演愈烈。接着英国决定取消金本位制。再过两年之后，美国也如法炮制。与此同时，国际裁军会议停止其会期。到了1934年，德国退出国际联盟。

这些象征性的事件，开启了全面改变世界组织的时代。三个强权国，日本、德国及意大利，群起反对国际现状，并破坏摇摇欲坠的国际和平机构。与此同时，世界经济的实际组织已无法运作。创造金本位制的盎格鲁-撒克逊民族已经暂时将金本位制舍弃不用。在无法履行义务的借口下，各国否认其国外债务。资本市场及世界贸易逐渐缩小。世界政治与经济制度同时宣告瓦解。

在各国国内，这些改变也同样地彻底。两党制被一党政府取代，有时则被中央（集权）政府取代。但是集权国家此时在外表上仍然与民主国家极为相似。这一点就足以显示出民主政体下的自由讨论与决策，只具有表面上的重要性。苏俄在专制的形式下转向社会主义。在准备作战的国家中，像德国、日本与意大利等，自由资本主义已经消失，即使在美国与英国，也多少是如此。在浮现中的法西斯主义政权、社会主义政权及新政政权，都同样摒弃了自由放任的原则。

253 虽然历史是因外在事件而开启的，但各国却是依其漂流之方向所面临的冲击而反应。有些国家避免改变，另一些国家花费许多精力来应付改变，而其他国家则不予理会。此外，它们也用不同的方法解决问题。但是从市场经济的观点来看，这些极端不同的解决方法，只不过代表现有可以选择的可能途径而已。

此时想利用这些变动来抬高自己之利益的国家是一群不满现状的强权。对它们来说，均势制的消逝，即使是在较无力的国际联盟，也都提供了一个难得的机会。德国此时急于加速破坏传统世界经济，因为传统经济仍为国际秩序提供了一个立足点。此外德国还预期世界经济的瘫痪，使它能较其对手 有先下手的机会。此时它有意削弱其与国际资本、商品，及货币等体制的关系，以便能减少外在世界对它的控制，尤其当它觉得能抗拒国际政治义务时。它刻意培养经济上的自给自足，以确定能取得为达到这个长远目标所需要的自由。它故意浪费黄金库存，并任意拒绝履行其义务，甚至勾销对其有利的国外贸易平衡，以便摧毁其国外信誉。它很容易就借此掩饰了它的真正意图，因为华尔街、伦敦或日内瓦都没有怀疑到纳粹们真正的目的是在期待着19世纪经济体制的解体。约翰·西蒙爵士（Sir John Simon）及蒙塔古·诺曼（Montagu Norman）都坚决相信沙赫特（Hjalmar Schacht，生于1877年，于1923－1930及1934－1939年间，两度出任德意志银行总裁，1944年被希特勒关到集中营，战后获释——译者注）终将在德国重建正统的经济体制。它此时的作为是在各种压力下运作，只要给它一些财务上的帮助，就会重回正途。像这样的错觉，一直到慕尼黑会议时，还普遍弥漫着唐宁街（Downing Street，英国首相官邸所在之街名——译者注）。因此当德国因能适应传统制度的瓦解，并在它的阴谋中得利时，英国却发现由于它继续依附这个传统，而被严重地局限住了。

虽然英国曾暂时废弃金本位制，但它的经济及金融政策却仍然依照稳定汇兑及健全货币等原则来运作，因此，当它想重整军备时，就发现面临各种限制。德国的独立自主就是基于其军事及政治的考虑，而此二者则起因于它试图先行推动全面的改变。反之，英国的战略及其外交政策则受到它保
254 守之财务措施的限制。有限战争的策略，反映出一个岛国商场的看法：它认为只要它的海军强壮到足以保证原料供应，而其币值健全到能在七海购物，那英国就安全无虞。在 1933 年，当希特勒已经掌权时，达夫·库珀（Duff Cooper，1890 - 1954，英国保守派政治家，曾任海军大臣及驻法大使等职——译者注）这个顽固分子，仍为削减 1932 年陆军预算而辩护，认为它“是在面临国家破产的情形下所做的，这些当时是比拥有一支缺乏效率的作战部队更严重的危机”。三年后，哈利法克斯爵士（Lord Halifax，1881 - 1959，英国政治家，曾于 1926 年至 1931 年出任印度总督，1938 年至 1940 年任外相——译者注）仍认为可以用经济调整的手段取得和平，而对贸易不应有任何干扰，因为这会使得经济调整变得困难。就在慕尼黑的那一年，哈利法克斯与张伯伦（Neville

Chamberlain，1869－1940，曾任财务大臣，并于1937年出任首相，与希特勒签署出卖捷克的《慕尼黑协定》——译者注）仍在使用“银弹”及美国给德国的贷款来拟订英国的外交政策。实际上等希特勒跨过鲁比肯河（Rubicon，古代高卢与意大利之间的分界小溪，公元前49年，西泽率军渡过此河，开始内战；此处意指义无反顾——译者注）并占领布拉格时，西蒙爵士仍在下院批准诺门将捷克黄金库存交给希特勒的议案。西蒙相信金本位制的完整性——实际上他的政治生涯几乎全都奉献给了这个制度——较其他任何政治因素都更为重要。现代人以为西蒙的措施只不过反映出绥靖主义政策。事实上，他是屈服于金本位的精神。它此时仍继续控制伦敦市一些领导人的想法，不论在军事上或政治上都是如此。在战事爆发的那个星期，英国外务部在答复希特勒给张伯伦的一个口信时，仍使用传统上美国对德国的贷款，来拟订英国的政策。① 英国在军事上的无准备状况，主要就是它依附金本位制的结果。

德国起初是沾了先下手为强的光。只要它在去除19世纪之陈旧制度上继续领先的话，它的优势地位就能保持下去。它破坏自由资本主义、金本位制及绝对主权等措施，只不过是它在采取攻势时所产生的意外结果。为了能适应它所冀求

① *British Blue Book*, No. 74, Cmd. 6106, 1939.

的孤立，以及准备其后作为奴隶贩子般向外侵略，它对这个巨大的转变设计出一些短暂的解决方案。

255 此时德国的最大政治资本在于它能逼使世界其他国家组成反布尔什维克主义同盟。它使自己成为这个转变的主要受惠者，其方法则是带头去解决市场经济的问题。这些措施在很长的一段时期，似乎得到所有有产阶级之无条件支持。在自由主义者及马克思主义者都一致肯定之经济阶级利益的决定论之下，希特勒必然会获胜。但是“国家”作为一个社会单位而言，到最后却比“阶级”的经济利益更为重要。

苏俄的崛起与它在这个转变中所担当的角色有关。欧、美各国从1917年到1929年间，对破坏重建市场制的新秩序，更甚于对布尔什维克的恐惧。除非在一个全面信任的气氛下，市场经济无法运作。在其后的十年中，在苏俄的社会主义变为一个事实。它的农业集体化意味着须以合作社方式压制市场经济，尤其是在土地这个决定性的要素上。苏俄这个以往只不过是对抗资本主义世界的革命温床，现在已经代表一个能取代市场经济的新制度了。

一般人没有注意到虽然那些布尔什维克党徒们都是热忱的社会主义者，他们却倔强地拒绝“在苏俄建立社会主义”。他们对马克思主义的信念，使他们排除在这一落后农业国家做共产主义式的尝试。除了1920年间所谓“战时共产主义”这个意外的插曲，共产党领袖们仍坚信世界革命应该开始于工业化的西欧。对他们来说，隶属于某一个国家的社会主义，在理论上根本就是矛盾的。而当它成为事实时，这些老布尔什维克党徒们几乎立即加以排斥。但正是因为这个理论上的分歧，使它成为一个令人惊异的成功例子。

若回顾过去1/4世纪的苏俄历史，我们可以看出所谓的苏俄革命实际上包括了两个不同的革命。其一是包含了传统西欧的各种理想，其二则是形成20世纪30年代的一些全新的发展。苏俄从1917年至1924年的革命，实际上是承续欧洲自英国共和政体及法国大革命以来一系列政治动乱中的最后一个。大约在1930年开始之集体农场的革命，则是在20世纪30年代改变世界的第一个重要的社会变迁。第一个苏俄革命破除了专制主义、封建土地制度，及种族压迫——这可以说是1789年（即法国大革命——译者注）理想的裔传。 256
第二次革命则建立了社会主义经济。全面地来看，第一个革命只是一个俄国国内的事件——它将西方长期的发展过程，移植到俄国的泥土上；而第二个革命则构成全面性世界转变的一部分。

在20世纪20年代时，俄国看似孤立于欧洲之外，并试图完成其自身的解脱。但在仔细分析之下，我们却会否定这种表象。因为在这两次革命之间，迫使它采取这一步骤的因素中，很重要的一个就是国际体制的失败。到了1924年时，

“战时共产主义”已经被人遗忘，而且苏俄已经重建一个国内之谷物的自由市场，并且同时由国家控制对外贸易及主要工业。它此时倾向于扩大其对外贸易，主要是外销谷物、木材、皮料，及一些生化原料。但这些物品的价格，在全球贸易破坏之前的农业萧条期间，却急剧地跌落。由于苏俄无法依优惠关税条件发展其对外贸易，这限制了它对机械的进口，并因而无法发展出一套国家工业。这也就影响到城乡之间的交易——所谓的“剪刀差”，并因而加强了农民对城市工人之统治的不满。因此，世界经济的瓦解，增加了苏俄为解决农业问题时一些权宜措施的压力，并加速集体农场的诞生。传统欧洲政治体制无法提供安全与保障，也在苏俄产生了同样的效果。因为这诱使各国整军备武，并因而增加已承受高度压力之工业的负担。由于缺少19世纪的均势制，以及因世界市场无法吸收苏俄的剩余农产，迫使它勉强走上自给自足的道路。在苏俄产生社会主义，乃是因市场经济无法为各国提供一条联系的途径。苏俄的自立自足，实际上是建立于资本主义的国际体制之失败上。

国际经济体制的失败，释放出历史的动力——但其轨迹则是由内在于市场社会的倾向所决定。

第二十一章　错综复杂之社会中的自由

19世纪之欧洲文明不是被野蛮人之外在或内在的攻击所摧毁的；其生机没有因第一次世界大战的破坏而逐渐削弱，也没有因社会主义无产者的革命或法西斯主义之低层中产阶级的反叛而逐渐削弱。它的失败也不是一般所谓经济律——如利润率的下降、消费不足或过度生产——的结果。其解体是一全然不同之原因——社会为了避免被自律性市场之行动灭绝而采取的一些措施——的结果。除了像存在于开拓时代之北美这样特殊的例子，市场与一个有组织之社会生活的基本要求之间的冲突为19世纪提供了动力，并且产生了最后摧毁了社会之紧张与压力。国际战争只是加速其崩解而已。 257

经过一整个世纪的盲目发展后，人类开始重建其“居住环境”。假如要使工业主义不消灭人性的话，就必须使它顺从人类本性的要求。对市场社会的真正批评，并不是因为它是建立在经济的基础之上——就某一程度而言，每一个社会，任何一个社会都须立足于经济基础之上——对它的批评，乃是因它的经济是建立在“自利”的观念之上。这样一种经济生活的组织法则是完全不自然的，而且在严格经验意义上是例外的。19 世纪的思想家认为在经济活动中，人们努力争取个人的利润，而且他们的物质主义趋向诱使他们要企求更少而非更多的辛劳，并且期望从劳动中取得报酬。简而言之，在经济领域里，他们会遵循所谓的“经济理性”而行事。所有与之相反的行为则是来自外来的干涉。接下来的推论就是：市场是一个自然的制度。只要让人们自由行事，市场就会自
258 然形成。于是，在他们看来，最正常的东西莫过于其中包括了市场，并只受市场价格控制的经济制度。基于这种市场来建立人类社会就成为进步的目标。不管从道德的观点来看，这种社会是否合适，但它的实用性——这是古典经济学家认为不喻自明的——乃是建立于人类千古不变的本性上。

事实上，就如我们现在所知的，不论是在原始状态之下或是在历史过程之中，人类实际的社会生活几乎都正好与这个观点相反。一如弗兰克·奈特（Frank H. Knight）所说的：“在人类动机中，没有特殊的经济动机。”这句话不但可以应用到社会生活上，而且可以应用到经济生活本身。交易的本能——亚当·斯密据此而归诸原始人者——在人类经济活动中并不是一个常见的倾向，而是一个不寻常的倾向。不但现代人类学的研究已经指出这些理性主义者之想法的虚假性，

就是贸易与市场之历史的研究也都显示其与19世纪社会学所假设者完全相反。经济史显示，全国性市场的形成，并不是政府逐渐放松控制经济活动的结果。相反的，市场乃是政府有意识且激烈干涉之后所产生的结果。它将市场组织加诸社会之上，以达成非经济之目的。仔细研究一下，我们可看出19世纪之自律性市场与其前身极不相同，主要就在于其自律性有赖于经济上的“自利”。19世纪西欧社会的先天弱点并不是它是工业社会，而是它是市场社会。当自律性市场这种乌托邦实验已经变成只不过是一个恐怖的回忆时，工业文明却依然存在。

但对许多人来说，将工业转移到一非市场的基础上，似乎是一个太过冒险的做法。他们担心会产生一种制度上的真空，甚至失去自由。难道真有必要去冒这些危险吗？

19世纪欧洲文明之转变所带来的大规模痛苦，如今已远离我们而成为历史了。我们这个时代曾目睹社会及经济之紊乱，不景气的悲剧性起伏、币值的波动、大规模的失业、社会地位的改变，以及对诸多国家的大规模毁灭等——我们已 259
经经历过最恐怖的阶段。我们曾不智地为这个改变付出代价。人类仍未能适应使用机械，而且尚待完成的改变仍然很巨大。要想重建历史，就有如想将我们的问题转嫁到另一个星球那样不可能。我们不应只强调消除侵略与征服这些邪恶的力量。因为这些措施即使能在军事上将其压服，也只会使这些力量继续存在。由于邪恶的力量能代表各种可行的途径，因此会在政治上占据决定性的优势，并因而有异于那些虽有良好意图，但却无法达成的力量。

传统制度的崩溃并没有将我们遗留在真空中。这并不是在历史上首度出现竟能产生重要而长久之制度的权宜措施。

在有些国家里，我们已看到各种新发展。它们的经济制度不再拟定社会规律，并且也肯定了社会的重要性高于经济制度。这种发展可能发生于下列各种政体下：民主的或封建的，立宪的或集权的，甚或是一些目前尚未想象得到的政体。有些国家的未来景观，现在已出现于某些国家中；而另一些国家则仍保存着其他国家的传统。但它们都具有同样的形式：市场制已不自我调节，甚至在理论上都不是如此，因为它已经不包括劳动力、土地及货币。

将劳动力从市场中抽出，就意味着一个基本的转变，其过程一如建立起一个竞争性的劳动力市场那么激烈。工资契约已不再是一私人契约，除非是在不重要的工作上。市场之外的因素不但决定了工厂的条件、工作的时间、契约的形式等，甚至决定了基本工资本身。此时工会、国家及其他公众团体所扮演的角色，不但依这些制度本身的性质而定，并且也依实际管理生产的组织而定。虽然工资的差别必定（也应该）在这个经济体制中起到一重要的作用，但与金钱无关的其他动机，在意义上仍可能超过劳动的金钱报酬。

将土地从市场中抽出后，即意味着将其划归特定的机构，如田庄、合作社、工厂、市镇、学校、教堂、公园、野生动物保护区等。虽然个人的私有农地仍然普遍存在，但此时土 260
地租佃契约只需涉及次要条文，因为此时各种基本的生产要素已经从市场的控制中抽离出来（一如其他主要食品及有机原料，因其价格并非任由市场决定）。对各式各样之商品而言，竞争性市场仍继续运作着，而且不干涉到这个社会的基本结构。这就有如在市场之外厘定劳动力、土地与货币的价格，而不影响产品的成本支出。当然，财产的性质也会因这些新措施而有所改变，因为此时已不需要为保证就业、生产及使用社会资源，而让从财产权中滋生的收入无限增长。

在今天，所有的国家都已经将对货币的控制从市场中移出来。保证金的产生在无意中促成了这个发展。但 20 世纪 20 年代之金本位制的危机却证明商品货币及代用货币之间的联系并没有被切断。自从所有之重要国家引进“功能财政”之后，各国政府已经负担起引导投资及调节储蓄率的任务。

只有从市场的角度来看才会认为将生产元素——土地、劳动力与货币——从市场中抽离出来是一个一致的措施，因为市场将它们都视为商品。但从人类的本质来看，在打破这种商品神话之后而重新建立的都是在社会领域之方向中。事实上，由于这种单一性市场经济的瓦解，现在已经产生出许多不同形式的新社会。此外，市场社会的终结，也不意味着市场的终结。

它们以各种不同的形式继续存在，以保障消费者的自由、反映需求的转移、影响生产者的收入，并作为一种会计的工具。但是它们这时已经不再是一经济之自律的机关。

19 世纪欧洲社会在国际秩序上，一如在其国内秩序上，都受到经济学的限制。固定外汇的领域就等于是文明的领域。只要金本位制及其附属的立宪政府继续运作着，均势制就是
261 一个和平的工具。这个制度借霸权国家为工具而发挥作用，其中最主要的就是英国。它此时是世界金融的中心，并逼使落后国家建立代议政体。对于审核负债国的财务及货币而言，代议政体乃是必要的。与之相应而来的是预算的控制，而这只有靠主动负责的政党才能达成。不过，就一般而言，这些条件都并不一定会清楚出现于政治家的脑海里，其原因是金本位制的一些先决条件已经被视为不喻自明的。于是当时这种僵化的经济就产生出外表相似之世界货币与代议政治制度。

这个状况就形成 19 世纪国际政治的两个现象：其一是无政府状态的主权国；其二是对别国之内政“合理的”干涉。虽然从表面上看这两者互不相容，但它们在实际上却密切相关。当然，“主权”只是一个纯粹的政治学名词。因为在无管治的国际贸易与金本位制之下，各国政府对国际经济没有影响力。它们既不能也不愿将它们的国家与财务上的问题搅在一起——这就是它们在法律上的态度。事实上，只有当一个国家拥有一个中央银行以控制其货币时，它才被认为是一

个主权国家。但在强大的西方国家里，这种无止境且无约束的国家货币主权，却导致完全相反的结果。它产生出一持续不断的压力，将市场经济的架构与市场社会传播到其他地方去。其结果是，到 19 世纪末，世界各地人民在制度上被统一标准化到一个前所未有的地步。

但是这个世界性的制度却受其精致性与普及性所累。如国际联盟之历史所清楚显示出的，无政府状况的主权国不利于有效的国际合作。而在国内政体上强求一致则可能威胁国家的自由发展，尤其是在那些落后国家，甚至一些较发达，但在财务上虚弱的国家。于是经济合作就只限于私人企业之间，而且像自由贸易那样紊乱无效。而各国之间的合作，亦即政府之间的合作却难以推行。

这种情形在外交政策上就产生两种互不相容的需求：需要友好国家之间紧密的合作，其紧密程度是 19 世纪时想象不 262
到的；其次是由于市场受管制，各国政府对外来干涉较以往更敏感。但是到了金本位制消逝之后，各国政府发现它们已不需采用主权国家所能使用之最具妨碍性的措施，也就是在国际经济上不合作。与此同时，它们也可能变为更具容忍性，让其他国家依其本身之条件来塑造其内政的制度。就这一点而言，20 世纪的发展已经超出 19 世纪之有害的教条——在世界经济的范围内，各国政体都要完全一致。从旧世界的废墟中浮现出的新世界的奠基石是：各政府之间的经济合作与有组织之国家生活的自由。在自由贸易这种有约束性的体制之下，以上两者是不可能达到的，并因而排除了许多国与国之间的合作。在市场经济及金本位制下，人们视联邦制的观念为一中央集权制与一致的可怕经验。但市场经济的终结意味着各国能更有效地合作，以及内政上的自由。

自由这个问题出现在两个不同的层面上，即制度面和道德或宗教面。就制度面而言，主要就是如何维持自由增减的平衡，在此不会有何新的问题出现。但在较基本的层面，维护自由的一些做法却似乎会将其稀释或破坏。要解决吾人当代的自由问题，必需从后一个层面着手。制度只不过体现人类的意义及目标。若非我们能完全理解在复杂社会中自由的真谛，我们不会得到冀求的自由。

就制度面而言，各种生活规范都有可能扩大或限制自由。重要的是如何平衡自由的增减。法学上和实际生活中的自由均是如此。有闲阶级能享受因较多安全保障而带来的更大的自由。他们自然不会像那些收入低，且只能勉强维生的人那样，急于扩大社会的自由。但一旦有人建议应以强制的手段来更公平地分配收入、闲暇，或安全保障时，情况就不同了。
263 此时这些特权分子就会抱怨，认为这些做法是针对他们而设。他们称此为奴役，但实际上只不过是试图将他们享有的诸多自由权延伸给他人而已。刚开始时，可能会缩减他们的闲暇及安全保障，接着就是他们的自由，这样才能将所有的人的自由度提高。但这种对自由权的转移、修正，或扩充，却并不意味着此时的自由度不及过往。

但如何维护某些特定的自由权，却有无比的重要性。这些自由一如和平一般，是19世纪经济体制的副产品，我们也习惯于珍惜它。如在制度面将政治与经济分割，确实会对社会实体造成严重伤害，几乎也会在牺牲正义与安全保障下，自动产生自由。公民自由、私有财产制及工资制，都搅合在一起，而产生出一种特定的生活方式：道德自主及思想独立。在此，法律上与生活上的自由合流成一公共体，其具体成分无法明确切割。其中有些可视为邪恶的产品，如失业或投机者的暴利。但另一些则是启蒙时期及宗教改革时期留下来的珍贵传统。我们在市场经济崩溃时，必须尽全力保护这些传承下来的崇高价值。但这也是一大冒险。我们无法在一个经济体制中将自由与和平制度化，因经济的目的是制造利润与福利，而非和平与自由。若我们将来能得到这两者，我们就必须有意识地去维护它们。它们必须成为我们社会未来发展的重要目标。这也可能是当前全球努力争取和平与自由的真义。吾人追求和平的意愿会持续多久——尤其是因和平是从19世纪的经济体制中衍生出来，而此经济体制已不能运转时——就只能仰赖我们是否能建立一新的国际秩序。就个人自由而言，我们会刻意拟订新的保护机制以确保其延续，甚至将之扩张。市场经济的隐退，可成为一个前所未有自由时代的开端。法制与实际的自由能更扩大及普及化，管制与调控不但给少数人带来自由，且泽被群众。科学与艺术都应由
264 学界来督导。强制力不应是绝对的。反对者应能得到一定的空间，让他在此退隐，或是选择次要的生活机会。就此我们可以确认一个自由社会的商标，就是有与众不同的权利。

所有意图整合社会的策略，理应都会增加其自由度。在设计这些策略时，就应考虑如何加强社会成员的权利。他这种基本权利，应在法律保护下有效对抗不论是出自个人或制度性的力量。要能对抗官僚体制可能造成的滥权，就要制定一些受至高无上法规所保障的特殊自由领域。不论我们如何推动地方分权，但在中央却会不断增权，进而危及个人自由。这即便在一些民主小区里的机构，或是那些以保护会员权益为目的的工商协会均如此。其组织太过庞大而使得个人觉得无能为力，虽则他没有理由怀疑这是有意如此。但若他的观点或行动冒犯那些有权者时，则可能会有此疑虑。单是宣称有此权力是不够的，必须由制度来确保个人权利。人身保护法不应是法律中维护个人自由的宪法底线。人权宣言中必须加入公民权的保障。他们必须能对抗所有的权威，不论是国家、城市，或职业团体。这份人权清单第一条就是每个人，不论他的政治或宗教观点为何，也不论其肤色或种族为何，都应有在适当条件下的工作权。这就能保证个人不会“被牺

牲”(victimization),即便这种“被牺牲”是在无意之中造成的。工业仲裁会(industrial tribunals)就曾保护个别工人,以避免其被早期强而有力的铁路公司迫害。另一个可能算是滥用权力的例子,也曾被工业仲裁会抵制,就是在紧急时期英国颁布的《基本工作令》(Essential Works Order)或美国的“劳工冻结令”(freezing of labor),因其提供几乎无穷的社会歧视机会。一旦公众意见都强力支持公民自由时,工业仲裁会或法庭都能保证个人自由。这应不计成本地去加以保护——即便是牺牲生产效率、消费经济,或行政理性。一个工业社会应能享受真正的自由。

在一个成熟的社会中,个人不服从社会的权利(noncon- 265
formity)必须获得制度性的保障。个人应能自由追随其良知行事,而不必担心在社会生活中会面临某种行政管理制度的干预力量。自由不再是在其源头就已被污染的少数人的特权,而是一与生俱来的权利,远远超出狭窄的政治领域,渗入社会每一角落。此时老式的自由就与公民权结合,成为现代工业社会借助休闲与安全保障提供给所有成员的新式自由。这样的社会能同时达成公平与自由。

但道德上的障碍却阻挡了这条大道。计划与管制都被抨击为侵犯自由。自由企业及私有财产都被宣称为自由的基础。任何建立于他种基础之上的社会都被视为不自由。即便是管制所带来的自由也被贬斥为不自由。它所提供的公平、自由权与社会福利都被指控为奴役制的伪装品。在此情形下一些社会主义国家便不择手段地宣布了一些自由，如苏联，它使用计划、规范及管制为其工具，但至今未能将其宪法所保证的自由付诸实现，且如它的批评者所称，永无可能。但要反对管制，就意味着反对改革。自由主义者所倡导的自由，已沦落为只会歌颂自由企业。而这在今日由于大型托拉斯及垄断性财团的现实，已成为神话。这就意味着那些拥有足够收入、闲暇、安全保障的人就会享有完全的自由，而对那些试图用其民主权利，从那些富人手中取得居所而不得其所的人，却只有局部的自由。事实还不止如此。自由主义者未能成功地重建自由企业——它们因内在的因素而注定失败。就是因为他们的努力，几个欧洲国家建立了大企业，而且如奥地利一般，建立了各种法西斯主义。他们认为会危及自由而想要禁止的计划、规律与管制，却被公认的反自由者用来将之废弃。法西斯主义的胜利，就是因这些自由主义者干扰任何涉及计划、规律及管制的改革，而变得无可避免。

在法西斯主义底下自由受到挫败，乃是自由主义带来的必然后果，因其辩称权力与管制都是邪恶，而因在人类社会
266 中要有自由，就必须将此两者排斥。但这却是不可能的，尤其在一复杂社会中。其两种后果就是：或者保持对自由这种虚幻概念的信念，进而否认社会的存在；或者接受社会实体的存在，并依此排拒自由的观念。前者是自由主义者的结论，

而后者是法西斯的看法。此外别无选择。

无可避免的是我们似乎已归结出自由本身似已岌岌可危。若是规律本身就是在复杂社会中唯一能用以扩散和强化自由的手段，而其实际运作却会妨碍自由，那这个社会并不真正享有自由。

此一明显的困境其根源就在于自由的意义究竟为何。自由经济给予吾人错误的理念。它几乎就是鼓吹一种如何达成乌托邦的期待。任何社会若无公权力与强制性即不可能存在，或是在现实世界中力量变得无用。一个只依人类的意愿与希望所建构的社会，只不过是一幻想。而这正是用市场来看社会的结果：他们将经济等同于契约关系，而契约关系等同于自由。这种极端的幻想培育了一种观点：人类社会所有的东西都是出自人的意志，且不能因人的意志而将之去除。人类的视野因而受制于其市场：它将人类的生活切割成两块，即生产者之块，其终点是当生产的货品抵达市场时；以及消费者之块，即取得市场商品之处。前者“自由地”从市场赚取收入，而后者在市场“自由地”消费。此时社会整体就消失不见了。而国家的力量也无足轻重，因为国家的力量愈小，市场机制的运转就愈顺畅。不论是选民、有产阶级、生产者，或消费者，都不需对如失业或贫困失所这类极端残酷、限制自由的现象负责。任何一个有自尊的人，都可想象他不必为国家所采取的强制暴力负责——虽然他反对这些措施，或是对社会上的经济损伤不需负责——因他个人并未从中得利。他只是尽一己的责任，也不欠任何人人情，因此他不必牵扯入权力的邪恶或经济价值中。他不需对这些措施负责是如此明显，以至于他也在自由之名下否认其存在。

267 但权力与经济价值都是社会现实的基础，它们并非来自人们的主观意向，若不合作就无法存在。权力的作用就是确保能达成群体生存所需的一致性，而它的源头就是个人意见——而意见几乎可说因人而异。经济价值就在于确保产品的适用性——而这在生产产品前就应决定。这也就决定了社会分工的形态。其决定因素就是人类的需求及匮乏。而吾人又如何能不冀望能得到某种东西而非另一种？所有的意见及需求引导吾人成为参与制造权力者及产生经济价值。自由不可能从别处产生。

我们现在到达本书的最后结论。

当我们抛弃市场的乌托邦后，就能面对社会现实。这也就是自由主义与法西斯主义或社会主义的不同点。这两者的主要差异并非经济，而是道德与宗教。如若两者采用相同的经济体制，其不同之处则在于其对立的原则，主要分野点就在自由。法西斯主义和社会主义都同样接受社会现实，而其终极的死亡知识塑造了人类的意识。权力与管制都是这社会现实中的一部分，否认其存在于社会中必然是错的。在此共同点下，他们之间的差异在于自由是否能被维持。自由是一不实口号？或是一种诱惑，用以摧毁人类及其成就？或者人类真能据此知识而完成其社会责任，且同时不落入道德的幻境？

这些问题总结了现代人的状况。本书就试图提供一答案。

我们在此已触及西方人意识中的三个基本事实：对死亡的认识，对自由的认识，以及对社会的认识。第一者，根据犹太人的传说，揭示于《旧约》圣经故事中。第二者则是借《新约》圣经所记载之耶稣教诲而来。第三者则是因吾人生
活于一工业社会，而向我们揭示。后者无一名人与之联结， 268
可能罗伯特·欧文（Robert Owen）可被视为其代表。这三者即代表现代人之意识里的三个基本元素。

法西斯主义对社会现实的响应就是拒绝了自由的假设。它否定基督教所发现的个人独特性及人类的共同性。而这就是当代沉沦的根本原因。

欧文是工业时代第一个看出“福音”否定社会现实的人。他称此为教会的个人主义化，并相信只有在一合作的社会里，“所有基督教的真正价值”才不会与人分离。他认识到西方人从耶稣的教诲中得到的自由，已不适用于一工业社会。欧文的社会主义，就是试图在这种社会里保住人们自由的权利。西方文明超越基督教之后的新世纪已经开始，但基督教仍是我们的文明之基石，尽管它已显得捉襟见肘。

于是认识社会便是自由的终结，抑或自由的重生。法西斯主义者心甘情愿地致力于放弃自由和歌颂作为社会现实的权力，社会主义者屈从于这种现实，尽管也致力于维持自由的主张。在这一复杂社会里，人变得成熟并作为一个真正的人而存在。就如欧文在一灵感迸发的时辰所说："若是人类即将得到的新力量，都无法清除一些邪恶的起因的话，他们就该知道这些邪恶是必然的，而且无可避免。他们于是不再会发出一些幼稚而无意义的抱怨。"

顺从本是人类的力量与希望之泉。他接受死亡的事实，而在其上建立肉体生命的意义。他让自己笃信在肉身的死亡之外还有更重要的灵魂将会失去，并在其上建立他的自由。现在，他顺从于社会现实——它剥夺了他的自由。然而，人性又一次在极度顺从中爆发。不加抱怨地接受社会现实，将赋予人类不屈不挠的勇气与力量来除去所有可以除去的不义和束缚。只要人们仍忠于其为全人类创造更多自由的任务，他就无须担心权力或计划会变成自由的障碍，并因其工具性而摧毁他所建构的自由。这就是在复杂社会中自由的意义，它赋予我们渴望的安定感。

资料来源注释

第一章

一　作为政策、历史法则、原则与体系的均势

1. **均势政策**。均势政策是英国既定的国家方针。它完全 269
是一项现实的工具，一项事实，我们不应与均势原则或均势制度混淆。面对居住于大陆沿海有组织的政治社群，这个政策是其离岛地位的自然产物。杜维廉（Trevelyan）说，“从沃尔西（Wolsey）到塞西尔（Cecil），英国渐居优势的外交学派追求着均势，认为这是它面对大陆国家获得安全的唯一机会。”这个政策确立于都铎王朝，为威廉·坦普尔爵士（Sir William Temple）及坎宁（Canning）、帕默斯顿（Palmerston）、爱德华·格雷爵士（Sir Edward Grey）等人所遵行。它比欧洲大陆均势体系的出现约早两个世纪。它的形成完全与欧洲大陆芬奈隆（Fenelon）或瓦特尔（Vattel）所提出的

均势原则的理论无关。但是，这一体系的成长对英国的政策颇有帮助；事实上，这个体系使英国更容易组织同盟，以对抗任何支配欧洲大陆的强权。因此，英国政治家多半认为，英国的均势政策实际上是均势原则的一个表现。而英国遵循这一政策，只不过是在以该原则为基础的体系中扮演它应有的角色。然而它自己的自卫政策与任何对该政策有利的原则之间的差别，英国政治家并未故意予以混淆。在《二十五年》（*Twenty - Five Years*）一书中，爱德华·格雷爵士说："在理论上，大不列颠从未反对在欧洲有一个强大的支配团体，只要它能有助于稳定与和平。支持此种结合，一直是英国的优先考虑。只有在该支配力量变成侵略力量，而英国觉得自己的利益受到威胁时，基于自卫的本能——如果不是基于审慎的考虑——英国才会为任何堪称均势的主张所吸引。"

因此，英国是为了它本身应有的利益，才支持欧洲大陆均势制度的发展，并鼓吹其原则的。如此做是它的部分政策。将均势这两种基本上不同的意义结合起来所产生的混淆，见
270 诸下列引文：福克斯（Fox）于 1787 年愤慨地质问政府，"是否英国不再支持欧洲的均势，是否不再扮演自由之保护者的角色"？他认为，英国应被欧洲视为均势制度的保证人。四年后，伯克（Burke）把该制度说成"欧洲的公民"，认为它施行已达两个世纪之久。如此将英国的国策和欧洲的均势制度混为一谈，自然使原本就对这两个概念都同样不悦的美

国人，更无从区别。

2. **作为历史法则的均势。**均势的另一个意义直接以权力单位的性质为基础。在现代思想之中，它是由休谟（Hume）率先提出的。在政治思想于工业革命之后的衰落期间，他的成就就被遗忘了。他看出这种现象的政治性质，并强调，它不依存于任何心理和道德事实。只要行为者成为权力的具体化身，它的实现就与他们的动机无关。休谟写道，经验显示，无论他们的动机是“疑忌的对抗或谨慎的政治手段”，“其结果都一样”。F. 舒曼（F. Schuman）说：“如果我们假设国家体系是由三个单位，A、B 和 C 所组成的，显然三者之中任一单位权力的增长，都会导致另外两个单位权力的削减。”他由此推论说，均势的“基本形式，是为了维持国家体系内每一个单位的独立”。也许他已经将这个假说普遍化，使它可以应用到一切种类的权力单位，无论是否有组织的政治体系内的单位。事实上，这就是历史社会学中均势的意义。汤因比于其《历史研究》（*Study of History*）中指出，在权力集团的外缘，而不是在压力最大的中心，权力单位更容易扩张。在西欧和中欧即使连小规模的领土变更实际上都不可能成功的时候，美国、俄国、日本和英国的自治领却急遽扩张。另一种形态相似的历史法则，是由皮雷纳（Pirenne）提出的。他注意到，在比较没有组织的社群，抗拒外来压力的核心通常形成于最远离强权邻邦的地区中。其事例有：丕平二世

(Pepin of Heristal) 在北欧建立法兰克王国 (Frankish Kingdom)，或东普鲁士成为组织日耳曼诸邦的中心。另一个相似的法则，可以见诸比利时人德格雷夫 (De Greef) 的缓冲国法则。它进而影响到弗雷德里克·特纳 (Frederick Turner) 的学派，并且导致了将美国西部视为“流浪的比利时”的想法。这些均势与不均势的概念，与道德、法律或心理概念都没有关系，它们唯一所涉及的，是权力。这显示出它们的政治性质。

3. **作为原则与体系的均势**。一旦人类某项利益被认为正当，就有某种行为原则可以由此引申出来。1648 年以后，
271 《明斯特与威斯特伐利亚条约》所建立的现状被确认；而签约国之间在这一点上的团结也被建立。实际上，所有的欧洲强权都签署了 1648 年的条约；它们宣称自己是它的保证人。荷兰与瑞士作为主权国家的国际地位，即开始于此条约。从此以后，各国有权主张，任何现状的重大改变都是所有其他国家所关切的。作为国际家庭的一项原则，这是均势的根本形式。因此，任何一个国家如果怀疑某强权意图改变现状，无论其判断是否正确，当它依据此原则行动时，没有人会认为它对该强权怀有敌意。当然，此种情况会促进政治联盟的形成，以对抗此种改变。但过了 75 年之后，当“为了维护欧洲和平” (ad conservandum in Europa equilibrium)，西班牙领土被分割隶属于波旁 (Bourbons) 和哈布斯堡 (Haps-

burgs）王室时，这个原则才在《乌得勒支条约》中被明白承认。这个原则被正式承认以后，欧洲逐渐组成一个以此原则为根据的体系。由于大国对小国的兼并（或控制）会破坏均势，小国的独立遂间接得到这个体系的保护。1648 年后，甚至 1713 年后，欧洲组织仍然脆弱而虚幻；大约两百年来所有大小国家所以能维持，实必须归功于均势制度。无数次战争以它的名义发动，虽然我们必须承认，它们的动机毫无例外的都是为了权力。但在许多情况中，其结果却都相同，仿佛这些国家确实依据集体保证的原则而行动，以对抗无正当理由的侵略行为。没有别的理由可以解释，在武力压境的威胁之下，像丹麦、荷兰、比利时和瑞士等国力弱小的政治实体仍能长时间生存下来。逻辑上，某一原则和以这一原则为根据的组织——制度——之间的区别，似乎是明确的。但即使是在没有组织的情况下，换言之，即使原则尚未达到制度化的阶段，而只是惯例或常见的指令，我们也不应该轻视这些原则的效力。即使没有常设的中心、定期的会议、共同的执行人员或强制性的行为规范，仅借着各种领事馆和使节团人员之间持续不断的密切接触，欧洲已经形成一个体系。在协商失败的时候严格规范着照会、外交方针与备忘录（无论是共同或分别发表的，也无论其用语是否一致）的传统，提供了许多表明权力情势的方式；它们使其不至于濒临危机，并且开始了妥协——甚至最后导致联合行动——的新途径。事实上，如果强权的正当利益遭到威胁，共同干预小国事务的权利等于是一个次组织形态的欧洲监督委员会（European directorium）。

也许此种非正式制度最有力的柱石，是国际大量的私人企业活动；他们系透过某种贸易协议，或其他因惯例和传统而得以有效运作的国际途径，以进行交易。在许多方
272 面，政府及其有影响力的公民经常陷入此种国际交易所涉及的金融、经济和法律各种错综复杂的关系。一场地区性的战争仅意味着某一部分交易的短期中断。其他保持不变或至少暂时未受影响的交易和利益，则会形成压倒性的力量，阻遏因战争而不利于敌方的解决途径。此种私人利益充满了文明社群的整个生活领域，超越国界；它所造成的无形压力，是国际互惠原则看不见的支柱，而即使均势原则并未形成欧洲协调或国际联盟等组织化的形式，它也能够使这个原则拥有有效的约束力。

作为历史法则的均势

Hume, D., "On the Balance of Power," *Works*, Vol. III (1854), p. 364. Schuman, F., *International Politics* (1933), p. 55. Toynbee, A. J., *Study of History*, Vol. III, p. 302. Pirenne, H., *Outline of the History of Europe from the Fall of the Roman Empire to 1600* (England 1939). Barnes-Becker-Becker on De Greef, Vol. II, p. 871. Hofmann, A. , *Das deutsche Land and die deutsche Geschichte* (1920) . Also Haushofer's Geopolitical School. At the other extreme, Russell, B. , *Power.* Lasswell's *Psychopathology and Politics*; *World Politics and Personal Insecurity*, and other works. Cf. also Rostovtzeff, *Social and Economic History of the Hellenistic World*, Ch. 4, Part I.

作为原则与体系的均势

Mayer, J. P. , *Political Thought* (1939), p. 464. Vattel, *Le Droit des gens* (1758) . Hershey A. S. , *Essentials of International Public Law and Organization* (1927), pp. 567 – 69. Oppenheim, L. , *International Law.* Heatley, D. P. , *Diplomacy and the Study of International Relations* (1919) .

百年和平

Leathes, "Modern Europe," *Cambridge Modern History*, Vol. XII, Ch. I. Toynbee, A. J. , *Study of History*, Vol IV (C), pp. 142 – 53. Schuman, F. , *International Politics*, Bk. I, Ch. 2. Clapham, J. H. , *Economic Development of France and Germany, 1815 – 1914*,, p. 3. Robbins, L. , *The Great Depression* (1934), p. 1. Lippmann, W. , *The Good Society.* Cunningham, W. , *Growth of English Industry and Commerce in Modern Times*,

Knowles, L. C. A., *Industrial and Commercial Revolutions in Great Britain during the Nineteenth Century* (1927). Carr, E. H., *The Twenty Years' Crisis, 1919 – 1939* (1940). Crossman, R. H. S., *Government and the Governed* (1939), p. 225. Hawtrey R. G., *The Economic Problem* (1925). p. 265.

巴格达铁路

冲突被认为通过 1914 年 6 月 15 日的英德协议而解决：Buell, R. L., *International Relations* (1929). Hawtrey, R.
273 G., *The Economic Problem* (1925). Mowat, R. B., *The Concert of Europe* (1930), p. 313. Stolper, G., *This Age of Fable* (1942). 相反的观点见 Fay, S, B., *Origins of the World War*, p. 312. Feis, H., *Europe, The World's Banker, 1870 – 1914*, (1930), pp. 335ff.

欧洲协调

Langer, W. L., *European Alliances and Alignments (1871 – 1890)* (1931). Sontag, R. J., *European Diplomatic History (1871 – 1932)* (1933). Onken, H., "The German Empire," in *Cambridge Modern History*, Vol. XII. Mayer, J. P., *Political Thought* (1939), p. 464. Mowat, R. B., *The Concert of Europe* (1930), p. 23. Phillips, W. A., *The Confederation of Europe*

1914 (2d ed. , 1920) . Lasswell, H. D. , *Politics*, p. 53. Muir, R. , *Nationalism and Internationalism* (1917), p. 176. Buell, R. L. , *International Relation* (1929), p. 512.

二　百年和平

1. **事实**。从 1815 年到 1914 年的一百年间，欧洲列强仅在三个短暂时期处于交战状态：1859 年中有六个月，1866 年中有六个星期，1870 - 1871 年有九个月。至于持续达两年之久的克里米亚战争，包括克拉彭、杜维廉、汤因比和宾克莱在内的史学家都同意，在性质上是边缘性和半殖民地的战争。在这场战争期间，英国持有人手上的俄国债券仍可以在伦敦兑付。19 世纪和之前各世纪的基本差异，在于后者有偶发的全面性战争，而前者则完全没有。富勒将军（Major General Fuller）认为 19 世纪中没有一年免于战争，这是不足取的见解。昆西·赖特（Quincy Wright）只比较各世纪的战争年数，却忽视了全面性与地区性战争的差异。他因此没有掌握到要点。

2. **难题**。英法之间几乎持续不断的贸易战争，是全面性战争的沃土。它所以终归于休止还需要解释。这牵涉到经济政策领域中的两件事实：（1）昔日的殖民帝国已经式微；（2）进入国际金本位制的自由贸易新纪元已经来临。在新的商业形态之下，战争的利益迅速衰退；而随着金本位制所带来的新国际通货与信用结构之出现，一股肯定和平的态度亦因之兴起。如今整个国家的经济利益有赖于维持稳定的货币及世界市场的运作。后者正是收入与就业机会所依存的。反帝国主义的趋势取代了传统的扩张主义；一直到1880年，这个趋势几乎笼罩了列强（关于这一点，我们曾在第十八章中加以讨论）。

在贸易战争期间，外交政策所关心的是实利企业的促进，这被视为理所当然。但在其后长逾半世纪之久的期间（1815-1880），新的主张却排除了私人企业利益对外交的影响；直到这段时期结束之际，外交部门才又认为此类利益主张是可以接受的——但当时对新的舆论趋势的顺应，自有其严格
274 的限制。1880年以后，外国债券所有人和直接投资者的利益，再度被认为是外交官员所应关切的事务。我们认为，此种改变应归因于贸易的性质。就19世纪的情况而言，贸易的范围与成败已不再依赖直接的武力政策。而企业之所以再度逐渐影响到外交政策，则是因为国际通货与信用体系已创造出一种超越国界的新形态商业利益。但只要此种利益仅涉及外国债券所有人，政府就绝不会乐意给他们任何发言权；因为长久以来，对外贷款就被认为是极不可靠的投机行为；既得收入定期地被存进本国政府的债券中；如果国人贷款给信誉可疑的外国政府，没有一个政府会认为此种冒险事业值得支持。投资人希望英国政府关心他们在国外的亏损，但坎宁

断然拒绝了他们的强硬要求；他也拒绝因保障国外债券，而予拉丁美洲各国以外交承认。帕默斯顿1848年著名的传阅信函是态度改变的第一次显示，但改变的幅度并不太大；因为贸易团体的商业利益牵连甚广，政府不可能因任何次要的既得利益而使得世界帝国的事务更形复杂。外交政策再度对海外的商业冒险发生兴趣，主要是自由贸易的时代已过，以及随后18世纪的方法再度被采用的结果。但只要贸易与非投机性的、非常正常的海外投资紧密结合在一起，外交政策自会重返促进贸易利益的传统路线。需要解释的，不是后来这段发展，而是1815年到1880年这段期间的中断。

第二章

三　黄金线的断裂

金本位制的崩溃因强制性的货币稳定政策而加速。稳定运动的先锋是日内瓦。它把伦敦和华尔街所施加的压力转移给财政较弱的国家。

第一批采取稳定措施的国家是战败国，它们的货币在第一次世界大战之后完全崩溃。第二批包括欧洲的战胜国，它们是继第一批国家之后采取稳定措施的。第三批则是金本位制的主要受益国，美国。

275

Ⅰ战败国		Ⅱ欧洲战胜国			Ⅲ全球性的贷款国	
			稳定	废除金本位制		废除金本位制
俄国	1923	大不列颠	1925	1931	美国	1933
奥地利	1923	法国	1926	1936		
匈牙利	1924	比利时	1926	1936		
德国	1924	意大利	1926	1933		
保加利亚	1925					
芬兰	1925					
爱沙尼亚	1926					
希腊	1926					
波兰	1926					

第一批国家财政的不平衡曾一度由第二批支持。当第二批也开始稳定其货币，同样需要支持时，即由第三批国家提供此项支持。最后，欧洲稳定措施累积而成的不平衡，给了美国最严重的打击。

四　第一次世界大战后的势力消长

第一次世界大战后的势力消长是普遍而迅速的，但它所波及的幅员并不大。中欧和东欧的大多数国家，1918-1923 年间仅是继民主（或社会主义）的共和政体之后，保守势力的复兴时期。这是战败的自然结果。数年之后，几乎每个国家都建立起一党统治政体；而这股潮流同样相当普遍。

国名	革命	反革命	一党政治
奥地利	1918.10 社会主义民主共和	1920 中产阶级的共和政体	1934
保加利亚	1918.10 彻底的土地改革	1923 法西斯的反革命	1934
爱沙尼亚	1917 社会主义共和	1918 中产阶级的共和政体	1926
芬兰	1917.02 社会主义共和	1918 中产阶级的共和政体	—
德国	1918.11 社会主义民主共和	1918 中产阶级的共和政体	1933
匈牙利	1918.10 民主共和 1919.03 苏维埃	1919 反革命	—
南斯拉夫	1918 民主联邦制	1926 威权统治的军人政府	1929
拉脱维亚	1917 社会主义共和	1918 中产阶级的共和政体	1934
立陶宛	1917 社会主义共和	1918 中产阶级的共和政体	1926
波兰	1919 社会主义民主共和	1926 威权政体	—
罗马尼亚	1918 土地改革	1926 威权政体	—

五　金融与和平

有关前半个世纪国际金融的政治角色，几乎毫无数据可
以参考。科尔蒂（Corti）讨论罗思柴尔德家族的书仅涵盖欧
洲协调之前的时期。罗氏家族参与苏伊士共有协定，布莱希 276
罗德（the Bleichroeders）家族发行国际公债以支付 1871 年对
法战争的赔款；东方铁路时期的巨额交易等等，都未加以讨
论。朗格尔（Langer）和桑塔格（Sontag）等人的史学著作
仅偶尔注意到国际金融（后者在列举和平的因素时，忽略了

金融）；利斯（Leathes）在《剑桥现代史》（*Cambridge Modern History*）中的说明几乎是唯一的例外。自由主义的自由作家，如法国的莱西思（Lysis）和英国的霍布森，他们的批评或旨在揭发金融家的缺乏爱国心，或旨在抨击他们伤害自由贸易，支持保护主义与帝国主义的倾向。希法亭与列宁等马克思主义者的研究，则强调国家银行业所推动的帝国主义力量，和它们与重工业的有机关系。这种论点，大体上除了只能处理德国的例子之外，势必无法讨论国际的金融利益。

华尔街对20世纪20年代之发展的影响，时间太近，很难做客观的研究。大体说来，从和平协议（Peace Treaties）时期到道斯计划（the Dawes Plan）、杨格计划（the Young Plan），以至于洛桑的赔款清偿及其后的时期内，华尔街的影响偏重于国际调节与中介之功能，此点应无疑问。晚近的文献倾向于将私人投资区别开来。如斯特利（Staley）的著作，即特别排除借给政府的贷款，无论提供者是别国政府或私人投资者；这个限制实际上使他有趣的著作无法对国际金融做全面性的评价。费斯（Feis）卓越的说明我们曾大量引用，它几乎涵盖了这整个主题；但由于国际金融（haute finance）的档案仍无法利用，它也无可避免地受到缺乏可信数据的限制。厄尔（Earle）、雷默（Remer）和瓦伊纳（Viner）等人极有价值的著作，也同样受到这个无法避免的限制。

第三章

六　“社会与经济制度”参考资料选辑

19 世纪试图以个人图利的动机为基础，建立一个自我调节的经济体系。我们认为，这种企图本质上就不可能成功。因此，我们只关心此一取向之中所蕴涵的扭曲的人生观与社会观。举例言之，19 世纪的思想家有如下的假设：在市场上，举止像一个商人是“自然的”，任何其他的行为模式都是虚假而人工的经济行为，亦即人类本能被干扰的结果；只要人类不被人为的外力干预，市场必然会出现；无论在道德上此种社会是否可欲，至少其可行性是基于人类不变的特质。而社会人类学、原始经济、古代文明史和一般经济史等各种社会科学领域中最近的研究，却提出几乎与上述假设完全相反的证据。事实上，自由经济主义的哲学中所包含的——无 277
论是明言的或隐含的——人类学或社会学假设，几乎没有一个没有受到反驳。下面仅引述若干著作。

（a）对人类而言，图利动机并不是“自然的”。

“原始经济的特征，是缺乏从生产或交易中获利的欲望。”（Thurnwald, *Economics in Primitive Communities*, 1932, p. xiii）“另一个必须彻底予以推翻的观点，是某些流行的经济学教科书中的所谓‘原始的经济人’（the Primitive Economic Man）。”（Malinowski，*Argonauts of the Western Pacific*，1930，p. 60）“我们必须扬弃曼彻斯特自由主义的理念类型（Idealtypen），它们在理论上和历史上都是一种误导。”（Brinkmann“Das soziale System des Kapitalismus.” In *Grundriss der Sozialökonomik*，Abt. IV，p. 11）

（b）对人类而言，为报酬而工作并不是“自然的”。

“在文明较高的社群中，利润经常是工作的诱因。但在土著的原始情况之中，利润从未成为工作的动力。”（Malinowski，前引书，p. 156）“在未受现代社会影响的原始社会中，我们看不到与报酬观念有关的劳动。”（Lowie，“Social Organization，” in *Encyclopedia of the Social Sciences*，Vol. XIV，p. 14）“决无劳动力出租或贩卖的事。”（Thurnwald，*Die menschliche Gesellschft*，Book III，1932，p. 169）“将劳动视为义务，并不要求补偿……”是非常普遍的（Firth，*Primitive Economics of the New Zealand Maori*，1929）。“甚至到了中世纪，为了酬劳而替陌生人工作也是前所未闻的。”“陌生人没有个人义务约束，因此，他必须为荣誉和被认同而工作。”游吟诗人（minstrels）是外来者，“他们接受酬劳，也因此而被轻视”（Lowie，前引书）。

（c）对人类而言，将劳动限制到无可避免的最低限度并不是“自然的”。

“我们必然会发现，工作从未被限制到无可避免的最低限度，而总是超过绝对必要的分量——这是由于天生或后天习得的，对活动的冲动。”（Thurnwald, *Economics*, p. 209）“劳动总是超过绝对必要的分量。”（Thurnwald, *Die menschliche Gesellschaft*, p. 163）

（d）劳动较平常的动机并非图利，而是互惠、竞争、工作的喜悦与社会的认可。

互惠：“大部分，即使非全部的经济活动，都属于某种互相馈赠和回赠之链；就其最后的平衡状态而言，这是平等互惠的。……一个人如想在经济活动中不断违抗互惠法则的约束，他很快就会发现，他在社会与经济方面的情况变得一团糟——他自己对这一点是很清楚的。”（Malinowski, *Crime* 278
and Custom in Savage Society, 1926, pp. 40 –41.）

竞争：“竞争是激烈的；目标虽然一致，成就却优劣有别。……在重复之中追求卓越。”（Goldenweiser, “Loose Ends of Theory on the Individual, Pattern, and Involution in Primitive Society,” In *Essays in Anthropology*, 1936, p. 99）“把大柱搬到田里，或运走收割的山芋时，人们在速度、彻底的程度和负荷的重量各方面互相较量。”（Malinowski, *Argonauts*, p. 61）

工作的喜悦：“为工作而工作，是毛利人劳动不变的特征。”（Firth, “Some Features of Primitive Industry,” *E. J.*, Vol. I, p. 17）“大量的时间和劳动力投注在审美的目的上——使菜园整洁、清爽、没有碎片；建造美丽坚实的围篱；提供特别硕大的山芋柱（yam - poles）。所有这些事，就某种程度而言，确是植物生长所必需的；但他们的用心显然已超越纯属必需的限度。”（Malinowski，前引书，p. 59）

社会的认可：“造园的完美程度，是一个人社会评价的普遍指标。”（Malinowski, *Coral Gardens and Their Magic*, Vol. II, 1935, p. 124.）“社群中每个人都应该表现出来水平的才干。”（Firth, *Primitive Polynesian Economy*, 1939, p. 161）“安达曼岛民认为懒惰是反社会行为。”（Ratcliffe - Brown, *The Andaman Islanders*）“将个人的劳动力供别人差遣，是一个人的社会职务，而不只是经济职务。”（Firth，前引书，p. 303）

（e）人类历代都相同。

林顿（Linton）在其《人类研究》（*Study of Man*）中告诫我们勿为人格决定的心理学理论所误。他认为，“一般观察所得到的结论是，所有这些类型在每一个社会中都大致相同。……换言之，只要〔观察者〕拨开文化差异的障幕，他就会发现，这些人基本上都像我们自己”（第484页）。图恩瓦尔德强调人类在每一个发展阶段的相似性：“就人与人之间的关系而言，上文所讨论的原始经济与其他任何形态的经济都没有什么差别，也都是以同一个社会生活的普遍原则为基础的。”（*Economics*, p. 288）“某些基本的集体情感，在所有的人类身上，基本上都是相同的；这可以说明类似的社会结构不断重现的原因。”（“Sozialpsychische Ablaufe in Volkerleben,” in *Eassys in Anthropology*，p. 383）在根本上，鲁思·本尼迪克特（Ruth Benedict）的《文化模式》（*Patterns of Culture*）也是以类似的假设为论据的：“我上面的说法，仿佛认为世界上人类的气质都是不变的；仿佛文化塑造了大部分的人成为一定的形态。譬如说，根据此种解释，恍惚经验（trance experience）是任何族群中某一些个人的潜能。一旦它得到人们的尊敬与奖赏，就有许多人也会获得它或模仿 279
它……”（第 233 页）。马林诺夫斯基在其著作中也一贯坚持同样的主张。

（f）一般说来，经济制度植根于社会关系；物质利益的分配由非经济的动机决定。

原始的经济是“一项社会事务，它将某一群人视为一个连锁整体的一部分”（Thurnwald, *Economics*，p. xii）。这在财富、工作和以物易物各方面，情形都是如此。“原始人的财富不是经济性的，而是社会性的。”（同上）劳动力可以产生“有效的工作”，因为它已“被各种社会力量整合到一个有组织的努力之中”（Malinowski, *Argonauts*，p. 157）。“货币与劳务的交换大多是在一稳定的合伙关系中进行，或是与特定的社会义务有关，或是伴随着非经济性的互惠关系。”（Malinowski, *Crime and Custom*，p. 39）

支配经济行为的两个主要原则，似乎是互惠与储藏并再分配（storage-cum-redistribution）：

“整个部落的生活充满了恒常性的取与予。”（Malinowski, *Argonauts*, p. 167）“今日的予会为明日的取所回报。互惠原则充满原始人生活中的每一种关系。”（Thurnwald, *Economics*, p. 106）为了实现此种互惠原则，我们会“在每一个野蛮社会中看到相互义务不可或缺的基础，即结构上的对称性”或制度上的“二元性”（duality）（Malinowski, *Crime and Custom*, p. 25）。“就巴纳洛人而言，神灵之室（chambers of spirits）对称的空间分割，是以他们的社会结构为基础的。后者也显示出类似的对称性。”（Thurnwald, *Die Gemeinde der Banaro*, 1921, p. 378.）

图恩瓦尔德发现，除互惠行为之外，从原始的渔猎部落到规模最大的帝国，储藏与再分配制度的实施最为普遍；而这有时候是与互惠行为联合运作的。以各种不同的方式，货币被集中堆存，然后分配给小区的每一个成员。譬如说，在密克罗尼西亚和玻利尼西亚人民之间，“君主以最高氏族（clan）代表人的身份接受进贡，再以赏赐的方式分配给人民”（Thurnwald, *Economics*, p. xii）。此种分配功能，是中央政治权力的最初根源（同上，p. 107）。

（g）个人为他本人及其家庭收集食物，并非早期人类生活的一部分。

古典著作假设，先经济人（the pre-economic man）也必须照顾他自己和他的家。在19世纪与20世纪之交，卡尔·布赫（Karl Bucher）在他开拓性的著作中重弹此调，并盛行一时。晚近的研究则在这一点上一致对卡尔·布赫的假设提出修正。（Firth, *Primitive Economics of the New Zealand Moari*, pp. 12, 206, 350; Thurnwald, *Economics*, pp. 170, 268, and 280
Die menschliche Gesellschaft, Vol. III, p. 146; Herskovits, *The Economic Life of primitive Peoples*, 1940, p. 34; Malinowski, *Argonauts*, p. 167，脚注）。

（h）互惠与再分配的经济行为原则，不仅适用于小型的原始社群，也适用于富足的大帝国。

"分配有其自身独特的历史，开始于渔猎部落最原始的生活。""……此种情况与后来阶层化较为显著的社会不同。……""我们印象最深的例子，是游牧民族与农耕民族之间的接触。""在这些社会之中，情况相当不同。但分配功能随着若干家族日益壮大的政治权力，与专制君主的崛起而加强。族长接受农人的贡献——现在已变成'税'——再分配给他的官员，尤其是忠于其朝廷的官员。"

"此种发展使分配体系更趋复杂。……所有的古国，包括古中国、印加帝国、印度王朝、埃及和巴比伦，都使用金属货币代替税负与薪给，但主要都依赖储存于谷仓和货仓中的物质偿付……然后分配给官员、战士和有闲阶级，亦即分配给不事生产的人口。如此，分配基本上发挥了经济的功能。”（Thurnwald，*Economics*，pp. 106－8）

“当我们谈到封建制度，我们通常都会想到中古时代的欧洲。……但这种制度，实早已出现于阶层化的小区。大多数的交易都是以物易物，而上阶层声称拥有一切土地或牲畜——此种事实，就是封建制度在经济上的原因……。”（同上，p. 195）

第四章

七　“市场模式的演进”参考资料选辑

经济自由主义误以为，它的运作与方法是普遍之进步法则的自然结果。为了使它们符合模式，存在于自我调节之市场背后的原则就被逆向投射到整个人类文明史。结果是，贸易、市场、金钱、城市生活与民族国家的真正性质与起源，都被扭曲到几乎无法辨识的地步。

（a）“以物易物与交易”的个人行为，仅偶尔出现于原始社会。

“以物易物本来是从未存在过。原始人不但不渴望以物易物，反而对它表示反感”（Buecher，*Die Entstehung der Volkswirtschaft*，1904，p. 109.）“譬如说，一支鲣鱼钓钩的价值不
281 可能以食物来衡量，因为从来就没有人做过这种交易；蒂科

皮亚（Tikopia）人会把它当做幻想。……每一种物品都适用于某一种特定的社会情境。”（Firth，前引书，p. 340）

（b）贸易并非出现于社群内部，它是不同社群之间的外部事务。

“起初，商业是种族群落之间的交易，它从未发生于同一部落或社群的成员之间。就最古老的社会共同体而言，它是对外的现象，只以不同的部落为对象。”（M. Weber, *General Economic History*, p. 195）“尽管显得有些怪异，从一开始，中古时代的商业不是在地区性交易的影响下形成的，而是在出口贸易的影响之下形成的。”（Pirenne, *Economic and Social History of Medieval Europe*, p. 142）“远途贸易是中古时代经济复苏的原因。”（Pirenne, *Medieval Cities*, p. 125）

（c）贸易并不依赖市场；它起源于单向的运送，无论是借诸和平的或不和平的手段。

图恩瓦尔德确立了这个事实：贸易的最早形态，完全是从远方采收和携回物品。基本上，这是狩猎性质的远征行动。远征是否诉诸武力（如奴隶的猎取或海盗行径），主要要视它所遭遇到的抵抗而定（前引书，pp. 145，146）。“在荷马时代的希腊人之间，也在北欧的海盗之间，海盗行为是海上贸易的开始；在相当长的一段时间里，这两种生意是齐头并进的。”（Pirenne, *Economic and Social History*, p. 109）

（d）市场的存在与否并非本质上的特征，地区市场并没有成长的趋势。

“没有市场的经济制度，并不必然因此而拥有其他共同的特征。”（Thrunwald，*Die menschliche Gesellschaft*，Vol. III，p. 137）在早期的市场中，“只有限定数量的特定物品才可以互相交换”（同上）。“原始时代的货币和交易，基本上是社会性的，而非经济性的。由于这项发现，图恩瓦尔德值得我们特别赞扬。”（Loeb，“The Distribution and Function of Money in Early Society，”in *Essays in Anthropology*，p. 153）地区性市场的发展并非来自“武装的贸易”“无声的以物易物”或其他形态的对外贸易；贸易是从邻近居民为了有限目的，在某一聚会场所所维持的“和平”之中发展出来的。“地区性市场的目的，在于供应地区居民日常生活的必需品。这可以解释下列事项：每周市集一次；市场所吸引的范围非常有限；以及活动仅局限于小型的零售业。”（Prienne，前引书，第四章，“Commerce to the End of the Twentieth Century”，p. 97）甚至到了晚期，地区性市场也没有显示出成长的趋势，与商集（fairs）恰成对比：“市场供应地区性的需要，只有邻近的
282 居民参加；它的商品是农产品和日常所需的加工品。”（Lipson，*The Economic History of England*，1935，Vol. I. p. 221）。地区性交易“一开始通常都是农民和从事家庭工业者的副业，并且一般都是季节性的活动……”（Weber，前引书 p. 195）。“乍看之下，人们很容易认为，商人阶级是在农业

人口之间逐步发展出来的。但是，此种说法并无凭据。”（Pirenne, *Medieval Cities*, p. 111）

（e）分工并非起源于贸易或交易，而是起源于地理的、生物的及其他非经济性的事实。

“分工绝非如理性论者的学说所主张的，是经济复杂化的结果。它主要的起因，是性别与年龄在生理上的差异。”（Thurnwald, *Economics*, p. 212）“几乎所有的分工都是男女之间的分工。”（Herskovits，前引书，p. 13）另一种由于生物学上的事实而产生分工的方式，见诸不同种族群落的共同生活（symbiosis）状况。由于社会中“上阶层”的形成，“种族群落将变成职业性和社会性的群落”。“如此，一方面基于依赖阶级之献纳与劳役，另一方面基于领导阶层族长所拥有的分配权力，遂形成一个组织。”（Thurnwald, *Economics*, p. 86）于此，我们看到了国家的起源之一（Thurnwald, *Sozialpsychische Abläufe*, p. 387）。

（f）金钱并非一项决定性的因素；金钱的有无，并不必然造成经济类型在本质上的差异。

“使用金钱与没有使用金钱的部落，仅就这一点而言，在经济上只有极小的差异”。（Loeb，前引书，p. 154）“如果某些部落使用金钱，它的功能也与它在我们的文明之中所发挥者大不相同。它一向就被视为具体的物质，它也从未变成价值的抽象表征。”（Thurnwald, *Economics*, p. 107）以物易物的困难，在金钱的“发明”中并不扮演任何角色。“古典经济学的传统观点恰与民族学的研究所得相反。”（Leob，前引书，p. 167，注 6）由于作为金钱的商品之特殊效用，以及其作为权力属性的象征性意义，我们不可能“从片面的理性论观点考虑经济上的拥有”。（Thurnwald，*Economics*）譬如说，金钱可能只用来支付薪酬和税捐（Thurnwald，前引书，p. 108），或用来支付买妻的款项、给被杀家属的赔偿金（blood money）或罚款。“因此在国家尚未形成的阶段中，我们可以发现许多例子，衡量物品的价值取决于习惯性的献纳之数额，领导人所拥有的地位，以及领导人与其各小区平民之间的具体关系。”（Thurnwald，*Economics*，p. 263）

283 正如同市场，金钱主要是一种外部现象，它对社群的意义基本上是决定于贸易关系。“金钱的观念通常是从社群之外引进的。”（Leob，前引书，p. 156）“金钱作为一项交易的普遍媒介，其功能系起源于对外贸易。”（Weber，前引书，p. 238）

（g）对外贸易起初并不是个人之间的交易，而是群体之间的交易。

贸易是一种“团体的工作”；它所涉及的，是“集体获得的物品”。它的起源在于“集体的贸易之旅”。“这类远征行动通常带有对外贸易的性质，集体原则即出现于远征行动的安排之中。”（Thurnwald，前引书，p. 145）“在任何情况中，最古老的商业都是不同部落间的交易关系。”（Weber，前引书，p. 195）中世纪的贸易明显地不是个人之间的交易。它是“某些城市之间的贸易，是社群之间或自治市镇之间（inter-communal or inter-municipal）的商业”（Ashley，*An Introduction to English Economic History and Theory*，第一卷“中古时代”，p. 102）。

（h）在中古时代，乡村与贸易无缘。

“直到15世纪末，城镇都还是商业与企业唯一的中心，以至于一点点商业活动都无法进入不设防的乡村。”（Pirenne，*Econmic and Social History*，p. 169）。“对抗农村交易与农村手工业的斗争，至少延续达七八百年之久。”（Heckscher，*Mercantilism*，1935，Vol. I，p. 129）“其手段随着‘民主政体’的发展而日益严酷……”“整个14世纪，定期的武装远征队被派往攻击邻近的所有村庄，而织布机和蒸洗布匹的木桶不是被砸烂就是被抢走。”（Pirenne，前引书，p. 211）

（i）中古时代，城市与城市之间的贸易向来就不是普遍而公平的。

城镇之间的贸易，意味着特定的某些或某群城市之间的优惠关系；譬如说，伦敦汉撒（the Hanse of London）与条顿汉撒（the Teutonic Hanse）的关系。支配这些城市之间的贸易原则，是互惠与报复。譬如说，如果有一笔借款未偿还，贷方城市的长官就会去找借方城市的长官，要求以公平的方式处理，正如后者之民众所冀求者，“并威胁说，如果借款不还，将对该城民众采取报复性的措施”（Ashley，前引书，第一卷，p. 109）。

（j）国家的保护政策是前所未有的。

“在13世纪，为了经济的目的而区分不同的国家，几乎
284 没有必要；因为当时基督教界内社会交往的障碍，远比今日我们所遇到的为少。”（Cunningham，*Western Civilization in Its Economic Aspects*，Vol. I，p. 3）直到15世纪，关税制度才出现于政治疆界上。“在此之前，没有任何证据显示，各国政府有保护本国贸易使其免于外国竞争的些微欲望。”（Pirenne，*Economic and Social History*，p. 92）在任何行业中，“国际”交易都是自由的（Power and Postan，*Studies in English Trade in the Fifteenth Century*）。

（k）重商主义迫使国界之内的城市和省份的贸易更为自由。

赫克舍《重商主义》第一卷（1935）的标题是《作为一个统一力量之体系的重商主义》（*Mercantilism as a Unifying System*）。“凡将经济生活限制于特定地区，并且妨碍贸易在国界之内进行的事物”，都是重商主义所反对的（Heckscher，前引书，Vol. II，p. 273）。“压制农村，抗拒外国城市的竞争——自治市镇这两方面的政策，都与国家的经济目标冲

突。”（同上，Vol. I p. 131）“重商主义将地区性的商业行为扩大到全国领域，它因此而造成乡村的‘全国化’”（Pantlen，“Handel”，in *Handwörterbuch der Staatswissenschaften*，Vol. VI，p. 281）。“竞争经常是重商主义蓄意鼓吹的，这是为了借供需的自动调节将市场组织起来。”（Heckscher）第一位看出重商体系之自由化倾向的现代学者，是施莫勒（Schmoller，1884）。

（l）中世纪的调节系统是非常成功的。

“中世纪城市的政策，可能是古代世界衰落之后的西欧，首次根据一贯原则调节社会之经济层面的尝试。这一尝试得到了不同寻常的成功。……经济自由主义或自由放任，在它无法对抗的巅峰时期，情况也许如此；但就其持续的时间而言，与年深日久的城市政策相较，自由主义不过是昙花一现的小插曲（Heckscher，前引书，p. 139）。”“他们借助由许多规律构成的系统获得这个成就。就其所欲达成的目的而言，这个体系可算是同类中的杰作。……城市经济恰与同时期的歌德式建筑相互辉映。”（Pirenne，*Medieval Cities*，p. 217）

（m）重商主义将自治市镇的制度扩展到全国。

“结果是扩展到更广大地区的城市政策——一种建构于一个国家的基础之上的市镇政策”（Heckscher，前引书，Vol. I，p. 131）。

（n）重商主义，最成功的政策。

“重商主义创造了一个复杂精巧及满足需要的体系。”（Buecher，前引书，p. 159）称尔贝尔的规章（Colbert's Re-
285 glements）在为生产而生产的活动中，追求卓越的质量，它的成就是“惊人的”（Heckscher，前引书，Vol. I，p. 166）。“全国性规模的经济生活，主要是政治集权的结果。”（Buecher，前引书，p. 157）“劳工法规与劳工纪律的创造”，应归功于重商主义的调节体系；这套法规与程序，“远比中世纪城市政府狭隘的排他主义，在其道德与技术的限制之下所能创造的一切，都还要严格”（Brinkmann，“Das soziale System des Kapitalismus,” in *Grundriss der Sozialokonomik*, Abt. IV）。

第五章

八 有关斯皮纳姆兰的文献

只有在自由资本主义年代开始与结束之时，才有人察觉斯皮纳姆兰的重要意义。当然，在1834年前后，经常有人提到“津贴制度”和“《济贫法》的恶政”；但这通常并未溯自1795年的斯皮纳姆兰，而是溯自1782年的《吉尔伯特法案》（Gilbert's Act）。而斯皮纳姆兰制度的真正特质也没有为公众明确地体认。

甚至到今天，人们也还未认清它的特质。在一般人心目中，它只意味着毫无差别的贫民救济。事实上，它是完全不同的东西——是一个有系统的工资补助（aid-in-wages）办法。当代人仅片面认识到，此种措施与都铎法律的原则正面冲突；他们全然没有觉察到，它与逐渐出现的工资制度完全不兼容。至于其实际效果，一直到后来人们才注意到，它与1799 - 1800 年的反合并法（Anti-Combination Laws）结合，造成压低工资的效果，最后却变成雇主的补助。

古典经济学家从未停止探讨“津贴制度”的细节，正犹如他们对租金与货币的研究。他们将各种形式的津贴、院外救济（outdoor reliefs）和“济贫法”混在一起讨论，并坚持将它们彻底废除。汤森（Townsend）、马尔萨斯和李嘉图都不主张修正《济贫法》；他们所要求的是将它废除。只有边沁对这个课题有所研究，他对这个问题的讨论比起其他问题，较不那么教条化。伯克（Burke）和他都了解到皮特（Pitt）所未曾看到的：真正邪恶的原则，是工资补助。

恩格斯和马克思对《济贫法》都未曾研究。这个制度被认为是迎合穷人的梦想。但实际上，它却将他们的工资压低到生活所需的水平以下（在这一点上，一项特别的反工会法更与之推波助澜），并把公众的钱交给富人，以协助他们从穷人那里榨取更多的钱。我们可以想象得到，没有别的事情比揭发此种制度的伪人道主义更适合他们的学说。但在当时，《新济贫法》却成为敌人，并且一些宪章主义者（the Chartists）倾向于将旧法理想化。而且，恩格斯和马克思正确地相

信，如果资本主义要来，则《济贫法》的修改是必然的。因
286 此，他们错过了最佳的争论焦点，以及斯皮纳姆兰可能对他们的理论体系的支持功用：如果没有自由的劳动力市场，资本主义无从运作。

哈丽雅特·马蒂诺（Harriet Martineau）大量取材于《济贫法报告》（the Poor Law Report，1834）对斯皮纳姆兰的后果做了恐怖的描述。在她昂贵的小书中，她企图启发贫民，他们的悲惨境遇是无可避免的——她深深相信，这是不可避免的，而只有政治经济学法则的知识才能够使他们的命运成为可忍受的。斥资出版马蒂诺著作的古尔德和巴林家族（the Goulds and Barings），再也找不到如此真诚拥护他们的教义，而又大体来说知识渊博的作者了（*Illustrations to Political Economy*，1831，Vol. III；亦见 The Parish 与 The Hamlet in *Poor Laws and Paupers*，1834）。她以谦逊的心情写成的《三十年和平》（*Thirty Years' Peace, 1816 - 1846*），显示出更接近宪章主义者的立场，而非对其师承边沁的忆念（Vol. III，p. 489 and Vol. IV p. 453）。她以这段意味深长的文字结束其年代记："现在我们最好的头脑和心灵，都深深关切劳工权利这个重大问题。国外的例子给予我们深刻的警告。在只受到较轻微的惩罚，而还未完全毁灭的当前，我们不能忽视这个问题。难道我们找不到解决之道吗？解答也许就是下一阶段之英国历史的一项基本事实。到那时，我们会更清楚，已逝去的三

十年和平所关切的，也许就在于为它铺路。”这是一个延期实现的预言。在英国历史的下一个时期，劳工问题已不复存在；但到了19世纪70年代，和另半个世纪之后，它果然变成“完全的毁灭”。比起20世纪40年代，我们在19世纪40年代显然更容易辨认出，问题的根源在于《济贫法改革法案》（the Poor Law Reform Act）背后的一些原则。

在整个维多利亚时代及其后，再没有一个哲学家或史学家留意有关斯皮纳姆兰这样一个微不足道的经济学。边沁主义的三位史学家中，斯蒂芬爵士（Sir Leslie Stephen）并未费心去探讨它的细节；哈勒维（Elie Halevy）是第一个认识《济贫法》在激进哲学史中之关键地位的，他对这个问题只有极其模糊的概念。至于戴西（Dicey）的说明，疏忽之处更是令人惊讶。他对法律和舆论之关系的无与伦比的分析，将“自由放任”和“集体主义”视为结构中的经与纬。至于其形态本身，他相信，系来自时代的工业与商业趋势，亦即来自塑造经济生活的制度。没有人比戴西更强调济贫主义在舆论中所扮演的显著地位，以及《济贫法》改革在整个功利主义的立法系统中的重要性。但是，对于功利主义者在其立法架构中给予《济贫法》改革以无比的重要性，他仍然感到困惑；他相信企业的税率负担是问题的关键所在。熊彼特（Schumpeter）或米切尔（Mitchell）等一流的经济思想史学者，分析古典经济学家的概念时，从未谈及斯皮纳姆兰的情况。

汤因比的演说发表（1881）之后，工业革命成为经济史的一个课题；汤因比认为，托利社会主义（Tory Socialism）
287 应为斯皮纳姆兰及其“富人保护穷人的原则”负责。大约就在这个时候，坎宁安也注意到同一个课题，于是它奇迹似的复活了；但他的言论只是旷野中的呼声。虽然芒图（Mantoux）（1907）受益于坎宁安的巨著（1881），但是却只将斯皮纳姆兰视为“另一个改革”，且不可思议地认为它有“驱使贫民进入劳动力市场”的效果（*The Industrial Revolution in the Eighteenth Century*, p. 438）。比尔（Beer）的著作是早期英国社会主义的纪念碑，但几乎不曾提到《济贫法》。

一直到哈蒙德夫妇（the Hammonds）（1911）察觉到工业革命所引起的新文明景象，斯皮纳姆兰才重新被发掘。他们将它视为社会史，而非经济史的一部分。韦布夫妇（the Webbs）（1927）继续这项工作，讨论了斯皮纳姆兰在政治与经济上的先决条件。并且，他们清楚认识到，他们是在探究我们这个时代社会问题的根源。

恩格斯、马克思、汤因比、坎宁安、芒图及比较晚近的哈蒙德夫妇诸人所代表的经济史研究方法，或可以称之为制度论的取向；而克拉彭则致力于建立一个反对它的论点。他拒绝将斯皮纳姆兰当做一个制度来处理，而只将它视为“农业组织”中的一个特征（卷一，第四章）。这种处理方式并不适当。因为，这个体系之所以崩溃，正是由于它扩展到了城市。同时，他将斯皮纳姆兰对税率的影响和工资问题分开，而以“国家的经济活动”来讨论前者。这种讨论方式是非常勉强的。并且他忘记从雇主阶级的观点来对斯皮纳姆兰做经济分析——雇主从低工资获得的利益决不少于他们在地方税率上的损失。但克雷普汉对事实的忠实，弥补了他对这个制度的不当处理。他首先指出，“圈地战争”（war enclosures）对地区的影响——斯皮纳姆兰制度正是建立于这些地区之中，以及实质工资被它压低的实际程度。

只有在经济自由主义的传统中，人们才会始终记得斯皮纳姆兰与工资制度的完全不兼容。也只有他们才了解，广义而言，任何形态的劳工保护措施都蕴涵着斯皮纳姆兰的干涉主义原则。斯宾塞以“假工资”（make-wage）（在他的家乡，人们就是这样称呼津贴制度的）指责任何“集体主义”的措施；他毫无困难地将“集体主义”的罪名加诸学校教育、住宅的供应、休闲场所的提供等各方面。戴西在1913年总结他对《养老金法案》（the Old Age Pensions Act，1908）的批评，说：“在本质上，它不过是户外贫民院的一种新形式。”他怀疑自由主义者是否有机会遂行其政策。“他们有些提议从来就未付诸实施；举例言之，院外救济从来就不曾废止。”如果这就是戴西的看法，也难怪米塞斯（Mises）会认为，“只要有失业救济，就必然有人会失业”（*Liberalisms*，1927，p. 74）；“救助失业者已被证明为毁灭的最有效武器之一” 288

(*Socialism*, 1927, p. 484; *National ökonomie*, 1940, p. 742)。李普曼(Walter Lippmann)在其《好社会》(*Good Society*, 1937)中试图否认自己与斯宾塞的关系，但他不过是反求诸米塞斯。李普曼和他都反映出自由主义者对20世纪20年代和30年代新保护主义的反动。无疑地，当时的许多征候都使人想起斯皮纳姆兰。在奥地利，失业救济由破产的国库补助；在大不列颠，"广泛的失业救济"与"施舍"无从区别；在美国，WPA(工作计划局)和PWA(公共事业局)展开了工作；事实上，帝国化学企业(Imperial Chemical Industries)的主管蒙德爵士(Sir Alfred Mond)于1926年曾枉然主张，英国雇主应该从失业基金领取补助，以"弥补"工资，从而增加就业机会。在失业问题上，正犹如在货币问题上，自由资本主义于其临死的阵痛中所面临的，是它一开始就存在而未解决的难题。

九　《济贫法》与劳动组织

对斯皮纳姆兰制广大的意涵，它的起源、影响及其突然中断的原因，尚没有人作过研究。下面是关于其中的几点讨论。

1. 在何种程度上，斯皮纳姆兰可以说是战时措施?

从严格的经济观点来看，我们很难如一向所认为的，把斯皮纳姆兰当做一个战时措施。当代人很少将工资的状况和战时的危急关联在一起。而就工资的显著提高而言，它早在战前就已经开始。阿瑟·杨 1795 年的《传阅信函》(*Circular Letter*) 旨在讨论歉收对谷物价格的影响，他提出了这个问题（第四点）：“较诸前一个时期，农业劳工的薪资提高（如果有的话）多少?”值得注意的是，他的通信人并未替“前一个时期”指出明确的意义。各人所指的期间，从三年到五十年不等；列举如下。

3 年………………………… 鲍伊斯 (J. Boys)，p. 97.

3 – 4 年 ………………… 鲍伊斯，p. 90

10 年 …………………… 什罗普郡、密得塞斯郡，剑桥郡（Shropshire, Middlesex, Cambridgeshire）的报告

10 – 15 年 ……………… 索塞克斯和汉普郡 (Sussex and hampshire)

10 – 15 年 ……………… 哈里斯 (E. Harris)

20 年 …………………… 鲍伊斯，p. 86

30 – 40 年 ……………… 毕特 (William Pitt)

50 年 …………………… 豪利特牧师 (Rev. J. Howlett)

没有人将这段时期定为两年，即对法战争的期间，它始于 1793 年 2 月。事实上，甚至没有一个通信人提到这场战争。

顺便一提：坏收成和恶劣气候造成失业，因而导致贫民人口的增加。一般对这个问题的处理方式是：(1) 地方的认 289

捐，包括施舍和食物与燃料的免费或降价配给；（2）提供就业机会。而工资通常不受影响。在 1788 – 1799 年间类似的非常时期中，地方以低于正常工资的水平，提供额外的就业机会。（参见 J. Harvey，“Worcestershire”，in *Ann. of Agr.*，v，XII，p. 132，1789。亦见 E. Holmes，“Cruckton，”同上，p. 196）

然而，人们有很好的理由假设，战争至少对斯皮纳姆兰措施的采用有间接的影响。实际上，迅速扩张的市场体系有两个弱点因战争而恶化，这有助于形成采取斯皮纳姆兰措施的客观条件：（1）谷物价格波动的倾向；（2）暴动对价格波动的恶劣影响。我们很难期望自由化不久的谷物市场，承受战争的疲惫和封锁的威胁。同样地，谷物市场也经不起经常性暴动所造成的恐慌——而在当时，暴动已呈现出重大的恶兆。在所谓调节系统之下，“有秩序的暴动”曾多少被中央当局视为地方匮乏的指标，认为应该宽大处理；而现在，当局宣称，它是匮乏的原因，危及整个小区的经济生活，也危及贫民自己。阿瑟·杨对“因食物昂贵而导致的暴动之后果”提出警告。汉娜·摩尔（Hannah More）也在题为《暴动，或，半条面包远胜一无所有》（The Riot，or，Half a loaf is better than no bread）的教诲性诗篇中——该诗配合“A Cobbler there was”的曲调——传播类似的观点。她对家庭主妇的回答，以诗句重复阿瑟·杨在一段虚拟的对话中所表达的意思："'我们要静待饿死吗?'最肯定不过了，你们不会。——你们应该控诉；但控诉与行动所采取的方式，不应该使我们所看到的罪恶恶化。"他坚信，"如果我们可以免于暴动"，一点也不会有饥荒的危险。这种担忧是有理由的，因为，谷物的供应极易受恐慌影响。再者，法国大革命的例子更赋予了"有秩序的暴动"某种威胁性的意涵。害怕工资上涨诚然是斯皮纳姆兰的经济原因；但我们可以说，谈到战争，它的意涵是政治性与社会性的，而非经济性的。

2. 威廉·杨爵士和《定居法》的放宽。

《济贫法》的两个激烈措施开始于 1795 年：斯皮纳姆兰和"教区农奴制"（pstish serfdom）的放宽。我们很难相信这只是巧合。就某种程度而言，它们对劳动力流动的影响正好相反。后者使劳工较可能离乡背井去寻找工作，前者则使他们比较没有必要这样做。以移民学的方便术语"推力"来说，和"拉力"这两种措施同时进行的结果是：虽然外地的"拉力"增加了，家乡的"推力"却也减弱了。于是，1662 年定居修正法案所引起的农村劳动力大规模流动的危险，因斯皮纳姆兰而趋于缓和。从《济贫法》的行政角度来看，这两种措施显然是"互补"的。因为放宽 1662 年法案所引起 290
的危险，正好是该法案所欲避免的，亦即避免让贫民涌至"较好"的教区。如果没有斯皮纳姆兰，这恐怕已成事实。当代人很少注意到这点关联；但只要我们记得，甚至 1662 年法案本身实际上也是未经公众讨论就通过的，就不会感到惊讶了。但阿瑟·杨爵士心中一定注意到了这一点。他两度同时支持这两个措施。在1795年，他主张修订《定居法》，但他也是1796年议案的推动者——根据该议案，斯皮纳姆兰原则被纳入法律。他曾在1788年倡议过这两种措施，但没有成功。他当时提议废止《定居法》的理由，几乎与1795年完全相同；而他同时又提出一项贫民救济措施，建议建立基准工资，2/3由雇主支付，1/3由地方税分担（Nicholson, *History of the Poor Laws*, Vol. II)。但是，却要等到另一次歉收和对法战争，这些原则才被接受。

3. 都市高工资对乡村共同体的影响。

城市的“拉力”造成农村工资的上涨，同时也使乡村农业劳动力的储备日渐枯竭。在这两件互相密切关联的灾难中，后者的影响更为深远。充分的劳动力储备攸关农作工业的荣枯，因为它在春季和10月份所需的人手远比冬季清淡的月份多。在一个有机结构的传统社会中，能否保有此种劳动力储备，不只是工资标准的问题，更关系决定贫民身份的制度环境。几乎在所有已知的社会中，我们都可以看到某种法律上或习俗上的安排，使地主在人力需求的巅峰季节能够获得农村劳工以供支配运用。都市工资上涨为农村小区制造的难题就在这里——身份被契约取代了。

工业革命之前，乡村保有着重要的劳动力储备：家庭或农舍制造业使一名男子忙一整个冬天，同时把他和他的妻子留在乡村以备春秋两季农作之用。《定居法》实际上将贫民以农奴的身份束缚在教区，因而必须依赖地方的农场主维生。另外还有其他各种手段，如工作比率、宿舍分配或巡逻员制度，使《济贫法》能够让定居教区的劳动者变成柔顺的工人。在各种工厂的规约之下，一名贫民可能会受到厂方任意为之的——甚至是秘密的——严酷惩罚。有时候，寻求救济的贫民会被逮捕，送进工厂，如果有权白天强行进入贫民住所的当局认为他“生活穷困，应该接受救济”（31 Geo. III c. 78）。这类工厂的死亡率令人惊骇。此外，北部的佣农（hind）或边界居民（borderer）被迫随时下田工作，以实物为酬劳；五花八门的附属关系（dependencies）和专用农舍互
相配合；贫民的土地契约朝不保夕——我们可以估计得出来， 291
供农村雇主任意差遣的，柔顺劳工所构成的储备军有多庞大。因此，除工资问题外，还有维持足够的耕作劳动力储备军的问题。在不同的时期，这两个问题的重要性也可能有所不同。虽然斯皮纳姆兰的提出与农场主对工资上涨的恐惧有密切关系，虽然农业萧条（1815 年后）的最后数年造成津贴制度迅速扩展的可能是同一个原因，30 年代初期的耕作小区之所以几乎一致坚持有必要维持津贴制度，其原因并不在于他们害怕工资上涨，而是他们担心可供使用的劳动力供应是否充足。在任何时候，他们从来就不曾完全免于此种顾虑，尤其是在

一段出奇繁荣的漫长时期中（1792－1813）——当时，谷物平均价格猛涨，远远超过劳动力价格的上涨速度。在斯皮纳姆兰背后永恒不变的基本关切，并不是工资，而是劳动力供应。

既然工资上涨可以吸引更多的劳工，区别这两组动机而加以衡量，似乎有些别扭。但在某些情况之下，我们有肯定的证据指出，在农场主心目中，这两个问题何者为最优先。

首先，有丰富的证据指出，即使是就定居教区的贫民而言，农场主也敌视任何一种教区外的工作机会，因为它使农事临时需要人手时较难找到工人。在1834年的调查报告中，有一名证人指责定居教区的贫民“去捕捉鲱鱼和鲭鱼，一周所赚的钱多达一镑，却把家人留给教区照顾。他们一回来，就会被关进牢里；但他们不在乎，因为他们还会再度出外寻找收入良好的工作……”（p. 33）。这名证人抱怨说，这就是“春耕秋收之时，农场主时常找不到足够工人”的原因。（Henry Stuart 的报告，附录 A，第一部分，p. 334A）。

其次，租借地的分配是一个严重的问题。农场主一致承认，没有任何方法能像分给贫民一小块地那样，使他和他的家人免于救济的措施。但是，即使农场主因而负担地方税，他们也不愿接受任何形式的租借地分配；因为，这会使定居教区的贫民比较不需依靠临时性的农事。

这一点很值得注意。到1833年，农业小区仍一味赞成维持斯皮纳姆兰，且引用《济贫法行政长官报告》中的若干说法：津贴制度意味着“廉价劳动力，迅速收割”（Power）。“如果没有津贴制度，农场主将不可能继续耕作土地。”（Cowell）“农场主希望他们的雇农由救济名簿支付薪资。”（J. Mann）“尤其是大农场主，我不认为他们希望它们（地方税）降低。只要地方税率保持不变，他们就一定能得到他们所需要的额外人手；一旦天下起雨来，他们也能够将他们全数遣回教区……”（一位农场主的证言）。教区会议委员（vestry persons）“反对任何使劳工不需仰赖教区济助的措施，因为教区济助可以将他留在教区界限之内，使他们在急需人 292 手之时永远听从他们的使唤”。他们宣称，“高工资和自由工人会摧毁他们”（普令格 Pringle）。他们毫不考虑地反对一切授予贫民租地，以让他们获得独立的建议。小分田（plots）会使他们免于穷困，获得威严和自尊，也会使他们不需仰赖教区，而脱离农作企业所需的储备。马金迪（Majendie），一名租地分配措施的支持者，建议的小分田为1/4英亩；他认为，高于这个数目是不可实现的，因为“地主害怕劳工自立”。鲍尔（Power），另一位支持者，证实了这一点。他说，“农场主相当普遍地反对分配租地的提议。他们嫉恨此种削减其土地的做法；他们必须到更远的地方寻求肥料；他们反对提高劳工的自立能力”。奥基登（Okeden）则建议1/16英亩的分配地，他说，因为“农民花在这个面积土地上的时间，大约正好等于他们在农闲时花在家庭纺织工艺上的时间”。

如此，几乎已无怀疑的余地：从农业小区的观点来看，津贴制度的真正功能是在确保随时都有足够的定居贫民以备农忙之用。而斯皮纳姆兰借此所制造出来的人口过剩的外观，其实只是假象。

4. 工业城镇的津贴制度。

斯皮纳姆兰基本上是一种减轻农村贫困的措施。这并不表示，适用范围仅限于村庄，因为市镇（market town）也属于乡村。30 年代初期，在典型的斯皮纳姆兰地区，多数城市都采用了真正的津贴制度。譬如说，从过剩人口的角度来看，赫里福德郡（Hereford）应属“优良”一类。此郡中六个提出报告的城市皆坦承采用斯皮纳姆兰措施（四个“确定”，四个“可能”）；而“不良”萨塞克斯郡（Sussex），它的十二个提出报告的城市中，严格说来，有三个未实行斯皮纳姆兰措施，有九个实行。

北部和西北部工业城市的情况当然很不一样。直到 1834 年，工业城市依靠赈济的贫民数目仍远比乡村少；甚至在 1795 年前，制造业的接近大量增加了贫民的数目。在 1789 年，豪利特牧师（Rev. John Howlett）就曾具有说服力地指出：“一般认为大城市和人口稠密的制造业城市的贫民比率比单纯的教区高，这其实是错误的。事实正好相反。”（*Annals of Agriculture*, v. XI, p. 6, 1789）

新兴工业城市的真实状况，很遗憾，我们还不很清楚。

《济贫法》行政长官对斯皮纳姆兰措施扩展到制造业城市所造成的所谓迫切危险，似乎甚感困扰。虽然人们体认到， 293
“北部诸郡被它波及的程度最轻”；可是他们仍宣称，“即使是在城市，它也已根深蒂固”。实情并不支持这个看法。的确，在曼彻斯特或奥尔德姆（Oldham），健康而完全就业的人有时会得到救济。在普雷斯顿（Preston），地方税纳税人的会议上，“一名已经投靠教区”的贫民宣称，“他的工资已经从每周一镑被削减到每周十八先令”［享德森（Henderson）的报告］。索尔福德（Salford）、帕迪厄姆（Padiham）和阿尔弗斯顿（Ulverston）也被列为“定期”实行工资补助措施的市镇；如果是就织工和纺工而言，威根（Wigan）也一样。在诺丁汉（Nottingham），长袜以低于成本的价格出售；由于地方税所支付的工资补助，生产者仍然有利可图。而对普雷斯顿的情况提出报告的享德森，他的心灵已经洞见，这个邪恶的制度“正在偷偷混进来，企图保护私人利益”。根据《济贫法行政长官报告》，这个制度在城市较不普及，只“因为制造业资本家仅构成地方税纳税人的一小部分，因此他们在教区会议的影响力比乡村的农场主小”。

就短期而言，情况或许如此。但如果着眼于长期，工业雇主这方面可能有数种理由，使他们反对实行普遍性的津贴制度。

其一为贫民劳动力的低效率。棉花业主要是采取计件工作（piece work）或包工（task work）的方式。而现在，甚至在农业方面，“素质极差而又没有效率的领取教区津贴者”工作情况极为糟糕，竟然“四五个人才相当于包工的一人”（Select Committee on Labourers' Wages，H. of C. 4，VI，1824 p. 4）。《济贫法行政长官报告》指出，计件工作也许可以采取斯皮纳姆兰方法，而不一定会破坏“制造业工人的效率”；如此，制造业者就可以“真正得到廉价的劳动力”。它的含义是说，农业工人的低工资不一定就表示劳动力的廉价，因为工人的低效率会抵消劳动力的低价格。

另一个使企业家反对斯皮纳姆兰制度的因素，是竞争者的威胁；因为竞争者可以在工资补助的措施之下，以相当低廉的工资从事生产，农场主在没有限制的市场出售商品，他们因此对此种威胁无动于衷；但都市的工厂主人则非常忧虑。《济贫法行政长官报告》辩称，“由于《济贫法》在埃塞克斯（Essex）的行政失误，麦克尔斯菲尔德（Macclesfield）的制造业者可能会发现自己被低价抛售和摧毁”。坎宁安认为，1834 年法案的重要性，主要在于它影响了《济贫法》行政的“全国化”；如此，它除去了市场全国发展的一个严重障碍。

第三个反对斯皮纳姆兰的理由，也是最受资本家重视的，是它使“一大群广大，迟滞的多余劳动力”［雷德福（Redford）语］无法进入都市的劳动力市场。19 世纪 20 年代末期，都市制造业者对劳动力的需求是巨大的；多尔蒂（Do herty）的工会造成大规模的不安；这是欧文主义运动的开端，它所导致的罢工和休业，规模之大，为英国所未曾经历者。 294

因此，从长期看来，就雇主的立场而言，有三个理由使他们坚持反对斯皮纳姆兰：它降低劳动生产率；它倾向在不同地区造成成本的差异；它促成乡村“劳动力的死水”［韦布（Webb）语］，因而有助于都市工人垄断劳动力市场。这三种情况都不会使个别的雇主——甚至地方的雇主团体——太挂虑。为了确保利润，也为了与其他城市的制造业者竞争，低廉的劳动力成本事实上对他们还颇有吸引力。但是，企业家，就一个整体的阶级而言，则持非常不同的观点；因为，长期看来，对个别雇主或雇主团体有利的，显然会危害到他们全体。事实上，正是由于津贴制度——尽管是以一种缓和的方式——于30年代初期扩展到北部工业城市来，才使他们一致反对斯皮纳姆兰，并造成一次全国性规模的改革运动。

证据显示，都市政策多多少少自觉性地企图在城市建立一支工业人力储备军，主要是为了应付经济活动的剧烈变动。就这一点而言，城市和乡村并没有太大区别。正如同乡村当局宁可接受高税率，也不愿意选择高工资；都市当局也不愿意看到流浪的贫民迁回他们的定居之所。为了分享这支储备军，农村与都市雇主之间存在着某种竞争。只有在40年代中期惨苦而漫长的经济萧条期间，以税负为代价来维持劳动力储备军，才变成不切实际的做法。甚至在那个时候，农村与都市雇主仍然采取类似的做法：大规模地将贫民移出工业都市，而农村地主则使出“清扫乡村”的手段，两者的目的皆在于降低贫民的数目。

5. 城市对乡村的优势。

根据我们的假设，斯皮纳姆兰是保护农村小区，以对抗都市工资上涨所造成之威胁的措施。就景气的循环而言，这表示城市的地位优于乡村。至少有一个例子——1837－1845年间经济萧条的时期可以说明此种情况。1847年的一项谨慎的统计调查显示，不景气是从西北部的工业城市开始的，然后蔓延到农业郡，而农业郡的复苏显然比工业城市开始得晚。数据显示，“首先是降临于制造业地区的压力，最晚才撤离农业地区”。在这份调查中，制造业地区以兰开夏郡（Lancashire）和约克郡（Yorkshire）西区为代表，人口约201000人［共584个济贫联合区（Poor Law Union）］；而农业地区则包括诺森伯兰郡（Northumberland）、诺福克郡（Norfolk）、萨
295 福克郡、剑桥郡、巴克斯郡（Bucks）、赫特福德郡（Herts）、伯克郡（Berks）、威尔特郡（Wilts）和德文郡（Devon），人口约208000人（同样的，共584个济贫联合区）。在制造业地区，情况的改善开始于1842年，贫民增加率从29.37%下降到16.72%；其后则明显递减，1843年为29.08%，1844年为15.26%，1845年更进而降为12.24%。与此恰成强烈

对比的是，农业地区景气的回升到了1845年才开始，其递减率为9.08%。在这两种情况中，《济贫法》的开支对人口数量的比率都有记录可查，后者更经过逐郡逐年的计算（J. T. Danson, "Condition of the People of the U. K., 1839 – 1847," *Journ. of Stat.* Soc., Vol. XI, p. 101, 1848）。

6. 乡村的人口减少与人口过剩。

英国是欧洲唯一对城市和乡村的劳动力有统一管理制度的国家。各种法令，如1563年或1662年的法令，都同样地实施于农村和都市教区，而治安推事们公平地在全国执行法律。这应归功于乡村工业化甚早，而随后都市也接着工业化。因此，乡村与城市的劳动力结构，并没有像欧洲大陆所出现的那种管理上的差异。这更解释了，何以劳动力很容易从乡村流向城市，而又很容易回流。如此，英国避免了欧洲大陆人口学上最悲惨的两个特点——由于人口从村庄向城市迁移，乡村人口突然锐减；以及由于此种迁移过程无法逆转，使在城市找到工作的人从此离乡背井。逃离土地（Landflucht）一词，即指19世纪下半叶以降，中欧乡村急遽空竭的剧变，是当时农业小区的恐怖现象。相反的，在英国我们看到人口像钟摆似的摆荡于都市与乡村的就业机会之间。仿佛大部分人口都处于一种游移不决的状态，这种情况就使得国内迁移的动向如非全不可能，也极难追查。再者，我们不要忘了，这个国家的城乡分布形态和它遍布全国的港口，使得人们可以说没有必要做长距离迁徙；而《济贫法》的施行之所以极易适应全国劳动力结构的需要，也变得很可以理解。乡村教区时常将院外救济金发给在邻近城市就业的流动贫民，或者将生活津贴送到他们的居住地；反之，制造业城市经常将救济金发给并未定居在城市的、滞留于教区的贫民。1841－1843年间，都市当局所做的大规模撤离，只是一个例外。根据雷德福的研究，当时撤离北部19个制造业城市的12628名贫民中，只有1%定居于9个农业区。（如果以丹森1848年所挑选的9个“典型农业区”取代雷德福的那几个郡，其结果仅
296 有极微小的不同，即由1%变成1.3%）。正如雷德福所指出的，长距离迁移的情况很少见，而乡村与制造业城市借助充分的救济方法，使大部分劳动力储备军都控制于雇主手中。难怪城市和乡村同时发生“人口过剩”的现象。而实际上，在劳动力需求的高峰期，兰开夏郡的制造业主必须大批输入爱尔兰工人。农场主则强调，如果每个乡村贫民都被诱迁徙，他们在收割季节将无法支持下去。

关于贫民问题与《旧济贫法》的当代文献

Acland, *Compulsory Savings Plans* (1786).

Anonymous, *Considerations on Several Proposals Lately Made for the Better Maintenance of the Poor*. With an Appendix. (2nd ed., 1752).

Nnonymous, *A New Plan for the Better Maintenance of the*

Poor of England (1784) .

An Address to the Public, from the Philanthropic Society, instituted in 1788 for the Prevention of Crimes and the Reform of the Criminal Poor (1788) .

Applegarth, Rob. , *A Plea for the Poor* (1790) .

Belsham, Will, *Remarks on the Bill for the Better Support and Maintenance of the Poor* (1797) .

Bentham, J. , *Pauper Management Improved* (1802) .

——, *Observation on the Restrictive and Prohibitory Commercial System* (1821) .

——, *Observations on the Poor Bill, introduced by the Right Honorable William Pitt*; written February 1797.

Burke, E. , *Thoughts and Details on Scarcity* (1795) .

Cowe, James, *Religions and Philanthropic Trusts* (1797) .

Crumple, Samuel, M. D. , *An Essay on the Best Means of Providing Employment for the People* (1793) .

Defoe, Daniel, *Giving Alms No Charity, and Employing the Poor a Grievance to the Nation* (1704) .

Dyer, George, *A Dissertation on the Theory and Practice of Benevolence* (1795) .

——, *The Complaints of the Poor People of England* (1792) .

Eden, *On the Poor* (1797), 3 vols.

Gilbert, Thomas, *Plan for the Better Relief and Employment of the Poor* (1781).

Godwin, William, *Thoughts Occasioned by the Perusal of Dr. Parr's Spiritual Sermon, Preached at Christ Church April 15, 1800* (London, 1801).

Hampshire, *State of the Poor* (1795).

Hampshire Magistrate (E. Poulter), *Comments on the Poor Bill* (1797).

Howlett, Rev. J., *Examination of Mr. Pitt's Speech* (1796).

James, Isaac, *Providence Displayed* (London, 1800), p. 20.

Jones, Edw., *The Prevention of Poverty* (1796).

Luson, Hewling, *Inferior Politics: or, Considerations on the Wretchedness and Profligacy of the Poor* (1786).

M'Farlane, John, D. D., *Enquiries Concerning the Poor* (1782).

297 Martineau, H., *The Parish* (1833).

——, *The hamlet* (1833).

——, *The History of the Thirty Years' Peace* (1849), 3 vols.

——, *Illustrations of Political Economy* (1832 - 34), 9

vols.

Massie, J. , *A Plan⋯Penitent Protitutes. Foundling Hospital, Poor and Poor Laws* (1758) .

Nasmith, James, D. D. , *A Charge*, *Isle of Ely* (1799) .

Owen, Robert, *Report of the Committee of the Association for the Relief of the Manufacturing and Labouring Poor* (1818) .

Paine, Th. , *Agrarian Justice* (1797) .

Pew, Rich. , *Observations* (1783) .

Pitt, Wm. Morton, *An Address to the Landed Interest of the defic. of Habitation and Fuel for the Use of the Poor* (1797) .

Plan of a Public Charity, A (1790), "On Starving," a sketch.

First Report of the Society for Bettering the Condition and Increasing the Comforts of the Poor.

Second Report of the Society for Bettering the Condition of the Poor (1797) .

Ruggles, Tho. , *The History of the Poor* (1793), 2 vols.

Sabatier, Wm. , Esq. , *A Treatise on Poverty* (1797) .

Saunders, Robert, *Observations.*

Sherer, Rev. J. G. , *Present State of the Poor* (1796) .

Spitalfields institution, *Good Meat Soup* (1799) .

St. Giles in the Field, Vestry of the United Parishes of, *Crit-*

icism of "Bill for the Better Support and Maintenance of the Poor" (1797).

Suffolk Gentleman, *A Letter on the Poor Rates and the High Price of Provisions* (1795).

[Townsend, Wm.], *Dissertation on the Poor Laws* 1786 *by A Well-Wisher of Mankind.*

Vancouver, John, *Causes and Production of Poverty* (1796).

Wilson, Rev. Edw., *Observations on the Present State of the Poor* (1795).

Wood, J., *Letter to Sir William Pulteney* (on Pitt's Bill) (1797).

Young, Sir W., *Poor Houses and Work-houses* (1796).

若干现代的论著

Ashley, Sir W. J., *An Introduction to English Economic History and Theory* (1931).

Belasco, Ph. S., "John Bellers, 1654 - 1725," *Economics*, June 1925.

——, "The Labour Exchange Idea in the 17th Century," *Ec. J.*, Vol. I, p. 275.

Blackmore, J. S. and Mellonie, F. C., *Family Endowment and the Birthrate in the Early* 19*th Century*, Vol. I.

Clapham, J. H., *Economic History of Modern Britain*, Vol. I, 1926.

Marshall, Dorothy, "The Old Poor Law, 1662 – 1795," *The Ec. Hist. Rev.*, Vol. VIII, 1937 – 38, p. 38.

Palgrave's Dictionary of Political Economy, Art. "Poor 298
Law," 1925.

Webb S. and B., *English Local Government*, Vol. 7 – 9, "Poor Law History," 1927 – 229.

Webb, Sidney, "Social Movements" *C. M. H.*, Vol. XII, pp. 730 – 65.

十 斯皮纳姆兰与维也纳

第一次世界大战后奥地利具有高度启发性的社会与经济情况，促使作者着手研究斯皮纳姆兰及其对古典经济学家的影响。

在该国的纯粹资本主义环境之中，一个社会主义的自治市建立起备受经济自由主义者攻击的制度。自治市所推行的某些干涉主义政策，显然无法与市场经济的运作兼容。但纯粹经济学上的辩论，并无法完整地讨论这个基本上是社会的，而非经济的问题。

维也纳当时的主要情形如下。大战（1914 – 1918）之后的 15 年间，大部分时候，奥地利的失业保险大量依靠公共基金的补助，院外救济的范围遂无限扩大；租金强制固定于昔日水平的微小部分，而维也纳自治市在非赢利的基础上建造了大批廉价公寓，并依靠税收提供所需资金。若非存在着一个成熟发展的工会运动（当然，它由扩大范围的失业救济得到有力的支持），虽然有工资补助，全面性的社会服务（尽管是适度的社会服务）实际上也可能造成工资的急遽下跌。

在经济上，这样一个体系当然是不正常的。租金被限制在无利可图的水平，与私人企业的既存体系格格不入，尤其是就建筑业的情况而言。同时，在最初的数年内，贫穷国家的社会保障干扰到了货币的稳定——通货膨胀论与干涉主义的政策业已携手并进。

最后，正如同斯皮纳姆兰，维也纳受到由经济理论所鼎力支持之政治力量的攻击，而终于屈服。1832 年的英国和 1934 年的奥地利，政治动乱的目的是将劳动力市场从保护主义的干预之下解放出来。无论是地主的乡村或工人阶级的维也纳，都无法永久地与外界隔离。

然而，这两个实施干涉政策的时期显然有很大的不同。1795 年，英国乡村必须设法避开经济进步——都市制造业的惊人进展——所引起的混乱；而 1918 年的维也纳工人阶级却必须因为战争、战败与工业界混乱导致的经济衰退而受保护。终于，斯皮纳姆兰导致劳动力结构的危机。这项危机却又开启了繁荣的新纪元之路。而奥地利家乡防卫战（Heimwehr）

的胜利，却成为国家与社会体系全面崩溃的一部分。

我们在这里所要强调的是，这两种干预形态在文化与道德上的影响有巨大的差异：斯皮纳姆兰企图阻止市场经济的来临；而维也纳则试图完全超越此种经济形态。斯皮纳姆兰对一般平民造成真正的灾祸，维也纳却造成一次西方历史上 299
最可观的文化胜利。1795 年造成工人阶级的空前堕落，使他们无法获得工业劳工的新地位。1918 年则在一个高度发展的劳工阶级身上，在道德和智识方面都造成史无前例的高升。维也纳制度保护他们免于严重的经济混乱可能带来的堕落，并使他们达到一个任何工业社会的人民大众从未超越的水平。

很明显地，这乃是由于社会的层面，而非经济的层面。但传统的经济学家对干涉主义的经济学是否有正确的了解呢？事实上，经济自由主义者认为，维也纳的制度是另一个“《济贫法》的恶政”，是另一种“津贴制度”，需要古典经济学家予以大力消除。但是，这些思想家是不是被斯皮纳姆兰所造成的持久现象误导了呢？对于未来，他们经常是正确的，而他们深刻的洞见也有助于促成这样的未来；但关于他们自己的时代，他们的理解却完全错误。现代的研究已经证明，他们在正确的判断上所获得的声誉是不当的。马尔萨斯完全误解了他那个时代的需要；如果他人口过剩的警告真正对新娘们产生影响，马歇尔说，这“恐怕会立即击毙经济进步”。李嘉图对货币论战与英国银行之地位的叙述是错误的，并且也没有掌握货币贬值的真正原因——今天我们知道，它基本上是由于政治付款和转移上的困难。如果他在金银报告（Bullion Report）上的建议被采纳了，英国恐怕已经输掉对拿破仑的战争，而“帝国今天也不会存在”了。

如此，维也纳的经验和它与斯皮纳姆兰的相似之处，使有些人重新重视古典经济学家，也使另一些人转而怀疑他们。

第六章

十一 为何不选择惠特布雷德议案？

斯皮纳姆兰政策另一唯一可能的选择，似乎是惠特布雷德（Whitbread）在 1795 年冬天提出的议案。它要求扩大 1563 年《工匠法》（the Statute of Artificers）的适用范围，以包括用年度评估来决定最低工资的方法。提案者辩称，这一法案可以维持伊丽莎白王朝的工资评估法规，将适用范围从最高工资扩大到最低工资，因此可以防止乡村发生饥馑。无疑，它足以满足危急时候的需要；值得注意的是，譬如说，萨福克郡（Suffolk）的代表支持惠特布雷德议案，而在一次阿瑟·杨（Arthur Young）在场的会议上，他们的治安推事也已经赞成斯皮纳姆兰原则。对门外汉来说，这两个策略之间的差别并不大。这并不奇怪。130 年后，当蒙德计划（Mond Plan，1926）建议使用失业基金补助工资时，民众仍

很难了解给失业者救济和给受雇者工资补助两者之间，在经济上会有决定性的差别。 300

无论如何，在1795年，人们是要在最低工资和工资补助之间做选择。如果将这两个政策和当时《定居法》（the Act of Settlement，1662）的废止一并讨论，就更能辨认出这两者之间的区别。该法案的废除使一个全国性的劳动力市场成为可能，它的主要目的是要使工资能够"找到它们自己的水平"。惠特布雷德的最低工资议案的意向正好与废除《定居法》的目标相反，而斯皮纳姆兰法的意向则并非如此。由于扩大1601年《济贫法》（而不是如惠特布雷德所建议的，1563年的《工匠法》）之适用范围的结果，地主再度采取家长式的作风——基本上仅对村庄如此，而其形式是对市场运作做最低限度的干预，但实际上则使决定工资的机能不发生作用。人们从未公开承认，所谓采用《济贫法》，事实上是完全推翻伊丽莎白时代的强制劳动的原则。

对《斯皮纳姆兰法案》的支持者而言，实际的考虑是最高原则。爱德华·威尔逊牧师（Rev，Edward Wilson）是温莎市（Windsor）的教牧兼伯克郡（Berkshire）的治安推事，他可能就是提案人。在一本小册子中，他陈述自己的观点，明确地宣称赞成放任政策："劳动力，就像每一种被带到市场上出售的东西，在任何年代中都无须法律的干预，却能找到它自己的价格标准。"对一名英国的治安推事而言，也许他更应该说：相反的，在任何一个时代，如果没有法律的干涉，劳动力从不能找到它自己的价格标准。然而威尔逊牧师继续指出，数字显示，工资上升的速度不像谷物价格那么快；因此，他谦恭地向治安推事团提出一项提议："付给贫民救济金数额的计算法"，结果每个一夫一妻和一子女的家庭的救济金数额是每周五先令。他的小册子的"广告词"说："这册论文的大意，已在去年五月六日，于纽伯里（Newbury）举办的郡会议上提出。"而我们知道，治安推事团比威尔逊教牧还要更进一步：它一致同意，每个家庭每周五先令又六便士。

第七章

十二　迪斯雷里的"两个国家"和有色人种问题

若干学者坚持，殖民地问题与早期资本主义的问题相似。但在另一方面，他们却未贯彻这个类比，勾画出他们自己时代被瓦解、羞辱的国民之面貌，从而阐明一个世纪前英国贫民阶层的处境。

这两者之间明显的类似性之所以被忽略，乃由于人们对自由主义的偏见深信不疑；它过分专注于本质上非经济性之过程的经济层面。今天某些殖民地区种族的堕落和一个世纪前劳动人民类似的非人化，在本质上都不是经济性的。

301 （a）毁灭性的文化接触基本上并非经济现象。

梅尔（L. P. Mair）指出：大多数的土著社会今天正在经历一个快速的、强迫性的变质过程；只有革命的剧烈改变堪与并论。尽管侵略者的动机无疑是经济的，而原始社会的崩溃常常也确实由经济体制的破坏引起，但一项明显的事实是：土著文化无法消化新的经济制度，于是在没有其他任何一贯的价值系统取代它的情况下，这个土著文化瓦解了。

西方制度所包括的第一个破坏性趋势，是“广大地区的和平”；它粉碎了“氏族生活、族长权威、年轻人的军事训练；它几乎禁止氏族或部落的迁移”（Thurnwald, *Black and White in East Africa*; *The Fabric of a New Civilizaion*, 1935, p. 394）。“战争一定曾给予土著的生活以敏锐，而遗憾的是，在这段和平的岁月里，它已不复存在……”战斗的消除使人口减少，因为战争的伤亡很有限，但没有战争意味着充满生命力的习俗与仪式的失落，以及村庄生活腐败的沉闷与冷漠（F. E. Williams, *Depopulation of the Suan District*, 1933, “Anthropology” Report, No. 13, p. 43）。土著在其传统文化环境中的“健壮、活泼、兴奋的生命”（Goldenweiser, *Loose Ends*, p. 99），可与此相较。

用戈登魏泽（Goldenweiser）的话来说，真正的危险是“夹在中间的文化”的危险（Goldenweiser, *Anthropology*, 1937, p. 429）。关于这一点，学者间的意见实际上是一致的。“古老的习俗正在衰败中，可是又缺乏新的指导方针。”

（Thurnwald，前引书，p. 111）“维持一个储积货物被认为反社会行为的社群，并将它与当代的白人文化融合，等于是企图调和两个毫不相容的制度体系。”（M. Mead，*The Changing Culture of an Indian Tribe*，1932，Wissel 所写的导论）“迁入的文化传人（culture-bearers）也许能成功地消灭原住民的文化，但他们无法消灭或同化其传人。”（Pitt-Rivers，“The Effect on Native Races of Contact with European Civilization”，In *Man*，Vol. XXVII，1927）或者用莱塞（Lesser）讨论另一群工业文明的受害人时的尖锐措辞来说：“波尼人从文化成熟期被迫退化成处于文化幼稚期的白人。”（*The Pawnee Ghost Dance Hand Game*，p. 44）。

此种虽生犹死的情况，原因并不在经济剥削——依照公认的意义，剥削意味着经济关系中某一方牺牲另一方，以获取利益。但它确与土地所有权、战争和婚姻等的经济条件的改变有密切的关系；而上述每一个因素，都会影响到各式各样的习惯、风俗和传统。当金钱经济强行进入西非人口稀少的地区，使“土著无法购买食物来取代未栽植的食物”的，并不是工资的不足，“因为别人也都没有过剩的食物可卖给他们”（Mair，*An African People in the Twentieth Century*，1934，p. 5）。他们的制度蕴涵着一个不同的价值等级；他们节俭，
302 而同时又是非市场取向的。“当市场上的商品大量匮乏时，他们会要求与供应过剩时相同的价钱；而为了购物时节省一

点小钱，他们会花费大量的时间和精力，跋山涉水，到远方采购。”（Mary H. Kingsley, *West African Studies*, p. 339）工资上升时常会导致旷工。据说，当工资每日 50 分（centavo）时，特万特佩克（Tehuantepec）的萨波特克（Zapotec）印第安人的工作量为每日工资 25 分的一半。这个矛盾现象，在英国工业革命的早期也很普遍。

对我们来说，人口成长率的经济指标并不比工资有用。戈登怀塞证实了里弗斯在美拉尼西亚所做的有名的观察：文化贫乏的土著会“无聊而死”。威廉姆斯本人是一名服务于该地区的传教士，他说，“心理因素对死亡率的影响”是很可以理解的。“许多研究者已经注意到，显著的安逸悠闲会导致土著的死亡。”“限制土著往昔的兴趣与活动，对他们的生命力似乎是一个致命伤。结果是，土著的抵抗力受到伤害，他们很容易为各种疾病所侵袭。”（F. E. Williams，前引书，p. 43）这与经济匮乏的压力无关。“因此，极高的自然繁殖率可能是文化活力的征候，也可能是文化衰退的征候”（Frank Lorimer, *Observations on the Trend of Indian Population in the United States*, p. 11）

只有社会手段，诸如恢复部落的土地所有权，或将社群从资本主义市场的影响中隔离出来，才能阻遏文化的衰退，而这是无法以生活的经济标准衡量的。约翰·科利尔（John Collier）于 1942 年指出：“使印第安人与他的土地分离，是致命的一击。”1887 年的《全面分配法案》（General Allotment Act）将印度安人的土地“个人化”；文化解体的结果是，他们丧失了约 3/4 的土地，相当于 9000 万英亩。1934 年的《印第安重整法案》（Indian Reorganization Act）恢复了部落的保有地，并恢复其文化的活力，从而挽救了印第安社群。

同样的故事已发生在非洲。各种形式的土地保有权成为人们注意的焦点，因为，社会组织大多即直接以此为基础。表面上的经济冲突，如重税、高租金和低工资，几乎都是迫使土著放弃其传统文化之压力的伪装；如此，他们被迫适应市场经济，亦即为工资而工作，并在市场采购货物。就在这种过程之中，有些土著部落，如卡菲尔人（Kaffirs）和迁移到城市的族群，丧失了他们祖先的德行，变成萎靡不振的群众，包括游荡者、窃盗和妓女——一种他们前所未知的事物——恰似 1795 年至 1834 年间英国贫穷的人群。

（b）在早期资本主义之下，工人阶级的人性堕落，是无法以经济学语言衡量的社会剧变的结果。

欧文早在 1816 年就认为他的工人“无论得到多少工资，必然有许多人都是不知羞耻的……”（*To the British Master*
303 *Manufacturers*, p. 146）。我们应该记得，亚当·斯密预料，脱离土地的劳工会完全失去智识上的兴趣。而麦克法兰（M' Farlane）预料，“一般大众对书写和计算的知识，会逐日减少”（*Enquiries Concerning the Poor*, 1782, pp. 249－50）。一代人之后，欧文将劳工的堕落归诿于“幼年缺乏照顾”和“工作过量”，因而认为他们“由于无知，即使能得到高工资，也无能妥善运用”。他本人付给他们低工资，同时为他们创造一个人工化的全新文化环境，以提高他们的地位。群众的败德，大体上与令有色种族解体的文化接触所造成的堕落现象相同：游手好闲、卖淫、窃盗、不知节俭、懒惰、劳动生产率低、缺乏自尊与活力。市场经济的扩展，破坏了农村社会的传统结构、乡村小区、家庭、昔日的土地保有权形态，以及文化架构中滋养人生的习俗与规范。斯皮纳姆兰所提供的保护，只有使事情更糟。在19世纪30年代，平民的社会灾难和今日卡佛人一样的彻底。杰出的黑人社会学家查尔斯·S. 约翰逊（Charles S. Johnson），是唯一将种族变质与阶级堕落的模拟关系颠倒过来的人；这一次，他的比较是为了说明阶级堕落：“在工业革命比欧洲其他国家都还要进步的英国，激烈的经济变革所引发的社会混乱使穷人家孩子变成‘碎片’，一如后来非洲奴隶的下场。……当时为童奴制度所提出的辩解，也几乎和为奴隶买卖所做的辩解相同。”（“Race Relations and Social Change.” In E. Thompson, *Race Relations and the Race Problem*, 1939, p. 274）

索　引

（索引页码为本书边码）

Acland, John, 296
Act of Settlement, 82,90,92,98-99, 109,110,142, 289-290
Africa, 6,19, 54, 63; colonies, 221; conditions of natives, 172; effect of white man on native culture, 165-6; exploitation of, 166
Agrarian Society, 43
Agrarianism, 197
Agriculture, 47, 70
Aid-in-rent, 101
Aid-in-wages, 86, 92,97-98,106, 285
Algiers, 6,13
Allotments, 292
Allowance system in industrial towns, 292 ff.
Aluminium industry, 149
Andaman Islanders, 278
Angell, Norman, 198
Angouleme, Due d', 5
Anti-Combination Laws, 85,126, 219, 271
Anti-Corn Law Bill, 144,174
Antwerp, 66
Applegarth, Robert, 296
Apprenticeship, 90-91
Arnold, Thurman, 155
Ashley, Sir William James, 283,297
Asia, 19
Atwood of Birmingham, 235
Australians (aborigines), 62
Austria, 5, 8,13,19,24,32,154,196, 197,298; and currency, 26,238; and Fascism, 246,249; and labour, 251
Austro-Hungary, 183
Autarchist empires, 24

Babylonia, 54,280
Baghdad Railway, 13; bibliography, 272-273
Balance of power, 3, 6 ff, 17,30,249; bibliography, 272; and Bismarck, 19; and disarmament, 22; and peace, 19; System, 8 ff., 23, 220, 269 ff.
Balkans, 19,222
Baltic States, 24
Bank of England, 10,27, 233
Bank of Exchange, 113
Banking: international, 10 ff.; national, 11,13-14; in United States, 237. *See also* Central Banking.
Barnes-Becker-Becker, 272
Barter, 71. *See also* Exchange; Trade, Markets.
Basra, 13
Bauer, Otto, 26
Beer, Max, 287
Belasco, R S., 297
Belgium, 5, 6, 8; and currency, 238
Bellers, John, 110 ff., 115
Belsham, Will, 296
Benedict, Ruth, 278
Bentham, Jeremy, 88,111 ff, 122,124

ff., 145-146,177,189,233,285, 286,296
Bentham, Sir Samuel, 111
Bergdama (tribesmen), 53
Berkshire magistrates, 82, 85, 88
Berlin, 24,181
Berlin, Congress of. *See* Congress of Berlin.
Birmingham, 154
Bismarck-Schonhausen, Prince Otto Eduard Leopold von, 19,26,183, 222; and Austria, 8; and the Concert of Europe, 8; and Protectionism, 213
Blackmore, J. S., 297
Blake, William, 102
Blanc, Louis, 111,113
Bleichroeders, 276
Bolshevism, 197,199,251, 254-255
Borkenau, Franz, 191
Bourbons, 271
Bourse of Paris. *See* Paris, Bourse.
Brinkmann, C, 172,189
Bristol Corporation for the Poor, 111
British Blue Book, 254
British Dominions, 270
Brtlning, John, 237,250
Budapest, 24,181
Buecher, Carl, 279, 280, 285
Buell, R. L., 272
Bulgaria, 6,24,24; currency, 27; Fascism, 245,249
Bullion report, 299
Burgesses, 67, 68
Burke, Edmund, 88,97,121 ff, 133, 232,235, 270, 285,297

Cadiz, Spain, 5
Calvin, John, 116
Canada, 221
Cannan, E., 129
Canning, Charles John, 97,222,269, 274
Capital, 16,25,38, 69,137
Capitalism, 16,29, 84,102,166,168, 175,221, 231,233, 245,251; in England, 188; in France, 188
Carlyle, Thomas, 102
Carr, E.H., 213, 272
Cartels, 7, 213
Cary, John, 111
Central banking, 201 ff., 219
Central Europe, 24,192,196,224
Centralized State, 69
Chaddar, 167
Chaga, 65
Chamberlain, Joseph, 154
Chamberlain, Neville, 254
Change, 35,39,158 ff., 245 ff.; to one party system, 252
Charles I, King, 233
Charles II, King, 233
Chartism, 234
Chartist Movement, 180 ff., 233
Child labour, 121,164,179-180,303
Chimney Sweepers' Act, 152
China, 6, 54,280
Chrestomathic Day School, 126
Christian Socialists, 249
Christianity, 133,177,180,268
Churchill, Winston, 26
City of London, 14,27,221,253,274
City-states, 6
Civilization, 3,4, 21,31,245,257 ff., 265
Clapham, J. H., 43,97,102, 272,287, 297
Class interest, 158 ff, 259
Classes, 105-106,120,138-139,158-159,182. *See also* Middle class.
Clergy, 194-195
Clive, Lord (Robert), 222
Cloth trade, 68
Cobbett, William, 234
Cobden, Richard, 192
Code Napoleon, 189
Cole, G.D.H., 176,226
Collectivism, 151,155,161,169-170, 283,287
"Collectivist Conspiracy," 156,163, 213, 223

Collectivization of farms, 255
Colleges of industry, 110 ff.
Collier, John, 168,302
Colonial policy, 224
Colonies, 221-225
Coloured races, 300 ff.
Comintern. *See* Congress of the Comintern.
Commerce between belligerents, 16-17
Commercial revolution, 29, 69
Commercial society, 43,120
Commercialization of the soil, 188
Commodity fiction, 75,138,204
Commodity money. *See* Money, commodity.
Commodity prices, 18,190
Common Law, 73
Commonwealth, British, 41, 99
Communism. *See* Bolshevism.
Concert of Europe, 8-10,17 ff., bibliography, 273
Condorcet, Marie Jean, Marquis de, 118
Congress of Berlin, 8
Congress of the Comintern, 251
Conscience, freedom of, 261
Constitution, 233-234
Constitutionalism, 14, 233
Consumers' Co-operatives, 177
Contagious Diseases Act, 152
Cooke, Edward, 118
Coolidge, Calvin, 26
Cooper, Alfred Duff, 254
Copyhold Acts, 189
Corn Laws, 198
Corn markets and prices, 289,291
Correspondence Societies, 127
Corti, Egon Cassar, 275
Cotton industry, 36,39,77, 97,121, 142,145
Counter-revolutions, 248
Countryside, against town, 294-295; depopulation and over-population, 295-296
Cowe lames 296
Cowell, 291
Credit, 23,199, 203, 240, 274
Crimean War, 5,17
Crossman, R. H. S., 272
Crumple, Samuel, 296
Cunningham, William, 77,212,272, 284,287, 293
Currency, 18,24,25,143, 203, 206, 211,216,219,223, 228,235, 239-240; depreciation, 27; in Europe, 199; in Great Britain, 236,242; international, 273; restoration, 23; stabilization, 148; stabilization table, 275; United States, 242. *See also* Money.
Customs tariffs, 161,213,223, 226
Czech gold reserves, 254

Danson, J. T.,295
Dardanelles, 16
Darwin, Charles, 88,118
Davies, David, 96
Dawes Plan, 224,252
Death, 267
Debt Commission, 15
Debtor governments, 14
Decree of Muharrem, 15
Deflation, 203,204, 241
Defoe, Daniel, 113 ff., 296
De Greef's Law, 270
Delos, Isle of, 56
Democracy, 126, 234,235
Denmark, 5,9
Denudation of forests, 193
Depopulation, 37
Depressions: Great Depression, 1873-86,223, 225-226; post-war, 1929 *et seq.*, 20, 208
Detroit, 247
Dette Ottomane, 15
Dicey, A. V., 146,153,174,189, 286, 287
Dickens, Charles, 102
Diderot, Denis, 88
Dieri (of Central Australia), 62
Diplomacy, 10

Disarmament, 22,23
Disarmament Conference, 252
Disraeli, Benjamin, First Earl of Beaconsfield, 86,174,221
Doherty's Trade Unions, 294
Drucker, Peter E, 180
Dust bowls, 193
Dyer, George, 296

Earle, Edward Mead, 276
East India Company, 168,222
Eastern Europe, 24 ff.
Economic law, 38,128
Economic liberalism, 31,35,121,132, 138,141 ff., 148,155 ff., 195, 209, 225-226,239,276,280
Economic Society. *See* Society.
Economic systems, 17-18,42 ff., 57 ff.
Economic theory, 129-132
Economics and politics separated, 259
Eden, Sir Frederick Morton, 296
Egypt, 5,20,53; and currency, 280
Eldon, Lord, 105
Elizabeth, Queen, 222
Enclosure Act, 189
Enclosures, 36 ff., 73,98
Enemy property, 17
Engels, Friedrich, 95,102,285
England, 5,13,19,32 ff, 153; and the Balance of Power, 269-270; class government, 40; classes, 91; constitutionalism, 40; and Fascism, 25, 246, 249; immigration of craftsmen, 40; industrial revolution, 36 ff.; and the labour market, 81; Ministry of Health, 126; pauperism, 82 ff.; and the Poor Laws, 83; popular suffrage, 181; population, 97,115; social legislation, 152-153; social conditions, 94-95,102-103,302-303; trade wars, 273
England, Bank of. *See* Bank of England.
Erosion, 193
Essential Works Order, 264
Estonia, 25,249,251
Eulenberg, E, 19
Europe, 188,223,231; and food, 199; and land, 192; governments after World War I (table), 274-275
Exchange, 28, 64,71. *See also* Barter.
Exchanges, 202, 218, 238, 241
Expansion, 16
Exploitation, 168
Exports, 221,227

Factory inspection, 153
Factory laws, 223
Factory system, 78 ff.
Fascism, 30,32,245 ff.; and Christianity, 268; and Roman Catholic Church, 249
Fay, S. B., 273
Federal Reserve Board, 27
Federal Reserve System, 211
Feis, H., 10,273, 276
Fenelon, 269
Fernandez, Juan, 118,119
Feudalism, 6,17,54, 90,188,192,195, 280; abolished, 72-73; and famines, 167
Finance, 10 ff. *See also Haute finance.*
Fines and Recoveries Act, 189
Finland, 24,197; and currency, 27; and Fascism, 245,249,251
Firth, R., 64,277,279,281
"Flight of Capital," 25
Food, 194,199
Food prices, 94
Food supplies, 67
Fourier, Francois Marie Charles, 110, 113
Fox, Charles James, 270
France, 5,7, 8,19,29,153,222,237; and Bismarck, 19; and currency, 24; and Fascism, 246,250; and Germany, 12, 226; and liberal government, 25; off the gold

standard, 148; and the Ruhr, 251; and the trade wars, 273
Franco-Prussian War, 5
Francqui, Emile, 237
Frederick the Great, 17
Free trade, 18,19,23,29,38,138,141, 142,144,145,169,190,198, 212, 223; India, 167; origin, 32. *See also* Trade.
Freedom, 258 ff.
Freedom of contract, 154,191
Freezing of labour, 264
French Revolution, 7,17, 88,189,228
Fuller, Major-General, 273
Funnell, William, 118

Gairdner, J., 38
General Allotment Act, 302
Geneva, 22,23,25, 27,198,221,240-241, 253,274
Gentz, Friedrich von, 7
George, Henry, 26
George, Stefan, 246
Germany, 6,19,24,30,32,196,213, 222,252-253,254; and Bolshevism, 199; cartels, 226; colonial policy, 226; and the Concert of Europe, 8; currency, 224,238; customs tariff, 226; and disarmament, 250; and England, 13; factory legislation, 153; Fascism, 25, 32,246, 250; and France, 12, 226; foreign investment policy, 12; a "have-not," 221; industrial revolution, 183; inflation, 24; labour, 251; leaves the League of Nations, 253; National Socialist Revolution, 24; and the peace interest, 19; preparations for war, 252; prosperity, 252; social insurance, 226; workmen's compensation, 154
Ghost dance, 168
Gibbins,H.deB.,38
Gilbert, Thomas, 296
Gilbert's Act, 100,111, 285
Gladstone, William Ewart, 222
Godwin, William, 88, 89,127,132, 296
Gold, 137,203
Gold standard, 3, 26-27,3i» 80,141, 144,169, 201 ff., 211,223, 226,234, 236,252, 254; collapse, 21; and currency, 224; failure, 28,29; origin, 32; and the peace factor, 14; restoration, 149; table of countries off, 275; in the United States, 211
Goldenweiser, A., 165, 278,301,302
Government. *See* Popular government.
Grant, Irene, 11
Great Britain, 20,30, 253, 254,299; balance of power, 269; and Bismarck, 8; currency, 235-236,242; expansion, 5, 6; and Fascism, 250; foreign policy, 222; general strike, 236; and *laissez-faire,* 149; National Government, 235; off the gold standard, 24,27,149, 208,252; trade, 216, 238; unemployment benefits, 288
Great War. *See* World War I.
Greece, 16,33,236; currency, 27
Grey, Sir Edward (Lord Grey of Falloden),269
Guilds, 69, 73

Habeas Corpus Act, 146,264
Haberler, G., 220
Habitation *versus* improvement, 35 ff.
Hadley, A. T, 234
Hales, John, 38
Halevy, Elie, 286
Halifax, Lord, 254
Hamburg, 66
Hamilton, Alexander, 222
Hammond, Barbara, 179,287
Hammond, J. L., 179,287

Hammurabi (in Babylonia), 53
Hampshire, 98, 296
Hanse, 66
Hapsburgs, 271
Hartley, David, 119
Harvey, J., 285
Hastings, Warren, 222
Haushofer, Karl, 272
Haute finance, 10,14,18-19,23, 29; England, 11; France, 11; function, 10-11; organization, 12
Hawtrey, G. R., 59,75,193,272
Hayes, C. A.,197
Hazlitt, W., 131
Heatley, D. P.,272
Heckscher, E. E, 38,173,283, 284
Hegel, Georg Wilhelm Friedrich, 116
Heimwehr, 249
Helvetius, Claude Adrien, 119
Henderson, H. D., 72
Henry VIII, King, 233
Herriot, Edouard, 154
Hershey, A. S., 17, 272
Herskovits, M. J., 280, 282,171
Heymann, H., 250
Hilferding, Rudolf, 26,276
Hindenburg, Paul von Beneckendorff und von, 24,246,250
Hitler, Adolf, 199,246,247,251, 254
Hobbes, Thomas, 119,172
Hobson, J. A., 276
Hofmann, A., 272
Holland, 29, 271; and Fascism, 246, 249
Holmes, E., 285
Holy Alliance, 5 ff., 17
Hoover, Herbert, 25
Householding, 56
Houses of Industry, 287
Howlett, Rev. J., 288, 290, 296
Humanity. *See* Society.
Hume, David, 119,192 ff., 270, 272
Hundred Years' Peace, 3 ff., 198,273-274; bibliography, 272
Hungary, 5,13,24,249; and Bolshevism, 196; and currency, 27; and Fascism, 246,249
Hungry Forties, 181, 234
Huskisson, William, 232

"Ideal system" (economic), 8
Immigration, 214
Imperialism, 16,158,192,218,221-222,214-215,227
Import tariffs. *See* Customs tariffs.
Imports, 221
Improvement *versus* habitation, 36 ff.
Incas, 54,280
India, 54,167-168,173; and currency, 280
Indian Reorganization Act, 302
Indians, American. *See* North American Indians.
Individual, rights of, in society, 245
Indo-China, 6
Industrial Revolution, 7, 8,36,39 ff., 81,93,124,135,169,173; causes, 42-43; cultural effect, 164; definition, 42-43; England, 31,36 ff., 182; Europe, 182-183; origin, 32; social conditions, 41-42,182
Industry, 16
Industry-houses, 112,122,126
Inflation, 24, 25, 27,148,235
Inheritance Act, 189
Innes, A. D.,38
International institutions, 3-4. *See also* Balance of Power; Gold standard.
International Labour Office, 27
International order and peace, 260-261
International system, 4-5,16, 21 ff.; failure, 29,252; monetary, 16
Internationalism, 10,207
Intervention, international, 5
Interventionism, 38-39, 69-70,155, 161, 207, 215-216,217,225, 231, 239

Investments, foreign, n, 15
Ireland, 246
Italy, 5, 24,32, 221,245-246; Bolshevism, 199; currency, 26; Fascism, 245-246,249,250; industrial revolution, 183; preparations for war, 252

James, Isaac, 118, 296
Japan, 221,252, 270; Fascism, 246
Jesus, 249
Judaism, 249
Johnson, Charles S., 303
Jones, Edward, 296
Jowett, Benjamin, 56
Jugoslavia, 245

Kaffirs, 165,171,302,303
Kett's rebellion, 37
Keynes, John Maynard, 195
Kingfish. *See* Long, Huey
Kingsley, Charles, 102,165
Kingsley, Mary H., 302
Klages, Ludwig, 246
Knight, Frank H., 250
Knowledge of constitutive facts, 264
Knowles, L. C. A., 184, 272
Kouwenhoven, John A., 11
Kpelle, 62
Kraal-land system, 171
Kula ring, 62
Kula trade, 51,52
Kwakiutl (tribesmen), 53,171

Labour, 41, 71 ff., 81 ff., 171 ff, 234; code of, 91; division of, 282; enforced, 91,92,99; independent, 104; nationalization, 73; nomadic, 172; obligations, 120
Labour exchange, no, 113,176
Labour legislation, English, 73
Labour market. *See* Markets, Labour.
Labour organization, 90,288 ff.
Labour parties, 150, 236,243
Laissez-faire, 122,124,138,143,145, 147,154 ff, 286
Land, 36,39,71 ff., 81,187 ff; colonies, 188
Landflucht, 293
Langer, W. L., 273, 276
Lassalle, Ferdinand, 26,111,113
Lasswell, H. D., 272,273
Latin America and Fascism, 246
Latvia, 25,249,251
Laud, William, Archbishop, 37
Lawrence, D. H., 246
Lawson, no
League Council, 23
League of Nations, 27,29; balance of power, 22,249; collapse, 24; gold delegation of, 242
Leathes, Sir Stanley Mordaunt, 272, 276
Leigh, Robert D., 11
Lenin, Wladimir Ilyitch, 16,24,26
Lesser, Alexander, 301
Libel Act, 142
Liberal philosophy and Fascism, 265-266
Liberal State, 3, 29,31,195
Linton, Ralph, 278
Lippmann, Walter, 46,148,155,272, 288
Lipson, Ephraim, 282
Lithuania, 25,251
Lloyd George, David, 155
Locke, John, 111,117,129,233
Loeb, E. M., 171,281,282
London, 181,196, 202
Long, Huey, 249
Lorimer, Frank, 302
Lowie, Robert Harry, 277
Luddism, 85,175
Lueger, Karl, 154
Luson, Hewling, 296
Luther, Martin, 116
Luxembourg, neutralization, 8
Lyons, 173
Lysis (Michel le Tellier), 276

Macaulay, Thomas Babbington (Lord Macaulay), 185, 233,234
Machiavelli, Niccolo, 116
Machines, 77-78,124-125
Maclver, Robert M., 10
Madagascar, 6
Mair, L.P., 171,301
Majendie, 292
Malinowski, Bronislav, 50,277
Malthus, Thomas Robert, 88, 89, 103,109,118,121,127-129,131,143, 231,285, 299
Manchester, 142,174
Mandeville, Doctor, 114
Mankind. *See* Society.
Mann, J., 291
Mantoux, P. L., 127, 287
Manufactures, 98
Market economy, 31 ff., 75 ff, 105, 136,187 ff., 195, 223 ff., 231 ff, 303; ancient Greece, 56; definition, 42, 43-44,45,71; England, 31; successor of Speenhamland, 106
Market system, 40, 44, 78, 85,129, 136-137,139,145,155 ff., 162,171 ff., 195, 226; collapse of, 243; self-regulating, 31-32
Markets, 29,43,45-46, 56 ff., 171 ff., 187 ff., 201 ff., 228,257-258,276-277,281-282; corn, 289; customs and ceremonies, 64; definition, 59; fairs, 63; free, 146; India, 167; labour, 73, 75, 81, 82, 84, 92,122, 132,141-144,169 ff., 184-185,190, 225,233, 239,300; land, 75,169 ff., 187 ff., 225,239; local, 61, 64-65, 67; money, 18,75,169 ff., 239; national, 64, 68-69,120; one big market, 75,187; origin, 66-67; ports, 63; real estate, 187; self-regulating, 3,40, 42 ff., 60,71 ff., 87,132,137-138,141,144,147 ff., 154 ff., 198, 209, 217, 225,280; United States, 210; world, 79-80
Marshall, Dorothy, 297
Marshall, T. H., 299
Martineau, Harriet, 94,102,104-105, 233,286,297
Marx, Karl, 8,26, 76, 88,113,131,158, 174,285
Massie, J., 297
Materialism, 31,42
Mayer, J. P., 272
Mead, Margaret, 166,301
Meeting of Sufferings, 111
Melanesians, 302
Mellonie, F. C, 297
Mendershausen, Horst, 11
Mercantilism, 38,70,73, 77,90,284
Meredith, H. O., 83
Metternich, Prince Klemens Wenzel Nepomuk Lothar von, 7
M'Farlane, John, 108,296,303
Micronesians, 279
Middle classes, 17, 25,104-105,139, 180,182,194,195,196; Austria, 197. *See also* Classes.
Mill, James, 166
Mill, John Stuart, 26, 88,212
Millins, Mrs. S. C, 165
Mines Act, 152
Minstrels, 277
Mises, Ludwig von, 26,46,148,185, 198,204,234,235,287
Mitchell, W.C., 286
Mond Plan, 299
Mond, Sir Alfred, 288
Money, 25-26,56, 61,71 ff., 81,204, 205,208,211-212,282-283; commodity, 137,202,205; Egypt, 53-54; free, 214-215; token, 202, 205, 208; United States, 235. *See also* Currency; Wealth.
Montesquieu, Charles de Secondat de, 70,233
More, Hannah, 179,196,289
More, Thomas, 116
Morgan, John Pierpont, 29
Morgans, 29
Morocco, 13,20
Mowat, R. B., 273
Muir, Ramsay, 273

Munich, 253
Minister, Treaty of, 7, 270
Mussolini, Benito, 26,199,246,251

Nasmith, James, 297
National Charity Company, 112
Nationalism, 16,207-208
National Socialist Revolution, 24
Nazism, 250,253
Netherlands. *See* Holland.
Neutralization, 8
New Deal, 24,211, 236, 237
New Lanark, 178-179
New Poor Law, 232,233
Nicholls History of the Poor Laws, 290
Nonconformity in established society, 260
Norman, Montagu, 253, 254
North American Indians, 168,301-302
Norway, 8

Oastler, Richard, 174
Ohlin, B., 189
Oil industry, 149
Okeden, 292
Old Age Pension Act, 287
Oncken, H., 273
Operative Builders' Union, 177
Oppenheim, L., 272
Orange State, 221
Ortes, Giammaria, 108
Ottoman Empire, 5, 8
Outdoor relief, 100
Owen, Robert, 88, 89,111,113,115, 125,133 ff., 165,176,178 ff., 235, 268, 297,302-303
Owenism, 175 ff.
Owenite movement, 175 ff., 294
Owenite Societies, 176

Pacific Islands, 221
Pacifism, 5,11
Paine, Thomas, 97, 297
Palestine, 246
Palgrave, Sir Robert Harry Inglis, 298
Palmerston, Third Viscount, 269, 274
Panoptikon, 126,146
Pantlen, Herman, 284
Papen, Franz von, 247
Paris, 181
Paris, Bourse of, 13
Parish serfdom, 289
Parliamentary Reform Act, 105,124, 174, 232
Paternalism, 82,92
Pauperism, 82 ff., 108,123,128, 232, 296 ff.; bibliography, 296 ff.; first appearance in England, 109; rural, 93-94. *See also* Speenhamland; Poor Law.
Pawnee hand game, 168
Pax Britannica, 14
Peace, 7,17,18,22, 23,276; African, 301; "armed peace," 14
"Peace interest," 7 ff., 11,14,273-274
Peace Treaties. *See* Treaties and particular Peace Treaties.
Peasantry, 67,182,192,197; and Fascism, 251
Peel, Robert, 143,185, 232,233
Pelican Inn, 82
Pengwe of West Africa, 62
Penrose, E. E, 190,210
Persia, 20
Pew, Richard, 297
Pharmacopoeia, 152
Phillips, W.A., 273
Physiocrats, 115,141,195
Piracy, 274
Pirenne, Henri, 63, 270, 272,281, 283 ff.
Pitt, William, 112,122,143,185, 285
Pitt, William Morton, 296
Pitt-Rivers, 301
Planning and freedom, 262 ff.
Plato,119
Poland, 5, 24,25
Polanyi, Karl, 7-10, 241, 245

Political economy, 116 ff.
Politics and economics separated, 259
Polynesians, 279
Poor Law, 73, 82 ff., 123,143,285, 300; bibliography, 296 ff.; New Poor Law, 146; and organization of labour, 284 ff.; and the parish, 91; rates, 102; *versus* revolution, 97
Poor Law Amendment, 84,143; bill, 143
Poor Law Bill, 122
Poor Law Commissioners, 291,292
Poor Law Reform, 88,106,112,164; Act, 86,87,174,181; Commissioners, 105
Poor rates. *See* Rates.
Popular government, 231
Population, 41,130,168,301
Portugal, 29
Postan, M. M., 284
Postlethwayt, Malachy, 108
"Post-war Revolutions," 23,248
Poverty. *See* Pauperism.
Power, Eileen Edna, 284, 291,292
Power finance *versus* Dollar diplomacy, 10,14,15
Power, function of, 266-267
Prague, 254
Prescriptions Acts, 189
Price, Dr. R., 127
Prices, 71,120,129,201-202. *See also* Food prices.
Primitive man, 46,47-48, 55-56
Pringle, 292
Productive organization, 136 ff., 201 ff.
Profits, 44; speculator's, 260
"Proletarian," 168
Protectionism, 9,142,150,158 ff., 169,185,213,214,220, 226,227, 283-284; Europe, 200; United States, 211. *See also* Customs tariffs.
Proudhon, Pierre Joseph, 26,111,113
Prussia, 5,154, 247; and Fascism, 246
Prussianism, 226
Public Libraries Act, 152
Public utilities, 16
Puritans, 113
P. W. A. (Public Works Administration), 288

Quakers, 110
Quesnay, Francois, 88,119,141, 222

Railways, 15,16
Ratcliffe-Brown, 278
Rates, 101 ff, 127
Rauschning, H., 250
Raw material, 199
Real Property Act, 189
Reciprocity, 49 ff., 57 ff, 64, 277-278; centricity, 51, 57 ff., Kula trade, 51; symmetry, 51,57 ff., 279
Redford, 294 ff.
Redistribution, 6,49 ff., 57,59, 279
Reform Bill, 84
Regeneration Societies, 177
Reichsmark, 224,251
Remer, Charles Frederick, 276
Rhodes, Island, 56
Ricardo, David, 26, 88, 89,103,109, 113,116,120,121,131,132,143,192, 205,212,231,234, 285,299
"Right to live," 82 ff, 92,106,122
Rivera, Primo de, 246
Robbins, L., 272
Robinson, Henry, 110
Rockefeller Foundation, 11
Rodbertus, Johann Karl, 191
Rogers, Wood, 118
Roman Catholic Church, 7,9,154
Roosevelt, Theodore, 155
Rostovtzeff, M. L, 272
Rothschild family, 10,18, 29
Rothschild, Nathan Meyer, 23
Romania, 6,25, 251; currency, 27
Rousseau, Jean Jacques, 7, 46, 88

Ruggles, Theodore, 297
Russell, Bertrand, 272
Russia, 6, 8,19,30,255; balance of power, 270; Constitution, 265; currency, 25; five-year plans, 24; Socialism, 243,252,255
Russian Revolution, 255-256

Sabatier, William, 297
Sadler, Michael Thomas, 174
St. Giles-in-the-Fields, 297
Saint-Simon, Count Claude Henri de, 178
Satanic mills, 8,35 ff.
Saunders, Robert, 297
Savages. *See* Primitive man.
Schacht, Hjalmar, 253
Schafer, Felix, 11,206
Schmoller, Gustav Friedrich von, 284
Schuman, F., 270,272
Schumpeter, Joseph Alois, 286
Seipel, Ignaz, 237
Serbia, 6
Seven Years' War, 221
Shaftesbury, Seventh Earl (Anthony Ashley Cooper), 174
Sheep-farming, 36
Sherer, J. G., 297
Sheriffian empires, 5
Siam, 6
Silesian loan, 17
Simon, Sir John, 253
Slaves, 121
Smith, Adam, 45, 46,92,97,108,115, 116,117,119,129,146,173, 221,258, 303
Snowden, Philip, 26,236
Social Democrats, 154,197,247
Social insurance, 184
Socialism, 31,242-243
Society, 3,26,32,42 ff., 48, 57-58, 74-75,76, 88-89,116,159 ff-, 195, 205-206, 225,284; and freedom, 257 ff.; and the industrial revolution, 41; integration of, 264; primitive, 48-49, 60-61; research on, 276-277; self-protection, 136 ff.
Sokolnikoff, G. Y, 26
Somerset, Lord Protector, 37
Sontag, R. J., 8,273,276
Sorel, Georges, 246
Southey, Robert, 174
Spain, 5,29,36
Spanish-American War, 17
Spann, Othmar, 246
Speenhamland, 81 ff., 99 ff., 128,173, 231,300,288-289; abolition, 105; cotton industry, 143; law, 82, 83, 99,106; literature of, 285 ff.; payment of rates, 96; a war measure? 288 ff.
Spencer, Herbert, 46, 88,148,152, 195,234, 288
Spitalfields institution, 297
Staley, Eugene, 276
Stalin, Joseph, 111
Statute of Artificers, 73,91,175,232, 299
Stephen, Sir Leslie, 111,126, 286
Stolper, G., 273
Storage (primitive societies), 50,51, 54
Storm troops, 198
Strafford, First Earl (Thomas Wentworth),37
Strains and stresses, 218 ff.
Strikes, 238-239
Stuart policy, 38,39,79
Stuart, Henry, 291
Sumner, William Graham, 148,234
Switzerland, 5
Symbiosis, 29,54,250,282
Syria, 6

Tariffs. *See* Customs tariffs.
Tawney, R H.,37
Telford, Thomas, 97,124
Temple, Sir William, 269

Ten Hours Bill, 174
Thirty Years' Peace, 18
Thompson, E., 303
Thurnwald, R. C, 54, 61, 66,166,172, 277 ff., 281,301
Thyssen, Fritz, 21
Tikopia, 281
Tocqueville, Charles Henri de, 185
Totalitarianism, 29
Town against countryside, 292 ff.
Towns, allowance system in industrial, 294 ff.
Townsend, Joseph, 97, 98,116 ff., 123, 132,143,231, 285,297
Toynbee, A. J., 172,198,270,272,286
Trade, 95,108,273-274,281-282; ceremonial, 64-65; fluctuation, 95-96; foreign, 216-217,283; local, 62, 63-64, 66-67; long distance, 62, 66-67; national, 63-64; and peace, 15-16,23; sea-borne, 41; silent (or dumb), 63; world, 226-227. *See also* Free trade.
Trade cycle, 97, 215
Trade unions, 113,150,192,213; on the Continent, 184; in England, 184; laws, 155; and Owenism, 176-177
Treaty of Berlin, 1878,15
Treaty of Miinster and Westphalia, 7,270
Treaty of 1648,271
Treaty of Utrecht, 7, 271
Trevelyan, G. M., 196,269
Trobriand Islanders, 50, 52-53
Trotsky, Leon, 24,26, 251
Tudor period, 36 ff.
Tudors, 79,195,285
Tunis, 6
Turkey, 8,15
Turner, Frederick, 270
Tutorial classes, 11
T V. A. (Tennessee Valley Authority), 194
"Two Nations," 123
Ukraine, 247
Ulloa, Antonio de, 118
Unemployment, 91,98,150, 218 ff., 232, 245; invisible, 95
Union shops, 176
United States, 29,30,226; and the balance of power, 270; and customs tariffs, 226; and expansion, 6; and Fascism, 246,249; and the gold standard, 27; and *laissez-faire,* 149; and prosperity, 251; off the gold standard, 149,208,238, 252
Universal suffrage, 216
Utopia, 3,108 ff, 220
Utrecht, Treaty of. *See* Treaty of Utrecht.
Utu, 64

Vaccination, 152
Vancouver, John, 297
Vattel, Emmeriche de, 269
Venice, 5, 66
Vienna, 24, 28,154,181,298-299
Villages of Co-operation, 177-178
Villages of Union, 113
Viner, Charles, 276
Vives, Juan Luis, 172
Voltaire, Francois Marie de, 88

Wafer, Lionel, 118
Wages, 42, 82, 94,100,101-102,120, 172-173; assessments, 90; urban, and the rural community, 290 ff.
Wagner, Adolph, 212
Wall Street, 28, 221,238,252,253,274, 276
War, 15,158,175. *See also* individual wars.
Wealth, 116-117. *See also* Money.
Webb, Sidney and Beatrice, 121,143, 287,294, 298
Weber, Max, 48,281,283
Weimar Republic, 247

Western Europe, 25
Westphalia, Treaty of. *See* Treaty of Minister and Westphalia.
Whately, Bishop, 185
Whitbread's Bill, 299 ff.
Whitbread's minimum wage proposal, 112
Wicksell, Knut, 212
Wieser, Friedrich von, 212
Williams, F. E., 301-302
Wilson, Rev. Edward, 297,300
Wilson, Woodrow, 23,24
Wissel, Clark, 301
Wood, J., 297
Woollen industry, 36,39,77
Working class. *See* Labour.
Workmen's Compensation, 153-154
Workmen's Compensation Act, 153-154
Workers' Educational Association, 11
World War 1,21-22,24,197,199,221; compared with World War II, 30
W P. A. (Works Progress Administration), 288
Wright, Quincy, 273

Young, Arthur, 112, 288,289
Young, Sir W, 297
Young Plan, 224

Zamindar, 158
Zapotec Indians, 302
Zeisel, Hans, 11

图书在版编目(CIP)数据

巨变：当代政治与经济的起源／（英）波兰尼（Polanyi，K.）著；黄树民译．—北京：社会科学文献出版社，2013.1（2018.9 重印）
ISBN 978－7－5097－4024－8

Ⅰ.①巨… Ⅱ.①波… ②黄… Ⅲ.①政治学－研究－现代②经济学－研究－现代 Ⅳ.①D5 ②F11

中国版本图书馆 CIP 数据核字（2012）第 281706 号

巨变

——当代政治与经济的起源

著　　者／卡尔·波兰尼
译　　者／黄树民

出 版 人／谢寿光
项目统筹／段其刚　董风云
责任编辑／段其刚

出　　版／社会科学文献出版社·甲骨文工作室(010)59366551
　　　　　地址：北京市北三环中路甲 29 号院华龙大厦　邮编：100029
　　　　　网址：www.ssap.com.cn
发　　行／市场营销中心（010）59367081　59367018
印　　装／三河市东方印刷有限公司

规　　格／开 本：889mm×1194mm　1/32
　　　　　印 张：16.125　字 数：292 千字
版　　次／2013 年 1 月第 1 版　2018 年 9 月第 5 次印刷
书　　号／ISBN 978－7－5097－4024－8
著作权合同登记号／图字 01－2012－5887 号
定　　价／59.00 元